Vorwort

> »Denn der Philosoph muß wieder, wie die ersten Griechen, lernen mit dem ganzen Leben zu philosophieren, und Verantwortung dafür zu tragen und zu spüren.«
>
> *Elfriede Walesca Tielsch*

Im Verlaufe der abendländischen Denktradition veränderte sich die Philosophie. Sie wurde zu einer weitgehend abstrakten Wissenschaft, die sich mit Denken, Wissen und der Reflexion über dessen Zustandekommen beschäftigte. Ältere Traditionen, wie Philosophie als Weltweisheit oder gar Lebensform, traten zunehmend in den Hintergrund. Zum einzig anerkannten Ort des Philosophierens avancierte letztlich die Universität. Und noch etwas fällt auf: Philosophinnen kommen in den traditionellen Philosophiegeschichten nicht vor. Dabei haben – trotz aller Schwierigkeiten – in den vergangenen 2500 Jahren auch viele Frauen philosophiert. Eine von ihnen, Hypatia, war sogar Vorsteherin der Universität von Alexandria, des berühmten Museion. Eine andere, Aspasia, unterrichtete Sokrates und andere Philosophen. Aber es ist recht mühevoll, den oft verwischten Spuren dieser Frauen zu folgen. Ihre Texte sind – wenn sie nicht ohnehin Männern zugeschrieben wurden – ebensowenig in den gängigen Werken der Philosophiegeschichte zu finden, wie sie selbst. Sie gehören nicht zum Kanon.

Heute hinterfragen Frauen in praktisch allen Wissenschaften »ihr« Fachgebiet. Das gilt auch für die Philosophie. Auf diese Weise entstand 1993 das Buch »Philosophinnen – Von der Antike bis zur Aufklärung«. Damit gab es erstmals auf dem deutschsprachigen Markt ein Nachschlagewerk mit werkbiografischen Porträts wichtiger Denkerinnen. (In Amerika war 1987 bereits ein mehrbändiges Nachschlagewerk erschienen.) Der zweite Philosophinnenband folgte 1995, mit Porträts »Von der Romantik bis zur Moderne«.

Marit Rullmann als Herausgeberin und Hauptautorin wurde in den letzten Jahren zu zahlreichen Lesungen und Vorträgen eingeladen. Dabei stellte das Publikum einige Fragen stets aufs neue: Gibt es eine spezifisch »weibliche« Philosophie? Und wenn ja, wodurch unterscheidet sie sich vom männlichen Denken? Welche Themen beschäftigen die Frauen besonders?

Die Antwort war, vor allem in der ersten Zeit, nicht einfach. Zum einen ließen die Porträts einzelner Philosophinnen solche Vergleiche nur sehr punktuell zu. Zum anderen existierte da immer noch im Hinterkopf das Ideal einer »objektiven« philosophischen Forschung, die keine Zuschreibungen wie »männlich« oder »weiblich« kennt.

Werner Schlegel wiederum fragte nach einer solchen Diskussion, weshalb nicht als offensichtlich notwendige Ergänzung zu den »Philosophinnen« eine Art Handbuch mit Stichworten zur feministischen Philosophie auf den Markt käme.

Tatsächlich gibt es bis heute kein entsprechendes Buch, in dem wichtige feministische Begriffe wie etwa »Natalität« oder »affidamento« nachgeschlagen werden könnten. Aus mehreren Gründen: Zum einen ist die Zeit für ein solches Projekt wohl noch nicht reif. Zum anderen wäre ein derartiges Werk nur in der Zusammenarbeit vieler Kolleginnen und vor allem – an einer Universität zu realisieren.

Aber die Idee zu einem neuen Buch, das einen vergleichenden Blick auf Denkerinnen und Denker ermöglichen sollte, war mit dieser Anregung geboren. Sie verband sich mit den wiederholt gestellten Fragen nach der weiblichen Philosophie. Und mit den Erfahrungen, die Marit Rullmann in verschiedenen philosophischen Matineen und Cafés sammelt, die sie allein oder mit Erika Kaldemorgen bereits seit 1989 im Ruhrgebiet veranstaltet. (Die philosophischen Cafés entstanden also keineswegs, wie heute oft zu lesen ist, im Frankreich der 90er Jahre!). Diese Veranstaltungen stoßen stets auf ein großes Publikumsinteresse – vorausgesetzt, die behandelten Themen werden allgemeinverständlich und nicht nur auf der Ebene des akademischen Fachjargons dargeboten.

Bei den Recherchen zu dem neuen Projekt wurde dann die lang gehegte Vermutung zur Gewißheit: Frauen denken anders. Zwischen männlicher und weiblicher Philosophie gibt es auffällige Unterschiede. Einige Beispiele: Eines der zentralen Probleme abendländischer Philosophie ist der Umgang mit unserer Sterblichkeit. »Philosophieren heißt Sterben lernen« schrieb Michel de Montaigne, und für Heidegger war jedes Sein ein »Sein zum Tode«. Aber so intensiv sich viele Philosophen mit dem Sterben und dem Tod auseinandersetzten, so wenig Beachtung fand das

Faktum des Geborenwerdens. Erst Hannah Arendt führte den Gedanken und den Begriff der Natalität in die Philosophie ein.

Die amerikanische Philosophin Mary Daly bringt diesen grundlegenden Unterschied auf den Begriff, wenn sie das männliche Denken als »nekrophil« und das weibliche als »biophil« bezeichnet. Aber es gibt noch mehr Differenzen:

In der Ästhetik läßt sich bei den Männern ein deutlicher Hang zur Theorie, bei den Frauen dagegen zu einer gelebten ästhetischen Existenz feststellen. Die meisten Philosophinnen (und Künstlerinnen) verweigern die Trennung zwischen Kunst und Leben, hinter der letztlich der uralte männliche Dualismus von Körper und Geist steckt; sie versuchen nicht, sich die Welt »vom Leib zu halten«. An diesem weniger gespaltenen Denken (und Handeln!) liegt es wohl auch, daß sie viel seltener als ihre Kollegen »überzeitliche Ideen« propagieren. Sie wollen nicht ein festgefügtes starres Gedankenideal errichten, darin leben und schon gar nicht – wie die Männer für Gott, Ehre, Vaterland und sonstige Idealmythen – dafür sterben. Ihre Philosophie gilt zuallererst dem Leben.

Das zeigt sich auch im Bereich der Moralphilosophie. Frauen denken eher beziehungsorientiert und neigen weniger zu abstrakter Gerechtigkeitsarithmetik. Sie sorgen sich viel mehr um den »konkreten Anderen«.

Beim Thema Liebe ist das kaum anders. Männliche Theoretiker sind – wie Abaelard – dazu imstande, anspruchsvolle Diskurse über die »reine Liebe« zu produzieren. Aber dann sind es die Frauen – im konkreten Fall Abaelards Geliebte Heloise –, die solche Forderungen mit Leben füllen.

Ohnehin läßt sich an diesem Beispiel ein weiteres Charakteristikum aufzeigen: Viele Philosophen stellten höchst anspruchsvolle moralische Thesen auf – die sie selbst nicht immer befolgten. Auch dies ein Verhalten, das bei Denkerinnen eher selten vorkommt. Ganz im Gegenteil. Einige Philosophinnen überprüfen ihre Theorien in der Praxis, die Französin Simone Weil arbeitete deshalb sogar in einer Fabrik. Die fehlende Distanz zum eigenen Körper und zum Untersuchungsgegenstand erweist sich bei den meisten Frauen als weiteres »Symptom« einer lebenszugewandten Philosophie. Und noch etwas fällt auf: Männliches Denken ist einer abstrakten, linearen Zeitvorstellung verbunden, die Zukunft wird darin zur wichtigsten Zeitdimension. Frauen dagegen denken (wieder) eher zyklisch und betonen das Zeiterleben – also die Gegenwart.

Diese unterschiedlichen Perspektiven von Philosophinnen und Philosophen beruhen nicht zuletzt auf der jahrtausendelangen Ausgrenzung der Frauen aus den Zentren der Macht und der Erschaffung kultureller Symbolsysteme wie Religion, Kunst oder Philosophie. Wenn Männer eher zum abstrakten Theoretisieren neigen und Frauen versuchen, Denken und Leben, Kunst und Alltag zu verbinden, hängt dies auch mit einem gesellschaftstypischen Faktum zusammen: Die meisten Philosophen hatten (und haben) die Möglichkeit, sich »zum Denken« von der Welt zurückzuziehen. Ehefrauen, Mitarbeiterinnen oder Sekretärinnen schirm(t)en sie weitgehend ab. Ein solches »Privileg« wurde Philosophinnen nur selten zuteil – wenn es denn überhaupt das Ziel der Philosophie sein sollte, weltabgewandt zu sein. Immerhin vertrat nicht nur Elfriede Walesca Tielsch die Auffassung, daß sich die Philosophie nicht länger auf die »Luxusgedanken der Menschheit, abseits der meisten wirklichen Not, Lebendigkeit oder Entwicklung der Zeit und dem Streben, sie zu beseitigen, zu unterstützen oder ihr gedanklich und mit Rat und Tat zur Seite zu stehen« berufen sollte (1981, S. 439).

Nicht zuletzt deshalb versucht »Frauen denken anders. Philo-Sophias 1 × 1« Probleme und Fragestellungen der (feministischen) Philosophie populärwissenschaftlich aufzuarbeiten. Es liegt in der Natur der Sache, daß der Band auch als Einführung in die »Hohe Schule des Geistes« gelesen werden kann. Alle Kapitel zusammen zeigen ein anschauliches Bild der zentralen menschlichen Fragen, die Philosophinnen und Philosophen seit 2500 Jahren immer wieder neu zu beantworten versuchten.

Allerdings ergibt sich unter dem Blickwinkel der Geschlechterdifferenz zwangsläufig auch eine etwas andere Geschichte der Philosophie. Dies bedeutet nicht, daß das Denken der Philosophinnen dem ihrer Kollegen einfach – sozusagen kompensatorisch – »hinzu«gefügt wird. Thema ist vielmehr ihre oft sehr radikale Kritik an der einseitig patriarchalen Philosophie.

Das Buch kann deshalb auf verschiedene Weise gelesen werden. Als thematische Philosophiegeschichte; als Kritik am einseitig nach männlichen Normen und Werten ausgerichteten abendländischen Wissenssytem und als Geschichte des Geschlechterkampfes, beziehungsweise der Abwertung des Weiblichen und Höherbewertung des Männlichen, die das abendländische Denken als roter Faden durchzieht.

Deutlich werden soll der komplexe und differenzierte Prozeß der intellektuellen Auseinandersetzung feministisch orientierter Wissenschaftlerinnen, der den Bereich der universitären Philosophie weit übersteigt. Ein interdisziplinäres Denken ist Grundlage jedes feministischen Diskurses, weshalb versucht wurde, unterschiedliche Forschungsergebnisse vieler Wissensdisziplinen miteinzubeziehen. Allerdings sind die Theorien und Ergebnisse in den letzten Jahren so umfangreich geworden, daß nicht einmal ansatzweise *alle* wichtigen Denkansätze in einem einzigen Buch angeführt werden könnten. In jedem Fall ist aber die wichtigste Literatur zum Weiterlesen und -forschen angegeben.

Grundsätzlich sollte jedes Kapitel für sich alleine verständlich sein. Die vielfältigen Bezüge zwischen den Themen machen jedoch deutlich, daß auch hier »alles mit fast allem« zusammenhängt. Deshalb sind gelegentlich mit dem Zeichen → Verweise auf andere Kapitel angebracht, wenn ein Begriff auch dort behandelt wird. Das Sachregister erleichtert die gezielte Suche. Als weitere Hilfestellung wurde das Personenregister um wichtige Kurzbiografien erweitert.

Die zu einem Kapitel gehörenden Fußnoten sind am Ende des entsprechenden Textes zu finden. Der bibliografische Apparat steht unter dem jeweiligen Kapitel-Stichwort – z. B. »Differenz« – im Buchanhang. Da einige Titel in mehreren Kapiteln Verwendung fanden, kommt es dabei zwangsläufig zu Mehrfachnennungen.

Unseres Wissens ist »Frauen denken anders. Philo-Sophias 1×1« der erste Versuch, auf der Basis von traditionellen philosophischen Themen wie Liebe, Vernunft, Sprache, Mensch, Leib, Gerechtigkeit, Freiheit oder Kunst die Unterschiede im »männlichen« und »weiblichen« Denken herauszuarbeiten. Aber nicht immer stimmen diese Differenzen mit dem sogenannten biologischen Geschlecht (Sex) überein, denn eines soll und darf keineswegs verschwiegen werden: Es gab in der Philosophie stets auch einige Denkerinnen mit eher »männlicher« und Denker mit – auch dies ein Grund für die gemeinsame Autorenschaft – eher »weiblicher« Denkart. Zumindest letzteres macht Hoffnung. Für die Zukunft – nicht nur der Philosophie.

Gelsenkirchen, Juni 2000 *Marit Rullmann/Werner Schlegel*

Göttin – feministischer Mythos oder historischer Fakt

> »Im Anfang schuf Gott die Himmel und die Erde. Und die Erde war wüst und leer, und Finsternis war über der Tiefe; und der Geist Gottes schwebte über den Wassern.«
>
> *1. Mos. 1,2*

Die Weisheit (*gr.* sophia) ist weiblich. Zumindest in sämtlichen kunsthistorischen Darstellungen, von der Antike bis zur Renaissance. Diese Allegorien könnten ein Hinweis sein auf ferne, längst in der kollektiven männlichen Verdrängung versunkene Zeiten und untergegangene Kulturen. Kulturen, in denen Göttinnen und Priesterinnen den Alltag der Menschen prägten. Oder handelt es sich bei der feministischen Diskussion über eine Muttergöttin nur um den Versuch der Mythenbildung?

Die Archäologie liefert andere Hinweise. Nicht nur Funde aus Çatal Hüyük (Türkei), sondern auch australische Felszeichnungen (20 000 v. u. Z.) zeigen gebärende Göttinnen oder, wie die berühmte »Venus von Millendorf« (ca. 28 000 v. u. Z.), Frauen, deren Brust- und Bauchregionen besonders betont sind. Auch neuere Funde legen die Schlußfolgerung nahe, daß frühe Gesellschaften eine matrilineare oder matrilokale[1] Organisation aufwiesen.

Die Philosophin und Psychoanalytikerin Carola Meier-Seethaler geht davon aus, daß sogar eine überwiegend matrizentrische Orientierung für die Frühzeit anzunehmen ist, denn: »Nur die eine Hälfte der Menschheit bringt offensichtlich Leben hervor, und deshalb steht am Beginn der menschlichen Kultur *die Verehrung des Weiblichen* als des Numinosen, welches das *Geheimnis des Lebens* birgt« (1992, S. 41). Es überrascht sie deshalb nicht, daß die frühesten Zeugnisse menschlicher Religiosität *»nahezu ausschließlich weiblichen Geschlechts«* sind (S. 44).[2]

Diese Funde aus dem Oberen Paläolithikum[3] umfassen eine Zeitspanne von rund 33 000 bis etwa 10 000 Jahre v. u. Z. und wurden von der Fachwelt häufig als »Jagdzauber« interpretiert. Der Archäologe André Leroi-Gourhan, Direktor des Instituts für Vor- und Frühgeschichte an der Pariser Sorbonne und anerkannter Spezialist auf diesem Gebiet, akzeptiert eine solche Deutung nicht länger. Er hält sie für weiblich-göttliche Darstellungen, die in den Wohn- oder Kulthöhlen einen zentralen Platz beanspruchten. Dagegen zeigten sich männliche Symbole an die Peripherie gedrängt oder um die weiblichen Figuren herumgruppiert (zit. n. Eisler 1989, S. 39).

Wie in allen Wissenschaften, fällt auch in der Archäologie das Verlassen patriarchaler Interpretationsmuster schwer. Durch die zunehmende Häufigkeit und die gestalterische Eindeutigkeit der Funde erwies sich die Jagdzaubererklärung schließlich als unhaltbar. Prompt ging man nunmehr von einer Art Fruchtbarkeitssymbolik niedrigster Stufe aus. Auch dagegen wendet sich Leroi-Gourhan. In seinem Standardwerk über die »Prähistorische Kunst« (1981) schreibt er, es sei »unbefriedigend und lächerlich«, die altsteinzeitliche Religion als »primitiven Fruchtbarkeitskult« herunterzuspielen (ebd.).

Die Wissenschaftshistorikerin Riane Eisler, die sich auf den Experten beruft, führt aus, daß die weiblichen Statuetten, zusammen mit den Felsmalereien, Begräbnisstätten und offensichtlichen Höhlenheiligtümern »wichtige Zeugnisse des geistigen und psychischen Lebens ihrer Zeit« ablegen (S. 33). Sie bewiesen deutlich, daß unsere Vorfahren »Ehrfurcht vor dem Mysterium des Lebens und dem des Todes« hatten (ebd.).

Eine Tatsache, die für das Neolithikum (ca. 4000-1500 v. u. Z.) als gesichert gilt. In diese letzte steinzeitliche Epoche wurde lange Zeit der Beginn von Siedlungsbau, Seßhaftigkeit, Ackerkultur und Viehzucht sowie die Entstehung gebrannter und verzierter Keramikgefäße datiert. Die Weiterentwicklung archäologischer Forschungstechniken, insbesondere die sogenannte Radiokarbon- oder C-14-Methode,[4] führte jedoch zu vielen überraschenden Ergebnissen. So konnten fortschrittlichere Kulturtechniken nicht mehr automatisch – wie vorher stets üblich – einer jüngeren Kulturstufe zugeordnet werden. Daraus resultierten teilweise stark korrigierte Epocheneinteilungen. Der als »Neolithische Revolution«[5] bezeichnete Übergang zur seßhaften Landwirtschaftskultur hat demnach zumindest in Vorderasien bereits einige tausend Jahre früher stattgefunden. Zu einer Zeit, da für West-, Mittel- oder Nordeuropa noch das frühe Mesolithikum[6] datiert wird.

Neben der C-14-Technik sorgten zwei besonders wichtige Fundstätten für eine wissenschaftliche Neubewertung der steinzeitlichen Kulturentwicklung. Auf der Hochebene von Anatolien begannen vor rund 40 Jahren die Ausgrabungen der aus Holz und Lehmziegeln errichteten, stadtartigen Großsiedlungen Çatal Hüyük (ca. 6500-5720 v. u. Z.) und Hacilar (ca. 5700-5000 v. u. Z.). Außer Gebrauchsgegenständen entdeckten die Archäologen dort zahlreiche, sehr lebensnah getroffene figürliche Frauendarstellungen und – vor allem in Çatal Hüyük – eine Vielzahl von Statuetten, deren zentrales Thema die Muttergöttin ist. Der türkische Archäologe Bahaider Alkim schrieb dazu: »Besonders interessant in der Kleinplastik sind drei Aspekte der Muttergöttin: junge Frau, gebärende Frau und alte Frau. Die Terrakottafigurine (leider ohne Kopf) der gebärenden Muttergöttin besitzt für die Religionsgeschichte große Bedeutung. Flankiert von zwei Löwen thront die Göttin auf einem Sitz; unter ihren Füßen [. . .] zermalmt sie die Schädel von Menschen; Herrin über Leben und Tod« (1968, S. 62).

Aus den vielen Kleinplastiken von Çatal Hüyük läßt sich eines schließen: Die jungsteinzeitlichen BewohnerInnen glaubten an eine allumfassende, dreifaltige Göttin (Jungfrau-Mutter-Greisin). Für James Mellaart, der im Auftrag des British Institute of Archaeology (Ankara, Türkei) die Ausgrabungen leitete, belegen sie eine »religiöse Kontinuität«, von Hacilar über Çatal Hüyük bis zu den großen »Mutter-Göttinnen« der archaischen und klassischen Zeiten (zit. n. Eisler, S. 42). Damit wandelt sich eine von Feministinnen schon lange gehegte Vermutung fast zur Gewißheit: Über Jahrtausende gewachsene Zivilisationen, in denen eine Muttergöttin im Zentrum des religiösen Ritus stand, haben existiert.

Dieser Schluß ist schon deshalb zwingend, da die jungsteinzeitlichen Fundstätten dieser Göttinnenstatuetten und anderer Symbole weit über das Gebiet des Nahen und Mittleren Osten hinausreichen. Selbst in Indien (Harappa und Mohenjo-Daro) wurden weibliche Idole aus Terrakotta gefunden. Ebenfalls im äußersten Westen Europas bei den sogenannten Megalith-Kulturen oder auf der Mittelmeerinsel Malta.

Wie wenig haltbar die allzulange aufrechterhaltene These von der kultur- und religionslosen Vorgeschichte ist, erläutert auch Mellaart in seiner Zusammenfassung der ersten drei Grabungsjahre (1961-1963): »Die zahlreichen Heiligtümer von Çatal Hüyük sind Zeugnisse einer hochentwickelten Religion samt zugehörigem Symbolismus und vollständiger Mythologie; die Bauwerke stellen die Wiege der Architektur und bewußter Stadtplanung dar;

Drei Muttergöttinnen. Stein aus Versault, 1.-2. Jh.
Musée archéologique du Châtillon,
Châtillon-sur-Seine

die Wirtschaft verrät einen hohen Entwicklungsstand von Ackerbau und Viehzucht, und die zahlreichen Importwaren belegen einen florierenden Handel mit Rohstoffen« (zit. n. Eisler, S. 47).

Selbst für das Alte Europa läßt sich die Theorie von der recht primitiv gewesenen Vorzeit nicht mehr aufrechterhalten. Die kalifornische Archäologin Marija Gimbutas katalogisierte und analysierte in ihrem Standardwerk »The Goddesses and Gods of Old Europe« Funde aus dem Gebiet zwischen Ägäis und Adria, bis hin zur Tschechei, Südpolen und der westlichen Ukraine. Auch sie belegen die Existenz komplexer sozialer und religiöser Systeme sowie die Verwendung von Kupfer zur Werkzeug- und Gold zur Schmuckherstellung. Für Gimbutas steht deshalb außer Frage, »daß das alte Europa« bereits über bemerkenswert erfolgreiche kulturelle Techniken verfügte, nämlich »eine angemessene Kunst, Technologie, Schrift und soziale Beziehungen« (S. 50). Noch auffallender schien ihr, daß es zwar eine »Arbeitsteilung zwischen den Geschlechtern, nicht jedoch [...] eine Über- oder Unterordnung« gab. So ließen beispielsweise die Bestattungsfunde auf dem Friedhof von Vinca (Serbien) keine Unterschiede erkennen »zwischen Männer- und Frauengräbern«. Eine Rangordnung, wie wir sie in unserer patriarchalen Gesellschaftsordnung gewohnt sind, gab es offensichtlich nicht (S. 51). Und auch dort stand die Anbetung der Großen Göttin im religiösen Mittelpunkt. Das beweisen neben Kultgegenständen und Votivgaben zahlreiche Gefäße, die für rituelle Aufgaben vorgesehen waren. In den »Nachbildungen von Hausschreinen und Tempeln [...] werden Frauen dargestellt, wie sie die Vorbereitung und Durchführung von rituellen Handlungen überwachen, die den verschiedenen Aspekten und Funktionen der Göttin zugeordnet sind« (zit. n. Eisler, S. 52). Damit steht fest, daß die ältesten und »künstlerisch wertvollsten Schöpfungen des Alten Europa« Werke von Frauen sind (ebd.).

Die Göttin und ihr Heros

Die Figur einer Gottesmutter und deren kultische Verehrung ist in der Menschheitsgeschichte bei weitem nicht so einzigartig, wie der römische Katholizismus mit dem Marienkult gerne glauben machen würde. Isis, Schwester und Gemahlin des Osiris und eine der volkstümlichsten Gottheiten in der ägyptischen Mythologie, ist

Mutter des ägyptischen Hauptgottes Horus.[7] Der von Ägypten aus nach Griechenland, Rom und in die römischen Provinzen verbreitete Isis-Kult kannte eine zentrale Darstellungsform: Die Göttin mit dem Horusknaben auf dem Schoß oder an der Brust. Nicht nur diese auffallende Ähnlichkeit mit Mariendarstellungen führt dazu, daß der ägyptische Kult »von Religionshistorikern als Vorbild für den Mutter-Maria-Kult der römischen Kirche betrachtet wird« (Gaube/Pechmann 1989, S. 105). Wie später Maria, stellt Hans Martin Schenke in »Der Gott ›Mensch‹ in der Gnosis« (Berlin 1962) fest, ist »Isis [...] voll mütterlicher Gnade und Erbarmen, sie verspricht Hilfe und spendet Trost...« (ebd., zit. n. Gaube/Pechmann).

Neben der ägyptischen Mythologie spielten auch der sumerisch-babylonische Ischtar-Kult, der Astarte-Kult des Vorderen Orients und die Religion der Insel Kreta eine Rolle für unseren Kulturraum: »Aus ihrer patriarchalen Umformung hat sich später die griechisch-römische Religion und das Christentum gebildet« (Gaube/Pechmann, S. 118).

Wenn auch die genaue Herkunft des sumerischen Volkes noch weitgehend im Dunkeln liegt – seine Kultur ist geradezu hervorragend dokumentiert. Dank der Erfindung der Keilschrift, die sich als Glücksfall der Archäologie erwies. Aufzeichnungen auf ungezählten Tonschrifttafeln lieferten ein aufschlußreiches Bild vom Leben der Sumerer.

Im Zentrum ihrer Religion stand die Große Göttin Inanna, die »Erste, die alle göttliche Kraft besitzt,« (S. 121) und deren Priesterinnen. Ihr zur Seite gesellt war der Heros Dumuzi, ein junger Hirte. Mit ihm feierte sie im Frühling die große Hochzeit und schenkte dadurch dem Land die ersehnte Fruchtbarkeit. Aber gegen Ende des Jahres stirbt Dumuzi – das Land wird trocken und verödet. Also stieg Inanna in die Unterwelt, um ihn zurückzuholen. Als sie dort dem Tod ins Antlitz blickte, starb auch sie – erwachte jedoch wieder zum Leben und kehrte in die Oberwelt zurück. Als sie das Land durchstreifte, begannen die Samen wieder zu keimen. Im Frühling vereinigte sie sich, hoch auf dem Gebirge stehend, erneut mit dem durch ihre Kraft wiedergeborenen Heros, und die Fruchtbarkeit der Vegetation kehrte zurück (S. 122).

Dieser Mythos ist der älteste überlieferte, in dem der Ablauf der Jahreszeiten, das Werden und Vergehen in der Natur sowie Geburt, Tod und Wiedergeburt des menschlichen Lebens enthalten sind. Von den Sumerern wurde er alljährlich in einem großen Hochzeitsfest der obersten Inanna-Priesterin mit den Königen der Sumererstädte rituell nachvollzogen. Aus ihrer Hand erhielten sie das Amt für ein weiteres Jahr. Dabei handelte es sich durchaus nicht um einen bloß symbolischen Akt. Als personifizierter Heros trug der König den Titel »Hirte des Landes«. (Die Analogie zum späteren christlichen Bischof als »guter Hirte« ist eindeutig). Aber er besaß keinerlei absolutistische Gewalt »wie in den späteren patriarchalen Reichen« (S. 123). Seine Macht blieb stets von »Göttin Gnaden«. Sie war »auf das Tempelzentrum bezogen und auf die Priesterinnen, die dort tätig waren« (ebd.).

Das Grundmuster von der Göttin und ihrem Heros[8] wiederholt sich in vielen Mythen anderer Völker und Kulturen. Auch die Babylonier als mesopotamische Herrschaftsnachfolger des zerfallenen[9] sumerischen Reiches setzten den matriarchalen Kult fort. Ischtar, die große Himmelskönigin (wer denkt da nicht an Jesus, den »himmlischen König«) vermählte sich mit ihrem Heros Tammuz. Anders als sein sumerisches Ebenbild, mußte er jedoch vor seiner Wiedergeburt noch einen schweren Kampf gegen das Tier der Unterwelt bestehen – die Urschlange... Seine Rückkehr wurde beim Neujahrsfest, dem Höhepunkt des babylonischen Jahres, gefeiert. Nicht nur durch eine kultisch-erotische Vereinigung des Königs mit der obersten Ischtar-Priesterin, sondern auch mit erotischen Ritualen des Volkes mit den Priesterinnen.

Gegen diesen Liebeskult wüteten vor allem die Israeliten und Griechen. Wie sehr, läßt sich im Alten Testament nachlesen, wo wiederholt vor der »Großen Hure Babylon«[10] gewarnt wird. Das kann kaum verwundern. Waren doch beide patriarchalisch beherrscht und damit beschäftigt, in den eroberten Einwanderungsgebieten die matriarchalen Spuren der Urbevölkerung aus der Geschichte zu tilgen.

Die Matriarchatsforscherin Heide Göttner-Abendroth beschreibt in »Die Göttin und ihr Heros« (1980) das Weltbild dieses Matriarchats.[11] Neben der sozusagen dreifaltigen Göttinnensicht (Jungfrau, Mutter, Herrin über Leben und Tod) und dem Heros, der die männliche Seite darstellte, war es durch die Priesterinnen geprägt. Sie, als weltliche Stellvertreterinnen der Großen Göttin, verkörperten den aktiven und gesetzgebenden Part. Der mythologische Heros und der reale sakrale König waren dagegen als Vertreter der Menschen der empfangende, passive Teil. Ein weiteres

Charakteristikum dieser Weltsicht ist in einem zyklischen Verständnis der →Zeit zu finden: Werden und Vergehen als ewiger Kreislauf – der Tod ist nicht endgültig, sondern nur der Übergang zu einer neuen (Wieder)Geburt.

Die Priesterinnen und die Frauen bestimmten die soziale Ordnung und den religiösen Kult. Land und Haus gehörten der Gemeinschaft der Sippe oder der Großfamilie. Namensgebung wie Erbfolge wurden innerhalb der weiblichen Linie geregelt. Auch der Wohnsitz war nach matrilokalen Gesichtspunkten festgelegt. Kinder lebten bei ihren Müttern, und deren Väter in der Sippe der eigenen Mutter. Repräsentiert wurde die jeweilige Sippschaft durch die Matriarchin. Ämter und Würden vererbten sich von der Mutter auf die Tochter. Zwischen Schwester und Bruder bestand eine sehr enge Beziehung. Während eine Verantwortung des Mannes für die Kinder »seiner« Frauen kaum gegeben war, galt sie durchaus gegenüber denen der Schwester. Da beide Geschlechter eher polygam denn monogam lebten, ist die fehlende männliche Verantwortlichkeit für eigene Kinder verständlich. Hinzu kam, daß enge emotionale Kontakte zwischen Frauen und Männern als verpönt galten.

Das mag aus heutiger Sicht archaisch und unverständlich scheinen, hatte jedoch einen entscheidenden Vorteil: Durch sexuelles Besitzdenken ausgelöste Eifersuchtstragödien und Gewalttaten kamen offensichtlich kaum vor. Statt dessen könnte für die meisten der jungsteinzeitlichen matrizentrischen und matrilokalen Kulturen typisch gewesen sein, was James Mellaart für Çatal Hüyük beschrieb: Keines der vielen Hundert ausgegrabenen Skelette wies »Anzeichen eines gewaltsamen Todes« auf (zit. n. Gaube/Pechmann, S. 119). Selbst Spuren schwerer Verletzungen, wie sie durch äußere Gewalteinwirkung entstehen, waren an ihnen nicht zu finden.

In der fehlenden Aggressivität, argumentiert Gerda Lerner in »Die Entstehung des Patriarchats« (1991), dürfte denn auch einer der Gründe für das sehr plötzliche Verschwinden dieser Kulturen zu sehen sein: »Über lange Zeit hin haben sich die matrilinearen Gesellschaften als unfähig erwiesen, konkurrenzorientierte, ausbeuterische und technisch-ökonomisch bestimmte Organisationsformen und Lebensweisen zu entwickeln oder anzunehmen, und sind von patrilinearen Gesellschaften abgelöst worden« (S. 51f.).

Bis zum Beginn der Bronzezeit, etwa 1900 Jahre v. u. Z.[12] und teilweise darüber hinaus, dürfte die matrizentrisch organisierte Gesellschaftsform jedoch vorherrschend gewesen sein. Neben den bereits erwähnten hochentwickelten Kulturen existierten einfache matrizentrische Strukturen auch in anderen Klimazonen der Erde: in Indochina, Indien, Südchina, Tibet, Ozeanien, Süd- und Mittelamerika, Afrika, im Vorderen Orient sowie in Mittel- und Nordeuropa. Als »Beginn« *der* abendländischen Kultur fungiert in den Geschichtsbüchern jedoch nach wie vor das klassische antike Griechenland. Für Heide Göttner-Abendroth ist diese Geschichtsschreibung ideologisch äußerst verdächtig. Wird damit doch der bisher längste – und archäologisch verhältnismäßig gut dokumentierte – Zeitraum der Menschheitsgeschichte systematisch unterschlagen. Der Grund liegt für sie auf der Hand: Diese Epoche entspricht nicht der patriarchalen »Norm vom ökonomisch, sozial und geistig dominierenden Mann«.

Aber waren diese Gesellschaften wirklich die von Heide Göttner-Abendroth und Gerda Weiler behaupteten »Matriarchate« oder ›nur‹ matrizentrische Gesellschaften, wie Gerda Lerner, Ernest Bornemann und Carola Meier-Seethaler argumentieren? Matrizentrisch bedeutet, daß die Machtverteilung viel egalitärer verlief als heute. Aber eben nicht spiegelbildlich umgekehrt, wie es die sprachliche Bedeutung von Patriarchat und Matriarchat nahelegt (archos = *gr.* Herrschaft). Die amerikanische Historikerin Gerda Lerner definiert das »Matriarchat« denn auch als ein dem Patriarchat analoges System. In ihm definierten Frauen nicht nur sämtliche Werte und die symbolischen Strukturen, sondern besäßen vor allem die Macht »das Sexualverhalten der Männer zu bestimmen und zu kontrollieren« (Lerner, S. 52). Genau dies hat es ihrer Meinung nach jedoch niemals gegeben.

Zu beweisen ist weder die eine noch die andere Position. Und bei allen Überlegungen darf letztlich nie außer acht bleiben: Was wir von diesen längst vergangenen Zeiträumen »wissen«, beruht auf einer Interpretation von Funden oder – im Fall der sumerischen Keilschrifttafeln – Aufzeichnungsfragmenten. Eindeutige, unzweifelhafte Überlieferungen und Dokumente existieren nicht. Was das in der Praxis bedeutet, demonstriert Gerda Lerner an einem simplen Beispiel. Könnten spätere Archäolog(inn)en, dank einer Unzahl von Mariendarstellungen einerseits und Abbildungen nackter Weiblichkeit in Kunst, Werbung und auf Zeitschriftentiteln andererseits, nicht schließen, in unserer Epoche wären Frauen hochverehrt statt unterdrückt gewesen?

Die Entstehung des Patriarchats

Was waren die Gründe für die Entwicklung der patriarchalen Gesellschaft und der bis heute anhaltenden Dominanz des Mannes gegenüber der Frau? Gaben die Frauen kampflos ihre Macht preis – und wenn ja, weshalb? Lag es – wie Ernest Bornemann, Riane Eisler, Heide Göttner-Abendroth und zum Teil auch Gerda Lerner argumentieren – wirklich an jener Friedfertigkeit und fehlenden Aggressivität, die auch noch heute fast jede Frau zum leichten Opfer männlicher Gewalttaten macht?

Diese These läßt außer acht, daß das Bild von der generell friedfertigen, aggressionslosen und damit leicht beherrschbaren Frau allzusehr der männlichen Wunschvorstellung gleicht. Inwieweit ein derartiges Frauenverhalten lediglich der normativen Kraft des Faktischen entspricht, also gerade das Ergebnis einer mehrtausendjährigen patriarchalen Unterdrückung und Erziehung ist, kann und muß gefragt werden. Erst recht, wenn man an die Rolle der »Amazonen« denkt.

Nach dem griechischen Mythos handelte es sich dabei um ein kriegerisches Frauenvolk in Asien. Nur einmal im Jahr vereinigten sich die Amazonen mit Männern der umgebenden Völkerschaft. Aus dem daraus entstehenden Nachwuchs wurden nur die Mädchen aufgezogen und zum Krieg ausgebildet. Ihnen wurde die rechte Brust ausgebrannt (Amazone = d. Brustlose), damit sie beim Bogenspannen nicht hinderlich war. Auf ihren zahllosen Kriegszügen sollen sie auch Attika heimgesucht haben und im trojanischen Krieg den Troern zu Hilfe geeilt sein.

Ein historisches Vorbild für diesen Mythos ist bisher nirgends belegt. Andererseits wissen wir spätestens seit der archäologischen Entdeckung Trojas, daß Mythen meist einen wahren Kern enthalten. Außerdem finden sich auf vielen griechischen Vasen des 6. Jht. v. u. Z. Abbildungen dieser gerüsteten Kriegerinnen, darüber hinaus existieren Statuen von verschiedenen Künstlern.

Aber könnten die sagenhaften Amazonen nicht ebensogut ein ganz anderes Ereignis mystifizieren (oder gar rechtfertigen)? Den Übergang von der weiblichen (= Brust) zur männlichen (= brustlos) kriegerischen Gesellschaftsform? Daß der Amazonenmythos damit zusammenhängt, behauptete jedenfalls Ernest Bornemann in »Das Patriarchat«. Für ihn entspringen die Legenden von den Amazonenheeren »nicht dem mutterrechtlichen Zeitalter, sondern stammen aus der Zeit der großen Unruhen nach der Einführung des Patriarchats, den finstersten Zeiten Griechenlands, in denen die letzten Rebellionen der Mutterrechtler Mykene erschütterten [...]« (S. 521).

Aber wer rebellierte? Die Frauen, obwohl doch »jedwede Form der kriegerischen Aktivität, einschließlich der bewaffneten Verteidigung« dem Mutterrecht widersprach (ebd.)? Oder die männlichen Mitglieder der matrizentrischen Gesellschaften? Und ist, wie Bornemann argumentiert (S. 100-105), wirklich in der Entwicklung der Viehzucht bei den sippen- und stammesmäßig organisierten, räuberischen indogermanischen Horden des Neolithikums der Ursprung des Patriarchats zu sehen? Fragen über Fragen, denen nur mit Hypothesen und Spekulationen begegnet werden kann.

Für Friedrich Engels stand bereits 1884 ein Zusammenhang zwischen der Entdeckung von Kupfer und Bronze als Werkstoff und dem Übergang der matrilinearen zur patrilinearen Gesellschaftsstruktur fest. Davon geht auch Riane Eisler aus, betont jedoch ausdrücklich, daß nicht die Entdeckung als solche, sondern erst deren Verwendung im kriegerischen Einsatz zu Männerherrschaft und Klassengesellschaft führte: »Unter dem vorherrschenden Paradigma ist der ›Krieg der Vater aller Dinge‹, das heißt, alle bedeutenden Entdeckungen wurden vom ›Jager‹ oder vom ›Krieger‹ gemacht und zielten zunächst einmal auf wirksamere Tötungsmethoden ab« (S. 99).

In der Tat war die Verarbeitung von Kupfer und Gold zu *friedlichen* Zwecken in verschiedenen mutterrechtlichen Kulturen des Neolithikums schon längere Zeit bekannt gewesen. Die »welthistorische Niederlage des weiblichen Geschlechts« (Engels) begann laut Eisler »erst viel später, nämlich im Lauf der sich über Jahrtausende hinziehenden Infiltration der Hirtenvölker in die fruchtbaren Gegenden, in denen der Ackerbau dominierte« (S. 100).[13] In dieser kritischen Situation kam der Verwendung von Metallen eine neue, tödliche Bedeutung zu. Sie wurden zu Waffen geschmiedet, um zu töten und die friedlichen Kulturen, die vom Ackerbau lebten, zu unterjochen (ebd.): »Im Mittelpunkt des Glaubenssystems der Alten Europäer stand der agrarische Zyklus aus Geburt, Tod und Wiedergeburt, verkörpert im femininen Prinzip der Mater Creatrix. Die Kurgan-Ideologie verherrlichte, soweit aus der vergleichbaren indoeuropäischen Mythologie bekannt, männliche, heroische Krieger-Gottheiten aus dem strahlenden oder donnernden Himmel. Während es im alten Europa keinerlei Waffendarstellungen gab, waren Dolch und Streitaxt die vorherrschenden Symbole der Kurgan-Völker,[14] die wie alle historisch nachgewiesenen Indoeuropäer die tödliche Macht der geschliffenen Waffe verherrlichten« (Gimbutas, zit. n. Eisler, S. 104).

Gerda Lerner dagegen bestreitet, daß eine einzige Ursache zum Untergang der matrizentrischen Gesellschaften führte. Sie betont, »Männer und Frauen« hätten schließlich gemeinsam die derzeitige Zivilisation entwickelt. Die Rückwendung vieler Feministinnen auf die angeblich bessere, weil »matriarchale« Vergangenheit, wäre zudem wenig hilfreich. Diesen »kompensatorischen Mythen« nachzuhängen lehnt sie ab, da eine solch rückwärtsgewandte Suche nicht die Probleme von Gegenwart und Zukunft lösen kann (1991, S. 58).

Daß in den neolithischen Sippen- und Stammeskulturen Muttergöttinen verehrt wurden, ist für Lerner symbolischer Ausdruck der übergroßen Macht von Müttern. Macht über Leben und Tod ihrer Kinder. Wenn überhaupt, konnten nur sie unter den damals herrschenden Bedingungen deren Überleben gewährleisten. Während Babys heutzutage bereits nach wenigen Lebensmonaten mit diversen Industriepräparaten vollgestopft werden, war Muttermilch jahrtausendelang die einzige Kleinkindnahrung. Jede Nachlässigkeit in der mütterlichen Fürsorge bedeutete den sicheren Tod des Kindes. Die Notwendigkeit häufigen Stillens und die dadurch bedingte ständige Nähe zum Kind brachte nach Gerda Lerners These zwangsläufig die »erste Form der Arbeitsteilung« mit sich. Da die Frauen während ihrer kurzen Lebensspanne[15] meist schwanger gingen, gleichzeitig stillten und möglicherweise weitere Kinder versorgten, sei einleuchtend, daß sie nicht an der Jagd teilnahmen. Zum einen wäre dies einigermaßen beschwerlich, zum anderen ein plötzlich schreiendes Kind dem Jagdergebnis kaum dienlich gewesen.

Ein weiterer wichtiger Aspekt ist im Fortbestand der Sippen- oder Stammesgemeinschaft zu sehen. Den konnten nur die gebärfähigen Frauen sichern. Schon deshalb mußten Mütter und Kinder die gefährlichen Jagden mit dem hohen tödlichen Risiko meiden.

Lerners Quintessenz aus all dem lautet: Der Status von Männern und Frauen war von Anfang an »verschieden«, wenn auch »gleichwertig« (S. 50). Dennoch sei »keine einzige Gesellschaft bekannt, in der Frauen als Gruppe eine Entscheidungsgewalt über Männer hatten oder sie die Regeln des Sexualverhaltens bestimmten oder die Ehevermittlung kontrollierten« (S. 51). Umgekehrt wären die Reproduktionsfähigkeit der Frau und deren Sexualität bereits sehr früh verdinglicht worden: »Die Entwicklung der Landwirtschaft in der Jungsteinzeit förderte den ›Austausch von Frauen‹ [...] weil Gesellschaften mit einer großeren Zahl von Frauen für mehr Nachwuchs sorgen konnten. Im Gegensatz zu den wirtschaftlichen Erfordernissen der Jäger-und-Sammler-Gesellschaften konnten die Ackerbauern Kinderarbeit zur Erhöhung der Erträge und Ansammlung von Überschüssen einsetzen« (S. 263 f.).

Da Gerda Lerner die von dem französischen Ethnologen und Philosophen Claude Lévi-Strauss bereits 1949 in die Welt gesetzte Theorie vom steinzeitlichen »Frauentausch« als einen der Grundsteine ihrer Argumentation nutzt, baut ihre Begründung letztlich auf einem Paradoxon auf: Ein bereits patriarchaler Akt – eben die Verdinglichung weiblicher Fortpflanzungsfähigkeit und Sexualität – wird zum Erklärungsmodell für die Entstehung des Patriarchats. Die Annahme, daß es ausgerechnet in matristischen Gesellschaften zu einem solchen Akt gekommen sein sollte, noch dazu, um beispielsweise Kriege zu verhindern (ebd.), entlarvt die dahinterstehende Lévi-Strausssche Interpretation als das, was sie ist: typisch männlich oder genauer – patriarchalisch. Nicht umsonst ließ der französische Ethnologe die Frage, weshalb den Frauen die Rolle als Tauschobjekt zugefallen sein sollte, letztlich unbeantwortet, da das dahinterstehende Inzestverbot als behauptete »soziale Regel« nicht überzeugend begründet ist.

Einer anderen Behauptung Lerners kann man hingegen zumindest die empirische Beweiskraft zugestehen: »In einem fast 2500 Jahre währenden Prozeß ist das Patriarchat von Männern und Frauen geschaffen worden« (S. 263). Die Betonung liegt auf »Prozeß« und dem Wörtchen »und«.

Zu einer ähnlichen Überzeugung gelangte auch Günter Dux. Er verfolgte die »Spur der Macht im Verhältnis der Geschlechter« und sieht in der historischen Entstehung der Innen-Außen-Dimension den Grund für die Vorrangstellung des Mannes und die völlige Verdrängung der Frau aus der Öffentlichkeit. Daß es zahlreiche matrilineare Gesellschaften gegeben habe, darüber herrsche inzwischen in der Forschung Konsens. Daraus folge aber nicht, daß es sie überall gegeben haben müsse, und Rückschlüsse auf die soziale Stellung seien nicht unmittelbar ableitbar. Denn »neben ihr stand immer der Mann. Einzig eine Analyse der Machtverhältnisse kann zeigen, wie das Verhältnis der Geschlechter beschaffen war. Das verlangt eine Rekonstruktion der Gesellschaften der Frühzeit in den [...] Strukturen der Macht« (1997, S. 68f.). Und dieser Prozeß hat gerade erst angefangen.

Die Diskussion pro und contra Matriarchat begann allerdings bereits 1886 mit der Veröffentlichung des wirkungsmächtigsten Buches, das die Altertumswissenschaft bisher hervorgebracht hat: »Das Mutterrecht« von Johann Jakob Bachofen. Rund 140 Jahre später hat die Debatte nahezu alle wissenschaftlichen Fachgebiete erreicht.[16] Mit ihr befaßt sich – um nur einige zu nennen – die Geschichtsforschung ebenso wie die Soziologie, Psychologie oder Philosophie. Und nicht zuletzt die Archäologie, eine Wissenschaft, die stark auf Hypothesen und Interpretationen angewiesen ist. Je länger der Untersuchungszeitraum zurückliegt, um so vager sind – trotz aller Funde – die Forschungsergebnisse. Daraus nun Leben, Kultur und Religion vergangener Zeiten zu rekonstruieren, erfordert nicht nur geradezu detektivischen Spürsinn, sondern oft vor allem eines: den Mut, langgehegte Überzeugungen[17] auch wieder über Bord zu werfen. Ein Mut, den sich auch die feministische Forschung zu eigen machen sollte. Denn an den teilweise stark gegensätzlichen Theorien über matrizentrische, -lineare und -lokale Kulturen und die Gründe ihres Verschwindens ist nur eines sicher: Welche die »richtige« ist, kann derzeit bestimmt nicht – und vielleicht sogar niemals entschieden werden.

Symbolischer Muttermord oder das Ende der Großen Göttin

Die »Oresteia« (oder »Orestie«) des Aischylos ist eine der berühmtesten Tragödien aus der Zeit des klassischen Griechenland. Ihr Inhalt ist rasch erzählt: Klytaimestra ermordet gemeinsam mit ihrem Liebhaber Aigisthos den Gatten Agamemnon, unter anderem aus Rache für die Opferung ihrer Tochter Iphigenie im Trojanischen Krieg. Dafür wird sie von ihrem Sohn Orestes getötet. Da aber Muttermord als das schwerwiegendste Verbrechen überhaupt gilt, verfolgen diesen nun wiederum die antiken Rachegöttinnen – die Erinnyen.[18] Von Apollon dazu aufgefordert, wendet sich Orestes deshalb an den Areopag.

Für das nun eigentlich erst beginnende Stück wählte Aischylos die Form einer Gerichtsverhandlung, mit den Erinnyen als Anklägerinnen, Apollon als Orestes' Verteidiger und Athene als Richterin.

Daß dieses Drama im Wortsinn Geschichte machte, lag zum einen daran, daß Aischylos mehr als einen Schauspieler auftreten ließ und den bis dahin zentralen Chor in den Hintergrund rückte. Damit revolutionierte er das antike Theater. Zum anderen aber entlarvte er im Ablauf des Prozesses nicht nur die Motive der beteiligten Menschen, sondern vor allem die der Götter. Und dabei wurde deutlich, daß es sich in Wahrheit um eine Entscheidung zwischen matristischen und vaterrechtlichen Gottheiten handelt. Dieser Kampf, »den Aischylos nun vorführt, ist nicht mehr und nicht weniger als eine ins Mythische projizierte Chronik des Kampfs der vaterrechtlichen Griechen gegen die mutterrechtlichen Ureinwohner des Landes« (Bornemann, S. 329). So fragt der Angeklagte, weshalb die Erinnyen nicht Klytaimestra verfolgt hätten, wo sie doch nicht nur ihren Gatten, sondern ihm, Orestes, den Vater hingemordet habe. Die Antwort ist so erschreckend wie einleuchtend: »Sie war dem Mann, den sie erschlug, nicht blutsverwandt« (ebd.). Damit vertreten die Rachegöttinnen eine eindeutig matrilineare Ordnung. Der Muttermord wiegt schwerer, denn die Mutter ist die engste Blutsverwandte, der Ehemann hingegen war nur angeheiratet.

An dieser Stelle widerspricht Apollon, »denn er vertritt die neue Ordnung, die Institution der Monogamie, die Vorherrschaft des Vaters ...« (S. 330):

»Nicht ist die Mutter ihres Kindes Zeugerin,
Sie hegt und trägt den eingesäten Samen nur;
Es zeugt der Vater, aber sie bewahrt das Pfand,
[...]
Denn Vater kann man ohne Mutter sein – Beweis
Ist dort die eigne Tochter des Olympiers Zeus,
Die nimmer eines Mutterschoßes Dunkel barg.«

(Aischylos, 1977, S. 220)

Apollon spricht also den Erzeugern, den Vätern, das höhere Recht an den Kindern zu. Wenn es bis zu diesem Zeitpunkt eine matrilineare Orientierung gab, stellt diese Behauptung eine Ungeheuerlichkeit dar. Entsprechend fällt die Antwort der Erinnyen aus: »Darnieder stürzest du die Mächte grauer Zeit, / Uralten Göttern stiehlst du [...] Du, der junge Gott, willst uns, die Greisen niederrennen« (ebd.).

Die alten (Mutter)Göttinnen gegen den neuen, jungen (Vater)Gott. Den Schöffen fällt es schwer, sich zu entscheiden. Beim Urteilsspruch droht Stimmengleichheit. Da wirft Athene, die dem Mythos nach voll erwachsen dem Haupte ihres Vaters Zeus entsprang, ihre Stimme in die Waagschale. Athene, zu Aischylos' Zeit schon lange Schutzgöttin der Stadt Athen (und damit wohl der Geburtsstätte des griechischen Patriarchats), ergreift Partei für Orestes:

»Mein ist es, abzugeben einen letzten Spruch,
Und für Orestes leg ich diesen Stein hinein.
Denn keine Mutter wurde mir, die mich gebar,
Nein, vollen Herzens lob ich alles Männliche,
Bis auf die Ehe; denn des Vaters bin ich ganz« (ebd.).

Bei Stimmengleichheit gibt Athenes Spruch den Ausschlag – Orestes wird freigesprochen. Die Erinnyen protestieren zwar: »O Götter, alt Gesetz und uraltes Recht, / Ihr rennt sie nieder, reißt sie fort aus meiner Hand«, doch der Spruch bleibt gültig. Und so muß die »Orestie« auch als »Rechtfertigungsdrama« für den Paradigmawechsel von den matristischen Kulturen zum Patriarchat gelesen werden. Sie ist jedoch nur ein Beispiel von vielen Umdrehungen der Göttergenealogie in der patriarchalen Kultur: »Aus der ursprünglich Großen Göttin, der Mutter aller Götter, wurde die Tochter oder die Gattin (Hera zu Zeus) des Gottes« (Meier-Seethaler 1992, S. 272). Selbst die Olympischen Spiele waren ursprünglich Wettläufe junger Frauen zu Ehren der Göttin Hera. Später wurde der Heilige Hain ausschließlich Zeus geweiht und den Frauen der Zutritt verboten.

Bei den frühen abendländischen Philosophen finden sich jedoch immer noch Hinweise auf die alte Verehrung der Göttinnen. So weihte der vorsokratische Philosoph Heraklit seine Schrift »Über die Natur« der Göttin Artemis und deponierte sie in ihrem Tempel. Parmenides hat wichtige Teile seines »Lehrgedichtes« von

Dike, der Göttin des Rechts, als Teil einer Offenbarung erfahren. Und selbst Platon schreibt wesentliche Gedanken über die Liebe in seinem berühmtesten Dialog, dem »Gastmahl« (»Symposion«), der Priesterin Diotima zu.

Dadurch, schreibt die amerikanische Theologin und Philosophin Mary Daly, »wird die Göttin wieder und wieder ermordet« und die Tatsache, daß es sie überhaupt gegeben hat, systematisch aus dem kulturellen Gedächtnis der Menschheit verdrängt. Gegen diese rituelle Fortsetzung des Göttinnenmordes helfe nur eines, nämlich die Erinnerung wachzuhalten, solange wir leben: »Die radikale ›Sünde‹ ist, die Göttin im wahren Sinne des Wortes zu erinnern, und das bedeutet: erkennen, daß der Versuch, sie zu töten – mythisch und existentiell –, radikal falsch ist, und durch unser eigenes Sei-en demonstrieren, daß diese Tat nicht endgültig/unwiderruflich ist« (Daly 1986, S. 133).

Gottvater, Sohn und Co. – die feministische Kritik an den monotheistischen Göttern

Die monotheistischen Religionen Juden- und Christentum[19] waren zweifellos nicht für Frauen geschaffen. Jahwe, der jüdische Gott, schloß seine Verträge ausschließlich mit Männern. Gerda Lerner schreibt, daß fortan nur noch »Männer zwischen Gott und den Menschen vermitteln« konnten. »Dies fand seinen Ausdruck in der rein männlichen Priesterschaft« (1991, S. 249).

Und welche Vorstellungen hat sich die männlich dominierte Philosophie von Gott gemacht?

Für die frühen antiken Philosophen war – so bei Platon – alles »Göttliche« noch identisch mit dem »Schönen«, »Wahren« und »Guten«. Die gesamte Ordnung des Kosmos beruhte auf göttlichem Ursprung. Erst mit der Christianisierung wurde Gott stark personalisiert, trotz (oder vielleicht gerade wegen?) des jüdisch-christlichen Bilderverbots[20] im Alten Testament. Das dabei entstandene, von der Religionsphilosophie niemals in Frage gestellte Gottesbild ist in seiner Zwiespältigkeit kaum zu überbieten. Einerseits soll er gütig und verständnisvoll sein, andererseits erscheint er strafwütig und grausam: Ein Gott, der nicht zögert, seinen Sohn zu quälen und leiden zu lassen, ihn letztlich sogar opfert?

Paul Gauguin. Der gelbe Christus, 1889.
Albright Art Gallery, Buffalo

Kein Wunder, wenn Sören Kierkegaard fordert, das Christentum müsse »in gehorsamer Unterwerfung unter Gottes Majestät geglaubt werden«. Gott ist stets gerecht – auch wenn der Mensch seine Gerechtigkeit nicht immer begreifen kann. Deshalb darf der Mensch auch, wie schon Marc Aurel feststellte, keineswegs mit Gott »rechten«. Selbst dann nicht, wenn es ganz offensichtlich ungerecht in der Welt zugehe.

Natürlich gab und gibt es auch unter Männern immer wieder kritische Stimmen zu dieser Gottesvorstellung der christlichen Theologie. Der Evolutionsbiologe Charles Darwin bezweifelte von vornherein, daß der Glaube an Gott den Menschen angeboren sei. Er hielt ihn für das Ergebnis einer kulturellen Entwicklung. Karl Marx wiederum sah in der Religion nichts anderes als »Opium des Volks«. Und für den Psychoanalytiker Sigmund Freud bildete der Gottesglaube nur die »Fortsetzung« des »infantilen Vorbilds«, des Vaters. Letztlich, argumentiert der französische Philosoph Jacques Monod, ist es nur die Angst, »die uns zwingt, den Sinn des Daseins zu erforschen«. Sie wird zur Schöpferin aller Mythen und Religionen. Daß jedoch statt einer lebensbejahenden fröhlichen Göttin heute ein eher grimmig-griesgrämiger Vater-Gott verehrt wird, dessen – so die Theologie – »unergründlicher Ratschluß« weltweit jede Grausamkeit und Ungerechtigkeit rechtfertigt: damit können und wollen sich viele Frauen nicht länger identifizieren.

Schon in den sechziger Jahre erregte die »Stammutter« feministischer Theologie, die Amerikanerin Mary Daly, Aufsehen mit ihrer Kritik an der patriarchalen Struktur der Kirche. Während der deutsche Titel »Kirche, Frau und Sexus« (1970) auf den ersten Blick eher nichtssagend scheint, verrät das 1968 erschienene Original »The Church and the Second Sex« ganz deutlich, worauf die Autorin in Anspielung auf Simone de Beauvoir hinauswill: daß auch das Christentum auf der Ausgrenzung der Frauen als »des Anderen« beruht.

Neben dem als Mann gedachten Gott, dem Papst als dessen irdischem Stellvertreter und der rein männlichen Priesterschaft sieht Daly vor allem im Marienkult den größten Sieg der Männlichkeit. Denn erstmals in der Geschichte des Patriarchats kniet nun die Mutter vor ihrem Sohn nieder. Die Marienverehrung kann deshalb nur als weiblicher Unterwerfungskult betrachtet werden. In ihm und der römisch-katholischen Beichtpraxis gründe der weibliche Masochismus (1970, S. 24).

Trotz ihrer harschen Kritik versteht sich die Amerikanerin zunächst nicht als Kirchengegnerin. Da sie – im Gegensatz zu Simone de Beauvoir – Spiritualität für durchaus wichtig erachtet (S. 185), plädiert sie für deren Reform und hofft so die »christliche Frauenfeindlichkeit« zu heilen. Dabei geht es ihr allerdings um mehr als die bloße Umbenennung Gottes in eine Göttin: »Der wesentliche Wandel muß sich in uns Frauen vollziehen, in unserem Sein und in unserem Selbstbild« (1988, S. 33).

In »Jenseits von Vater, Sohn & Co.« verschärft sie ihre Kritik und beginnt gleichzeitig, »den patriarchalen Gebrauch von Frauen und Natur und Wörtern« zu brandmarken (S. XVII). Sie untersucht die Transformation der »Göttersprache« und destruiert die wichtigsten theologischen und christlichen Symbole, etwa das Ideal der Gleichheit. Am Ende gelangt sie zu dem Ergebnis, daß das »ganze System von Mythen, Symbolen, Glaubensinhalten, Dogmen des Christentums der Idee und der Möglichkeit von Gleichheit« entgegensteht (1994, S. 215).

Nach dieser vernichtenden Analyse gibt Mary Daly jede Hoffnung auf, »das Christentum reformieren« zu können. Gegen das Patriarchat, das für sie »eine Welt sexueller Herrschaft und Gewaltanwendung ist« (S. 138), will sie eine »Schwesternschaft als kosmischen Bund« gründen, zu der sie alle Frauen aufruft (S. 176). Statt der Lebensfeindlichkeit des Patriarchats und dessen monotheistischen Religionen setzt sie nunmehr auf die weibliche Spiritualität: Frauen sollten sich wieder auf ihre »ursprünglichen Häxenkräfte«[21] besinnen.

Weibliche Mystik – die Göttin in uns oder die Hexen kommen wieder

Weibliche Mystik und Spiritualität sind keineswegs Errungenschaften der modernen Frauenbewegung – sie haben vielmehr eine lange Tradition. Bereits im 13. Jahrhundert entwickelte sich in Auseinandersetzung mit der einseitig rationalen Theologie und Philosophie die christliche Mystik in Europa. »Mit der Seele sprechen« oder schweigen, diesen Ratschlag gab die flämische Mystikerin Hadewych[22] ihren Mitschwestern. Es waren fast ausschließlich Frauen, die ihre »innere Welt« der offiziellen Kirchenlehre gegenüberstellten. Diese Mystikerinnen hatten ein ganzheitliches

Menschen- und Weltbild. Anders als etwa Hildegard von Bingen, vertraten sie auch nicht die These vom blinden Gehorsam gegenüber Gott. Für sie stand vielmehr die →Liebe im Mittelpunkt ihres Denkens. Die zwischen Gott und den Menschen – und die zwischen Mann und Frau. So offenbart die Begine[23] Mechtild von Magdeburg in ihren sehr erotischen Texten ein überraschendes Verhältnis zu Gott und Christus. Direkt und unmittelbar spricht sie von der wechselseitigen Abhängigkeit in der Liebe des Menschen wie auch der Liebe Gottes. Ein Sakrileg, nicht nur für die damalige Zeit! Aber die Mystikerinnen stellten in ihren Schriften und Taten das traditionelle männliche Bild Gottes häufiger in Frage und prangerten zugleich gesellschaftliche und kirchliche Mißstände an.

Auf der Suche nach der eigenen Identität führt die Suche vieler Feministinnen heute erneut in Bereiche der Spiritualität und Magie. Ganz bewußt berufen sich die modernen »Hexen« und »Weisen Frauen« auf ihre Vorgängerinnen, matristische Priesterinnen und die Große Göttin. Sie versuchen, das verschüttete Wissen für die heutige Zeit fruchtbar zu machen. Magie, erklärt Luisa Francia, Filmemacherin und Autorin zahlreicher Bücher zu diesem Thema, »ist die wieder entdeckte Macht der weisen Frauen«; ist die Gabe, sich etwas vorzustellen, sich ein Bild zu machen – zu imaginieren. In dieser Betrachtungsweise sind »weise Frauen« also »Schöpferinnen«, die in der Lage waren, ihren »Vorstellungen und Wünschen Gestalt zu geben« (zit. n. Gaube/Pechmann, S. 170). Eine Fähigkeit, an der es nicht nur vielen Männern, sondern meist auch den heutigen Frauen mangelt. Luisa Francia ermutigt Frauen dazu, nach diesen verlorengegangenen Kräften zu spüren, sie zu mobilisieren und damit die Welt zu verändern, statt immer nur gegen letztere aufzubegehren.

Auch die österreichische »Hexe« Judith Jannberg will Frauen veranlassen, das in ihnen liegende magische Wissen zu entwickeln. Es soll sie befähigen, ›hinter‹ die Dinge der realen Welt zu sehen, die »verborgenen Kräfte« der Natur zu durchschauen und dementsprechend die Welt mitzugestalten. In dieser weiblichen Spiritualität und Magie findet sich ein völlig anderes Gottheitsbild als in den großen monotheistischen Religionen: »Gott Vater ist tot!«, erklärt die amerikanische Hexenpriesterin Starhawk kurzerhand. Und was tritt an seine Stelle?

Die Notwendigkeit einer weiblichen Gottheit beschäftigt neben manch anderen Feministinnen auch die Philosophin und Psychoanalytikerin Luce Irigaray. Die Repräsentation des Göttlichen im Patriarchat lasse keinen Platz für eine »weibliche Trinität: Mutter, Tochter, Geist«. Damit wird die Frau auf die Mutterschaft, nämlich die Hervorbringung des Gottessohnes, festgelegt. Es sei jedoch wichtig, daß Frauen die Möglichkeit haben, sich auf ein Unendliches – die Göttin – hin zu transzendieren: »Wir brauchen die Ahnung einer Vollkommenheit, um zu werden« (1985, S. 33f.). Zur Erfüllung der weiblichen Subjektivität ist für Irigaray eine Göttin unabdingbar. Nur so könne die Frau ihre Ichwerdung vollenden (ebd.).

Diese neue Sehnsucht nach (alten?) Mythologien findet jedoch zunehmend Kritikerinnen. Sonja Distler beschreibt stellvertretend für viele, welche Gefahr von einer derartigen Strömung ausgeht. Aus psychologischer Sicht warnt sie vor einer matriarchalen Gegenmythologie, in der »Reales, Erahntes, Erwünschtes und Erhofftes« zu einer »Zukunftsvision« verschmelzen, »die rational nicht mehr nachvollziehbar ist« (1989, S. 11). Es zeige sich darin ein »Paradigmenwechsel innerhalb der Frauenbewegung«, der weg vom politischen und konkreten Alltagshandeln zu einer größeren Betonung des »Körper-Ich« führt, verbunden mit einer zunehmenden Idealisierung weiblicher Werte, die nicht selten den traditionellen (→Differenz) entsprechen. Statt die Große Göttin und allmächtige Mutter anzurufen, statt kosmischen Mächten blind zu vertrauen, sollten die Frauen wieder verstärkt dazu übergehen, ihre Probleme selbst zu lösen (S. 131f.).

Anmerkungen

1 Ob es dem Patriarchat analoge Matriarchate gegeben hat, wird vor allem in Deutschland noch heftig diskutiert. In den USA wird statt vom Matriarchat durchgängig von »matrilokal« (Wohnsitz bei der Mutter) »matrilinear« (Erbfolge und Namensgebung in weiblicher Linie) und »matrizentrisch« gesprochen.

2 Die derzeit älteste bekannte Menschendarstellung ist die 35 000 Jahre alte »Venus vom Galgenberg«, die im Dezember 1999 im Hildesheimer Roemer- und Pelizaeus-Museum erstmals öffentlich zu sehen war.

3 Altsteinzeit und längste Periode der Menschheitsgeschichte. Unterteilt in das Alt- oder Untere Paläolithikum, Mittelpaläolithikum und Obe-

res (oder Junges) Paläolithikum. Beginnt vor etwa 2 Mio. Jahren in Afrika und endet ca. 8000 v. u. Z. mit Beginn der Mittelsteinzeit (Mesolithikum). Dem Oberen Paläolithikum entstammen unter anderem die weltbekannten Höhlenmalereien von Lascaux (Frankreich) und Altamira (Spanien).

4 1949 von Nobelpreisträger Willard Libby entwickelt. Sie beruht auf der Erkenntnis, daß alle Organismen Kohlenstoff in ihren Zellen speichern. In einem konstanten Wechselverhältnis von normalem C-12- aus irdischen und C-14-Kohlenstoff aus kosmischen Quellen. Hört das Leben auf, endet auch die Speicherung von C-14-Kohlenstoff und die bestehenden Atome zerfallen mit der Zeit. Aus dem Verhältnis von C-12- und C-14-Kohlenstoff ist deshalb eine exakte Datierung möglich.

5 So bezeichnet, da er – wie die neuzeitliche industrielle Revolution – mit starkem Bevölkerungswachstum einherging.

6 Mittelsteinzeit. Ihr Beginn wird allgemein auf ca. 8000 – in Vorderasien neuerdings 9000 – Jahre v. u. Z. datiert. Auch Ende und Übergang zum Neolithikum schwankt je nach europäischem Gebiet um bis zu 3000 Jahre.

7 Der in Gestalt eines Falken verehrte Welt- und Lichtgott Horus offenbarte sich in der Person der regierenden HerrscherInnen. In der mythologischen Fortentwicklung wurde später zwischen mehreren Horus-Göttern unterschieden. Beim Sohn von Isis und Osiris handelt es sich um Harpokrates, den jungen Horusknaben.

8 Das Wort stammt aus dem Griechischen und bezeichnete einen gottähnlichen Helden, der aus der Verbindung eines Gottes oder einer Göttin mit einem Menschen hervorging. Darin wird bereits die patriarchale Umdeutung sichtbar. In den matrizentrischen Mythologien ist der Heros stets auf die Göttin bezogen.

9 Etwa Mitte 2000 v. u. Z.

10 Auch der Begriff »Sündenbabel« gehört bis heute zum gängigen Sprachgebrauch.

11 Göttner-Abendroth schreibt in ihren Werken nur von Matriarchaten.

12 Eine Bronzezeit gab es in allen Teilen der Alten Welt. Ende und Beginn variieren jedoch örtlich stark. Durch neue archäologische Erkenntnisse kommen weitere regionale Datierungsveränderungen zustande.

13 Hier stimmt sie mit Ernest Bornemann überein. Allerdings ging er davon aus, daß diese indogermanischen Horden bereits viel früher ihre raubzugartigen Wanderungen begonnen hatten, da das ständige Wachstum ihrer Viehherden zu Futtermangel führte.

14 Gimbutas nannte die aus den Steppen im Osten einfallenden Reiterhorden nach ihren Grabhügeln (= Kurgane) Kurgan-Völker. Bornemann führte dagegen zahlreiche einzelne Stämme auf, benannte deren

Einwanderungs- und Eroberungsgebiete und subsumierte alle unter dem Begriff »indogermanische Stämme«.

15 Ihr durchschnittliches Lebensalter betrug 29,8 Jahre, das der Männer 34,3 Jahre.

16 Vergleiche zu dieser Diskussion unter anderem Bärbel Wallisch-Krüger.

17 Erst seit wenigen Jahren ist archäologisch belegt, daß die berühmte Schlacht des Varus gegen »Hermann, den Cherusker« nicht, wie wir es in der Schule gelernt haben, im Teutoburger Wald stattfand, sondern an dessen nordöstlichem Rand, am Kalkrieser Berg bei Osnabrück.

18 Eumeniden ist die beschönigende Bezeichnung für eben diese Rachegöttinnen, die später zu Segens- und Fruchtbarkeitsgöttinnen wurden.

19 Zum Thema Der Mensch und sein Verhältnis zum christlichen Gott s. a. Kapitel →Mensch.

20 2. Mose 20,4: »Du sollst dir kein geschnitztes Bild machen, noch irgend ein Gleichnis dessen, was oben im Himmel, und was unten auf der Erde, und was in den Wassern unter der Erde ist.«

21 Mary Daly verändert bewußt Schreibweisen, was in der deutschen Übersetzung beibehalten wurde. Ausführlicheres dazu im Kapitel →Sprache.

22 Von der flämischen Mystikerin sind genaue Lebensdaten nicht bekannt. Aufgrund ihrer Schriften kann man aber annehmen, daß sie in der ersten Hälfte des 13. Jahrhunderts gelebt und geschrieben haben muß.

23 Niederländische Klosterfrauen. Lebten im 12. Jahrhundert in klosterähnlichen Gemeinschaften, den sogenannten »Beginenhöfen«, jedoch ohne ein Gelübde abzulegen.

Tod und Geburt – mannhaftes Sterben oder endliches Leben

> »[...] nicht indem der Mensch sein Leben hergibt, sondern indem er es wagt, erhebt sich der Mensch über das Tier; deshalb genießt innerhalb der Menschheit das höchste Ansehen nicht das Geschlecht, das gebiert, sondern das tötende Geschlecht.«
>
> *Simone de Beauvoir*

Obwohl Leben und Tod unauflöslich zusammengehören, existiert zwischen beiden eine unsichtbare Grenze. Wer sie überschreitet, ist für die Lebenden unwiederbringlich verloren. Diese Endgültigkeit brachte Simone de Beauvoir in lakonischer Kürze auf den Begriff, als sie über ihren 1980 verstorbenen Lebensgefährten Jean-Paul Sartre schrieb: »Sein Tod trennt uns. Mein Tod wird uns nicht wiedervereinen. So ist es nun einmal« (1983, S. 165).

Mit dem Tod endet das Leben oder genauer: Das, was wir als Leben bezeichnen. Und schon diese nicht nur zulässige, sondern notwendige Einschränkung kennzeichnet die Schwierigkeit der meisten Menschen, mit ihm umzugehen. Den Tod als simplen Endpunkt zu betrachten, als Auflösung in ein ewiges Nichts, macht letztlich das Leben selbst zur existentialistischen Banalität. Das können die wenigstens Menschen akzeptieren. Um die eigene – im Alltag ohnehin meist verdrängte – Endlichkeit zu ertragen, benötigen sie statt dessen das Synonym der Grenze. Grenzen sind niemals Endpunkte, dahinter liegt immer ein Gebiet, befindet sich zumindest »irgendetwas«. Sterben als Grenzüberschreitung zu verstehen, verwandelt Tod und Leben vom banalen biologischen Akt zum wortwörtlich über-sinnlichen Mysterium.

Aber kein Mensch hat jemals diese vermeintliche oder tatsächliche Grenze wissenschaftlich beweiskräftig überschritten und ist wiedergekehrt, um darüber zu berichten. An dieser unumstößlichen Tatsache vermögen auch die zahlreichen Berichte von sogenannten »todesnahen Erfahrungen«[1] bereits klinisch toter und dennoch reanimierter Patienten – etwa nach Herzinfarkten oder schweren Unfällen – nicht zu rütteln. Sie informieren uns allenfalls über *einen* möglichen Ablauf des *Sterbeprozesses.* Der kann sowohl der Fremd- als auch der Selbstbeobachtung zugänglich sein. Ob es sich wirklich um den Sterbeprozeß handelte, ist allerdings wiederum erst nach Eintritt des Todes festzustellen. Und um ihn sicher zu konstatieren, genügt der durch Stillstand von Atmung, Herz und Kreislauf gekennzeichnete sogenannte relative oder klinische Tod keineswegs.

Noch zu Beginn des 19. Jahrhunderts galten allgemein Atemstillstand – »gemessen« mit einem vor den Mund gehaltenen Spiegel[2] – und fehlender Puls als verhältnismäßig sicherer Todesbeweis. Nachdem der französische Medizinprofessor René Théophile Hyacinthe Laennec 1819 das Stethoskop erfand, war es möglich, die Herztätigkeit abzuhören. Das Ausbleiben der Herztöne wurde nun zum neuen zusätzlichen Todesmerkmal.

In der modernen Intensivmedizin galt seit 1968[3] der Hirntod als Richtgröße, da bereits wenige Minuten ohne Sauerstoffversorgung zum Absterben der Gehirnzellen führen. Dieser als biologischer oder absoluter Tod bezeichnete Körperzustand ist gekennzeichnet durch das Ausbleiben jeder hirnelektrischen Aktivität.

Unumstritten ist die neuzeitliche Todesdefinition allerdings nicht, da sie in letzter Konsequenz das Menschsein auf die bloße Gehirntätigkeit reduziert. Von dieser Position aus ist es nur noch ein kleiner gedanklicher Schritt zum Begriff des unwerten oder unnützen Lebens, wie es beispielsweise der australische Philosoph Peter Singer geistig Schwerstbehinderten attestiert (→Ethik).

Zweifel am Hirntodkriterium mehren sich in den letzten Jahren auch aus anderen Gründen. In Erlangen wurde 1997 eine 18jährige hirntote Schwangere mit Hilfe der Medizintechnik sechs Wochen lang – ja, was eigentlich? – rein körperlich »am Leben« oder bloß »funktionstüchtig« erhalten, um eine Geburt zu ermöglichen. Erst als der Fötus dennoch abstarb[4] und vom durchbluteten, beatmeten Körper abgestoßen wurde, schaltete man die Apparate aus. Eine Praxis, die auch bei Organentfernungen (Explantationen) immer häufiger zur Anwendung kommt. Und hier liegt denn auch der wahre Grund für das Hirntodkonzept.

Einen untrüglichen Beweis für den definitiven Tod eines Menschen bilden die nach Stunden auftretenden Leichenflecken und die beginnende Totenstarre. Zu diesem Zeitpunkt sind aber die Organe nicht mehr verwertbar. Wenn jedoch der Hirntod als allgemein anerkanntes Todeskriterium gilt, können die Körperfunktionen bis zum Explantationszeitpunkt aufrechterhalten werden, ohne daß dies zu komplizierten und lästigen ethischen Diskussionen führt. Eines ist dabei allerdings merkwürdig: Wie »Der Spiegel« (10/1997, S. 228) in dem Bericht »Im Grenzland des Todes« enthüllte, fragen sich Operationsschwestern und Pfleger immer wieder, weshalb die doch angeblich Toten vor der Organentnahme in Narkose versetzt werden.

Neben vielen Theologen zweifeln deshalb auch manche Mediziner an diesem Todeskriterium. Der Bremer Philosoph und Hirnforscher Gerhard Roth behauptet, daß die Konzeption des Hirntodes »empirisch und logisch« falsch ist (ebd., S. 231). Wenn jedoch der Tod nicht mit dem Ausfall der Hirnströme und dem irreparablen Verlust des Bewußtseins gleichgesetzt werden kann – was ist er dann? Oder genügt es vielleicht, um mit Epikur und Wittgenstein zu sprechen, daß der Tod nicht ist, solange wir sind und wenn der Tod ist, wir nicht mehr sind? Aber worüber reden wir dann eigentlich, wenn wir uns mit ihm befassen?

Thomas Macho meint, lediglich über »Todesmetaphern« (1987) könne der Mensch sich über das eigentlich Unfaßbare verständigen und die Angst davor bannen: Über die Gewißheit des eigenen Todes, die laut Hegel unbedingt zur Entwicklung von Selbstbewußtsein (→Ich) gehört: »Nicht das Leben, das sich vor dem Tode scheut und vor der Verwüstung rein bewahrt, sondern das ihn erträgt und in ihm sich erhält, ist das Leben des Geistes« (1989, S. 36).

Unsere modernen europäischen Industriegesellschaften haben den Tod in Kliniken und Altenheime verbannt und ghettoisiert. Im Gegensatz dazu war er bis ins 17. Jahrhundert hinein in das alltägliche Leben integriert. Von Kriegen oder Katastrophen einmal abgesehen, starben die meisten Menschen noch überwiegend zu Hause. Die Hinterbliebenen pflegten Trauerrituale, die dazu dienten, den Tod und den durch ihn erlittenen Verlust zu verarbeiten.

Diese auf dem Hintergrund des jeweiligen Glaubens entstandenen Riten unterschieden sich sowohl innerhalb als auch außerhalb des abendländischen Kulturkreises. Schon die Farbe der entsprechenden Kleidung als allgemein sichtbares Trauerzeichen war nicht überall identisch. Sie konnte rot oder violett sein (Vorderer Orient), gelb oder weiß (Ägypten) oder hellgrau und weiß (China und Japan). Hielten sich in Europa die Trauernden von Vergnügungen und Festen fern, war es woanders genau umgekehrt. Bis heute ist es beispielsweise in Teilen Mexikos üblich, unser todernstes christliches Allerheiligen als lustiges Fest zu begehen. An diesem Tag, glaubt man dort, erhalten die Toten Urlaub aus dem Jenseits und besuchen die Lebenden. In den Häusern sind deshalb Gabentische mit Leckereien vorbereitet. Da die verstorbenen Besucher aber nur den Geruch der Speisen aufnehmen, genießen deren Verwandte, Freunde und Nachbarn das Festmahl.[5]

Kaum ein Mensch vermag den Tod als Ende zu verstehen, egal, in welchem Kulturkreis er lebt. Mit Ausnahme der abendländisch-nihilistischen Tradition ist der Glaube an irgendeine Weiterexistenz der Seele oder gar ihre Reinkarnation in allen Weltreligionen verbreitet.

Die Auffassung, daß der Tod nur den Körper beträfe, vertraten schon antike Denker wie Pythagoras, Sokrates oder Platon. Letzterer beschrieb im »Phaidros«-Dialog die Reinkarnation als Schweben der Seele durch den »Himmelsraum«: Ist sie »vollkommen und befiedert [...] durchwaltet sie die ganze Welt. Hat sie aber Federn verloren, so schwebt sie umher, bis sie auf etwas Festes stößt, wo sie seßhaft wird und einen erdigen Leib annimmt...« (Auf ganz ähnliche Weise stellte sich noch im 17. Jahrhundert die Philosophin Mary Astell den Himmel als vernunftbestimmte Stätte für das Leben nach dem Tode vor.)

Dem esoterischen Glauben an eine ganz reale »diesseitige« Wiedergeburt hingen Menschen – wiederum völlig unabhängig von Religion und Kulturkreis – zu allen Zeiten an. Zu ihnen zählten Geistesgrößen wie der Dichter Johann Wolfgang von Goethe und der Physiker Albert Einstein ebenso wie zahlreiche andere Menschen. Neben der Unfähigkeit, die eigene Existenz als endlich zu akzeptieren, liefern moralische Argumente eine weitere mögliche Begründung für diesen weitverbreiteten Reinkarnationsglauben: »Das Leben wäre für die Gottlosen ein wahrer Festschmaus«, meinte die pythagoreische Philosophin Theano, »und wenn sie alle Laster begangen hätten und darauf sterben, der Tod nur ein Gewinn, wenn die Seele nicht unsterblich wäre« (zit. n. Rullmann 1998, S. 36).

Der philosophisch mannhafte Tod

»Philosophieren heißt sterben lernen«, lautet der erste Satz in Michel de Montaignes 1580 publizierten »Essais«. Er steht damit in der Tradition antiker Denker wie Epikur und Epiktet oder Seneca, für den es der Tod war, »dem wir es zu verdanken haben, daß es keine Strafe ist, geboren zu sein [...].« Sie alle hielten Todesfurcht für unvereinbar mit der Würde ihres Standes oder sahen – so Platon im Dialog »Phaidros« – das Ziel wahrer Philosophie darin, im Angesicht des Todes Gelassenheit zu bewahren.

Tatsächlich ist die patriarchale abendländische Philosophie durchdrungen von einer merkwürdigen Affinität zum Tode. Der Geburt als seiner notwendigen Voraussetzung wird kaum, allenfalls beiläufige oder gar negative Aufmerksamkeit geschenkt. Über das Un-Wesen des vom Volksmund zum schaurigen Sensenmann symbolisierten Unerklärlichen findet dagegen eine äußerst intensive Auseinandersetzung statt. Und nicht nur Religionsphilosophen wie Sören Kierkegaard verklärten den Tod zur Wohltat, die es ermöglicht, sich endlich vom →Leib zu lösen, um mit den »wenigen lieben Toten« alsbald »in einem höheren Äther« zu schweben (zit. n. Koch 1987, S. 101). Für den Pessimisten Arthur Schopenhauer war er gar der »eigentliche inspirirende Genius oder Musaget [Wegweiser] der Philosophie«, ohne den es, so die kühne Behauptung, diese überhaupt nicht gäbe (1977, S. 542f.).

Erst die materialistisch denkenden Philosophen des 18. Jahrhunderts, darunter die französischen Enzyklopädisten und Aufklärer Denis Diderot und Jean Le Rond d'Alembert, reduzierten den Tod auf ein rein biologisches Ereignis. So bedeutete er für Etienne Baron d'Holbach schlicht die Rückkehr in den Schoß der Natur.

Im 19. Jahrhundert forderte dann besonders Friedrich Nietzsche von seinen Mitmenschen den Mut zur Anerkennung der eigenen Endlichkeit. Eine seiner Begründungen lautete: Durch die Überschätzung des Übersinnlichen und das Schielen auf die Unsterblichkeit komme es zwangsläufig zur Entwertung des Diesseits. Eine Kritik, die durch religiös-fundamentalistisch motivierte Mordaufrufe, Selbstmordattentate und Kriegsdrohungen selbst an der Schwelle des 21. Jahrhunderts noch Bestätigung findet. Der bis heute heftig umstrittene Philosoph wollte mit ihr den platonischen »Ideenhimmel« zum Einsturz bringen, da seiner Meinung nach die Menschen darunter nie richtig leben durften und konnten. Dem »Opium des Volks«, wie Karl Marx die Religion genannt hatte, setzte der Atheist Nietzsche ein geradezu euphorisches »Ja« zum irdischen Leben entgegen.

Im 20. Jahrhundert erlangt die philosophische Reflexion über den Tod einen besonderen Stellenwert. Die existentialistischen Philosophen machen ihn zum Ausgangspunkt ihres Denkens.

Für Jean-Paul Sartre war er so widersinnig wie das Leben selbst, da er jederzeit alle menschlichen Möglichkeiten negieren konnte. Diese Quintessenz könnte man in die Formel fassen: Willkürlich ins Leben geworfen, plus willkürlich herausgerissen, ergibt in der Summe die Sinnlosigkeit des Lebens an sich. In der Akzeptanz der Endlichkeit sah Sartre allerdings auch die Chance, durch eigenständiges Ergreifen oder Verwerfen von Lebensmöglichkeiten die individuelle Existenz einmalig zu machen.

Albert Camus, zunächst mit Sartre befreundet und später wegen politischer und philosophischer Differenzen[6] heftig zerstritten, hielt das gesamte Dasein des Menschen für absurd. Seine als »Absurditismus« in die Philosophie eingegangenen Thesen über die Sinnlosigkeit des Lebens gipfelten in einer makabren Schlußfolgerung, mit der sein Essay »Der Mythos von Sisyphos« beginnt: »Es gibt nur ein wirklich ernstes philosophisches Problem: das ist der Selbstmord«. In ihm sah der spätere Nobelpreisträger für Literatur die einzige Möglichkeit, das Absurde der menschlichen Existenz anzuerkennen. Die letztlich naheliegende und logische Konsequenz des eigenen Selbstmordes vollzog der Schriftsteller – im Gegensatz zu manch anderen Philosophen vor und nach ihm – allerdings nicht. Sein Tod füllt statt dessen eine Seite mehr in dem noch ungeschriebenen Buch über die so zahlreich bekannten merkwürdigen Ironien der Menschheitsgeschichte: Albert Camus kam im Alter von nur 46 Jahren bei einem Autounfall ums Leben. Zu diesem Zeitpunkt war er vom existentialistischen Nihilismus Sartres, der durch diesen Tod Bestätigung zu finden schien, bereits abgerückt und hatte eine Philosophie des solidarischen Humanismus entwickelt.

Bei einer Auseinandersetzung mit dem Thema Tod darf die deutsche Philosophie nicht fehlen. Schließlich wird – wohl nicht zu unrecht – der deutschen Mentalität von aller Welt ein besonderer Hang zum Tiefsinn bescheinigt. Für Martin Heidegger begann denn auch der Tod bereits mit der Geburt, war das Dasein ein »Sein zum Tode« und Leben lediglich das »Vorlaufen in den Tod«. Daraus ergibt sich ein Grundmotiv jeglicher Existenz: Die »Sorge«, hinter der sich Angst verbirgt. Die Unausweichlichkeit der eigenen Sterblichkeit bestimme das Daseinsgefühl der Menschen bis in den Alltag hinein, denn: »Sobald ein Mensch zum Leben kommt, sogleich ist er alt genug zu sterben« (Heidegger 1949, S. 245).

Wie jede andere Wissenschaft, existierte auch die Philosophie zu keiner Zeit im gesellschaftlich »luftleeren« Raum. Sie war nie wertneutral, was meint: Die Philosophen beeinflußten mehr oder weniger stark ihre jeweilige Gesellschaft, waren jedoch bewußt und unbewußt auch stets von dieser beeinflußt. Es ist deshalb kein Zufall, wenn nicht nur sie sich immer wieder vom Tod fasziniert zeigten. In »Platon zum Trotz« spricht die italienische Philosophin Adriana Cavarero generell vom männlichen Subjekt, »das den Tod zum Ort seiner Macht und zum Maßstab des irdischen Lebens erwählt hat [...]« (S. 108f.).

Um ihr uneingeschränkt zuzustimmen, genügt ein kurzer Blick auf die Menschheitsgeschichte. Ganz offensichtlich handelt es sich bei der patriarchalen Kultur tatsächlich um eine Todeskultur. Männer des Geistes und der Tat, Philosophen, Theologen, Dichter und Künstler, Herrscher und Regierende – sie alle zelebrierten wieder und wieder in ihren Werken und Handlungen den Tod. Manche waren, wie die Dichter der Romantik, regelrecht von ihm besessen. Novalis und E. A. Poe schwelgten in ihrer Todessehnsucht. Der Tod geliebter Frauen wurde ihnen zum erwünschten und willkommenen Anlaß für ihre künstlerische Produktion. Dazu schreibt die Literaturwissenschaftlerin Elisabeth Bronfen, Männer versuchten die von der Weiblichkeit und dem Tod hervorgerufene Unordnung symbolisch zu bannen, indem sie malend, schreibend oder komponierend die Frauen zugrunde gehen lassen.

Besonders deutlich wird diese Todes-Lüsternheit in der für Frauen meist unbegreiflichen Kriegsbegeisterung vieler Männer. So wurde der zu diesem Zeitpunkt noch vermeidbare Erste Weltkrieg in Deutschland schon ein bis zwei Jahre vor seinem Beginn herbeigesehnt, -gewünscht und -geschrieben. Die »Berliner Neuesten Nachrichten« feierten ihn in der Weihnachtsnummer (!) von 1912 als »Glied der göttlichen Weltordnung« und »Erhalter alles Guten, Schönen, Großen, Erhabenen [...].« Und im Januar 1913 schrieb die staatlich geförderte Jugend(!)zeitschrift »Jungdeutschland-Post«: »Verlachen wir aus vollem Hals alte Weiber in Männerhosen, die den Krieg fürchten, und darum jammern, er sei grausig oder häßlich. Nein, der Krieg ist schön [...]« (zit. n. Kopetzky 1981, S. 19f.).

Beinhaus (Ossarium) am Douaumont/Verdun,
Foto: Werner Schlegel

So »schön«, daß sich seine späteren Schauplätze für die Beteiligten als »nicht endenwollende Alpträume« (Schlegel 1988) entpuppten, die mit Bezeichnungen wie »Hölle von Verdun« oder »Massenschlachten von Langemark« in die Geschichte eingingen.

Damit nicht genug – ihre grausigen Hinterlassenschaften töten bis auf den heutigen Tag: »›Eiserne Ernte‹ nennen sie jene Tausende und Abertausende von Blindgängern, scharfer Artillerie-, Mörser- und Granatwerfermunition aller damals verwendeten Kaliber, die noch immer im flämischen[7] Boden stecken. Das verrottet nicht, unter den Feldern, Wiesen und Wäldern, wie die vermißten Gefallenen, von denen ein erbärmlicher Mythos behauptet, sie ruhen auf dem ›Feld der Ehre‹. Es rostet vor sich hin und – fordert Opfer« (ebd.). Bauern, die beim Pflügen auf die dann manchmal explodierenden Mordwerkzeuge stoßen, oder Soldaten des Bombenräumdienstes, die Jahr für Jahr zwischen 10 000 und 25 000 Stück davon aus Gräben, Feldern und Wiesen der westbelgischen Agrarlandschaft abtransportieren.

Und während solche Überbleibsel des I. und – etwa rund um das ägyptische El Alamein – II. Weltkrieges noch bis weit ins 21. Jahrhundert hinein Menschen töten oder verstümmeln werden, glauben selbst ursprünglich pazifistisch orientierte Gruppierungen längst wieder an den Männer-Krieg als ultima ratio politischer Probleme, wie der im März 1999 begonnene Krieg der NATO gegen Restjugoslawien zeigte.[8]

Dagegen argumentierte die existentialistische Philosophin Simone de Beauvoir in »Pyrrhus und Cinéas«: »Man ist also nicht *zum* Tode – ohne Grund, ohne Ziel [...] der Mensch hat Sein zu sein, er sucht sich in jedem Augenblick Sein zu machen – dies ist das Sichentwerfen. Das menschliche Sein existiert in der Gestalt von Entwürfen, die nicht Entwürfe auf den Tod hin sind, sondern Entwürfe auf bestimmte Ziele hin. Er jagt, er fischt, er schafft sich Instrumente, er schreibt Bücher: dies sind keine Zerstreuungen, ist keine Flucht, sondern Bewegung auf das Sein hin: der Mensch macht, um zu sein. Er muß sich transzendieren, da er nicht ist [...]« (Beauvoir 1988, S. 228).

Die männliche Tod-Geburt und ihre Unsterblichkeit

Adriana Cavarero entwirft 1992 in »Platon zum Trotz«[9] ein Gegenbild zum traditionellen Denken über die »Geburt« der abendländischen Philosophie. Für sie offenbart der Ort des »reinen Denkens« ein männliches Geschlecht, da das abstrahierende Philosophieren von Anfang an die Geburt als »Schwelle des Lebens« ausschloß. Die Italienerin ist sich mit vielen feministischen Philosophinnen und Historikerinnen (etwa Heide Göttner-Abendroth, Gerda Lerner oder Riane Eisler) in einem Punkt einig: Die Errichtung der symbolischen Ordnung des Patriarchats beruht auf der Vernichtung und Auslöschung ihrer an der Großen Mutter (→Göttin) orientierten matriarchalen Vorgängerin. Die neue Ordnung erforderte anstelle einer gebärenden Fruchtbarkeitsgöttin männliche Gottheiten als symbolische Leitfiguren: Jehova, Jesus, Mohammed oder Buddha. Im häufig gewaltsam verbreiteten Christentum wird der leidende und sterbende »Heiland« zum HERRschenden Symbol – nicht etwa des Lebens, sondern der Auferstehung. Der Paradigmenwechsel von der Geburt zum Tod ist vollendet. Damit einher ging der Abbruch weiblicher Genealogie (→Differenz), und ein philosophisches Denken setzte ein, das den Dualismus von Körper und Seele, passiv und aktiv, männlich und weiblich zur zentralen Methode erklärte.

Adriana Cavareros Schlußfolgerung aus all dem lautet: Da die Männer kein Leben hervorbringen können, erkoren sie den Tod zu ihrem Ort. Er nimmt das Leben und scheint damit noch mächtiger zu sein als das Vermögen zu gebären (S. 107ff.).

Aber selbst diese weiblichste aller menschlichen Fähigkeiten wurde von einigen Philosophen noch negiert. Für Aristoteles und Thomas von Aquin bildete die Frau lediglich ein Gefäß für den männlichen Samen – sonst hatte sie keinerlei Anteil an der Zeugung der Nachkommen. Und schon von Platon war die der Fortpflanzung dienende körperliche Liebe zwischen den Geschlechtern abgewertet worden. Statt dessen lobte er die »geistige Fruchtbarkeit«, die Liebe unter Männern als die für Philosophen einzig relevante.

Auffallend ist jedoch, daß sich die Denker – und schöpferische Männer überhaupt – gleichzeitig immer wieder der Metaphorik des Gebärens bedienten. Nicht nur Sokrates bezeichnete seine philosophische Methode als »Hebammenkunst« (Maieutik). Die Metapher vom Wachsen (mit einer Idee oder einem Werk schwanger gehen) und Geborenwerden der Schöpfungen männlichen Geistes durchzieht die abendländische Wissenschaftsgeschichte wie ein roter Faden. Der englische Staatsmann und Philosoph Francis Bacon nannte eines seiner Bücher, das den Beginn der modernen Wissenschaften einläutete, »The masculine Birth of Time« – die männliche Geburt der Zeit. An Bord der Titanic war man bis zu ihrem Untergang laut zeitgenössischen Presseberichten »sicher wie in Abrahams Schoß«, und Lenin erklärte die revolutionären Auseinandersetzungen in Rußland zu »Geburtswehen«.

Carola Meier-Seethaler analysiert dies als Versuche, die kosmische Schöpferkraft in eine männliche, geistige umzupolen und damit die Geburt aus dem Mutterschoß unwirksam werden zu lassen (1992, S. 338f.). Damit einher geht auch die männliche Körper- und Frauenfeindlichkeit (→Leib). »Hüte dich vor dem Weibe«, lautet die offen und subtil verbreitete allgegenwärtige Warnung. Offenbar scheint männliche Spiritualität nur durch die Negation der sexuellen und psychischen Abhängigkeit von der Frau und Mutter möglich (S. 343).[10]

Das abstrakt-logozentrische abendländische Denken beruht demnach auf dem Streben des Mannes nach der eigenen (geistigen) Un-Sterblichkeit. Da die Frau sie mit ihrer Gebärfähigkeit körperlich zumindest indirekt besitzt, ist das männliche Trachten verbunden mit der (neiderfüllten?) Ablehnung alles Leiblich-Sinnlichen, das ihn an diese Weiblichkeit erinnert: »Wenn es dem Philosophen gelingt, Werden und Vergehen als einen Trug der Sinne zu entlarven und mit Hilfe der Konzentration auf das reine Denken einen transzendenten Bezugspunkt zu finden, der allem Seienden zugrunde liegt und die Zeit überdauert, so gewinnt er Anteil an der Unsterblichkeit. [...] Der männliche Denker schafft sich einen geistigen Ersatz für das kreative Anknüpfen des Lebens an den Tod, das die Frau kraft ihrer Gebärfähigkeit besitzt, indem er den Unsterblichkeitsfaden zwischen seiner reinen Vernunft und dem Einen Geistprinzip knüpft« (S. 344f.).

Wenn männliche Forscher der Natur die letzten Geheimnisse »entreißen« wollen (Bacon), dann in der Hoffnung, endlich das Rätsel der Sterblichkeit zu lösen und diese für sie absolute Grenze, wenn schon nicht aufheben, so doch wenigstens weiter hinausschieben zu können.[11]

Die amerikanische Wissenschaftskritikerin und Biologin Evelyn Fox-Keller untersuchte die »körperlichen Quellen«, auf denen die männliche Wissenschaft beruht, nämlich den »Gegensatz zwischen der fötalen und der fäkalen Produktivität« (1990, S. 1). Sie zeigte auf, daß deren Erforschung der Naturgeheimnisse an zwei verschiedenen Fronten stattfindet, die dennoch beide die Sterblichkeit berühren. Auf der einen Seite steht »die Suche nach der Quelle des Lebens«, während gleichzeitig ebenso intensiv »nach immer wirkungsvolleren Instrumenten des Todes« geforscht wird.

Zwei historische Ereignisse stehen dafür exemplarisch: Die Entwicklung und Produktion von Kernwaffen in den USA während des Zweiten Weltkrieges und die Entdeckung der menschlichen DNS-Struktur durch James D. Watson und Francis Harry Crick im Jahre 1953. Den beiden Vererbungsforschern gelang es damit, den Mechanismus der exakten genetischen Replikation zu entziffern. Die Tür zum Geheimnis des Lebens schien endlich aufgestoßen, seine Entstehung nicht länger im Körper der Frau verborgen. Vergleicht man nun noch die Metaphorik, von der die Entwicklung der Atombombe begleitet wurde, ist unübersehbar, wie sehr es der männlichen Wissenschaft um die Okkupierung der weiblichen Gebärfähigkeit geht.

Das gesamte, im wesentlichen in Los Alamos (New Mexico) abgewickelte und offiziell mit dem Codenamen »Manhattan-Projekt« getarnte Unternehmen wird im Stab der Physiker als »Oppenheimers Baby« deklariert. Brian Easlea, einer der Beteiligten, stellt später allerdings klar, daß »die Bombe alles in allem das Baby des Labors war und daß es wenig gab, was der Geheimdienst machen konnte, um die elterlichen Interessen zu dämpfen« (zit. n. Fox-Keller 1990, S. 6). Ein nach dem erfolgreichen Bombentest an den amerikanischen Kriegsminister gesandtes Telegramm spricht dann auch konsequenterweise davon, »daß der kleine Junge so kräftig ist wie sein großer Bruder« (ebd.). Drei Wochen später explodierte dieses »Baby« über Hiroshima und mordete mehr als 200 000 Menschen.

Für Evelyn Fox-Keller wurde mit der damaligen Umkehrung der traditionellen Geburtsmetapher nicht nur »der Schleier der Natur verkauft«, sondern die mütterliche Fruchtbarkeit von der männlichen Wissenschaft wirksam vereinnahmt. Das »Geheimnis des Lebens war zum Geheimnis des Todes geworden« (ebd.).

Im Gegensatz zur Annahme von Watson und Crick wissen wir

heute, daß deren DNS-Entdeckung noch lange nicht den technisch jederzeit zu verwirklichenden »Bauplan« für das menschliche Leben beinhaltete. Aber sie ermöglichte die rasante Entwicklung von Molekularbiologie und Gentechnologie, deren Vertreter diesem Ziel offenbar unaufhaltsam entgegenstreben. Das 1997 einer teils staunenden, teils entsetzten Öffentlichkeit vorgestellte Klonschaf »Dolly« bedeutete einen weiteren Meilenstein auf dem Weg dorthin. Und schon sind zahlreiche Genforscher mit dem nächsten Schritt beschäftigt: Der labortechnischen Herstellung menschlicher Organe und – der Massenproduktion völlig identischer Lebewesen, ohne Zeugungsprozeß.

Immerhin hält derzeit zumindest das Europäische Parlament menschliches Klonen für »unethisch«. Aber schon bemühen sich die ersten Rechts- und Moralphilosophen, die noch verhältnismäßig feste gen-ethische Abwehrfront zu unterminieren. Einer von ihnen, der Amerikaner Ronald Dworkin, wandte sich in einem »Zeit«-Dossier (Nr. 38/1999) zur sogenannten Sloterdijk-Debatte[12] gar gegen die »falsche Angst«, Gott zu spielen: »Gott zu spielen heißt, tatsächlich mit dem Feuer zu spielen. Aber genau das haben wir Sterbliche immer getan – seit Prometheus, dem Schutzheiligen der gefährlichen Entdeckungen. Wir spielen mit dem Feuer und akzeptieren die Folgen, denn die Alternative wäre unverantwortliche Feigheit vor dem Unbekannten« (S. 17). Und was bedeuten schon – angesichts dieser urmännlichen Angst, der Feigheit vor dem Feind verdächtigt zu werden – einige nebensächliche Befürchtungen wie etwa »[...] die Frage der physischen Sicherheit: Es gibt wenig Grund zu glauben, dass Klonen oder genetische Eingriffe Keimschäden verursachen werden, die künftige Generationen mit Missbildungen bedrohen können« (S. 15). »Wenig« Grund – nicht etwa: keinen. Auf jeden Fall »reichen diese Risiken für sich genommen nicht aus, um weitere Forschungen zu verbieten [...].« Damit nicht genug: »Mit Sicherheit werden sich unter den Wissenschaftlern einige wie Cowboys verhalten. Doch die könnten durch Regulierung im Zaum gehalten werden, ohne dass deshalb die Forschung insgesamt eingestellt werden müsste« (ebd.).

So einfach ist das. Ein paar Regeln (die jederzeit zu übertreten sind), und schon kann unbedenklich weiter experimentiert werden. Ein derart »unbefangener« Umgang mit dem Thema hätte noch vor einigen Jahren wahre Proteststürme in Deutschland ausgelöst. Heute führt er allenfalls zu einer Handvoll »Ja-aber«-Leserbriefen und einigen zusätzlichen Feuilletonartikeln.

Begonnen hatte diese Entwicklung mit der fälschlicherweise »künstliche Befruchtung« genannten Besamung einer weiblichen Eizelle im Reagenzglas, zuerst bei Säugetieren, später auch bei Frauen. Mit Louise Brown wurde 1978 in England das erste sogenannte Retortenkind geboren. Zwanzig Jahre später gehört die Invitro-Fertilisation – so der medizinische Fachausdruck – zum medizin-technischen Alltag. Was soll schließlich auch fragwürdig sein an dem Versuch, ungewollt kinderlosen Paaren doch noch den Wunsch nach dem eigenen Kind zu erfüllen?

Zumindest einige ethische Punkte, meint die Philosophin Brigitte Weisshaupt. Für sie mangelt es zunächst einmal an einer ausreichenden Information der Betroffenen. Sie wäre die Voraussetzung für deren wirklich freie und verantwortungsvoll getroffene Entscheidung. Aber wieviele Frauen wissen, daß bei jeder »künstlichen Befruchtung« aus »technischen« Gründen eine Mehrfachovulation stattfindet und die später »überflüssigen« weiblichen Eizellen »medizinisch verbraucht« oder der gentechnologischen Forschung zur Verfügung gestellt werden? Und was passiert mit den bereits befruchteten und für weitere Kinderwünsche auf »Eis« gelegten Zellen, die dann doch »unnötig« sind? In England vernichtete man 1996 über 5000 davon.

Bei solchen Größenordnungen ist verständlich, wenn Brigitte Weisshaupt provokativ fragt: Degradieren diese Technologien den weiblichen Körper nicht endgültig zur bloßen Materialbasis? Sie vermutet, daß es der männlichen Wissenschaft weniger um unerfüllte Kinderwünsche oder mit Hilfe der Gentechnologie heilbare Krankheiten geht. Wahrscheinlicher ist, daß dabei einmal mehr die Verfügungsmacht über den weiblichen Körper und das »Gebärenkönnen« im Vordergrund steht (1991).

Unter Berücksichtigung des uralten männlichen Strebens nach zumindest geistiger Un-Sterblichkeit ist dieser Verdacht mehr als eine Überlegung wert.

Die weibliche Körper-Geburt und das Wunder des Neuanfangs

»Mit dem Tage der Geburt brecht ihr zum Sterben auf«, meinte der Dichter Samuel Beckett, und sein Zeitgenosse Friedrich Dürrenmatt bezeichnete Schwangerschaft und Geburt als die »schlimmstmöglichen Wendungen« der Weltgeschichte. Beide entsprachen damit der bereits zitierten Auffassung (nicht nur) Martin Heideggers. Viele neuzeitliche Philosophen verstanden das Geborenwerden als größtes Unglück des Menschen. Emil M. Ciorans[13] zentrales Werk trägt den bezeichnenden Titel »Vom Nachteil geboren zu werden«, und der Rechtsphilosoph und Moralist Montesquieu war schon im 17. Jahrhundert davon überzeugt, man sollte nicht am Grab eines Menschen in Tränen ausbrechen, sondern bei seiner Geburt.

Ansonsten ist von kaum einem Philosophen eine intensivere Auseinandersetzung mit dem Thema der menschlichen Natalität (= Geburtlichkeit) bekannt. Eine Ausnahme bildet der Schweizer Hans Saner. Der mit Hannah Arendt bekannt gewesene ehemalige Assistent von Karl Jaspers veröffentlichte 1976 ein Buch mit dem Titel »Eine Philosophie der Geburt«. Ist es Zufall, daß dieses seit langem vergriffene Werk bis heute keine Neuauflage erfuhr und – trotz intensiver Bemühungen – weder über den Verlag noch über den gesamten bundesdeutschen Leihverkehr erhältlich ist? Wohl kaum, denn anders als die Mortalität (= Sterblichkeit) ist der Begriff Natalität auch nicht in philosophiegeschichtlichen Werken oder Lexika thematisiert. Obwohl er in der Philosophie bereits ausführlich behandelt wurde – natürlich von einer Frau.

Die ehemalige Heidegger-Schülerin Hannah Arendt brachte ihn in die philosophische Diskussion ein und stellte so die Geburtlichkeit erstmals gleichberechtigt der Sterblichkeit gegenüber. Die Natalität ist eng verbunden mit Arendts Kategorie des Handelns, denn Handeln und etwas Neues anfangen ist bei ihr dasselbe. Und da »jeder Mensch auf Grund des Geborenseins ein initium, ein Anfang und Neuankömmling in der Welt ist, können Menschen Initiative ergreifen, Anfänger werden und Neues in Bewegung setzen« (1981, S. 166).

Ursprünglich war Hannah Arendts philosophisches Interesse gleichmäßig auf Mortalität und Natalität verteilt. Aufgrund ihrer persönlichen Erfahrungen mit dem Nationalsozialismus – als Jü-

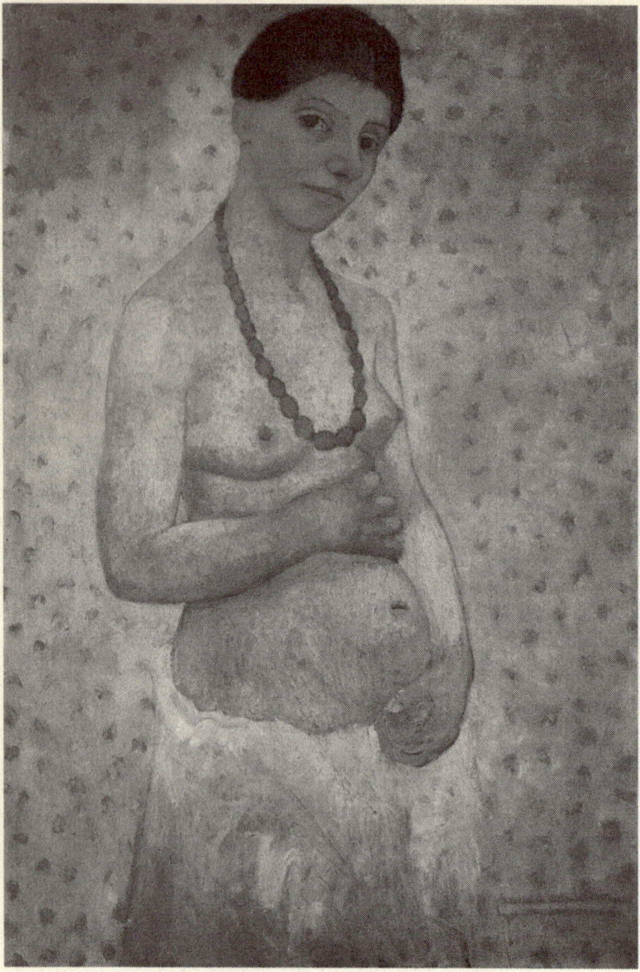

Paula Modersohn-Becker.
Selbstbildnis: Sechster Hochzeitstag, 1906.
Sammlung Ludwig-Roselius, Bremen

din mußte sie 1933 aus Deutschland emigrieren – wurde die Geburtlichkeit zum zentralen Punkt ihres Denkens. Angesichts der fast vollständigen Judenvernichtung enthält sie für die Philosophin einen Hoffnungsschimmer, der vor dem Abgleiten in die Verzweiflung bewahrt: »Das Wunder, das den Lauf der Welt und den Gang menschlicher Dinge immer wieder unterbricht und vor dem Verderben rettet, das als Keim in ihm sitzt und als ›Gesetz‹ seine Bewegung bestimmt, ist schließlich die Tatsache der Natalität, das Geborensein, welches die ontologische Voraussetzung dafür ist, daß es so etwas wie Handeln überhaupt geben kann. [...] Das ›Wunder‹ besteht darin, daß überhaupt Menschen geboren werden, und mit ihnen der Neuanfang, den sie handelnd verwirklichen können kraft ihres Geborenseins. Nur wo diese Seite des Handelns voll erfahren ist, kann es so etwas geben wie ›Glaube und Hoffnung‹ [...] Daß man in der Welt Vertrauen haben und daß man für die Welt hoffen darf, ist vielleicht nirgends knapper und schöner ausgedrückt als in den Worten, mit denen die Weihnachtsoratorien die ›frohe Botschaft‹ verkünden: ›Uns ist ein Kind geboren‹« (1981, S. 243).

Auch die amerikanische Philosophin Elizabeth K. Minnich rückt mit dem Hinweis auf »die dominante Kultur der Sterblichkeit als definierender Eigenschaft des Mannes/Menschen« (1994, S. 170) die Natalität in das ihr gebührende Rampenlicht: »Die eine menschliche Gegebenheit – Sterblichkeit – gilt als adelnd; die andere, ihre notwendige Ergänzung – Natalität – gilt als demütigend. Aber welchen Sinn ergibt es, um welchen Preis ist es möglich, sich auf den Tod zu konzentrieren und das Wunder der Geburt zu vergessen, auf das Ende fixiert zu sein und den Anfang zu ignorieren, und die Einsamkeit des Sterbens zu betonen, als ob die menschliche Bezogenheit der Geburt kein Gegengewicht darstellte? Ein Selbst, das sich im Schatten von ›alle Menschen sind sterblich‹ definiert, fühlt sich einsam und bedroht. Wir beginnen unser Leben aber nicht alleine oder in Bedrohung; unser Anfang liegt geschützt im Mutterleib, in Verbundenheit zu einer anderen« (S. 171).

Männliche Philosophen und Psychoanalytiker betonen dagegen fast ausschließlich die angeblich traumatische Geburtserfahrung des Kindes: Es muß die »warme schützende Höhle« der Gebärmutter verlassen, erfährt die »erdrückende Enge« des Geburtskanals und wird in die »kalte Welt geworfen«.

Für die gebärenden Frauen wiederum gilt in einer sterilen Klinikatmosphäre noch immer häufig der Bibelspruch: »Unter Schmerzen sollst du dein Kind gebären«. Daß dies auch anders geht, beweisen einige abfällig als »Naturvölker« bezeichnete Kulturen. Statt liegend gebären sie – wie übrigens fast alle Säugetiere – in der Hocke oder stehend. Sie erfahren so die natürliche Unterstützung der Schwerkraft als Hilfe.

Aber nicht nur das Wissen der Frauen um die richtige Technik des Gebärens wurde in den meisten Kulturen durch die männliche Wissenschaft der Gynäkologie verdrängt. Auch das Umfeld hat sich radikal verändert. In früheren Zeiten gehörte es »zur Praxis der Hebammen, die Genitalien der gebärenden Frau mit ätherischen Ölen einzureiben und sie zu masturbieren« (Fischer-Hornberger 1984, S. 126, zit. n. Waldeck, S. 92). Dies war eine probate und – im Gegensatz zu Schmerz- und Beruhigungsmitteln – für das Kind völlig unschädliche Entspannungsmethode. Daß sie mit der Anwesenheit männlicher Ärzte bei der Geburt ihr »natürliches« Ende finden mußte, ist einleuchtend. Solche Hilfestellungen bedürfen (zumindest in der patriarchalen Gesellschaft/d. A.) des Schutzes einer ausschließlich weiblichen Gemeinschaft (ebd., S. 93 f.).

Für die französische Psychoanalytikerin und Philosophin Julia Kristeva ist offenkundig, daß Frauen durch Schwangerschaft und Geburt die bestehende symbolische (patriarchale) Ordnung (→Sprache, Subjekt) überschreiten. Sie fordert deshalb eine neue Ethik, die sie wortschöpferisch Herethik (zusammengesetzt aus dem engl. »her« = ihr(e) und Ethik) oder Härethik nennt und die eine Reflexion über Mütterlichkeit ebenso einschließt wie über Geburt und Tod. Damit könne diese starre Ordnung, die von einer abstrakten Autorität regiert wird und ihre Entstehung im weiblichen Körper negiert, in Frage gestellt werden (Kristeva 1982, S. 244-254).

Dementsprechend setzt die deutsche Philosophin Annegret Stopczyk der männlichen Geburtsverteufelung das Motto »Geboren werden statt Sterben lernen« entgegen (1996, S. 185 ff.). In Anlehnung an Hannah Arendts Begriff der Natalität sieht sie in der Geburt einen Prozeß, »der während unseres gesamten individuellen Lebens andauert« (S. 195). Mit dieser Perspektive bedeute die menschliche Existenz auch keinen »Kampf auf Leben und Tod«, von dem nur letzterer erlöst, sondern statt dessen die ständige »Chance, Fehler zu machen, aber auch etwas Neues und Schönes zu beginnen« (S. 196).

Die Patriarchatskritikerin Stopczyk, der die wissenschaftliche Karriere zunächst wichtiger war als alles andere, stand noch in den 80er Jahren Begriffen wie »Weiblichkeit« oder »Mutterschaft« eher skeptisch gegenüber. Erst das von Julia Kristeva als Grenzerfahrung apostrophierte Erlebnis einer Schwangerschaft und Geburt veränderte die Sichtweise der »Logosfrau«. Der Geburtsakt ihres Sohnes Dorian, den die spätere Leibphilosophin aus »eigenleiblicher Erlebnisperspektive« deutet, stellte Stopczyks »rationale Vernunfthaltung« nachhaltig in Frage: »Nie wieder konnte ich seither in meine vorgebärende naive Vernunftidentität zurückfallen. Es war so, wie wenn meine glatte Oberfläche von innen her in die Tiefe verbunden worden wäre« (S. 205).

Vielleicht wäre dies eine Hoffnung im Sinne von Hannah Arendt und Annegret Stopczyk: Daß das Miterleben eines solchen Ereignisses[14] Männern Anlaß geben könnte, ihre Theorien über Geburt und Leben zu überdenken. Es wäre eine Chance, ihre unselige Affinität zu Tod und Unsterblichkeit zu überwinden.

Anmerkungen

1 Besonders in esoterischen Buchhandlungen gibt es dazu eine Vielzahl von Schriften. Eine auch allgemein bekannte entsprechende Autorin ist die Schweizer Ärztin Elisabeth Kübler-Ross.

2 Beschlug er nicht mehr, galt der betreffende Mensch als tot.

3 Dr. Manfred Lütz, Facharzt für Nervenkrankeiten und katholischer Diplom-Theologe in der »Welt am Sonntag« v. 19. 1. 1997.

4 Gerade deshalb läßt sich die Frage stellen, ob die Entwicklung des Fötus zum gesunden Baby nicht mehr benötigt als nur einen im rationalwissenschaftlichen Sinn korrekt funktionierenden Wirtskörper.

5 »Frankfurter Rundschau« v. 2. 12. 1989, S. M9.

6 Camus verstand sich selbst nicht als Existenzialist, ist aber in seiner frühen Philosophie dazuzurechnen.

7 Landschaft in Westbelgien, 350 Kilometer vom deutschen Ballungszentrum Ruhrgebiet entfernt.

8 Die Bundestagsfraktion der noch 1995 strikt pazifistischen GRÜNE/Bündnis 90-Partei stimmte bereits am 16. Oktober 1998 im deutschen Bundestag einem Kriegseinsatz deutscher Tornado-Düsenjäger auf dem Balkan zu.

9 Auch unter dem Titel »Platons Töchter«, 1997.

10 Evelyn Fox-Keller vermutet (1986, S. 9), daß die männlichen Initiationsriten deshalb häufig homoerotisch geprägt sind, das heißt, die eigentliche Initiation besteht in der analen Entjungferung.

11 In der Gen-Technologie wird derzeit von verschiedenen Wissenschaftlern unter anderem fieberhaft an der genetischen Entschlüsselung des natürlichen Alterungsprozesses geforscht.

12 Der deutsche Philosophieprofessor Peter Sloterdijk hielt im Juli 1999 im bayerischen Schloß Elmau eine Rede, in der er sich auch mit der Gentechnik auseinandersetzte. Das führte zu einer öffentlichen Kontroverse.

13 1911 in Rumänien geborener und 1995 in Paris gestorbener Philosoph, der sich vom Mystiker zum Skeptiker und überzeugten Pessimisten wandelte.

14 Bis vor etwa 25 Jahren waren alle Männer, die nicht Ärzte waren, von einer Geburt ausgeschlossen.

Mensch – männliche Schöpfungskrone oder weibliches Mängelwesen

»Was kann ich wissen?
Was soll ich tun?
Was darf ich hoffen?
Was ist der Mensch?«
Immanuel Kant

Mit den vier Fragen, die diesem Kapitel als Motto vorangestellt sind, brachte Immanuel Kant die Probleme der Philosophie in ihrer »weltbürgerlichen Bedeutung« auf den Punkt: »Die erste Frage beantwortet die *Metaphysik*, die zweite die *Moral*, die dritte die *Religion* und die vierte die *Anthropologie*« (Kant, Logik A 25).[1]

Die Anthropologie als Wissenschaft vom Menschen wurde erst im 20. Jahrhundert durch die deutschen Philosophen Max Scheler, Helmuth Plessner und Arnold Gehlen zu einer eigenständigen philosophischen Disziplin. Und wie so viele andere, leidet auch sie an einem typisch abendländischen »Geburtsfehler«: Sie ist, wie die amerikanische Philosophin[2] Donna Haraway kritisiert, »verbunden mit der Unterscheidung zwischen primitiv und zivilisiert, zwischen Natur und Kultur, zwischen denen, die reisen und betrachten, und jenen, die zu Hause bleiben und betrachtet werden« (1995, S. 158). Damit beruht sie auf einer die abendländische Kultur kennzeichnenden Struktur der »Konstitution des Anderen als eines Objekts für Aneignung, Beobachtung, Visualisierung und Erklärung« (ebd.).

Auf diesem Hintergrund brachten bereits die Natur- und Kulturwissenschaften zahlreiche neue und zum Teil stark unterschiedliche Erkenntnisse über den Menschen hervor. Insbesondere Biologie, Psychologie, Soziologie und Ethnologie befaßten (und befassen) sich mit dem Menschsein. Die Fülle des neuen Wissens führte jedoch zu einem Problem, das Max Scheler klar definierte. In keinem Zeitalter waren die »Ansichten über Ursprung und Wesen des Menschen unsicherer, unbestimmter und mannigfaltiger« als in eben diesem 20. Jahrhundert. Zum ersten Mal in seiner Geschichte sah sich der Mensch restlos in Frage gestellt. Eine seiner Reaktionen darauf bestand in der Begründung der Anthropologie.

Sie beinhaltete einen philosophischen Perspektivwechsel. Während die bisherigen Theorien den Menschen in seiner Abhängigkeit von Kosmos, Gott (vgl. →Göttin) und dem Sein behandelten, wurde nun erstmals versucht, den Menschen aus sich selbst heraus zu erklären, unabhängig von göttlicher Allmacht, allein als Verhältnis von innerer zu äußerer Natur. Dies geschieht in deutlicher Abgrenzung sowohl gegenüber traditionellen Idealisierungen als auch einseitigen naturwissenschaftlichen Vorstellungen.

Der Mensch und »seine« Natur

Der Mensch als Teil der Natur ist völlig abhängig von seinen natürlichen Bedürfnissen. Um zu überleben, muß er Hunger und Durst stillen, er braucht Wärme, also ein Dach über dem Kopf. Aber er kann auch über sich selbst und sein Verhältnis zu eben dieser Natur nachdenken. Eine wahrhaft außergewöhnliche Situation: Der Mensch als Naturwesen ist befähigt, sich in dieser Position, gleichsam von außen, zu beobachten und auf seine Lage einzuwirken. Der deutsche Philosoph Helmuth Plessner prägte dafür den Begriff der »exzentrischen Positionalität«.

Für viele antike philosophische Schulen war die Natur noch gleichbedeutend mit dem Göttlichen. Anders die Sophisten. Ihnen galt als naturgemäß, was dem Stärkeren nützt und zum Ausgleich den Schwächeren einen gewissen Schutz vor diesem gewährt. Und die Epikureer, frühe Vertreter des materialistischen Denkens, hielten die Welt für eine zufällig entstandene und ebenso wieder vergehende Atomkomposition.

Mit Beginn der Aufklärung änderte sich das Menschenbild radikal. René Descartes definierte den menschlichen Körper (vgl. →Leib) als funktionierende Maschine. Er teilte das Seiende in die *res cogitans*, die Seele, als denkende Substanz, die nicht ausgedehnt ist, und die *res extensa*, die stofflich ausgedehnte Materie. Dieser (cartesianische) Dualismus prägt unsere Denktradition bis zum heutigen Tag. Außerdem betonte Descartes die Ausnahmestellung des Menschen im Kosmos: Dieser sei es, der kraft seines Geistes über die gesamte Natur herrsche.

Durch die in immer kürzeren Abständen gewonnenen neuen naturwissenschaftlichen Erkenntnisse und die Vielzahl der damit in Zusammenhang stehenden Erfindungen bleibt die cartesianische Menschensicht lange aktuell. Noch im 18. Jht. verglich der französische Philosoph Baron d'Holbach den Menschen mit einem technischen Apparat, indem er schrieb, daß die »menschliche Maschine [...] beständig durch dieselben Gesetze geregelt (wird), die die Natur allen Dingen vorschreibt.«

Im 20 Jht. verändert sich das Menschenbild erneut. Die zunehmende Lösung des Menschen aus seiner Bindung an Gott und an die Natur, verbunden mit der rationalen Maschinenmetaphorik, läßt bei vielen Philosophen eine nihilistische Betrachtungsweise entstehen. Jacques Monod[3] etwa beschreibt den Menschen als Wesen, »[...] wie ein Zigeuner am Rande des Universums [...], das für seine Musik taub ist und gleichgültig gegen seine Hoffnungen, Leiden oder Verbrechen« (1971, S. 211). Eine Deutung, die sich stark beeinflußt zeigt von der existentialistischen Sichtweise Jean-Paul Sartres. Oder Albert Camus', der das menschliche Leben letztlich für widersinnig hielt: »Das Absurde entsteht aus der Gegenüberstellung des Menschen, der fragt, und der Welt, die vernunftwidrig schweigt« (1967, S. 29).

Der Mensch und seine »zweite« Natur

Um leichter zu überleben, ist der Mensch darauf angewiesen, die ihn umgebende Natur zu transformieren. Anders als viele Tiere, die nur in einem begrenzten Gebiet lebensfähig sind, siedeln und bewegen sich Menschen überall. In der Kälte von Arktis und Antarktis ebenso wie im tropischen Urwald; auf winzigen Atlantik- und Pazifikinseln wie in kargen Hochgebirgstälern; in Städten und Wüsten, zu Lande und zu Wasser – selbst außerhalb des Planeten, auf dem Mond oder in der Schwerelosigkeit des Weltraums. Letzteres dürfte für Johann Gottfried Herder, der den Menschen einst als das »nicht festgestellte Tier« bezeichnete, wohl nur schwer vorstellbar gewesen sein.

Ermöglicht wurde all das durch den »Fortschritt« oder genauer: durch des Menschen sogenannte »zweite Natur«, die von ihm hervorgebrachte und stetig weiterentwickelte Kultur.[4] Sie ist das, »worin sich das menschliche Leben über seine animalischen Bedingungen erhoben hat und worin es sich vom Leben der Tiere unterscheidet [...].« Zumindest laut Sigmund Freud, der diese Kulturdefinition 1927 in »Zukunft einer Illusion« veröffentlichte.

Eine Auffassung, die nicht immer geteilt wurde. Noch Platon

hatte so ziemlich das Gegenteil behauptet – die naturhafte Ausstattung des Menschen verhindere eigentlich dessen Überleben. Daß es dennoch gelungen wäre, erläuterte der antike Philosoph sich und seiner Zeit im »Protagoras«, sei dem Prometheus-Mythos zu danken. Prometheus, der den Göttern das Feuer raubte, um es den Menschen zu geben, habe ihnen damit die wichtigste Kulturleistung geschenkt. Und ohne dieses Geschenk wäre die Menschheit zum Untergang verurteilt gewesen.

Aristoteles wiederum (und später auch Herder) sah im Menschen nicht mehr und nicht weniger als ein vernunftbegabtes Tier. Das klügste immerhin, denn trotz gewisser organischer Mängel (nicht so stark wie ein Löwe oder so schnell wie die Gazelle) sei der Mensch in der Lage, sich jederzeit eine künstliche Ersatzwelt zu schaffen.

Für Arnold Gehlen, der in und mit seiner politischen Philosophie dem Nationalsozialismus nahe stand[5], war es gerade diese »Unspezialisiertheit«, die der Menschheit die Entwicklung von Kultur ermöglichte. Wie unter anderem Herder ging er vom Menschen als einem »Mängelwesen« aus. Neben fehlenden spezifischen Organen läge in seiner langen Entwicklungszeit (vom Embryo zum Jugendlichen rund 20 Jahre) ein weiteres Überlebenshindernis. Die Fähigkeit zu intelligentem Handeln bedeutet demnach lediglich eine Kompensation dieser Beschränktheit: Der Mensch ist gezwungen, seine Umwelt so weit zu verändern, daß er in ihr überleben kann – er schafft Kultur.

Die in allen anthropologischen Theorien als selbstverständlich vorausgesetzte Gegensätzlichkeit von (primitiver) Natur und (entwickelter) Kultur wird jedoch immer fragwürdiger. In unserer »natürlichen« Umgebung findet sich kein Baum, keine Blume und kein Strauch, der nicht von Menschen zumindest angepflanzt oder gepflegt wurde. Selbst die so unverändert wirkende »Natur« von Arktis und Antarktis ist nicht völlig »unberührt«. Expeditionen und Tourismus, Umweltverschmutzungen und vom Menschen verursachte Klimaveränderungen beeinflussen längst weltweit Wetter- und Vegetationsbedingungen. Wie unsinnig diese Trennung tatsächlich ist, zeigt in aller Deutlichkeit das Beispiel zahlreicher Bäche und Flüsse. Ihre früher mit großem Aufwand begradigten – also kultivierten – Ufer werden nun angesichts der dadurch mitverursachten, sich häufenden Hochwasserkatastrophen mit nicht weniger aufwendigen Mitteln »renaturiert«. Spätestens hier zeigt sich, daß Kultur und Natur im Menschen längst unauflöslich miteinander verwoben sind.

Der Mensch ist Mann – die Frau das Mängelwesen

Bei allen philosophischen Reflexionen und Debatten über das Menschsein stellt sich rasch eine grundsätzliche Frage: Wurde die simple und allen bekannte Tatsache, daß zwei Geschlechter existieren, eigentlich theoretisch erörtert – oder waren die Frauen einfach stets »mitgemeint«? Immerhin ist das Wort Mensch abgeleitet von althochdeutsch »mannisco« (→menisco →mennisc →mensch), was nichts anderes als »männlich« bedeutet.

»Was Philosophen über Frauen denken« dokumentierte 1980 erstmals Annegret Stopczyk. Sie gelangte zu der Erkenntnis, daß »bis etwa zum 17. Jahrhundert [...] dieses Thema gar nicht einer philosophischen ausführlichen Erörterung für würdig gehalten« wurde. Schlimmer noch: Beim Thema Mensch war immer nur einer gemeint – der Mann (S. 350). Nicht wenige Philosophen erwiesen sich sogar als ausgesprochen frauenfeindlich. Das kann schon für die Antike belegt werden. Aristoteles beispielsweise bejahte nicht nur die Unterdrückung der Sklaven, sondern auch die der Frauen. Deren gesellschaftliche Funktion sah er ausschließlich in der Fortpflanzung begründet.

Und noch eine zweite Auffälligkeit durchzieht fast die gesamte Philosophiegeschichte: Die Gleichsetzung des weiblichen Geschlechts mit »bloßer« Natur« (Bacon, Weininger und andere). Die meisten Philosophen reduzierten die Frauen auf deren Gefühlswelt und sprachen ihnen nicht selten Vernunft und Seelenvermögen ab. Umgekehrt waren viele stolz darauf, die eigene Sinnlichkeit geistig »stets im Griff zu haben« und den eigenen »Leib« so unter Kontrolle, »als wenn es ein Hündchen an der Leine wäre«. Daß Max Scheler, von dem diese Zitate stammen, seinen hochvermögenden Geist ausgerechnet in einem Bordell aushauchte, dürfte der weitverbreiteten Philosophenangst vor der eigenen Sinnlichkeit noch zusätzliche Nahrung geliefert haben.

In eben dieser Angst sieht Annegret Stopczyk den psychologischen Hintergrund für die Gleichsetzung von Frau und Natur. So propagierten zahlreiche Philosophen ein asketisches Leben, um

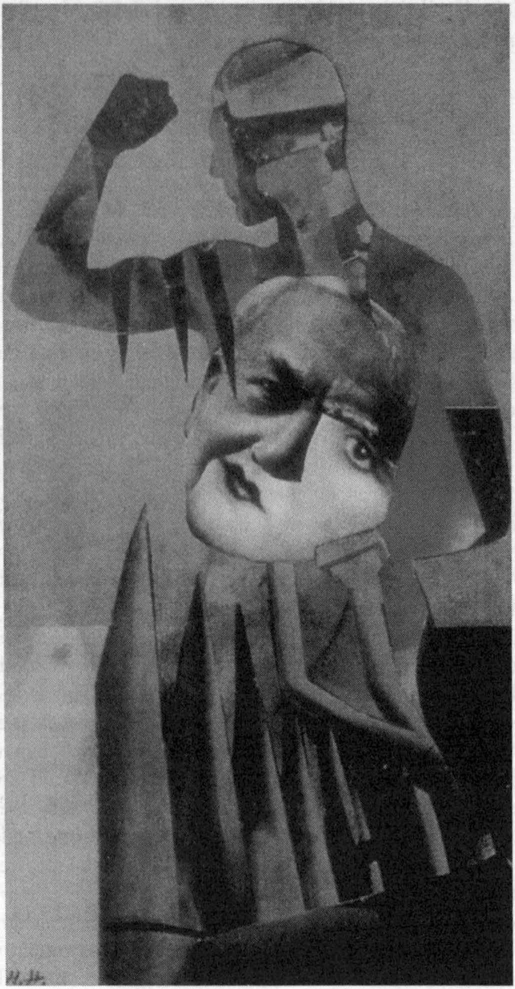

Hannah Höch. Die starken Männer, 1931.
Institut für Auslandsbeziehungen, Stuttgart.

dem scheinbar unauflösbaren Widerspruch von Geist und Körper zu entgehen. Eine Denktradition, die auch in anderen Fachgebieten Wirkung zeigte. Sigmund Freuds berühmte These, Triebverzicht sei der Kulturproduktion dienlich, verrät die gleiche geistige Grundhaltung.

Glücklicherweise gab und gibt es auch Philosophinnen, die der Frage nachgingen, »was ist der Mensch?« Daß sie zu anderen Ergebnissen gelangten als ihre männlichen Kollegen, wird kaum überraschen.

Katharina Fietze verglich in »Spiegel der Vernunft« (1991) männliche und weibliche »Theorien zum Menschsein der Frau in der Anthropologie des 15. Jahrhunderts«. Als Begründung für das »asymmetrische Menschenbild«, in dem das Weibliche dem Männlichen stets untergeordnet wird, führt sie die aristotelische Logik an. Das Denken in Gegensatzpaaren (Dichotomien) ist typisch für die antike Begriffsbildung und beginnt bei den mythischen Schriften Hesiods und Homers sowie bei den vorsokratischen Philosophen. Ausdrücke wie »Tag und Nacht« stehen dabei »für das Ganze des Zeitablaufs«, »Wasser und Land für die gesamte Erde«. Daneben gab es aber auch sogenannte Trichotomien wie Geburt, Leben und Tod, den Kreislauf von Wachsen, Reifen und Vergehen oder die Jungfrau, die Braut und die weise Frau. Fehlt die dritte Größe, der vermittelnde Aspekt, wird aus der bloßen Unterscheidung der Gegensatz: Himmel – Erde, oben – unten. In der mythischen Vorstellung war der Himmel väterlich und die Erde mütterlich: Sie wurde durch den Regen befruchtet. Durch diese Analogie wurde erstmals das Männliche positiv, nämlich mit himmlischen Eigenschaften identifiziert »und das Weibliche negativ besetzt, mit irdischen Eigenschaften« (S. 29ff.).

Aristoteles übernahm diese Gegensatzpaare in seiner »Metaphysik« und erklärte, daß dabei häufig die eine Seite den »positiven Begriff darstelle«, während die andere Seite lediglich die »Privation«[6] beinhalte. Statt einer Korrelation (Wechselbeziehung) zweier Begriffe entstand so eine eindeutig festgelegte Relation. Wenn Aristoteles »kalt und schwer als Privation von warm und leicht« bezeichnete, so ist umgekehrt »warm und leicht« nicht die Privation von kalt und schwer. Die positive Seite ist das allgemeine Prinzip, der Mangel alleine gar nicht denkbar, sondern stets bezogen auf diese Grundlage. Und diese Logik bestimmte auch die aristotelische Definition des Weiblichen. Für ihn bedeutete es die Privation (gewissermaßen den Mangel) an Mannsein, und nur in Verbindung mit dem männlichen Prinzip denkbar. Dies heißt, wer Frau sagt, muß den Mann mitdenken – was aber keineswegs umgekehrt gilt. Selbst biologisch ist die Frau für Aristoteles ein Mängelwesen, sozusagen die naturnotwendige Privation zum Zwecke der Arterhaltung.

Ironischerweise ergeben neueste wissenschaftliche Studien, rund zweieinhalbtausend Jahre nach Aristoteles, das genaue Gegenteil: Die Evolution bevorzugt das Weibliche, Männer sind nur »die häufigsten genetischen Defekte in der Natur«. Amerikanische Biologen fanden heraus, daß die weibliche Natur dem biologische Normalfall entspricht. Selbst kleinste Störungen im Wachstum eines männlichen Embryos stellen das biologische Programm sofort wieder auf weiblich um. Und das männliche Y-Chromosom ist nicht nur relativ klein, sondern es ist vor allem »Müll«, es überträgt kaum Informationen.[7]

Der bessere Mensch ist Frau

Von den genetischen Entdeckungen des 20. Jahrhunderts konnten die mittelalterlichen Philosophen noch nichts wissen. So bastelten sie denn unverdrossen weiter an dem bereits aus der Antike überlieferten negativen Frauenbild. Von Adam und Eva ausgehend, definierten sie die Frau als gleichbedeutend mit der »Erbsünde«. Dadurch wird sie endgültig zum niederen Geschlecht, dem »sexus inferior«. Ausgestattet mit »geringerer Vernunft« als der Mann, bleibt sie auf ihre Rolle als Gebärerin reduziert (Fietze, S. 65).

Diese These von der »Inferiorität des weiblichen Geschlechts« (S. 70)[8] zieht sich wie ein roter Faden durch die Anthropologie der Antike und des Mittelalters. Das kann nicht weiter verwundern, hat doch die mittelalterliche Philosophie viel vom antiken Denken eines Platon oder Aristoteles übernommen. Der als Kirchenvater bezeichnete Aurelius Augustinus galt seinerzeit nicht zuletzt deshalb als äußerst wichtig, weil er platonisches Denken mit der Schöpfungsgeschichte verband. In seinem Menschenbild hatte sich die göttliche Vorsehung »alles Geschaffene« unterworfen, die »körperliche Kreatur« ebenso wie die »spirituelle« – aber in hierarchischer Abstufung. Deshalb ordnete er »die irrationale der rationalen, die irdische der himmlischen, die weibliche der männlichen« Kreatur unter (ebd.).

Trotz des enormen Einflusses von Augustinus auf die Religionsphilosophie gab es auch andere »Interpretationen des Schöpfungsberichtes« und »Entwürfe des Menschseins« (S. 71). Vor allem bei den mittelalterlichen Mystikerinnen. Mechtild von Magdeburg sah in Mann und Frau ein gegensätzliches Paar, das auf prinzipieller Gleichwertigkeit beruht und auch nicht biologisch eindeutig festgelegt ist. Die Prophetin und Äbtissin Hildegard von Bingen setzte sich in ihren Werken (»Welt und Mensch«, »Scivias«) ebenfalls kritisch mit dem kirchenväterlichen Menschen- und vor allem Frauenbild auseinander. Sie beschrieb bereits eine eigenständige weibliche Sexualität und gestand der Frau sexuelles Lustempfinden zu. Eine Position, die nicht gerade mit der offiziellen Kirchenlehre übereinstimmte. Gleiches galt für ihre Ansichten zum Thema Ehe. Sie verteidigte nicht die – damals durchaus üblichen – Vernunft- und Zwangsehen, sondern plädierte für eine Liebesheirat. Daß dieser Liebesbund seinen natürlichen Ausdruck im von beiden Ehepartnern gewünschten und geschätzten Geschlechtsverkehr finden müsse, schien ihr selbstverständlich. Während landauf, landab die Gottesmänner gegen die Sündhaftigkeit des Sexuellen wetterten, hielt sie den in der Ehe vollzogenen Liebesakt für ehrenhaft und »schicklich« eingerichtet (decenter instituta), mehr noch: als notwendig für ein erfülltes Leben zu zweit.

Selbst dort, wo Hildegard von Bingen die klassischen Rollenbilder bestätigte, etwa wenn sie in ihrer Tugendlehre den Geschlechtern bestimmte Eigenschaften zuordnete und die Frau als »schwach« bezeichnete, war sie ihrer Zeit voraus. Erstens betonte sie, daß die Frau auch sensibel und agil sei. Zweitens verlieh sie der dem Mann zugestandenen »Härte« durch eine entsprechende Charakterisierung der Bibel einen negativen Stellenwert: Sie verglich (wenn auch an anderer Stelle) »das Alte Testament als das Unvollkommenere mit dem Harten und das Neue Testament als das Vollkommenere mit dem Weichen« (Gössmann 1983, S. 197).

Natürlich muß dabei bedacht werden, daß die Äbtissin trotz allem ein Kind ihrer Zeit und vor allem ihrer Kirche war. Daraus erklärt sich wohl manche Widersprüchlichkeit in ihren Werken. Bei der einen oder anderen Erkenntnis dürfte eher der Gehorsam gegenüber der klerikalen Obrigkeit denn ihre wahre Meinung Pate gestanden haben. Etwa, wenn sie in einem Brief an Tengswich, die Meisterin des Kanonissenstiftes St. Marien in Andernach, den extrem frauenfeindlichen Apostel Paulus zitiert: »Das Weib, das der männlichen Gewalt seines Ehemannes unterworfen ist und mit ihm in der ersten Rippe verbunden ist, muß eine große Schamhaftigkeit besitzen, damit es die Ehre seines Gefäßes, das dem Mann gehört, nicht an fremder ungebührlicher Stelle fortgeben oder entblößen muß« (zit. n. Wöhler, S. 173). Fortschrittlich ist hingegen wiederum ihre Haltung, wenn sie Frauen eine Andersartigkeit bescheinigt, ohne sie deshalb zugleich – wie sonst allgemein üblich – als minderwertig zu charakterisieren. So bleibt letztlich festzuhalten, daß Hildegard von Bingens Frauenbild sich zwar nicht grundsätzlich, aber eben doch in einigen wichtigen Punkten von den tradierten Zuschreibungen abhob.

Über 200 Jahre nach Hildegards Tod bezieht eine andere wichtige Frauengestalt des Mittelalters ganz eindeutig Position gegen die allgemeine Frauenverachtung und das Bild vom höherwertigen, stets guten und edlen Mann. Christine de Pizan, die erste Berufsschriftstellerin Frankreichs, wenn nicht sogar ganz Europas, schrieb 1405 ihr bekanntestes Buch: »Le Livre de la Cité des Dames« (Das Buch von der Stadt der Frauen, dtsch. 1986). Dieses spätmittelalterliche Frauen-Lesebuch stellt nicht zuletzt ihre Antwort auf die zwischen 1400 und 1403 tobende »Querelle des femmes« (→Liebe) dar – den ersten bisher bekannten französischen Literaturstreit.

In dieser von ihr entfachten Auseinandersetzung um Jean de Meuns frauenverachtenden zweiten Teil des »Rosenromans« hatte sie erstmals frauenfeindliche Tendenzen in der Literatur kritisiert. Dabei war ihr sehr genau bewußt, wem das verächtliche Frauenbild ihrer und anderer Zeiten zu verdanken war: »Ich erwidere ihnen (den Männern/d. A.), daß nicht die Frauen diese Bücher schrieben und sie es auch nicht waren, die das, was allerorts über sie und ihr Verhalten verbreitet wird, dort notiert haben« (1990, S. 16).

Mit Hilfe der drei allegorischen Frauenfiguren Vernunft, Rechtschaffenheit und Gerechtigkeit beurteilte Pizan in ihrem Hauptwerk die Frau nicht länger als Negativfolie des Mannes. Statt dessen ging sie in ironischer Umkehrung von einer weiblichen Überlegenheit aus. Sie bevölkerte die utopische Stadt mit zahlreichen mutigen, klugen und weisen Frauen aus Mythologie, Religion und Geschichte; mit Persönlichkeiten, deren Verhaltensweisen ihr geeignet schienen, die männlichen Vorurteile zu widerlegen. Auf die gleiche Art rüttelte sie massiv am hehren Männerdenkmal:

»Alltagserfahrung ist ferner [...], daß außerdem die gewaltigen Schandtaten und all die Schlechtigkeiten, die ohne Unterlaß auf der Welt geschehen, nicht das Werk von Frauen sind. [...] Bedenke auch – und dies ist noch gravierender –, daß sich selbst unter den Jüngern Jesu Christi, deren Zahl sich auf nur zwölf belief, bereits wieder ein schlechter Mensch befand. Und ausgerechnet die Männer sollten wirklich die Dreistigkeit besitzen, von allen Frauen, ohne Ausnahme, moralische Vollkommenheit zu verlangen [...]? Aber die Männer sollen sich doch zuerst einmal selbst betrachten – und nur derjenige, der ohne Sünde ist, der werfe den ersten Stein! [...] Wahrlich, ich sage dir: sobald die Männer selbst vollkommene Wesen werden, wollen die Frauen ihrem Beispiel gern folgen« (1990, S. 216f.).

Mit solchen und ähnlichen Argumenten versuchte Christine de Pizan zu erreichen, daß Frauen ein von Männern unabhängiges Selbstverständnis und -bewußtsein entwickeln konnten. Die Quintessenz ihrer anthropologischen Theorie über das Menschsein lautete: Die Vernunft, verstanden als reales Maß der Erkenntnis und des Handelns, begründet die Ethik, und die sittliche Selbstverwirklichung ist Voraussetzung für die Gotteserkenntnis.

Christine de Pizans kritische Aussaat fiel auf fruchtbaren Boden. Die von ihr begonnene »Querelle de femmes« setzte sich fort und erreichte einen neuen Höhepunkt in der Renaissance. Während Giordano Bruno (1548–1600) in seiner neuplatonischen Naturphilosophie dem Menschen erstmals generell das Prädikat »Krone der Schöpfung« absprach und nicht zuletzt deshalb auf dem Scheiterhaufen starb, herrschte im Umfeld der Inquisition Hochkonjunktur für frauenfeindliche Schriften. Besonders in Venedig waren gegen Ende des 16. Jahrhunderts gleich mehrere Titel erschienen, die einmal mehr das altbekannte negative Frauenbild beschworen. Unter anderem »I Donneschi Difetti« (Die Fehler der Frauen) von Guiseppe Passi und »La femina origine d'ogni male« von Abate Tondi, der darin kurzerhand die Frauen zum Ursprung allen Elends in der Welt erklärte.

Diesmal wehrten sich mehrere Frauen. Moderata Fonte und Lucretia Marinella[9] versuchten den männlichen Chauvinismus mit seinen eigenen Waffen zu schlagen und erklärten in ironischen Umdeutungen kurzerhand die Frau zu »Gottes Meisterwerk« (Gössmann). Marinella, die sich mit ihrem Buchtitel »Le Nobiltà et Eccellenze delle Donne et i Diffetti e Mancamenti de gli Huomini«[10] direkt auf Guiseppe Passis Pamphlet bezog, sah allerdings eines voraus: »Wenig Ehre wird mir daraus erwachsen, wenn ich mit Gründen und Beispielen zeige, daß das weibliche Geschlecht in seinen Handlungen und Tätigkeiten hervorragender und vorzüglicher als das männliche ist« (zit. n. Gössmann, S. 30f.).

Der Mensch als Mann und Frau ist eins

Mit »L'Egalité des hommes et des femmes« verfaßte Marie Le Jars de Gournay, französische Philosophin und Adoptivtochter Michel de Montaignes, 1622 einen weiteren, nachgerade als feministisch einzustufenden Text gegen die tradierte Frauenfeindlichkeit. Der läßt, was das Thema (Un)Gleichheit zwischen Frau und Mann angeht, an Deutlichkeit nichts zu wünschen übrig:

»Zudem ist das Tier ›Mensch‹, wenn man es recht betrachtet, weder Mann noch Frau, da die Geschlechter nicht jedes für sich geschaffen sind, sondern secundum quid, wie Aischylos sagt, das heißt ausschließlich zur Fortpflanzung. Die einzige Erscheinungsform und das alleinige Unterscheidungsmerkmal dieses Lebewesens besteht in der menschlichen Seele. Und wenn am Rande ein Spaß erlaubt ist, wäre ein Wortspiel nicht fehl am Platze, das uns lehrt: Nichts gleicht dem Kater auf der Fensterbank mehr als die Katze.

Mann und Frau sind so sehr eins, daß, wenn der Mann mehr ist als die Frau, die Frau mehr ist als der Mann. Der Mensch wurde geschaffen als Mann und Frau, sagt die Heilige Schrift und zählt mit diesen beiden als eins. [...]

Es schadet nicht, sich an dieser Stelle zu erinnern, daß sich bestimmte Kritikaster bis zu der albernen Überheblichkeit verstiegen haben, den Frauen im Unterschied zum Manne abzusprechen, daß sie Ebenbild Gottes sind. Ein Bild, daß sie nach dieser Logik am Bart festmachen mußten« (zit. n. Hagengruber, S. 67).

Mit ihrer Schrift forderte Marie Le Jars de Gournay als – soweit bisher bekannt – erste überhaupt die völlige Gleichstellung von Frau und Mann.

Dennoch mußten weitere 133 Jahre vergehen, bevor 1754 mit der deutschen Ärztin Dorothea von Erxleben in Halle erstmals eine Frau per Ausnahmeregelung promovieren durfte. Noch nicht einmal die Französische Revolution brachte eine Änderung des zweiklassigen Menschenbildes vom unfähigen schwachen Geschlecht mit sich. Ganz im Gegenteil. Am 3. September 1791 verabschiedete die Pariser Nationalversammlung die neue, nach den Grundsätzen der revolutionären »Déclaration des Droits de l'Homme et du Citoyen« vom 26. August 1789 ausgearbeitete Verfassung. Die Wortwahl »Erklärung der Rechte des Mannes und des Bürgers« war keine bloße Unbedachtheit, sondern Programm.

Die 43jährige Schriftstellerin und Philosophin Olympe de Gouges veröffentlichte deshalb wenige Tage später ihren Gesetzentwurf »Déclaration des Droits de la Femme et de la Citoyenne«. In einem der Präambel vorangestellten Text mit dem Titel »Die Rechte der Frau« fragte sie den Mann:

»Sage mir, wer hat dir die souveräne Macht verliehen, mein Geschlecht zu unterdrücken? Deine Körperkraft? Deine Talente? Beobachte den Schöpfer in seiner Weisheit; studiere die Natur in all ihrer Größe, die Natur, der du dich scheinbar nähern willst, und gib mir, wenn du es wagst, ein Beispiel für diese Tyrannei. Kehre zurück zu den Tieren, befrage die Elemente, studiere die Pflanzen, wirf einen Blick auf die Modifikationen der organisierten Materie und ergib dich der Evidenz, für die ich dir die Mittel reiche. Suche, untersuche und unterscheide, wenn du das kannst, die Geschlechter in der Ordnung der Natur. Überall findest du sie ohne Unterschied zusammen, überall arbeiten sie in harmonischer Gemeinschaft zusammen, an diesem unsterblichen Meisterwerk.

Nur der Mann stümpert sich von der Ausnahme ein Prinzip zusammen. Bizarr, blind, aufgeblasen von Wissenschaften und degeneriert in diesem Jahrhundert der Aufklärung und des Scharfsinns, in krassester Unwissenheit will er als Despot befehlen über ein Geschlecht, das alle intellektuellen Fähigkeiten besitzt« (zit. n. Hagengruber, S. 99f.).

Niemand kann behaupten, daß Olympe de Gouges in direktem Zusammenhang mit dieser Frauenrechtsdeklaration hingerichtet wurde. Aber ihr Eintreten für ein Menschsein, daß keine Unterschiede zwischen Frau und Mann macht, hatte sie bei den Revolutionären suspekt werden lassen. Ein Artikel, in dem sie das Revolutionsregime kritisierte und eine direkte Volksabstimmung über die zukünftige Regierungsform Frankreichs vorschlug, bot gut zwei Jahre danach den – wohl längst gesuchten – Anlaß für ihre Verhaftung und die spätere Hinrichtung am 3. November 1793.

Ob ihr mutiges Auftreten Wirkung zeigte oder doch eher folgenlos blieb, kann im Rückblick nur schwer beurteilt werden. Feststeht, daß in den Zeiten der Aufklärung die von Olympe de Gouges und ihren Vorgängerinnen aufgeworfene »Frauenfrage« so gut wie keine Rolle spielte. Schlimmer noch: Von Jean-Jacques Rousseau bis zu Fichte, Kant und Hegel, den Philosophen des deutschen Idealismus, wurden wieder eifrigst die uralten Theorien breitgetreten: Die Frau – das reine Gefühlswesen; die Frau – dazu geschaffen, dem Manne »zu gefallen und sich zu unterwerfen« (Rousseau, 1990, S. 721); die Frau – sich freiwillig und »vernünftigerweise« (Fichte, S. 343) unterwerfend. Genau so sah das bürgerliche Frauenideal dann auch aus: Das Heimchen am Herd, zuständig für sittliche Kindererziehung und Pflege von Körper und Seele des Mannes.

Der Mensch und (s)eine neue Definition

»Die beyden Geschlechter verhalten sich untereinander wie Allgemeines und Besonderes. Das eine ist das Schaffende, wahrhaft Erzeugende, Positive, das andere ist das lediglich Empfangende, Negative, und der ganze Zeugungsprozeß ist nur eine Vernichtung aller Negativität des Weiblichen durch die positive, bleibende Kraft des Männlichen.« Diese Beschreibung stammt nicht etwa von Aristoteles, sondern von dem Chirurgen und Philosophen Ph. Fr. Walther aus dem Jahr 1802. Sie könnte sicher ebensogut von Hegel sein, der 1830 behauptete: »Der männliche Testikel ist das tätige Gehirn, der Kitzler ist das untätige Gefühl überhaupt.«

Zitiert sind diese und ähnliche geistige Geschlechtsverirrungen in Claudia Honeggers Buch »Die Ordnung der Geschlechter. Die Wissenschaften vom Menschen und das Weib« (1991). Sie beschreibt darin, wie es im 18. Jahrhundert zur Entwicklung einer Sonderanthropologie für den weiblichen Teil der Menschheit kam. Das Problem der Differenz der Geschlechter wurde von der gesellschaftlichen Ebene auf die »Natur« verlagert – die neuen Hohenpriester waren nunmehr die Ärzte. Sie leiteten die psychischen Eigenschaften der Frauen kurzerhand aus dem Somatischen ab. Einige Beispiele: Der angeblich schwächere Körper der Frau lasse auf ein ebenfalls schwächer ausgeprägtes Urteilsvermögen schließen. Die kleineren Lungen bedeuten, daß Frauen furchtsamer seien als Männer, und die schlafferen Muskeln künden von ihrer Launenhaftigkeit. Die weiblichen Geschlechtsteile gelten gegenüber den männlichen als unterentwickelt und unvollkommen – folglich muß das weibliche Schamgefühl ebenfalls nur schwach entwickelt sein. Außerdem symbolisiert die »innere Lage und defizitäre Ausstattung des weiblichen Geschlechtsapparates die Unselbständigkeit der Frau in der Welt«. Dagegen beweist sich das »männliche Prinzip der Selbsterhaltung und Individuation« eindeutig durch die »Weltoffenheit« und »Selbständigkeit von Rute und Hodensack« (S. 206). Mit anderen Worten: Der männliche Herrschaftsanspruch über Frau und Welt hängt – festgemacht am Geschlechtsteil – freischwebend in der Luft.

Angesichts eines derart rundum männlich geprägten Menschenbildes fordert die Berliner Philosophin Annegret Stopczyk eine Neudefinition des Begriffs Mensch. Die Kantsche Erklärung »Der Mensch wird zum Menschen erst durch Erziehung« betrachtet sie als überholt. Frauen seien jahrhundertelang im Namen der Vernunft begrifflich ausgegrenzt und auf ihre bloße Sinnlichkeit reduziert worden. Und auch Kant habe sie auf ihre Verstandesfunktion, also das dingbezogene Denken (im Gegensatz zum ideenbezogenen →Vernunftdenken) beschränkt. Damit zementiere seine Anthropologie – transzendentalphilosophisch betrachtet – die Herrschaft des männlichen Vernunftwesens über das Verstandeswesen Frau.

Stopczyk plädiert statt dessen für eine Definition des Menschen als »vom Weibe geboren«, analog unserem alltäglichen Sprachverständnis, als Abgrenzungsbegriff zu Tier, Pflanze oder Stein. Dies entspräche dem ersten Teil der Kantschen Begriffsbestimmung: *Der Mensch* wird zum Menschen erst durch Erziehung. Die bisherige abendländische Denktradition arbeitete stets mit dem Ausschluß bestimmter Menschen aus dieser angeblich allgemeinen Definition: den Sklaven, Frauen und Kindern, den Barbaren, Sprachlosen, nichtbürgerlichen oder nichtweißen Männern. Selbst Karl Marx schloß bekanntlich das Lumpenproletariat aus seinem Konzept aus. Ein so offener Begriff wie »von Frauen geboren« biete erstmals die Chance, »eine neue Begriffstradition«

zu eröffnen, die ohne Ausgrenzungen auskommt, da sie sich nicht auf ein überliefertes Begriffsschema stützt, sondern nur faktisch beschreibt (1986, S. 65 f.).

Auch wenn anzunehmen ist, daß Annegret Stopczyks Vorschlag nicht oder zumindest nicht in absehbarer Zeit Eingang in die klassische Philosophie findet, bleibt ihr ein Verdienst unbenommen: Sie hat noch einmal verdeutlicht, daß die Frage »Was ist der Mensch?« von der klassischen Anthropologie bisher nicht ausreichend beantwortet wurde.

Anmerkungen

1 Da sie sich auf den Menschen beziehen, sind letztlich alle vier Fragen anthropologisch. In diesem Sinne beschäftigen sich auch sämtliche Kapitel in diesem Buch mit anthropologischen Fragestellungen – daher die zahlreichen Überschneidungen zwischen diesem und anderen Kapiteln.

2 Die interdisziplinär tätige US-amerikanische Professorin ist außerdem Wissenschaftshistorikerin und Soziologin.

3 Auch Biochemiker. In dieser Eigenschaft erhielt er 1965 den Nobelpreis für Medizin.

4 Lateinisch cultura = Landbau, Pflege (des Körpers und Geistes).

5 Gehlen huldigte dem kulturellen Zwang durch Institution und »Führungssystem«. Der 1933 in die NSDAP eingetretene Law-and-Order-Philosoph rückte auch nach 1945 nicht von seinen Positionen ab, wie in »Moral und Hypermoral. Eine pluralistische Ethik« (1969) nachzulesen ist. Bis zu seinem Tod 1974 polemisierte er scharfzüngig gegen den »cartesianischen Liberalismus« in der Philosophie. Gehlen (der hier ausschließlich wegen seiner Bedeutung in der Anthropologie zitiert wird) bestätigt dadurch Donna Haraways Kritik von der belasteten Anthropologie noch auf eine ganz andere Weise.

6 Negative Aussage, bei der dem Subjekt das Wesentliche durch das Prädikat genommen wird (z. B.: Der Fisch kann nicht schwimmen).

7 Bild der Wissenschaft. Heft 2/1977. S. 67 f.

8 Inferiorität = Minderwertigkeit, untergeordnete Stellung.

9 Vgl. Rullmann, Marit, 1998, S. 151-159.

10 Übersetzt: Über Adel und Vorzüglichkeiten der Frauen und Fehler und Mängel der Männer.

Subjekt – dualistische Egozentrik oder ganzheitliches Sein

»Ich bin ich, weil mein kleiner Hund mich kennt!«
Gertrude Stein

Als 1637 im niederländischen Leyden ein Buch mit dem umständlichen Titel »Discours de la méthode pour bien conduire sa raison et chercher la vérité dans les sciences«[1] erschien, ahnte wohl nicht einmal der anonyme Verfasser, daß er damit Philosophiegeschichte schrieb. Aber schon vier Jahre später, beim Erscheinen der »Principia philosophiae« war klar, daß der nun nicht länger anonyme Autor René Descartes einen philosophischen Paradigmenwechsel[2] eingeleitet hatte. Seine zentrale These lautete, er könne sich zwar vorstellen, keinen Körper (→Leib) zu besitzen, und sogar, daß es die Welt um ihn herum nicht gebe – nur eines sei absolut undenkbar: »Daß ich nicht wäre«.

Für die Philosophie war dies ein geradezu revolutionärer Ansatz. Das eigene Ich als einzige Gewißheit in der Welt. »Cogito, ergo sum – ich denke, also bin ich!«, das bedeutete den Perspektivwechsel vom Sein zum Bewußtsein[3].

Seither steht dieses Ich oder, wie es häufiger genannt wird, das Selbst, im Zentrum des Philosophierens. Ermöglicht wurde die nicht nur von vielen Philosophinnen als verheerend charakterisierte Abstraktion vom eigenen Körper durch einen gedanklichen Zaubertrick. René Descartes spaltete den Menschen kurzerhand dualistisch auf in *res cogitans* (das denkende Ding, die Seele) und *res extensa* (das ausgedehnte Ding, der Körper). Das Ich war nach seiner Definition ein denkendes und deshalb körperloses Wesen.

Auch John Locke nannte das Selbst oder Ich »das mit Bewußtsein denkende Wesen« (»self is that conscious thinking thing ...«) und bezeichnete es mit »Person«. Die Selbstreflexion wird im cartesianischen Weltbild zum entscheidenden Merkmal für jede »vernünftige« Seele. Ganz im Unterschied zu den Tieren. Sie sind bloße »res extensa« – ausgedehnte Körper, ohne jedes Bewußtsein. Eine Abwertung, die sogar Eingang in die Rechtssprechung fand. So galten Tiere in der bundesdeutschen Rechtssprechung bis vor wenigen Jahren als »Sache«, und die Verletzung eines Hundes, etwa bei einem Verkehrsunfall, wurde lediglich als Sachbeschädigung bewertet. In einigen anderen europäischen Ländern ist dies noch immer der Fall. Auch die mehr oder weniger skrupellos durchgeführten Tierversuche wurden durch diese Einstellung ermöglicht. Was über kein Bewußtsein verfügt, darf eben jederzeit ge- und verbraucht werden.

Das transzendentale und das Nicht-Ich

Gut 100 Jahre nach René Descartes' philosophischer Revolution unterschied Immanuel Kant erstmals zwischen dem empirischen und dem transzendentalen Ich. Während ersteres zum Gegenstand der Selbstbeobachtung (Introspektion) werden kann, geht das transzendentale Ich aller Erfahrung voraus. Es strukturiert Erfahrungen und garantiert so die Einheit des Bewußtseins. Der häufig synonym verwendete Begriff »Subjekt« verdeutlicht dies genauer: Im modernen Sprachgebrauch bedeutet Subjekt (»subjectum« = das »Zugrundeliegende«) die Einheit des Bewußtseins – Gefühl und Wahrnehmung, Vernunft und Willen.

Johann Gottlieb Fichte, Vordenker der philosophischen Romantik, sah gar die einzig legitime Tätigkeit des »absoluten Ich« (synonym mit Kants transzendentalem Ich) darin, »sich selbst als seiend zu setzen [...] Was für sich selbst nicht ist, ist kein Ich.« Auf den Punkt gebracht: Ohne Selbstbewußtsein gibt es kein Ich – nur in ihm erfährt sich das »Ich bin ich« zugleich als Subjekt und Objekt. Und alles, was sich selbst nicht setzen kann, ist dagegen »Nicht-Ich«.

Für die idealistischen Dichter und Denker war die Frau als das natürliche »andere« Geschlecht (und allenfalls notwendige Ergänzung des kreativen Mannes) ein »Nicht-Ich«. Ihr wurde zwar eigener Geschmack zugestanden, sie durfte sich sogar als Vermittlerin männlicher Kunst betätigen, aber die »schöpferische Kraft des Genius« sprach man ihr rundweg ab, wie der Germanist Friedrich Kittler treffend feststellt (1987, S. 131). Dem transzendentalen Autor-Ich standen die Frauen als viele »Nicht-Iche« gegenüber. Obwohl gerade auch zu Fichtes Zeiten verschiedene bekannte Frauen ein ausgesprochen schöpferisches Leben führten.

Eine von ihnen, die »Selbstdenkerin« Rahel Varnhagen, setzte sich bereits sehr früh mit seiner Philosophie auseinander. Pikanterweise begeisterte sie Fichtes Theorie vom »schöpferischen Ich« geradezu. Die Salonière sah darin ihren eigenen Wunsch nach einem starken Ich ausgedrückt, das fähig war, aus eigener Kraft Unmündigkeit und Unwissenheit abzuschütteln. Ein Ich, das zum Zentrum der Welt und des eigenen Denkens wurde, indem es die Welt um sich herum erschuf.

Fichtes Konzeption stieß jedoch nicht nur auf Bewunderung. Sören Kierkegaard hielt das reine Ich für einen inhaltsleeren Begriff und bloße Spekulation, der er das empirische Ich der Alltagserfahrung entgegenstellte. Und daß der den Frauen verweigerte Subjektstatus Kritikerinnen auf den Plan rief, versteht sich eigentlich von selbst. Dafür sorgte schon die entsprechende rechtsphilosophische Fortschreibung im europäischen bürgerlichen (Un)Recht. So machte die Französin Claire Démar 1804 in ihrem »Appell einer Frau an das Volk zur Befreiung der Frauen« Front gegen diese hochherrschaftliche Denkungsart: Wenn im französischen Zivilgesetzbuch »Code civil« vom 21. März 1804 immer noch verlangt werde, daß die Frau ihrem Manne Gehorsam schulde, wetterte sie, so entlarve sich dieser damit selbst (1976, S. 13). Gleichzeitig stellte sie fest, daß eine Anerkennung der Frau als eigenständiges Subjekt den Schritt an und in die Öffentlichkeit voraussetze. Erst wenn das andere Geschlecht gleichberechtigt an der Regierung sowie an der Ausarbeitung von Gesetzen beteiligt wäre, könne die Frau zum autonomen Subjekt werden. Eine besondere Schwierigkeit auf dem Weg dorthin sah sie allerdings darin, daß Männer zum eigenen Nutzen die Frauen in bewußter Unwissenheit ihrer Lage hielten. Die Subjektwerdung der Frauen begänne erst, wenn diese sich selbst aktiv aus ihrer Lage befreiten.

Auch Arthur Schopenhauer und Friedrich Nietzsche lehnten die Konzeption von der Existenz eines einheitlichen, mit sich stets identischen Ich strikt ab. Beide waren der Auffassung, daß es aus mindestens zwei sehr heterogenen Bestandteilen zusammengesetzt ist: dem (metaphysischen) Willen und dem (physischen) Intellekt. Für sie existierten viele verschiedene Subjekte, die »Ich« zu sich sagen. Da sich der Wille der Erkenntnis des Ich entzieht, so ihre übereinstimmende Feststellung, bleibt dieses Ich sich selbst ein dunkles »Rätsel«.

Gerade Friedrich Nietzsches Philosophie regte um die Jahrhundertwende viele Frauen dazu an, sich intensiv mit der Frage nach ihrer Individualität auseinanderzusetzen. Lenore Kühn entwikkelte in ihrer 1928 publizierten Schrift »Autonomie der Werte« eine eigenständige Wertphilosophie, in der das »autonome Ich« zum Träger der Erkenntnis wird. In ihrer Gedankenwelt bedeutet Leben eine Synthese von Körper und Geist, Außenwelt und Innenwelt, und die »Selbsttätigkeit« ist das »Grundprinzip des Organischen« (S. 46).

Die Autonomie des selbsttätig denkenden Individuums hat – nicht nur bei Nietzsche und Kühn – in dieser Zeit immer einen antireligiösen Hintergrund. Jeder Form von Religiosität als bequemes »Ruhekissen« des Lebens wird eine klare Absage erteilt. An ihre Stelle tritt eine neue Sinndefinition: Weil die menschliche Kreativität das Leben überdauert, verleiht sie ihm Sinn.

Daß die neuzeitliche Philosophie das Subjekt zum absoluten Mittelpunkt erhebt, stieß bei verschiedenen Philosophinnen auf Ablehnung. Für die Phänomenologinnen Edith Stein und Hedwig Conrad-Martius etwa stand außer Frage, daß das Subjekt nicht unabhängig von seinem lebensweltlichen Kontext betrachtet werden konnte. Angela Ales Bello schreibt dazu, Denkerinnen »wollen eine Verbindung zwischen dem erforschenden Subjekt und der erforschten Wirklichkeit, welche zwar dem Subjekt gegenübersteht, dieses aber miteinschließt. In dieser Erweiterung des Horizonts kann man die Eigenart der weiblichen Empfindsamkeit erspüren, die nicht alles auf sich zurückführt, sondern eher bestrebt ist, sich dem anderen als solchem zu öffnen« (1996, S. 170).

Marginalie zur Psychologie des Ich

Wer sich philosophisch mit dem Ich auseinandersetzt, kommt kaum darum herum, wenigstens einen kurzen Blick auf eine andere, verhältnismäßig junge Wissenschaft zu werfen: Nicht minder intensiv als die Philosophie versuchte ab dem 19. Jahrhundert die sich gerade entwickelnde Psychologie das Ich zu ergründen.

Eine der ersten, die das neue Forschungsgebiet als »Wissenschaft vom Selbst« (Rullmann 1998, S. 86) definierte, war die amerikanische Philosophin und Psychologin Mary W. Calkins. Mit ihrer These, »jede Idee ist die Erfahrung einer Person, die bei Bewußtsein ist« (ebd.), stand sie damals allerdings noch ziemlich allein auf weiter Flur. Wie groß die Bedeutung des Selbst-Bewußtseins für die soziale Rolle des Individuums tatsächlich ist, war eine

Erkenntnis, die in der Psychologie erst viel später allgemeine Akzeptanz fand.

Vielleicht hätte es die moderne Psychologie auch ohne Sigmund Freuds Entwicklung der Psychoanalyse gegeben. Das kann weder bewiesen noch widerlegt werden. Fest steht nur, daß seine Persönlichkeitstheorie einen kaum zu unterschätzenden und bis heute wirksamen Einfluß auf verschiedene Wissenschaftsgebiete ausübt. Die Philosophie ist eines davon.

Freud schrieb dem Ich eine zentrale Aufgabe zu: Selbsterhaltung und Kontrolle der verschiedenen Begehren, insbesondere des Sexualtriebs. Sexualität und Ich-Trieb sind in seiner Theorie unvereinbare Gegensätze. Was jedoch der Philosophie und vor allem ihren Vertretern des »absoluten Ich« einigen Erklärungsnotstand bescherte, war die Kernthese des Psychoanalytikers: Die Psyche des Menschen besteht aus Ich, Es und Über-Ich. Weite Teile des Ich sind daher unbewußt – Träume, »Versprecher« und das »Vergessen«, insbesondere aber psychische Zwangshandlungen, verweisen auf diese verdrängten Anteile.

Innerhalb dieser komplexen Struktur nimmt das Ich eine vermittelnde Funktion ein, zwischen den Anforderungen des Es gegenüber der Außenwelt und dem Über-Ich als der Instanz des Gewissens. Die Entwicklung des Ich verläuft dabei in ständiger Auseinandersetzung mit der Außenwelt und durch Anpassung des Individuums an sie. Wenn allerdings dieses Ich in weiten Bereichen gar nicht unserer Kontrolle unterliegt, sondern in Form unbewußter Prozesse agiert, ergibt sich daraus zwangsläufig, daß das Subjekt heterogen sein muß. Und das wiederum hat zur Folge, daß die menschliche Psyche äußerst labil und »störanfällig« ist.

Während Sigmund Freud nun davon ausging, daß solche Störungen – je nach Schwere des Krankheitsbildes – auf jeden Fall die langdauernde Hilfe des Psychotherapeuten benötigten, setzte eine seiner bedeutendsten Schülerinnen, Karen Horney, auf die Selbstheilungskräfte der PatientInnen. Sie hielt Neurosen und Psychosen für grundsätzlich heilbar, da sie nach ihrer Meinung lediglich den Ausdruck »gestörter menschlicher Beziehungen« darstellten. Da Menschen aber prinzipiell ein Leben lang lernfähig und veränderbar seien, hätten Therapeuten die Aufgabe ihnen zu helfen, die einmal erworbenen Haltungen zu ändern und so ihre zwischenmenschlichen Beziehungen zu verbessern. Karen Horney glaubte an einen engen Zusammenhang zwischen sozialem Leid und psychischen Konflikten. Neurosen hatten für sie gesellschaftliche Ursachen. Gerade deshalb setzte sie besonders stark auf die Möglichkeit der Selbsterkenntnis des »Ich« (1989, S. 16).

Einer Möglichkeit, der Grenzen gesetzt sind. Nicht zuletzt durch die von Francis Bacon ausgerufene »Geburt der männlichen Wissenschaft«. Diese erlaubt keine Subjektivität. Ganz im Gegenteil. Subjektive Elemente wie Gefühle, Erfahrungen oder Meinungen sollen aus der wissenschaftlichen Arbeit verdrängt werden zugunsten einer zweifelhaften »Objektivität« und »Verallgemeinerbarkeit«. Daß eine derartige Vergewaltigung des eigenen Ich einer neurotischen Entwicklung Tür und Tor öffnet, ist seit Jahrzehnten Bestandteil des gesellschaftlichen Fundus. Kulturschaffende aller Richtungen lassen sich davon zu immer neuen Variationen des Bildes vom ver-rückten[4] Wissenschaftler inspirieren.

Schon 1901 ließ Hugo von Hofmannsthal in dem sprachkritischen Werk »Brief des Lord Chandos« den Protagonisten zweifeln, »ob ich noch derselbe bin«. Er sieht einen »brückenlosen Abgrund« zu der Arbeit (sich die Natur untertan zu machen/d. A.), die sein fiktiver Gönner Bacon von ihm fordert. Es erscheint ihm unmöglich, das Natürliche als Objekt, als bloßen Gegenstand zu betrachten.

Falls die Theorie von einem einheitlichen, mit sich selbst identischen Ich jemals mehr als nur eine philosophische (und wohl auch psychologische) Idee gewesen sein sollte – in den sich entwickelnden Industriegesellschaften wurde sie endgültig zur bloßen Fiktion. »Ich ist ein anderer«, schrieb Arthur Rimbaud und benannte damit die psychischen Grundprobleme des modernen männlichen Techno-Zivilisten: Ein fremdbestimmtes Ich und die Dissoziierung[5] des Subjekts.

Das Subjekt und das Andere

Für Frauen stellt sich dieses Problem ganz anders dar, denn sie waren und sind bis heute aus dem Diskurs über die Autonomie des Subjekts ausgeschlossen. Diese Auffassung formulierte Simone de Beauvoir in ihrem 1949 veröffentlichten Buch »Le Deuxième Sexe« (dt. »Das Andere Geschlecht«, 1951), das für die Frauenbewegung ähnliche Bedeutung erlangte, wie René Descartes' Satz »je pense, donc je suis« für die Philosophie. Die französische Phi-

Paula Modersohn-Becker.
Selbstbildnis, 1906.
Kunstmuseum
Basel

Pablo Picasso.
Selbstbildnis, 1906.
Philadelphia
Museum of Art.

losophin kritisierte darin, daß in der Philosophiegeschichte nur der Mann »Subjekt ist, er ist das Absolute: sie ist das Andere« (S. 11). Der Mann kann sich ohne die Frau denken, nicht aber die Frau ohne den Mann. Sie wird allein durch ihn definiert.

Grundlage des Beauvoirschen Denkens ist die existentialistische Philosophie, wie sie in Frankreich vor allem durch Jean-Paul Sartre und Albert Camus vertreten wurde. Es handelte sich um eine radikal individualistische Theorie, in der Hegels These vom absoluten Ich zu neuer Blüte gelangte. Vereinfacht ausgedrückt, besagt sie, daß der Mensch nur existiert, wenn er sich selbst täglich neu »entwirft« und seine →Freiheit immer wieder erkämpft. Doch dieser »Selbstentwurf«, kritisierte Beauvoir, werde den Frauen verwehrt. Genauer: Ihre traditionelle Rolle ermöglicht ihnen nicht die absolute Freiheit des Ich, sie sind nur »relative« Wesen. Dadurch, daß die Frau ihre biologisch vorgegebene Rolle erfüllt, ist sie die Verkörperung der Immanenz.[6] »[...] gerade die Männer haben immer die Frau als Immanenz des Gegebenen betrachtet; wenn sie Ernten und Kinder hervorbringt, so geschieht es nicht durch einen Willensakt: sie ist nicht Subjekt, Transzendenz, Schöpferkraft, sondern mit Ausstrahlungen geladenes Objekt« (S. 175).

Wenn sich in der Menschheitsgeschichte nur die Männer schöpferisch als handelndes Subjekt betätigen konnten, heißt dies keineswegs, Frauen seien dazu außerstande. Nicht das biologische Geschlecht (»man kommt nicht als Frau zur Welt, man wird es«) ist ausschlaggebend für die gesellschaftliche Rolle der Frau, sondern diese entwickelte sich historisch und kann deshalb auch verändert werden (→Differenz).

Zu einer ähnlichen Bewertung wie Simone de Beauvoir gelangte einige Jahrzehnte später ihre französische Kollegin Luce Irigaray:

»Jede bisherige Theorie des Subjekts hat dem ›Männlichen‹ entsprochen. In der Unterwerfung unter eine solche Theorie verzichtet die Frau, ohne es zu wissen, auf die Besonderheit ihrer Beziehung zum Imaginären. Sie gerät in die Situation, durch den Diskurs zum Objekt zu werden – insofern sie ›weiblich‹ ist. Sie macht sich darin selbst noch einmal zum Objekt, wenn sie vorgibt, sich ›wie‹ ein männliches Subjekt zu identifizieren. [...]

Es ist zweifellos die den Frauen verweigerte Subjektivität, die eine eindeutige Objektkonstitution garantiert: des Objekts der Repräsentation, des Diskurses, des Begehrens. Man stelle sich vor, die Frau würde ihre Imagination entfalten: [...] Das Objekt würde seine Festlegung letzten Endes viel endgültiger verlieren als das Subjekt, das sich nur durch den Rückgriff auf irgendeine Objektivität, irgendein Objektives behauptet« (1980, S. 169).

Daß die grundsätzliche Fragwürdigkeit des Konstrukts vom mit sich selbst identischen (männlichen) Subjekt (oder Selbst) auch Männern aufzufallen vermag, bewiesen Max Horkheimer und Theodor W. Adorno, als sie feststellten: »Furchtbares hat die Menschheit sich antun müssen, bis das Selbst, der identische, zweckgerichtete, männliche Charakter des Menschen geschaffen war, und etwas davon wird noch in jeder Kindheit wiederholt. Die Anstrengung, das Ich zusammenzuhalten, haftet dem Ich auf allen Stufen an, und stets war die Lockung, es zu verlieren, mit der blinden Entschlossenheit zu seiner Erhaltung gepaart« (1984, S. 33).

Die beiden Vertreter der auch als »Frankfurter Schule« bekannten Kritischen Theorie analysierten das autonome Ich als einheitliches und vernunftgeleitetes Selbst, das nur durch Zwang auf die innere wie äußere Natur zusammengehalten werden kann. Dies führt zu starren Grenzen des Ich: es ist unfähig zur Selbstrevision, und das abgespaltenen »Fremde« muß ständig disqualifiziert und ausgegrenzt werden.

Die Schweizer Philosophin Brigitte Weisshaupt hält deshalb für zweifelhaft, ob Frauen ein derartiges, durch einen Zwangscharakter gekennzeichnetes Ich überhaupt anstreben sollten. Sie untersuchte in verschiedenen Arbeiten (1983 u. 1990), welche besonderen Probleme Frauen mit ihrer Identitätsbildung haben, und plädiert – wie Jürgen Habermas oder Hans Wellmer – für eine »kommunikativ-verflüssigte Ich-Identität«. Ihre Fragestellung lautete: Wie konstituiert sich unser »alltägliches Bewußtsein«; wieweit vermag sich das darauf basierende Selbstbewußtsein von der umgebenden »Realität zu distanzieren und abzusetzen«? Besonderes Augenmerk richtete sie dabei auf das »Gewicht des Alltäglichen«. Es lastet in aller Regel auf den Frauen, da sie im Haushalt als Mutter und in Dienstleistungsberufen für die Reproduktion verantwortlich sind: Die »Frau ist Sisyphos [...] Sisyphos ohne Pathos« (1983, S. 277), denn die eine Hälfte der Menschheit hat sich auf Kosten der anderen von der Mühsal der alltäglichen →Arbeit weitgehend befreit (S. 279).

Aber weshalb akzeptieren so viele Frauen – selbst im Zeitalter der Emanzipation – diese Rollenzuweisung als selbstverständlich? Weisshaupts Antwort: Den Frauen wurde Selbstlosigkeit bis zur

Selbstaufopferung jahrhundertelang als »natürliches« Schicksal von den Männern aufgezwungen – wie sollten sie dann eine starke und selbstbewußte Persönlichkeit entwickeln? Viele haben die männlichen Zumutungen und Zuschreibungen längst so sehr verinnerlicht, daß der Versuch einer Selbstfindung erheblich erschwert wird.[7]

Die Analyse weiblicher Individualität ist für Brigitte Weisshaupt deshalb ein wichtiger Schritt zur Erkenntnis der eigenen Situation. Da Frauen im männlich geprägten Universum nur selten die zur Entwicklung von Selbstbewußtsein nötige Anerkennung zuteil wird, plädiert sie für »Anerkennungsgemeinschaften«,[8] in denen vernunftbegabte Frauen miteinander in Dialog treten (S. 283). Das Ziel der Philosophin ist dabei nicht die Entwicklung eines »zwanghaft« autonomen Selbst, sondern vielmehr ein »zwangloses Selbst«, das auch Emotionen und Sinnlichkeit nicht länger ausgrenzt.

Wie Weisshaupt kritisieren viele Feministinnen die essentialistischen – und außerdem ahistorischen – Vorstellungen eines »transzendentalen Subjekts«, da dies nur »die Erfahrungen, Probleme und unterdrückten Handlungen eines stereotyp weißen, westlichen, männlichen Selbst« widerspiegelt. Dahinter verbirgt sich die These, daß die philosophiehistorisch bedeutsame Trennung zwischen einem realen, körperlichen Selbst und einem transzendentalen Selbst, das eben deshalb frei sei, weil es außerhalb jeder »empirischen Kontingenz« gedacht werden müsse, nicht zuletzt auf der geschlechtsspezifischen Arbeitsteilung beruht. Den Frauen wurde die alleinige Verantwortung für die reproduktiven Tätigkeiten zugesprochen, was den Männern wiederum genügend Zeit gab, sich ausschließlich mit dem »Erkennen« zu beschäftigen (Flax 1996, S. 229).

Subjekt im Prozeß – sujet en procès

Die liberal-humanistische Tradition setzte mit dem transzendentalen (absoluten) Ich auf die Einheit des individuellen Subjekts als alleinigen Urheber von Denken, Wollen, Sprechen und Schreiben.[9] Aber selbst das philosophische Denken, argumentiert nicht nur die Französin Sarah Kofman, sei nicht frei von jeder »Verunreinigung«: »Ob man Autor eines ›Erziehungsromans‹, eines philosophischen Systems oder eines psychoanalytischen Werks mit wissenschaftlicher Prätention ist, man ist niemals ein transzendentales und objektives, sexuell neutrales Subjekt« (1986, S. 39).

Ihre Kollegin, die Philosophin und Psychonalaytikerin Julia Kristeva, teilt diese Auffassung. In ihrer Theorie des Subjekt-im-Prozeß (»sujet en procès«), die nicht zu trennen ist von ihrer Sprachtheorie und Jacques Lacans psychoanalytischer Freud-Kritik, trifft sie die Feststellung: So wenig →Sprache eindeutig sein kann, so wenig kann auch das Subjekt mit sich identisch sein.

Für die Französin ergibt sich daraus konsequenterweise eine Heterogenität des Subjekts, die sie mit Vokabeln wie »zerbrökkeln« oder »systematisch verteilen« beschreibt. Das – ohnehin sehr labile – sogenannte »einheitliche Subjekt des rationalen Diskurses« wird demnach ausschließlich von den sprachlichen Strukturen[10] hervorgebracht. Wie Lacan ist auch Kristeva der Überzeugung, daß das Subjekt nicht auf eine »reflexive Identität des Selbstbewußtseins« reduziert werden könne. Denn jedes »Ich denke« und »Ich spreche« beruhe auf der unüberbrückbaren Differenz des »Es spricht«, was meint – des sprachlich strukturierten Unbewußten, das sich jeder Selbstreflexion verweigert.

Obwohl es aufgrund ihrer Analyse naheläge, vertritt Julia Kristeva jedoch nicht die radikale These vom völligen Verschwinden des (transzendentalen) Subjekts, wie sie etwa von Michel Foucault in die »Ordnung der Dinge« (dt. 1971) postuliert wurde. Ein Standpunkt, den dieser in seinen letzten Schriften zwar nicht unbedingt korrigierte, aber doch zumindest relativierte. In »Der Wille zum Wissen« (1986ff.) bezog er eine eher vermittelnde Position zwischen den beiden Extremen von der absoluten →Freiheit des eigenen Ich (wie sie die Existentialisten behaupteten) und dem früher selbst verkündeten Verschwinden des Subjekts. Statt dessen fragte er, wie das Subjekt, das doch vielfältigen fremden Machtstrukturen, aber auch dem eigenen Unterbewußten unterworfen sei, sich dennoch selbst konstruieren könne. Und in die »Sorge um sich« (ebd., Bd. III) entwarf Foucault eine Ethik, die nicht normativ ist, sondern den Wert individueller Haltungen betont – eine »Ästhetik der Existenz«. Er forderte darin die freie Wahl des Individuums gegenüber gesellschaftlichen Normen und Konventionen und das Zulassenkönnen des »Anderen« (1996, S. 38). Jeder Konformitätsdruck, der aus »Individuen Subjekte« macht, stieß bei ihm auf Ablehnung: »Das Wort Subjekt hat einen zweifachen

Sinn: vermittels Kontrolle und Abhängigkeit jemandem unterworfen sein und durch Bewußtsein und Selbsterkenntnis seiner eigenen Identität verhaftet sein. Beide Bedeutungen unterstellen eine Form von Macht, die einen unterwirft und zu jemandes Subjekt macht« (S. 43). Der Ethik der Antike – auf die er mit seinem eigenen Entwurf zurückgriff – bescheinigte Foucault, daß sie noch frei von jedem Normierungsdruck gewesen sei. Aufgabe des Individuums wäre daher nicht, sich im Sinne psychologischer Enthüllungspraktiken (was ist mein wahres Ich?) selbst »zu finden«, sondern die Neuerfindung des Selbst sei die Aufgabe (vgl. dazu auch Braidotti und Ivekovic 1990).

Das Bewußtsein oder »Descartes' Irrtum«[11]

Obwohl vor allem im letzten Jahrzehnt die neurologische Hirnforschung große Erfolge erzielte, ist das Bewußtsein noch immer nicht genau erforscht oder exakt lokalisiert. Die Erfassung der Welt durch die Sinnesorgane und das Gehirn ist ein hochkomplexer Vorgang, den die Wissenschaft gerade erst zu verstehen beginnt.

Das menschliche Gehirn wiegt nur ca. 1200-1400 Gramm und ist doch jedem Computer haushoch überlegen. Es hat etwa 200 Milliarden bis eine Billion Nervenzellen, jede einzelne Nervenzelle besitzt durchschnittlich 10 000 Synapsen, also Verbindungen zu anderen Nervenzellen. Dies ergibt die unvorstellbare Zahl von 10 Trillionen Synapsen. Entsprechend hoch ist der Energieverbrauch des Gehirns: Obwohl es nur zwei Prozent des Körpergewichts ausmacht, verbraucht es ununterbrochen 20 Prozent der Energiezufuhr, denn es schläft nie. Selbst im Schlaf erfährt der Mensch also noch zahllose Wahrnehmungen, die nicht einmal die Schwelle des Bewußtseins überschreiten.

Diese unterschwelligen Außenreize – nicht zu verwechseln mit den verdrängten Bewußtseinsinhalten – bestimmen das individuelle Leben ebenso wie die bewußten. Aber das Gehirn wählt aus, trennt und unterscheidet zwischen Wichtigem und Unwichtigem. In dieser (Selbst)Beschränkung des menschlichen Bewußtseins liegt seine eigentliche Genialität. Ohne diese Filterfähigkeit wären die Menschen wegen der Vielfalt der auf sie einstürmenden Eindrücke beständig in Gefahr, verrückt zu werden. Bereits William

James, einer der ersten Psychologen, sprach deshalb von der nichthintergehbaren Subjektivität des Bewußtseins: Es wählt aus dem steten Strom von Sinneseindrücken aus.

Im Zentrum des Bewußtseins steht der Denkvorgang. Ein Prozeß, der dem einzelnen Menschen – von Vorbereitungen in Form von Assoziationen oder Erinnerungen einmal abgesehen – ebenfalls unzugänglich ist. Das »Unbewußte« macht also den weitaus größten Teil des Bewußtseins aus – es ist der Normalfall. Der amerikanische Philosoph Richard Searle meint deshalb, daß der Mensch sein Bewußtsein einfach hinnehmen müsse. Alle Menschen haben ihren ureigenen Schmerz, ihr ureigenes Glück und ihr ureigenes Leid, und keiner von ihnen ist in der Lage, den Bewußtseinszustand eines anderen nachzuempfinden oder sich in ein anderes Bewußtsein hineinzudenken. Das handelnde Selbst, die Person, ist immer *mehr* als das bewußte Ich. Wenn sich ein Mensch in akuter Gefahr befindet und blitzschnell reagiert werden muß, kann das bewußte Ich überhaupt nicht intervenieren – ihm fehlt die dazu benötigte Zeit.

Die Wissenschaft ist heute in der Lage, mit Hilfe modernster Technologien sichtbar zu machen, welche Hirnteile bei welchen Aktivitäten beansprucht werden. So wird beispielsweise gemessen, wieviel Sauerstoffzufuhr und Zucker eine Gehirnregion benötigt. Daraus läßt sich ermitteln, ob es sich um eine anstrengende Denktätigkeit oder nur um eine Routineverrichtung handelt, ob dazu sprachliches oder eher räumliches Denkvermögen erforderlich ist.

Mit dieser und anderen Methoden wurde bewiesen, daß geistige Prozesse in gewisser Weise meßbar und an physiologische Daten gebunden sind. Aber bedeutet dies wirklich, wie manche Forscher verkünden, daß der Geist nur eine bessere »Maschine« darstellt? Wohl kaum, denn das technisch erfaßbare »Feuern der Neuronen«, wie der physiologische Prozeß von einigen Hirnforschern beschrieben wird, läßt noch lange keine Bedeutungen entstehen. Dazu werden zwei weitere Bereiche benötigt: das limbische und das – von einigen Wissenschaftlern für identisch gehaltene – Gedächtnissystem. Erst mit ihrer Hilfe entwickeln sich Gefühle und Bedeutungen. Wie – darüber gibt es in der Wissenschaft noch immer keine wirklich gesicherten Erkenntnisse. Aber erst das Zusammenwirken aller Systeme sorgt für das (Wieder)Erkennen einer Mozart-Symphonie oder des Gesichts einer Freundin.[12]

Wie wichtig das limbische System für das menschliche Bewußtsein ist, belegen neuere Forschungsergebnisse. Als Beispiel sei hier der berühmte Fall des amerikanischen Sprengmeisters Phineas Gage zitiert. Ihm drang 1848 bei einer Explosion eine Eisenstange durch Wange und Schädel ins Gehirn. Dennoch hatte er, wie es auf den ersten Blick schien, Glück im Unglück. Er überlebte die schwere Verletzung nicht nur, sondern erstaunlicherweise blieben ihm alle geistigen Funktionen wie Sprache, Gedächtnis, Intelligenz und Wahrnehmung erhalten. Aber schon kurze Zeit nach seiner körperlichen Genesung zeigte sich ein verblüffendes und für Gage verhängnisvolles Phänomen: Der Mann war nicht mehr in der Lage, sein Leben zu gestalten. Statt dessen trat eine massive Persönlichkeitsveränderung ein, durch die er zunächst die Arbeit und später auch seine Familie verlor.

Was zunächst als traumatische Reaktion auf das Explosionsunglück erklärbar schien, erwies sich 140 Jahre später als wissenschaftliche Sensation. Das amerikanische Neurologenpaar Hanna und Antonio Damasio rekonstruierte 1988 den Fall und gelangte dabei zu der Erkenntnis, daß bei Gage das vordere Stirnhirn zerstört worden war. Dies hatte zu einer dauerhaften Schädigung des limbischen Systems geführt. Der Sprengmeister konnte keine Bewertungen mehr vornehmen und war dadurch außerstande, irgendwelche Entscheidungen zu treffen.

Antonio Damasio, der Gages Geschichte beschrieb (dt. 1996), leitet das Medical Center von Iowa. Seine Frau und er verfügen über das weltweit größte virtuelle Gehirnarchiv. In ihren »Computern sind die Schädelbilder von über 2000 Patienten gespeichert, pro Jahr kommen 14 000 Kranke aus der ganzen Welt in ihre neurologische Klinik« (Schnabel 1999, S. 41). Die Analyse von zwei aktuellen Krankheitsgeschichten bestätigte nun die These des Forscherpaares, daß »die Fähigkeit, normative Systeme überhaupt erst zu erkennen [...] direkt vom Funktionieren spezieller Nervenzellen« (ebd.) abhängt.

Solche Erfahrungen ließen verschiedene Wissenschaftler – darunter auch den Bremer Philosophen und Neurobiologen Gerhard Roth – zu der Überzeugung gelangen, daß Empfindungen und Gefühle die Grundlage für die Ausbildung des menschlichen Bewußtseins sind. Erst mit Hilfe von Emotionen bewertet der Mensch seine Wahrnehmungen und bringt Ordnung ins Chaos der ihn umgebenden Welt. Sie entscheiden darüber, ob, mit welcher Intensität und wie lange etwas in unserem Gedächtnis verfügbar bleibt; ob wir Sinneseindrücke als Informationen oder Erlebnisse wahrnehmen oder nicht. Auf den Punkt gebracht bedeutet dies: Ohne Gefühle kein Verstand und – was philosophisch nicht das gleiche ist! – keine →Vernunft.

Auf dem Hintergrund dieser Erkenntnis entstand in der modernen Psychologie bereits ein neuer Trend. Mit dem 1996 auch auf deutsch erschienenen gleichnamigen Bestseller »Emotionale Intelligenz« erregte der amerikanische Harvard-Psychologe Daniel Golemann weltweit Aufsehen: »Emotionale Intelligenz: Das ist die Fähigkeit, unsere eigenen Gefühle und die anderer zu erkennen [...] und gut mit Emotionen in uns selbst und in unseren Beziehungen umzugehen« (1999, S. 387). Golemann, Herausgeber der Zeitschrift »Psychology today«, verhalf damit einer Theorie zum Durchbruch, die seine Kollegen Howard Gardner, John Mayer und Peter Salovey schon einige Zeit zuvor formuliert hatten: Gefühle sind wichtig; genauer – *auch* wichtig.

Die Betonung liegt tatsächlich auf »auch«. Nicht zufällig kritisiert Peter Schmidt deshalb: »Golemanns Arbeit offenbart jedoch auch eine gewisse Hilflosigkeit [...]« (1999, S. 12), denn welchen Stellenwert Emotionen für unser Selbst-Bewußtsein wirklich haben, wurde von den amerikanischen Psychologen noch nicht in der ganzen Dimension erfaßt. Wohl aber von Schmidt,[13] der sich erstmals mit der praktischen Seite der sogenannten Emotionalen Intelligenz auseinandersetzte: »Als wichtigstes Ergebnis zeigt sich dabei, daß den Gefühlen keine sekundäre, sondern eine *primäre* Rolle zukommt. Gefühle [...] begründen alle Werteerfahrungen. Ohne Gefühle keine Werte« (S. 13) und damit auch auch kein Selbst-Wert-Gefühl.

Descartes' dualistische Trennung zwischen Körper (→Leib) und Bewußtsein (Seele/Geist) ist also längst unhaltbar geworden. Statt dessen zeigt sich immer deutlicher, welche zentrale Funktion Gefühle für die Wahrnehmung und Verarbeitung von Sinneseindrücken im Bewußtsein besitzen. Ein Bewußtsein, das offensichtlich mehr ist als ein bloßer Filter für Sinnesdaten.

Ungelöst bleibt jedoch weiterhin die Frage nach der Materialität von Geist und Bewußtsein. Wenn das Bewußtsein allein durch physiologische Prozesse im Gehirn erklärbar wäre, wie kommt es dann zur Erzeugung anscheinend so unkörperlicher Zustände wie Gedanken, Empfindungen oder Ideen? Oder ist umgekehrt denkbar, daß die immaterielle »Seele« Einfluß nehmen kann auf hirnphysiologische Prozesse? Hier steht die Forschung immer noch ganz am Anfang.

Anmerkungen

1 Deutsch: Abhandlung über die Methode des richtigen Vernunftgebrauchs und der wissenschaftlichen Wahrheitsforschung.

2 Paradigma (gr. Vorbild, mustergültiges Beispiel). In der abendländischen Philosophiegeschichte gab es bisher zwei wichtige Paradigmenwechsel: Vom Sein (ontologisches Paradigma) zum Bewußtsein und im 20. Jahrhundert den Wechsel zur →Sprache (Linguistic Turn).

3 Bewußtsein ist ein substantivierter Infinitiv von »bewußt sein«. Es gibt vier verschiedene Schreibweisen des Substantivs: Bewußt sein, Bewußtsein, Bewußt-sein, bewußt Sein. Christian Wolff gebrauchte diesen Ausdruck erstmals als »Merckmahl, daraus wir erkennen, daß wir gedencken« (zit. n. Ritter 1971 ff., Spalte 888).

4 im Sinne von: weggerückt vom eigenen Selbst.

5 Dissoziierung = Auflösung, Zerfall.

6 immanent (lat.) = darin bleibend, der Sache innewohnend, im Gegensatz zu transzendent (lat.) = hinübersteigend, die Grenze möglicher menschlicher Erfahrungen überschreitend.

7 Nach einer von der Zeitschrift »Elle« im August 1999 veröffentlichten repräsentativen Umfrage erklärten 68 Prozent der befragten Frauen und 56 Prozent der Männer, eine Frau müsse sich zwischen Karriere und Kind entscheiden. Dagegen sahen nur 24 Prozent der Frauen und 15 Prozent der Männer im männlichen Karrierestreben eine Belastung für die Familie. Nur 10 Prozent der Männer wären außerdem bereit gewesen, die eigenen Berufsziele denen ihrer Frauen unterzuordnen. Die Mehrzahl lehnte es ab, ihrer Partnerin beruflich den Vortritt zu lassen.

8 Vgl. hierzu auch die »affidamento«-Diskussion der italienischen Philosophinnen in →Differenz.

9 Das verleiht dem Subjekt und der Sprache zwar den Anschein von Stabilität, Veränderungen bleiben jedoch nahezu ausgeschlossen (Weedon 1990, S. 135).

10 In Jacques Lacans psychoanalytischem Diskurs erscheint das Unbewußte als »Spiel des Signifikanten in einer Signifikantenkette«. Demzufolge ist auch das Subjekt nur eine Wirkung des Signifikanten.

11 So lautet der Titel eines Buches von Antonio R. Damasio.

12 Was passiert, wenn Menschen – etwa durch hirnorganische Unfallverletzungen – dazu außerstande sind, hat der Neurologe Sachs (1991) sehr anschaulich beschrieben (vgl. dazu auch →Leib).

13 Der bekannte deutsche Kriminalschriftsteller und mehrfache Literaturpreisträger studierte neben Germanistik auch Philosophie (Spezialbereich psychologische Grundlagentheorie) und setzt sich seit 20 Jahren intensiv mit philosophischen Themen auseinander. 1998 erschien sein philosophischer Roman »Montag oder die Reise nach Innen«. Offenbar ohne jede Kenntnis dieser Fakten schrieb die »Information Philosophie« (Heft 3/1999, S. 125) über ein philosophisches Kulturforum, das der SWR zum Thema »Lieben Sie Kant? Philosophie aus dem Kaffeehaus« veranstaltet hatte: »Ein Peter Schmidt, Autor von Krimi-Büchern, der sich in diese Reihe verirrt hatte [...]«.

Leib – asketische Last oder genußvolle Lust

»Jedes philosophische System, in dem der Körper des Menschen nicht eine grundlegende Rolle spielt, ist dumm und unbrauchbar.«

Paul Valéry

Für den Dualisten René Descartes stand fest, daß der Mensch niemals den Denkprozeß (»Ich denke, also bin ich«), wohl aber den eigenen Körper wegdenken könnte. Ganz anders Ludwig Wittgenstein, dessen Position am besten mit »Ich fühle (mich), also bin ich« zu beschreiben wäre. In dem erst nach seinem Tod veröffentlichten Text »Über Gewißheit« (1990, S. 119) findet er keinen Grund, sich derart existentiell in Zweifel zu ziehen, daß die körperliche Selbstwahrnehmung fraglich wird.

Was es real bedeutet, sich körperlos zu fühlen, konnten vermutlich weder Descartes noch Wittgenstein auch nur erahnen, da den Menschen die Eigenwahrnehmung als absolute Selbstverständlichkeit erscheint. Gemeinsam mit der visuellen Wahrnehmung und dem Gleichgewichtsorgan sorgt sie dafür, daß wir »unseren Körper als zu uns gehörig, als unser ›Eigen-tum‹, als uns selbst erleben.« (Sherrington 1906, zit. n. Sacks 1991, S. 70). Die dazu notwendigen physio-, neurologischen und psychischen Prozesse laufen unbewußt ab. Da im Normalfall keine Veranlassung dazu besteht, denkt kaum jemand über dieses perfekte Zusammenwirken von Körper und Bewußtsein nach. Erst recht nicht über die Frage: Was geschähe, wenn es gestört würde? Dabei kann das – etwa durch einen Unfall – jederzeit passieren. Amputationen beeinträchtigen die Selbstwahrnehmung und das Gefühl der körperlichen Identität bereits erheblich. So muß diese nach dem Verlust von Gliedmaßen oder – bei Krebsoperationen – der weiblichen Brust erst langsam wieder neu aufgebaut werden. Die von Amputationspatienten häufig »empfundene« und als »Phantomschmerz« bekannte Wahrnehmungsirritation ist Ausdruck dieser Störung.

Die Situation eines totalen Ausfalls der Eigenwahrnehmung können wir gedanklich kaum erfassen. Dazu fehlt uns die Vorstellungskraft. Aus gutem Grund, wie der Fall einer Amerikanerin beweist, die diesen Alptraum erleiden mußte.

In dem Buch »Der Mann, der seine Frau mit einem Hut verwechselte« (1991) beschreibt der amerikanische Neuropsychologe Oliver Sacks den weltweit bisher einzig bekannten Fall einer »körperlosen Frau«.

Christina X. erhielt vor einer Operation routinemäßig Antibiotika. Aus bisher unbekannten Gründen wurde dadurch das System ihrer Eigenwahrnehmung völlig zerstört. Sie »verlor« ihren Körper. »Verlor« in Anführungszeichen, da er selbstverständlich weiter existierte. Dennoch hatte sie keinen Kontakt mehr mit ihm. Eine grauenhafte Situation, deren katastrophale Auswirkungen nur schwer zu beschreiben und noch weniger nachvollziehbar sind.

Christina besaß keinerlei Kontrolle mehr über den Körper. Sie war außerstande, irgendwelche Bewegungen ihrer Hände und Füße wahrzunehmen. Mehr noch: Sie »wußte« nicht einmal, wo diese sich gerade befanden. Hinzu kam ein Tonusverlust sämtlicher Muskeln, was wiederum zu instabilen Bewegungsabläufen führte.

Es dauerte fast ein Jahr, bis es der Patientin mit Unterstützung mehrerer Therapeuten gelang, diese Schwerstschädigung teilweise zu kompensieren. Sie lernte, das unbewußte Feedback der Eigenwahrnehmung durch ihre aktive visuelle Wahrnehmung zu ersetzen.[1] Christina X. konnte zu ihrer Familie zurückkehren und in begrenztem Rahmen sogar wieder arbeiten. Ein entscheidendes Manko blieb jedoch: Sie mußte fortan mit der Wahrnehmung leben, ihr Körper sei tot und gehöre überhaupt nicht zu ihr; sie »fühlte« sich wie ausgehöhlt.

Diese Beschreibung wird ihrem wirklichen Zustand allerdings kaum gerecht. Tatsächlich war ihre Situation weder für sie noch für ihre Therapeuten in treffende Worte zu fassen. Alle verwendeten Begriffe blieben unvollkommene Hilfskonstruktionen. Sie bedeuteten lediglich einen Annäherungsversuch an die entsetzliche Erkenntnis: Christina X. war ihrer Körper-Identität und damit der »Grundlage von Erkenntnis« beraubt. Oder anders und mit den Worten von Oliver Sacks: Sie hatte es zwar geschafft, wieder zu »funktionieren«, aber nicht, auch zu »sein« (S. 80-82).

Angesichts der Einmaligkeit dieses Schicksals muß ernsthaft bezweifelt werden, ob René Descartes wirklich in der Lage war, seinen Körper einfach »wegzudenken«. Die Wichtigkeit des Zusammenspiels von Körper und Bewußtsein hat er aber auf jeden Fall unterschätzt.

In der deutschen Sprache unterscheidet man zwischen dem bloß materiellen Leib und dem Leib als »beseeltem« Körper. Eine Eigentümlichkeit, die weder in englisch (*body*), französisch (*corps*), griechisch (*soma*), italienisch (*corpo*) oder spanisch (*cuerpo*) existiert. Mit der linguistischen Trennung wird zugleich der Leib-Seele-Dualismus angesprochen, der lange das abendländische Denken beherrschte.

Diese philosophische Tradition beruht auf einer Leibfeindlichkeit, die bereits von Sokrates und Platon begründet wurde. Ihnen galt jede Form der Körperlichkeit als abstoßend, da nur die menschliche Seele[2] für sie zählte. Platon betrachtete den Körper als deren Gefängnis. Im »Phaidon«-Dialog ließ er Sokrates seine Verachtung für das Leben überhaupt verkünden, da es vom Körperlichen bestimmt werde. Sokrates' Ziel sei vielmehr gewesen, mit der »Seele allein die Dinge zu betrachten«. Nur so wäre das reine Denken, die Vernunfterkenntnis, überhaupt möglich, wenn auch erst nach dem →Tod.[3]

Aristoteles hierarchisierte und »modifizierte« diese Lehren. Bei ihm war die Seele jene Form des Körpers, die ihm seine Zweckbestimmung verleiht. Demnach besitzen nicht nur Menschen eine Seele, sondern auch Tiere und Pflanzen – letztere allerdings eine bloß vegetative. Eine denkende Seele (gr. = nous) gestand er ohnehin nur den Männern zu. Immerhin ging er wenigstens davon aus, daß die Seele sich zwar vom Körper unterscheidet, aber ohne diesen nicht existieren kann. Es gab deshalb keinen Zweifel für ihn, daß die verschiedenen Seelen sterblich waren. Mit einer einzigen Ausnahme: Und das – wie könnte es anders sein – war die männliche Vernunftseele.

Die Sehnsucht nach einem körperlosen Leben – und damit letztlich nach dem Tod (→Geburt) – hängt in der männlich-patriarchalen Philosophie eng zusammen mit einer Verachtung und Verdrängung aller irdischen Bedürfnisse. Für Platon bildeten Leib und Seele unüberbrückbare Gegensätze. Da nur die Seele den sterblichen Leib bewege und selbst unsterblich sei, käme ihr die höhere Würde zu.

Abwertung des Körperlichen und Höherbewertung einer wie auch immer gearteten Seele durchziehen die abendländischen Philosophiegeschichte wie ein roter Faden. Daß sich beides auch in

Bibel und christlicher Religion findet, ist kein Zufall. Wenn beispielsweise in Matth. 26,41 geschrieben steht: »Der Geist ist willig, das Fleisch ist schwach«, wird darin das gleiche Denkmuster sichtbar wie bei Platon oder Sokrates.

Auch die neuzeitlichen Philosophen betrachteten das Leib-Seele-Verhältnis meist unter hierarchischen Gesichtspunkten. So beruhte Descartes' Trennung zwischen *res cogitans*, dem denkendem Ding, und der *res extensa*, dem ausgedehnten Ding, dem Körper, ebenfalls auf der Idee, die Seele forme den Körper.

Selbst im 18. Jahrhundert hielten die idealistischen Philosophen an der Vorstellung fest, daß der Leib minderwertiger als die Seele ist. Denn nur sie vermag – so Hegel – einen eigenständigen Begriff von sich zu entwickeln. Ihre Aufgabe sei daher, sich alles Sinnliche zu unterwerfen.

Denker und Denkerinnen, die einen anderen Standpunkt vertraten, blieben in der Minderheit. Gegeben hat es sie jedoch zu allen Zeiten.

Schon Sokrates' Zeitgenossen Demokrit und Leukipp argumentierten, Geist und Körper seien nicht zu trennen, sondern gehörten unabdingbar zusammen. Eine Überzeugung, die in den folgenden Jahrtausenden von verschiedenen Philosoph(inn)en geteilt wurde. Die Fachsprache reihte sie in die mit der Aufschrift »Monisten«[4] versehene »Schublade« ein. Auch die englische Philosophin Anne Conway, eine Zeitgenossin von Descartes und Leibniz, wird dazu gezählt. Sie verstand den Körper als verdichteten Geist und letzteren dementsprechend wiederum als feineren und flüchtigen Körper. Deshalb existierte für sie keine »unbeseelte Materie«. Diese bestünde vielmehr aus den selben Substanzen wie der Geist. Lediglich die äußere Erscheinungsform sei anders.

Vom Körper her denken

Im 19. Jahrhundert wandte sich Friedrich Nietzsche massiv gegen die Tradition der »Leib-Verächter«. Für ihn stellte die sogenannte »kleine Vernunft«, das Bewußtsein, der Geist, nur ein Werkzeug der »großen Vernunft«, des Leibes dar. Das »Ich« sah er als bloßen Handlanger von dessen Willen, denn nur durch ihn sei das Bewußtsein überhaupt mit der Welt verbunden. In »Also sprach Zarathustra« unterstellt er den vom hehren Geistigen durchdrungenen Philosophen pure Lebensfeindlichkeit. Ihr mangelnder Selbsterhaltungstrieb sei nicht mehr in der Lage, etwas Kreatives zu erschaffen – darum zürnten sie »dem Leben und der Erde« (S. 39 ff.).

Nietzsches Ziel war »die Höherbildung des ganzen *Leibes* und nicht nur des Gehirns!« (1988, Bd. 10, S. 506), denn das hatte für ihn eine eindeutige Funktion: »Hier ist die Voraussetzung gemacht, dass der ganze Organismus denkt, dass alle organischen Gebilde Theil haben am Denken, Fühlen, Wollen, – folglich dass das Gehirn nur ein enormer Centralisations-Apparat ist« (zit. n. Onfray, 1993, S. 32). Die hier deutlich werdende Vorstellung vom Zusammenwirken des Bewußtseins mit dem Körper des Menschen ist erstaunlich modern, angesichts der neueren Erkenntnisse der Gehirnforschung (→Subjekt). Sein Werk, das er als »Physiologie der Kunst« bezeichnete, beinhaltete den Versuch, eine authentische Philosophie des Körpers zu entwerfen: Der Mensch *ist* das Kunstwerk.

Friedrich Nietzsche hat die philosophische Ablehnung der realen Welt als »anämisches Ideal« verurteilt. Im »Zarathustra« geißelt er nicht zuletzt die christliche Religion für ihren Körperhaß: »[...] sie ließen ihn (den Körper/d. A.) außer Rechnung: mehr noch, sie behandelten ihn wie einen Feind. Ihr Wahnwitz war, zu glauben, man könne eine ›schöne Seele‹ in einer Mißgeburt von Kadaver herumtragen. [...] Um das auch anderen begreiflich zu machen, hatten sie nötig, den Begriff ›schöne Seele‹ anders anzusetzen, den natürlichen Wert umzuwerten, bis endlich ein bleiches, krankhaftes, idiotisch-schwärmerisches Wesen als Vollkommenheit, als ›englisch‹, als Verklärung, als höherer Mensch empfunden wurde« (Nietzsche, Der Wille zur Macht, § 226). Dem Fortbestand des christlichen Idealbildes vom (männlichen) Menschen als weltfremdem, asketischem Heiligem konnte seine vernichtende Kritik jedoch kaum etwas anhaben. Daß sie bis heute nichts von ihrer Brisanz verloren hat, beweisen die heftigen öffentlichen Auseinandersetzungen über Bücher der Kirchenkritiker Uta Ranke-Heinemann, Eugen Drewermann oder Karlheinz Deschner. Letzterer schreibt in seinem 1974 erschienenen Buch »Das Kreuz mit der Kirche – Eine Sexualgeschichte des Christentums«: »Verachtung der Freude, des Glücks, Auflehnung gegen das Dasein, Widerwillen, Ekel, totales Abtöten – das ist das klassische Christentum, das Christentum der Erstklassigen, der Asketen [...]« (1988, S. 85).

Auch der französische Philosoph Michel Onfray zählt zu den Gegnern der abendländisch-christlichen Körperfeindlichkeit. In dem 1991 in Frankreich erschienenen Buch »L'art de jouir« bemerkt er ironisch, »die Philosophen tragen zu diesem tödlichen Haß auf das Fleisch bei, indem sie das Loblied einer Welt intelligibler Wesenheiten, reiner und körperloser Formen, Absolutheiten und Geistern singen« (deutsch 1992, S. 90).

Onfray, der im Alter von 28 Jahren einen Herzinfarkt erlitt, entwickelte seine Philosophie auf dem Hintergrund der überstandenen Lebensgefahr. An jenem Tag, schrieb er später, »machte mein Körper die Erfahrung einer Weisheit, die sich später in Hedonismus verwandelte« (S. 8).

Während des Infarkts erschien ihm der Tod wünschenswert, »wenn der Schmerz jede Beherrschung zunichte macht und sich der Körper in eine animalische Architektur verwandelt hat.« Er litt »wie ein Tier« und erlebte, wie Verstand und Bewußtsein »desertierten« – zurück blieb »das Fleisch als einziger Behälter des Todes, als auserwählter Ort des Sterbens« (S. 10).

Nach seiner Genesung setzte sich Onfray immer intensiver mit der fehlenden oder verdrängten Körperlichkeit in den Werken seiner Kollegen auseinander. Unter anderem untersuchte er das Verhältnis einiger bedeutender Philosophen zur Sinnlichkeit.

Immanuel Kant betrachtete den Geruchs- und Geschmackssinn als unbedeutend für den Erkenntnisprozeß. Onfray analysiert dies als geradezu typisch für die Verteidiger asketischer Philosophieideale, da beides die körperlichsten und zudem eng mit der Sexualität verbundenen Sinne seien, und er spottet: »Dennoch sieht man den Vater des Kritizismus bei überraschenden Gelegenheiten von seiner Nase Gebrauch machen ... Tatsächlich setzt der Philosoph der Aufklärung seinen nasalen Appendix ein, um die schwarze Rasse zu beschreiben. Die Leuchte des Jahrhunderts sorgt sich um den Geruch der Neger ...« (S. 63).

Daß in der männerbeherrschten Philosophie das asketische Ideal auf den Thron gehoben und die – als »weibisch« empfundene – Sinnlichkeit samt realer Welt verachtet wurde, gilt für den französischen Geisteswissenschaftler als erwiesen: »Der Hedonismus, die Berücksichtigung der Sinne, der Leidenschaften, des Körpers und des Lebens« (S. 85) hatte gegen die Verherrlichung des rein Geistigen nie eine Chance.

Zu welch absurden Auswüchsen dies führte, belegt Michel Onfray mit einigen Beispielen. So schreckte der antike Kirchenvater und Philosoph Origenes (185-254) um der Askese willen nicht einmal vor der Selbstkastration zurück. Thomas von Aquin wiederum verlieh selbst dem Geschlechtsakt die Weihe der Keuschheit – vorausgesetzt, er wurde ohne Lustgefühle vollzogen. Umgekehrt galt ihm nicht nur jede direkte sexuelle Aktivität als Todsünde, sobald sie »geschlechtlicher Lust« diente, sondern auch Zungenküsse.

Tatsächlich wird beim Schwelgen in Genüssen die Vernunft mehr oder weniger stark in den Hintergrund gedrängt. Spätestens im Zustand sinnlicher und damit körperlicher Ekstase ist sie vorübergehend »abgeschaltet«. Vernunft, so der circulus vitiosus vieler asketischer Philosophen, könne sich folglich auch nur ohne Körper entfalten. Im Namen einer vergöttlichten Vernunft und unter dem Primat einer verabsolutierten Rationalität verdammen sie jeden Rauschzustand als tierisch. Ihr ganzes Streben gilt statt dessen dem reinen Vernunftwesen, das nur vom eigenen Willen und dem eigenen Selbstbewußtsein (→Subjekt) beherrscht wird.

Und ewig lockt das Weib –
Exkurs über einen Vernichtungsfeldzug

Ein besonders düsteres Kapitel der christlich-abendländischen Leib- und Sinnesfeindlichkeit enthält gleichzeitig auch deren Höhepunkt. Der über Jahrtausende hinweg gepflegte und verbreitete patriarchale Haß auf alles, was als »weibisch« gilt, entlud sich gegen Ende der Renaissance im hundertausendfachen tödlichen Angriff auf den weiblichen Körper.

Auf die lange Geschichte der Diskriminierung des Weiblichen im Detail einzugehen, kann nicht Aufgabe dieses Buches sein. Verglichen mit der Existenz des Patriarchats müßte die moderne Frauenbewegung eigentlich als noch in den Windeln liegend bezeichnet werden. Dennoch hat sie weltweit bereits Tausende von beweiskräftigen Arbeiten hervorgebracht, in denen Frauenverfolgung und -unterdrückung als Grundpfeiler patriarchaler Herrschaft sichtbar werden. Wer sich intensiv damit auseinandersetzen will, findet dort genügend Material (→Mensch, Differenz).

Die philosophische und christliche Leibfeindlichkeit ist eng mit dem patriarchalen Frauenhaß verwoben. Schon in der Antike wurde die angeblich unersättliche weibliche Sinnlichkeit gegeißelt. Für den Arzt Hippokrates (460-375 v. u. Z.) bedurfte die Frau »eines Zuchtmeisters, denn sie hat von Natur das Zügellose an sich, so daß sie, wenn sie nicht täglich ausgerodet wird wie die Bäume, zu üppig ins Kraut schießt« (zit. n. Bornemann 1979, S. 200). Dem Komödiendichter Aristophanes galt »kein Gezücht auf Erden so schamlos wie die Weiber«, und seinem Kollegen Alexis gelang sogar noch eine Steigerung dieses frauenverachtenden Zitats: »Es gibt kein schamloseres Tier als das Weib« (S. 201).

Die Frau hat, so die Phantasie der Männer, kaum einen anderen Gedanken im Kopf, als diese zu verführen. Ein Vorwurf, der über Jahrhunderte hinweg immer wieder erhoben wurde. Noch in der angeblich so aufklärerischen frühen Neuzeit sollte er in den bis heute fälschlich »Hexenverfolgung« genannten und zutreffender als Frauenpogrome zu bezeichnenden Vernichtungsexzessen die zentrale Rolle spielen.

Jakob Sprenger und Heinrich Institoris, 1475 von Papst Innozenz zu Inquisitoren[5] ernannt, veröffentlichten 1487 eines der unheilvollsten Bücher der Weltgeschichte: »Maleus maleficarum«, besser bekannt als »Hexenhammer«. Bereits in der von Sprenger verfaßten Vorrede des Machwerks heißt es, die »Hexen« hätten »mit der Hölle einen Bund gemacht«, bei dem sie sich »der schändlichsten Dienstbarkeiten unterwerfen«, um ihre »unreinen Begierden zu erfüllen«. Die Frau, Zauberin und Hexe, Krankheitsverbreiterin und Kindsmörderin gar nur aus einem einzigen Grund: um ihre – so an anderer Stelle – »unersättliche Wollust« ausleben und den angeblichen Teufelslohn in Form sexueller Befriedigung empfangen zu können.

Man ist spontan versucht, den beiden Inquisitoren ein krankes Gehirn zu attestieren. Aber das wäre eine billige und vor allem: den wahren Hintergrund verharmlosende Entschuldigung. Nicht zu Unrecht nämlich weist Sprenger in der bereits erwähnten Vorrede (Apologia) darauf hin, daß aus seinem und Institoris' Kopf »gar weniges« stammt: »Daher es nicht für unser Werk, sondern vielmehr für derjenigen geachtet wird, aus deren Worten fast alles und jedes zusammengetragen ist« (1987, S. XLVI).

In der Tat konnten die Hexenhammer-Autoren auf eine umfangreiche Bibliothek frauen/körper- und lustfeindlicher Episteln, Philippiken und Pamphlete zurückgreifen (→Liebe, Mensch). Neu war lediglich die besonders perfide Zusammenstellung. Damit leiteten sie im Namen des Christentums einen Frauenmassenmord ein, wie er trotz des patriarchalen Antifeminismus in der Menschheitsgeschichte bisher nicht vorgekommen war. Fast drei Jahrhunderte[6] lang hatte – im Wortsinn! – jeder/mann die Macht, das Leben welcher Frau auch immer ungestraft zu vernichten oder genauer: auslöschen zu lassen, durch eine Kirche, die angeblich Güte, Barmherzigkeit und Liebe repräsentierte. Wer sich seiner Ehefrau entledigen oder als abgewiesener Liebhaber Rache nehmen wollte – ein anonymer Hinweis genügte. Die als »Hexe« Denunzierte hatte meist keinerlei Chance, dem Verhängnis zu entgehen. Dafür hatten Sprenger und Institoris mit ihrem detaillierten Vernichtungs-Regelwerk gesorgt.

Dabei ging es zu keiner Zeit wirklich um die Bekämpfung der angenommenen »Hexerei«, die – genaugenommen – die Kirche mit Jungfrauengeburts- und Auferstehungslegende, päpstlichem Unfehlbarkeitsanspruch, großangelegtem Ablaßhandel und mystischen Weihrauchorgien letztlich selbst pflegte. Ziel war offensichtlich der sadomasochistisch orientierte, zerstörende Zugriff auf den sexuell allzu anziehenden weiblichen Körper. Daß dieses »obskure Objekt der Begierde« (Luis Buñuel) im Fokus des frömmelnden Hasses stand, beweisen die zugänglichen Protokolle der sogenannten »peinlichen Befragung«. Ob in Deutschland, England oder Schottland, »in den Verhören wurden die der Hexerei beschuldigten Frauen geradezu obsessiv über ihre sexuellen Praktiken befragt [...]« (Harding, S. 123). In zahllosen Varianten kreisten die Folter-Verhörfragen wieder und wieder um das zentrale Thema: Die Frau als Teufelsbuhlin (Hammes, S. 87). Wie oft, wie lange und auf welche Art der Teufel mit ihr, der Hexe, Unzucht getrieben; ob sie dabei Lust oder Abscheu empfunden habe; ob sein Glied heiß oder kalt, dick oder dünn, kurz oder lang gewesen sei – so oder ähnlich lauteten die Fragen in zahllosen Verfahren (Soldan-Heppe, S. 374). Auch finden sich in den zeitgenössischen Aufzeichnungen und Berichten, trotz aller der christlichen »Schamhaftigkeit« geschuldeten Umschreibungen,[7] viele direkte und indirekte Hinweise auf Folterpraktiken an den weiblichen Geschlechtsteilen.[8] Mehr noch: In zahlreichen Fällen wurde von »Bütteln, Scharfrichtern und Gefangenenwärtern noch die scheußlichste Unzucht verübt« (S. 345).

Bereits in Sprengers erstem Prozeß, im Oktober 1485 in Brixen/Tirol, galt seine Wißbegierde besonders dem Geschlechtsverkehr mit dem Teufel. Die sieben dort angeklagten Frauen hatten Glück. Alle entsprechenden Fragen wurden vom gerichtsvorsitzenden bischöflichen Generalkommissar als »nicht zur Sache gehörig« zurückgewiesen (Hammes, S. 51). Diese Niederlage des Inquisitors dürfte wesentlich zum Entstehen des »Hexenhammers« beigetragen haben. Es blieb denn auch sein einziger Prozeß, der mit einem Freispruch für alle Angeklagten endete...

Der feindliche Blick des Mannes auf den weiblichen Körper läßt sich lückenlos von der Antike bis zur Gegenwart dokumentieren. Die Folgen reichen von der »bloßen« Diffamierung – Frauen wurde nachgesagt, Menstruationsblut verderbe das Obst, säure alle Milch in der Umgebung, bringe Wein zur Gärung und lasse Eisen rosten – bis zu Folter, Mord und Totschlag. Die »Hexen«-Frauenverfolgung mag eine der grausamsten gewesen sein, aber sie ist beileibe nicht der einzige massenhaft praktizierte Angriff auf den weiblichen Körper in der Geschichte des Patriarchats.

Die amerikanische Theologin und Philosophin Mary Daly nennt in dem Buch »Gyn-Ökologie« das verkrüppelnde Einbinden der Füße in China, die Verstümmelung der Geschlechtsteile[9] in vielen afrikanischen Ländern oder – ein weiterer grausamer Höhepunkt – die Witwenverbrennungen in Indien als Beispiel solcher Angriffe. Die dort ebenfalls häufig registrierte Ermordung weiblicher Neugeborener vergaß sie allerdings zu erwähnen. Vielleicht weil sie, im Gegensatz zur Witwenverbrennung, nie offiziell gestattet war. Praktiziert wurde dieser Babymord dennoch tausendfach, vor allem in den ländlichen Armutsgebieten. Der Hauptgrund: Töchter bedeuten in Indien eine Last, da sie, um verheiratet zu werden, mit einer Mitgift ausgestattet sein müssen.

Mary Daly zählt jedoch auch die europäische und amerikanische Gynäkologie zu den Feinden des Frauenkörpers. Tatsächlich kam es dort noch vor nicht allzu langer Zeit zu Gebärmutterentfernungen ohne zwingende Indikation. Die rein »präventive« Maßnahme stand offenbar unter dem Motto: Ab der Menopause braucht »Frau« sie nicht mehr – wohl aber die angehenden Fachärzte eine bestimmte Anzahl von Gebärmutteroperationen, um ihre Ausbildung abschließen zu können. Daß Ähnliches auch in Deutschland möglich ist, zeigte sich 1999 in der Ruhrgebietsgroßstadt Essen. Dort sorgte der Fall eines angesehenen Frauenarztes für Furore, der in zahlreichen Fällen offenbar gezielt falsche Brustkrebsdiagnosen gestellt hatte. In fast allen Fällen wurde den Betroffenen die angeblich vom Krebs befallene Brust entfernt. Erst als einem Kollegen die ungewöhnlich hohe Zahl »erfolgreicher« Brustkrebs-Früherkennungen bei diesem Arzt auffiel, kam es zu einer nachträglichen Neuuntersuchung von ihm entnommener und noch vorhandener Gewebeproben. Dabei stellten sich die Falschdiagnosen heraus. Das Motiv des Täters – unbewußter Frauenhaß wurde nicht ausgeschlossen – wird nie mehr zu klären sein.[10]

Mary Daly jedenfalls sieht in den beschriebenen Praktiken sadomasochistische Strukturen im Patriarchat verankert, die allgegenwärtig sind. Feministische Polemik? Mitnichten! Daß trotz entsprechender gesetzlicher Verbote in Indien noch immer manche weibliche Neugeborene umgebracht und in Einzelfällen Witwen verbrannt werden, bestätigten Internationale Hilfs- und Menschenrechtsorganisationen in den letzten Jahren mehrfach. Und die Verkrüppelung und Zerstörung der weiblichen Geschlechtsteile ist – trotz aller internationalen Proteste – in einigen islamischen Ländern Afrikas bis heute noch nicht einmal gesetzlich untersagt.

Die Vorstellung von der generellen männlichen Verfügungsgewalt über den weiblichen Körper scheint allerdings auch in Europa und Amerika kaum ausrottbar. Männerbeherrschte Mode und Werbung geben vor, welches weibliche »Körpermodell« begehrenswert ist und mit welchen Hilfsmitteln Frauen sich diesem Idealbild anzunähern haben. Für Amerikanerinnen, die im Showgeschäft tätig sind, gehören regelmäßige Schönheitsoperationen bereits ganz selbstverständlich zu ihrem Job.

Glücklicherweise wehrten und wehren sich nicht nur feministisch orientierte Frauen und Philosophinnen gegen all diese Zumutungen, Diskriminierungen und die zugrundeliegende (Frauen)-Körperfeindlichkeit, sondern auch einzelne Philosophen.

Kann man ohne Körper denken?
Leib- statt Vernunftphilosophie

Im 20. Jahrhundert wird die Körperlichkeit, die Erfahrung des Leibes, zunehmend als zentrale Grundbedingung jeder menschlichen Erkenntnis definiert. Besonders die phänomenologisch orientierten Philosoph(inn)en thematisieren immer wieder das Verhältnis von Leib und Erkenntnis. Manche beschreiten dabei überraschend neue Wege. Der Franzose Maurice Merleau-Ponty etwa wagt nahezu eine Quadratur des Kreises. Er versucht in seinen Arbeiten, Nietzsche und Kant miteinander zu verbinden, und interpretiert den Leib als intentionalen Gegenstand, durch den das »transzendentale Ich« konstituiert wird. Im Klartext bedeutet dies: Der Leib ist Ausdruck unseres »Seins zur Welt«, ist der Ort, in dem Sprache, Wahrnehmung, Handlung und Orientierung auf andere wie auf die Welt stattfindet. Leib und Seele stehen sich in dieser Konzeption nicht unüberbrückbar gegenüber. Statt dessen bilden sie eine Sinneinheit und sind nur zusammen denkbar.

Neben Edmund Husserl – er begründete die Phänomenologie – und Maurice Merleau-Ponty gehören Hedwig Conrad-Martius, Emmanuel Levinas, Paul Ricœur und Husserls Assistentin Edith Stein zu den wichtigsten und bekanntesten Vertretern dieser philosophischen Richtung. Allen ist gemeinsam, daß sie den Leib-Seele-Dualismus verneinen. Der Leib wird vielmehr zum Vermittler zwischen Natur und Kultur, etwa als »leiblicher Ausdruck« in Form eines Lächelns, eines Bildes oder einer Emotion. Er verbindet das eigene Ich mit dem Fremden (Zwischenleiblichkeit), durch eine Umarmung, einen Handschlag oder durch verbale Kommunikation.

Aber er ist auch sehr verletzlich, denn als körperliche Wesen sind wir nicht nur den Blicken anderer Menschen ausgesetzt (→Subjekt). Der Leib ist überall und zu jeder Zeit angreifbar. Diese Verletzbarkeit kann, beispielsweise bei Folter und Vergewaltigung, zur psychischen (Zer)Störung des Ich führen. Bei der extremsten Form des Angriffs, dem Mord, beinhaltet sie dessen Vernichtung. Das bedeutet letztlich, der Mensch besitzt zwar seinen Körper, aber dieser besitzt auch ihn. Die Feststellung »Ich nehme wahr« verlor deshalb für Maurice Merleau-Ponty ihre Eindeutigkeit. Seine Schlußfolgerung lautete statt dessen: »Es nimmt in mir wahr.«

Die Berliner Philosophin Annegret Stopczyk bezieht sich in ihrer Arbeit ebenfalls auf einen Phänomenologen. Ausgehend von Hermann Schmitz' (Bonn, 1982) Begriff der Eigenleiblichkeit entwickelt sie seit einigen Jahren eine Leib-Philosophie, »die auf die Kraft innerer Bilder« setzt. Die Einschränkung des Leibes auf einen funktionierenden Körper und das reine Denken gilt auch ihr als leblose, abstrakte Philosophie, die sich der Verantwortung für das Leben entzieht.

Hegels Auffassung, »beim Denken müssen Hören und Sehen vergehen«, und Kants Meinung, daß »die reine Vernunft [...] ohne Anschauung und Erfahrung aus(komme)«, setzt sie die »innere Stimme«, das Denken in Bildern, das Visualisieren entgegen. Für Annegret Stopczyk offenbart gerade die deutsche Sprache den engen Zusammenhang zwischen sinnlicher Wahrnehmung und gedanklicher Verarbeitung. Als Beispiel nennt sie Begriffe wie Anschauung, Ein-Bildungs-Kraft oder be-greifen.

Zwischen Körper und Leib unterscheidet die Philosophin sehr anschaulich. Leib ist das, was wir »innen wahrnehmen«, was der Körper umfaßt, was wir sehen oder mit den Händen greifen. Wir sind stets beides zugleich: Körper – für uns und vor allem für andere – und innere Welt. Leib ist also das, was wir selber spüren, er ist nur der Selbsterfahrung zugänglich. So betrachtet, stellt Kants »Kritik der reinen Vernunft« letztlich auch einen introspektiven (= selbstbeobachtenden) Versuch dar, die eigenleibliche Erkenntnistätigkeit zu beschreiben, obwohl der »Leib« in dieser Theorie keinerlei Rolle spielt.

Das Bewußtsein ist subjektiv. Gefühle, Gedanken und Träume können von keinem anderen Individuum ge- und erlebt werden. Deshalb waren viele Philosophen – darunter selbst so unterschiedliche wie Kant oder Wittgenstein – sich darüber einig, daß die menschliche Erkenntnismöglichkeit von Natur aus begrenzt ist. Erkennbar schienen ihnen lediglich die Naturgesetze. Alles andere, besonders unsere »Innenwelt«, sollte deshalb entweder der Religion (Kant) oder dem Schweigen (Wittgenstein) überlassen bleiben.

Annegret Stopczyk will die Vernunfterkenntnis nicht aus der Welt tilgen. Aber sie ist der Auffassung, die Leibphilosophie (→Geburt) könnte dazu beitragen, »eigenleiblich sensibler und erkenntnisreicher in der Welt zu sein«, was für sie auch bedeutet, »lebendiger zu werden« (1996, S. 286).

Anmerkungen

1 So wie ein blinder Mensch ohne visuelle Wahrnehmung auszukommen lernt, können auch die zwei anderen möglichen Ausfälle teilweise ausgeglichen werden (ebd., S. 74).

2 Seele: engl. soul, mind oder spirit; frz. âme; gr. psyche; lat. anima. Eine eher moderne und gänzlich unaristotelische Definition des Begriffs Seele liefern die Phänomenologen. Husserl und Merleau-Ponty beispielsweise identifizieren sie mit dem Ich (→Subjekt) als Pol des Bewußtseinsstroms. Dies geht zurück auf Descartes' dualistische Trennung von Leib und Seele. Heute interpretieren Philosophen und Philosophinnen die Seele als eine Eigenschaft des Gehirns unter vielen (Patricia Churchland) oder sie kritisieren – wie die analytische Philosophie – den Begriff des Bewußtseins oder des Seelischen überhaupt. Die vielen unterschiedlichen Zustände des Gehirns lassen sich nicht mit einem Begriff umschreiben.

3 Für die antike Philosophie bedeutete der →Tod des irdischen Körpers nicht das Ende. Wiedergeburtstheorien waren eine Selbstverständlichkeit.

4 Vertreter dieser philosophischen Richtung führen die Vielheit der Welt auf ein einziges – wenn auch oft unterschiedliches – Prinzip zurück. Beispiel Spinoza: Alle Lebewesen, Dinge und Ideen dieser Welt, sowie der Kosmos, existieren aufgrund einer einzigen und ewigen Substanz, die Gott ist.

5 Institoris für Oberdeutschland, Sprenger für die Rheingegenden.

6 Mit Anna Göldin wurde 1782 im Schweizer Kanton Glarus die letzte in Europa legal als »Hexe« verurteilte Frau ermordet.

7 Meist wurden dafür Formulierungen wie »an heimlichem Orte« (gebrannt mit Schwefelfäden) verwendet.

8 Wie die Jahresberichte von Amnesty International beweisen, werden Frauen in den vom Katholizismus beherrschten Diktaturen vor allem sexuellen Foltern unterworfen ebenso wie in den islamisch-fundamentalistisch regierten. Dies dürfte auf dem gleichen frauen/körperfeindlichen Hintergrund zu sehen sein.

9 Die auch in der feministischen Literatur häufig verwendete Bezeichnung »Klitorisbeschneidung« ist falsch. In vielen Fällen werden auch die kleinen und sogar großen Schamlippen abgetrennt.

10 Die ermittelnde Staatsanwaltschaft stellte das Verfahren ein, nachdem der Frauenarzt bei einem mysteriösen Brand in seiner Praxis ums Leben gekommen war. Die offizielle Version lautete »höchstwahrscheinlich Selbstmord«, verbunden mit dem Versuch, alle belastenden Patientinnen-Unterlagen zu vernichten. Allerdings wird bis heute auch ein Racheakt nicht völlig ausgeschlossen.

Sprache – maskuline Ordnung oder feminine Subversion

»Alle Philosophie ist Sprachkritik.«
Ludwig Wittgenstein

Daß Großaffen in der Lage sind, die menschliche Taubstummensprache zu erlernen, haben mehrjährige Versuche eindeutig bewiesen. Allerdings reicht ihre Kompetenz nur für das pragmatische Sprechverhalten. Auch ihre syntaktischen Fähigkeiten sind eher rudimentär ausgeprägt. Die Frage, ob damit spätestens im 21. Jahrhundert ein problemloser Gedankenaustausch zwischen dem Menschen und seinem nächsten tierischen Verwandten stattfinden kann, gehört aber bereits aus einem ganz anderen Grund ins Reich der Science-Fiction: Um die menschliche Lautsprache zu beherrschen, benötigten die Affen einen anderen Kehlkopf – den des Menschen.

Auch wenn die Legende des Heiligen Franz von Assisi behauptet, er »redete mit allen Tieren«, und der Roman vom »Pferdeflüsterer« suggeriert, es könne wenigstens mit einer Tierart gelingen: Bislang gibt es keinen Menschen, der irgendeine tierische Sprache beherrscht, noch ein Tier, das irgendeine menschliche erlernt hätte. Dies bedeutet, daß die Menschen mit ihrer Fähigkeit zur Spracherlernung homogen und von den Tieren isoliert sind (Beeh, 1994).

Zahlreiche Erkenntnisse aus Linguistik, Psychologie und Soziologie vermitteln den Eindruck, die menschliche Sprache wäre recht gut erforscht. Dennoch bleiben viele Fragen offen. Kennen wir ihren Ursprung? Haben alle menschlichen Sprachen – je nach Grenzziehung zum Dialekt existieren zwischen 4000 und 5000 auf der Welt – etwas Gemeinsames? Gibt es, wie der Philosoph Leibniz annahm, eine Universalsprache? Ist die Sprache ein Abbild der Wirklichkeit oder ist sie Ausdruck des Gedankens? Gibt es eine Relation zwischen Denken und Sprechen? Wie entstehen Bedeutungen?

Eine moderne Philosophie, die sich – wie andere (Geistes)Wissenschaften – der Sprache bedient und bedienen muß, ist ohne Reflexion über dieses Medium kaum denkbar. Die Sprachphilosophie avancierte deshalb mit dem sogenannten »Linguistic Turn«

(s. u.) zu einer philosophischen Grunddisziplin. Das war allerdings nicht immer so. In der Antike galt sie lediglich als Anhängsel zur Erkenntnistheorie (→Vernunft). Sprache war nicht unabhängig, sondern Bestandteil des Logos. Platons Dialog »Kratylos« ist das erste erhaltene Buch, das sich mit diesem Thema auseinandersetzt. Er ließ darin den griechischen Philosophen Kratylos die These von der natürlichen Richtigkeit der Wörter vortragen. Diese seien nämlich unmittelbar den Dingen zugehörig (physei-These). Hermogenes hielt dagegen, daß die Bedeutung der Wörter bloß konventionell festgelegt sei (nomo-These). Diese (konventionalistische) Sprachtheorie vertrat später auch Aristoteles.

Welcher These Platon den Vorzug gab, ist bis heute umstritten. Fest steht, daß es ihm primär nicht um eine »Theoretisierung« der Sprache ging. Er wollte vor allem ihre Leistungsfähigkeit für die Kommunikation herausstellen – in Opposition zu den damals schon sprachskeptischen Sophisten. Platon glaubte, Wahrheit durch Sprache vermitteln zu können, wie seine berühmten Dialoge (»Phaidros«, »Symposion«) zeigen.

Vernunft oder Sprache und der »Linguistic Turn«

Auch die Empiriker Thomas Hobbes und John Locke sahen fast 2000 Jahre später in der Sprache das wichtigste Instrument zur Verständigung innerhalb einer Kultur. Ohne ihre Erfindung hätte es, so Hobbes, »unter den Menschen weder Staat noch Gesellschaft, Vertrag und Frieden gegeben – nicht mehr als unter Löwen, Bären und Wölfen« (1976, S. 24). Die Sprache sei die Grundbedingung für ein friedliches Zusammenleben der Menschen. Sie garantiere zudem die Identität des Einzelnen, da sie Wörter und Namen bereithalte, quasi als Merkzeichen der Erinnerung.

Immanuel Kant – und vor ihm René Descartes – betrachtete die Sprache jedoch nur als Ausdruck der Gedanken. Für beide Philosophen war die Erkenntnis selbst völlig unabhängig von ihrer sprachlichen Form. Eine Position, gegen die sich schon damals Johann Gottfried Herder und Johann Georg Hamann wandten. Hamanns Credo lautete: »Vernunft ist Sprache«. Im Gegensatz zu Kant, der die Grenzen der →Vernunft in ihrer Abhängigkeit von Anschauungsformen und Kategorien sah, bestimmte Hamann sie allein durch die Abhängigkeit von Sprache: »Sie ist das einzige und erste und letzte Organon und Kriterion der Vernunft, ohne ein ander Creditiv als Überlieferung und Usum« (Hamann, S. 168f.).

Die Diskussion um Entstehung und Entwicklung der menschlichen Sprache nahm im 18. Jahrhundert einen breiten Raum ein. Kein Wunder, berührt sie doch unmittelbar eine der Grundfragen der Philosophie – die nach dem Wesen des →Menschen. Entsprechend unterschiedlich beurteilten Rationalisten und Sensualisten,[1] die Vertreter der beiden vorherrschenden philosophischen Strömungen jener Zeit, die Sprache und deren Ursprung.

In der rationalistischen Philosophie stand der Vernunftbegriff im Mittelpunkt des Denkens. Für Johann Christoph Gottsched (1700-1766) oder Gottfried Wilhelm Leibniz beruhte die Sprache auf Übereinkunft. In ihrer Zweckmäßigkeit sah Leibniz den Ausdruck ihrer rationalen und zugleich praktischen Intention. Der hohe Grad an Vollkommenheit, besonders im grammatikalischen Bereich, galt den Rationalisten als Beweis für die göttliche Abstammung der Sprache.

Die Sensualisten hingegen definierten deren Ursprung naturalistisch und betrachteten die Sprachentwicklung vorwiegend unter historischen Aspekten. Zwar befaßten sich französische Sensualisten wie Denis Diderot, Étienne Bonnot de Condillac oder Jean-Jacques Rousseau auch mit der rationalen sprachlichen Struktur, aber für sie beinhaltete die Sprache nicht nur den Ausdruck des logischen Denkvermögens, sondern auch der Gefühle und Affekte. Ihr Sprachbegriff war deshalb umfassender, da er Gebärden und Mimik ebenso mit einbezog wie alle anderen menschlichen Äußerungen.

Neben Johann Georg Hamann lieferte Johann Gottfried Herder mit seiner »Abhandlung über den Ursprung der Sprache« wichtige Anregungen für die moderne Sprachphilosophie. Auch er sah in ihr weit mehr als ein bloßes Werkzeug. Fast pathetisch beschrieb er sie sowohl als Form des Denkens, aber auch als dessen Schatzkammer, in der das ganze Wissen eines Volkes gespeichert ist. Sprache und Vernunft bedingten sich bei Herder. Im Gegensatz zum Tier lebe der Mensch in keiner abgegrenzten Sphäre, seine Sinne und Organe seien nur mangelhaft an die Umwelt angepaßt, und besonders die fehlende Instinktsicherheit kompensiere er durch das Sprechen. Die »Sprache (ist) dem Menschen so wesentlich, als er ein Mensch ist« (1985, S. 25).

Die ersten Sprachskeptiker meldeten sich noch im späten

18. Jahrhundert zu Wort. Angesichts der vielfältigen gesellschaftlichen Umbrüche bezweifelten Georg Christoph Lichtenberg und Heinrich Kleist die Leistungsfähigkeit der Sprache. Aus gutem Grund: Die zunehmende Auflösung traditioneller Lebensverhältnisse und der Bruch eines einheitlichen Gefüges von Philosophie, Natur- und Geisteswissenschaften läßt eine Vielzahl, zum Teil stark gegensätzlicher »Sprachen« entstehen. Den Skeptikern erscheint die Sprache deshalb als paradoxes Medium, das zugleich erhellt und verdeckt – es kann Erkenntnis befördern, aber auch verhindern. Zwischen diesen beiden Polen, Sprachskepsis einerseits und Sprache als Medium der Erkenntnis andererseits, bewegt sich der philosophische Diskurs noch immer.

Die bereits erwähnte sogenannte Linguistische Wende in der Philosophie ist eng mit dem Namen Ludwig Wittgenstein verbunden. War bei Kant jede kritische Philosophie Erkenntniskritik auf der Ebene des menschlichen Bewußtseins, somit also Vernunftkritik, so geht bei Wittgenstein die Frage nach dem Sinn im Medium der Sprache auf: Die Philosophie hat lediglich die Aufgabe, zu einer »logischen Klärung der Gedanken« zu gelangen. Demzufolge ist sie auch »keine Lehre, sondern eine Tätigkeit. [...] Die Philosophie soll die Gedanken, die sonst gleichsam trübe und verschwommen sind, klar machen und scharf abgrenzen« (1963, S. 41). Im »Tractatus logico-philosophicus« versuchte Wittgenstein das Denken vom Ausdruck des Gedankens zu scheiden, um so zu einer Aufhebung der gegenseitigen Abhängigkeit von Vernunft und Sprache zu gelangen. Seine Prämisse lautete: »Das logische Bild der Tatsachen ist der Gedanke« (S. 19).

Später wandelte sich sein Sprachbegriff allerdings. Er gelangte zu der Überzeugung, daß jede sprachliche Äußerung abhängig von ihrem Kontext ist: »Die Bedeutung eines Wortes ist sein Gebrauch in der Sprache« (1977, S. 41). Im Klartext bedeutet dies: Verschiedene Lebensformen lassen entsprechend unterschiedliche »Sprachspiele« entstehen. Die Übersetzung eines Sprachspiels in ein anderes ist nicht möglich – dabei entsteht lediglich ein neues. Dem Verstand ist nicht bewußt, daß es sich um verschiedene Sprachspiele handelt, er hält jeweils das eigene für absolut wahr. Aufgabe der Philosophie muß es daher sein, den »Kampf gegen die Verhexung unseres Verstandes durch die Mittel unserer Sprache« zu führen (S. 79).

Eine Auffassung, die längst von vielen SprachtheoretikerInnen geteilt wird. Jacques Derrida zeigte in »Sporen«, daß eine Äußerung beliebig viele Kontexte haben kann. Eine These, die der russische Theaterleiter Konstantin Stanislawski (1863-1938) bereits zu Anfang des Jahrhunderts ganz praktisch vorführte: Er ließ seine SchauspielerInnen übungsweise einen einzigen Satz mit vierzig verschiedenen Betonungen vorsprechen.

Die Sprache als Zeichensystem

Die Linguistik versteht sich heute als Teil einer umfassenderen Wissenschaft, die sich mit »Sprache« im weitesten Sinne beschäftigt. Diese allgemeine Zeichenwissenschaft, die Semiotik oder Semiologie, befaßt sich mit allen Kommunikationssystemen wie Musik, Film, Pantomime, Werbung, Verkehrszeichen oder der Bienensprache.

In den »Grundfragen der allgemeinen Sprachwissenschaften« hat Ferdinand de Saussure zu Beginn des 20. Jahrhunderts dargelegt, daß das sprachliche Zeichen zweigeteilt ist. Es besteht aus Bedeutendem und Bedeuteten (Signifikant und Signifikat), der sinnlichen Präsenz, der Schrift oder dem Laut, und zum anderen in der abstrakten Form, dem Inhalt oder der »Idee«. Die Beziehung zwischen Signifikant und Signifikat ist arbiträr (= willkürlich). Das meint: Eine Lautfolge wie beispielsweise »Baum« (oder englisch: »tree«) hat keinerlei Beziehung zum Gegenstand, den sie bezeichnet. Diese beruht vielmehr – wie schon Aristoteles vermutete – einzig auf Übereinkunft. Es gibt allerdings Ausnahmen: Zum einen sogenannte onomatopoetische (= lautmalerische) Namen, wie beispielsweise »Uhu«, »Kuckuck«, »plitsch, platsch!« oder »Aua«. Zum anderen – besonders in der Umgangs- und Vulgärsprache – Bezeichnungen, die einen metaphorischen Bezug zu einem Gegenstand oder einer Eigenschaft aufweisen. So steht bei der derben Charakterisierung der männlichen und weiblichen Geschlechtsteile die äußere Form anderer Dinge Pate (»Schwanz«, »Pflaume«). Und jemand etwas »einbleuen«, bezieht sich auf die Farbe Blau – nämlich die blauen Flecken, die jemand aufweist, der verprügelt wurde. (Ein Wort, das ganz nebenbei einen tiefen Blick in die Abgründe deutscher Erziehungsideale ermöglicht: Wissensvermittelung durch Gewaltanwendung). Bei dieser Form von Ausnahmen darf jedoch nicht übersehen werden, daß trotzdem die ursprüngliche Benennung willkürlich ist. So könnte eine »Pflaume« ebensogut »Apfel« (oder umgekehrt) heißen und statt »Blau« irgendwann der Name »Gelb« oder »Rutzliwurz« entstanden sein.

Die Linguistik als Teildisziplin der Semiotik umfaßt – ebenso wie diese selbst – drei Bereiche: Die Syntax untersucht das Verhältnis der Signifikanten untereinander, zum Beispiel die grammatischen Bezüge innerhalb eines Satzes. Die Semantik befaßt sich mit der Beziehung zwischen Signifikant und Signifikat, mit der Relation von Form und Inhalt, also der Bedeutung. Die Pragmatik schließlich untersucht die Zeichen und ihre Benutzer, das heißt die Bedingungen, unter denen Sprache produziert und aufgenommen wird. Eine Dreiteilung, die es auch in der Sprachphilosophie gibt. Dort gehören zum ersten Bereich die sogenannten Syntax- oder Grammatiktheorien. Das ist einmal die traditionelle Grammatik, die noch von einzelnen Wörtern ausgeht, die Logische Grammatik, eine reine Kunstsprache, und die Generative Grammatik, die der nordamerikanische Sprachtheoretiker Noam Chomsky entwickelte.

Der zweite Bereich umfaßt die realistische Semantik oder auch Abbildtheorie. Sie besagt, daß der sprachliche Ausdruck ein Abbild eines Ausschnittes der Wirklichkeit darstellt. Mit seinem »Tractatus logico-philosophicus« unternahm Ludwig Wittgenstein Anfang dieses Jahrhunderts den Versuch, diese These zu beweisen.

Die pragmatischen Theorien, als dritte sprachphilosophische Richtung, untersuchen den Sprachgebrauch und hier vor allem die Funktion des Sprechens im gesellschaftlichen Lebenszusammenhang. Dazu zählen Ludwig Wittgensteins »Philosophische Untersuchungen« (mit denen er gleichzeitig seine frühere Tractatus-Arbeit widerlegte) oder John L. Austins »Zur Theorie der Sprechakte«. Auch Gertrud E. Anscombe, Gilbert Ryle und Peter F. Strawson entwickelten entsprechende Theorien. Ausgangspunkt sämtlicher Arbeiten ist die Alltagssprache (»ordinary language«), da sie – so der philosophische Fachbegriff – unhintergehbar ist. Zu den pragmatischen Theorien gehören außerdem Untersuchungen von Johann Gottfried Herder und Wilhelm von Humboldt, die sich mit dem Verhältnis von Sprache und Wirklichkeit beschäftigen. Nicht zu vergessen die nach ihren Begründern Edward Sapir (1884-1939) und Benjamin L. Whorf (1897-1941) benannte Sapir-Whorf-Hypothese.

Sapirs linguistisches Interesse war verknüpft mit ethnologischen und psychologischen Fragestellungen. Sprache war seiner Meinung nach nicht losgelöst vom kulturellen und sozialen Milieu, in dem sie stattfindet, zu betrachten. Und Benjamin Whorf gelangte aufgrund seiner umfangreichen Studien über die Indianersprachen Nordamerikas (insbesondere das Hopi, einer schriftlosen Sprache der utoaztekischen Sprachfamilie) zu der Überzeugung, daß die sprachlichen Strukturen das Denken formen.

Ob Wittgenstein oder Sapir/Whorf; ob begriffsanalytische (George E. Moore), formalistische (Rudolf Carnap, Gottlob Frege, Bertrand A. W. Russell) oder linguistische (John L. Austin, Gilbert Ryle) Sprachphilosophie – eines haben alle gemeinsam: Sie konnten bisher keine widerspruchsfreie Theorie über die Sprache liefern. Dabei fällt außerdem auf, daß vor allem die Grammatiktheorien sowie die system- und strukturorientierten Ansätze fast ohne jeden Bezug zu den realen gesellschaftlichen Bedingungen auskommen. Sprache ist darin kein soziales Zeichensystem, mit dem Menschen unterschiedlicher sozialer Gruppen und verschiedener Kulturen miteinander in Kontakt treten und Handlungen ausführen. Statt dessen beinhalten sie eine kontextfreie und formalisierte Grammatik. Aber selbst die »handlungstheoretisch« orientierten Ansätze – etwa von Jürgen Habermas (1971) oder John R. Searle (1969) – vermeiden konkrete Beispiele und Situationen, blenden reale Macht- und Statusunterschiede aus und ziehen sich auf »ideale Sprechsituationen« zurück. Das Regelsystem, das sie entwerfen, soll kontextfrei und in sich schlüssig sein. Mit den realen Kommunikationsbedingungen hat es jedoch meist nicht allzuviel zu tun (Günthner/Kotthoff 1991, S. 16). Sozialwissenschaftliche Positionen finden kaum Beachtung, schon gar nicht, wenn es sich um Forschungen aus dem Bereich des sogenannten »genderlect«[2] handelt. Die Frage, was es bedeutet, daß die »Muttersprache« für sie eine »Fremdsprache« ist, die ihnen die Welt aus einer männlichen Perspektive vermittelt (ebd.), ist jedoch für Frauen von äußerster Wichtigkeit.

Genderlect – der Diskurs und die Macht

Wie bei allen Geisteswissenschaften handelt es sich auch bei der Linguistik um eine »männliche Wissenschaft«. Spätestens die neuere Frauenbewegung entlarvte endgültig: Frauen kommen in ihrer »Muttersprache« kaum vor. Elfriede Jelinek, die das Drehbuch zu Ingeborg Bachmanns »Malina« schrieb, sagte dazu in einem Interview: »Die Frau, die spricht, sprechen will, kann dieses Sprechen als Subjekt in diesem Zwischen-Raum, der ihr gelassen wird, nicht realisieren. Sie spricht als eine Abwesende. ›Malina‹ ist die Geschichte von der Abwesenheit weiblichen Sprechens in der Welt« (1991, S. 22).

Luise Pusch hat in ihren Büchern »Das Deutsche als Männersprache« (1984) und »Alle Menschen werden Schwestern« (1990) anhand zahlreicher Exempel aufgezeigt, warum es an der Zeit wäre, von dieser »frauenlosen« männlichen Sprechweise zum »umfassenden Femininum« überzuwechseln: »Denn nach nunmehr 2000 Jahren Freiheit, Gleichheit, *Brüder*lichkeit sollte es uns Frauen klar sein: das reicht« (1990, Vorbemerkung). Unter den unzähligen, teilweise äußerst skurrilen Beispielen fand eines längst Eingang in die (feministische) Sprachgeschichte. Der Hersteller einer weitverbreiteten Tamponmarke ließ jahrelang in seinem Beipackzettel verkünden: »Die Menstruation ist bei jedem ein bißchen anders«. Erst als Luise Pusch auf diese männliche Glanzleistung hinwies, wurde der Text in die weibliche Form »bei jeder« geändert.

Daß dies kein unrühmlicher Einzelfall war, läßt sich immer wieder in den Tageszeitungen nachlesen: »Slipeinlagen an den Mann gebracht«,[3] betitelte beispielsweise im Mai 1999 die »Rhein-Zeitung« einen Bericht über den Erfolg einer einheimischen Firma. Und selbst die deutschen Reisepässe konnten bis zur Einführung des neuen roten Euro-Passes offensichtlich nur von Männern beantragt werden: »Name des Paßinhabers« hieß es darin wie selbstverständlich – auch wenn er für eine Frau ausgestellt war.

Nicht nur Linguistinnen oder Sprachphilosophinnen, sondern viele Frauen versuchen seit längerem die vermännlichte Sprache zu feminisieren, und »Ratschläge für den nichtsexistischen Sprachgebrauch« werden bereits unter dem Titel »Übung macht die Meisterin« (Häberlin u. a., 1992) in Buchform gehandelt. Daß →Mensch und Mann nicht nur eine gemeinsame Wortgeschichte haben, sondern in vielen Sprachen bis heute synonym gebraucht werden, ist längst keine Neuigkeit mehr. Im Englischen bedeutet »man« Mensch und Mann, gleiches gilt im Italienischen (»l'uomo«) und Französischen (»l'homme«). Der Wortstamm

»frau« bedeutete dagegen ursprünglich im Germanischen »hochgestellte Person«. Durch die Endung »-jo« wurde daraus eine weibliche, mit »-ja« eine männliche Person. Luise Puschs Vorschlag, anstelle von »man« nunmehr »frau« als allgemeinen Oberbegriff zu nehmen, hat also einiges für sich.

Die Geschichte der Ausgrenzung von Frauen aus der Erschaffung der symbolischen Ordnung »Sprache« ist ein langandauernder Prozeß, der sich nicht binnen weniger Jahre einfach umkehren läßt. Deutlich sichtbar wird hier der Zusammenhang zwischen Sprache und gesellschaftlicher Macht.

Der französische Philosoph Michel Foucault war der erste, der die Machtfrage – wem nützt er? – an den Diskurs[4] stellte. Er analysierte ihn als institutionalisierte Redeweise, die auf Ausgrenzung und Normierung gegründet ist. Die Produktion der Diskurse wird gesellschaftlich kontrolliert: Wem ist es erlaubt, wann, was zu reden und an welchem Ort? So darf beispielsweise der junge Assistenzarzt mit den Patient(inn)en über ihre Krankheit diskutieren – nicht jedoch die langjährig erfahrene Oberschwester. Der Diskurs grenzt also aus – »Normales« vom »Pathologischen«, »Weibliches« vom »Männlichen« – und verlangt in der Regel von den Teilnehmer(inne)n eine Anpassung an die jeweils »herr«schenden Machtverhältnisse. Foucault fragte nun danach, wie die Wissenschaft ihren Wahrheitsanspruch legitimiert und welches innere Machtsystem dem zugrundeliegt. Denn wenn es eine unterschiedliche Zahl von Sprachspielen mit je unterschiedlichen Regeln in den verschiedenen Diskursen gibt – der mathematische oder medizinische verläuft nach anderen Regeln als der historische oder literarische –, dann ist keine Wissenschaft in der Lage, die Verbindlichkeit ihrer eigenen Regeln zu begründen: Es fehlt eine universelle Metasprache. Deshalb finden auch nicht alle Wahrheiten gleichermaßen Platz im wissenschaftlichen oder öffentlichen Diskurs, zur Wahrheit wird vielmehr das, was sich durchsetzt oder durchgesetzt werden kann (1978, S. 51ff.).

Die verdrängte und unterdrückte Geschichte aller wissenschaftlichen und kulturellen Leistungen von Frauen belegt diese These eindrücklich ebenso, wie ein kurzer Blick auf die Alltagspolitik. Oppositionsparteien werfen der Regierung in aller Regel Versagen vor und versprechen für den Fall des Wahlsiegs gegenteiliges Verhalten. Am Ziel angelangt, handeln sie meist kaum anders als die Vorgänger. Mit Hilfe des zur Verfügung stehenden Macht- und

Propagandaapparates sind sie jedoch in der Lage, ihre noch gestern verkündeten (Oppositions)Wahrheiten aus der öffentlichen Wahrnehmung zu verdrängen und durch die neuen regierungsamtlichen zu ersetzen. Wenige Monate später erinnert sich allenfalls noch der politische Gegner an die früheren gegenteiligen Versprechungen.[5]

Dieses Verhältnis von Macht und Wissen, das sich besonders deutlich in den verdrängten Anteilen zeigt, hat laut Foucault unsere Gegenwart am meisten geprägt: »Wenn man Macht begreift als ein offenes, mehr oder weniger (und ohne Zweifel eher schlecht) koordiniertes Bündel von Beziehungen und Kräfteverhältnissen, stellt sich nur das Problem, ein Analyse-Raster zu schmieden, das eine Analytik der Machtbeziehungen ermöglicht« (1978, S. 126f.).

Foucaults Diskursbegriff wird nicht von allen Philosophen geteilt. Jürgen Habermas und Karl-Otto Apel widersprechen ihm mit der Begründung, daß es sehr wohl eine rationale und egalitäre Kommunikation gebe, die allein dem Zwang der überzeugenderen Argumentation unterworfen sei. Beide glauben dabei an eine »ideale Sprechsituation« unter »vernünftigen Sprechern«. Diese, wie der Soziologe Niklas Luhmann ironisch anmerkte, »regulative Utopie eines herrschaftsfreien Diskurses« funktioniert jedoch nur unter Ausgrenzung aller harmoniegefährdenden Themen, wie etwa Politik oder Religion. Außerdem stellt sich die Frage, wer und was »vernünftige Sprecher« sind? Etwa die den universitären Diskurs – inhaltlich und bei Stellenbesetzungen – so gut wie allein bestimmenden Herren-Wissenschaftler?

Zu glauben, Diskurse fänden in einem machtfreien Raum statt, ist tatsächlich mehr als nur Utopie. Entweder verbirgt sich dahinter ein unbewußtes Ausblenden der Realität, damit das theoretische Fundament des behaglichen eigenen Elfenbeinturms nicht ins Wanken gerät – oder diese These ist bereits selbst Bestandteil des machtdefinierten Diskurses. Die Erfahrungen von Frauen und anderen gesellschaftlich unterdrückten Gruppen zeigen jedenfalls ein anderes Abbild der Wirklichkeit.

Kein Zufall also, wenn der provokante Untertitel des von Senta Trömel-Plötz herausgegebenen Buches »Gewalt durch Sprache« (1984) lautet: »Die Vergewaltigung von Frauen in Gesprächen«. Mit unzähligen Beispielen aus Alltag, Beruf und öffentlichem Leben belegt sie, daß das männlich dominante Sprechverhalten eher zum Ziele führt als die sprachlich kompetentere Redeweise der Frauen. Wer redet wie lange und wie oft? Wer bestimmt das Thema? Wer unterbricht häufiger oder macht sogar Terror, wenn ihn das Thema langweilt?

Fragen, Machtfragen, die bereits in der Schule – ja selbst in Kindergärten und auf Kinderspielplätzen – eine große Rolle spielen. Jungen erkämpfen sich die doppelte Redezeit im Unterricht und sind dennoch der Auffassung, ständig zu kurz zu kommen. Sie stören massiv, wenn Themen behandelt werden, die »nur« Mädchen interessieren. Umgekehrt empfinden Schülerinnen dies zwar als ungerecht, sie ärgern sich auch darüber – und schweigen dennoch meist (S. 71 ff.). Der Grund liegt auf der Hand: Mädchen werden noch immer zur Zurückhaltung erzogen und ermahnt, Jungen zur Durch- und Auseinandersetzung ermuntert.

Ähnliches gilt auch für die öffentliche Kommunikation. In Deutschland begannen sich erst in den letzten zwei Jahrzehnten Frauen als TV-Nachrichtensprecherinnen oder Moderatorinnen zu behaupten. Zuvor galt die Frauensprache als ungeeignet für »objektive« Nachrichten. Dabei sind es in aller Regel Männer, die in Talkshows durch übermäßige Geschwätzigkeit auffallen. Sie pflegen dort häufig einen Gesprächsstil, den sie ansonsten den Frauen unterstellen: Nicht kurz und präzise zum Thema zu antworten.

Die Zuordnung, was als weiblicher und was als männlicher Sprachstil gilt, ist ohnehin nicht so eindeutig, wie viele gerne glauben möchten, sondern vielmehr kulturell variabel. Was bei uns für »typisch weiblich« gehalten wird, eine eher indirekte, harmoniebestrebte und auf Vermeidung von Konfrontation abzielende Ausdrucksweise, ist in Madagaskar als überlegener, weil – »typisch männlicher« Sprachstil anerkannt. Das dort sehr direkte Gesprächsverhalten der Frauen trägt den Stempel »unbeherrscht« und »emotional«. Gleichzeitig wird es gesellschaftlich als Quelle einer latenten Bedrohung der sozialen Harmonie empfunden (Günthner/Kotthoff, 1991, S. 92 ff.). Allein damit läßt sich beweisen, daß »guter« und »richtiger« Sprachstil in engem Zusammenhang mit der Definitionsmacht steht. Und die liegt in den patriarchalen Gesellschaften unbestritten bei den Männern.

Die Philosophin und Theologin Mary Daly entwickelt in ihren Büchern eine radikale sprachliche Alternative zum »herr«schenden Diskurs. Sie hinterfragt alte Sprachregelungen, legt die frauenzentrierten Wurzeln der Sprache bloß und will so den »patriarchalen Gebrauch von Frauen und Natur und Wörtern« entlarven (1980, S. XVII). Dabei benutzt sie so viele Wortkreationen und Sprachspiele, daß bereits eine ansatzweise Aufzählung den Rahmen dieses Buches sprengen würde. Die Palette ihrer dabei verwendeten Stilmittel ist groß. Sie reicht von Zerlegungen, wie in »Zu-Neigen«, »Nach-Forschung«, »Furcht-bar«, »er-innere« oder »Er-Forschung« (was den Worten eine neue Bedeutung gibt oder ihren wahren »Hinter-Grund« enthüllt), über Neuschöpfungen (Webweiber, Häxe, Crone, Häxographie, Überleberinnen) bis zu satirischen Wortspielereien in der Art der »Pallosophen«. Dabei deckt sich die Radikalität ihrer Sprachakrobatik mit der ihrer Positionen. Etwa, wenn sie in »Gyn/Ecology« (deutsch Gyn/Ökologie) den Holocaust der Juden mit der deutschen »Hexen«-Verfolgung vergleicht: »Charakteristisch für die Hexenprozesse in Deutschland ist die Verbindung von extremer Brutalität mit musterhafter Genauigkeit. Die meisten Autoren jedoch [...] schreiben über das Juden-Massaker, als gäbe es keinen historischen Präzedenzfall für solchen massiven Sadismus.«[6] Und erst recht, wenn sie für einen völligen Rückzug der Frauen aus der gesellschaftlichen und damit auch der sprachlichen Ordnung plädiert.

Mary Daly entwickelt in »Gyn/Ecology«[7] die Grundbegriffe ihrer feministischen (Sprach)Philosophie. Mit »Crone« bezeichnet sie die erfahrene alte Frau, die Geheimnisse kennt und bewahrt und die »Vorder-gründigen« Spiele des Patriarchats durchschaut. Das Wortfeld »Spinnen« und »Spinster« hat bei ihr eine zentrale Bedeutung: »Spinster« – etwa die Spinnerin, die Spinnende – ist die geistig völlig unabhängige Frau.

Solche und ähnliche Wortschöpfungen sollen »zu Stolpersteinen werden für jene, die die Abwärtsbewegung des Denkens gewählt haben und deshalb starke Worte hassen, oder für jene, die die Aufwärtsbewegung wählten und deshalb Neue/Alte Worte hassen, das heißt, Alte Worte, die zu Neuen werden, wenn ihre alten (›veralteten‹) gynozentrischen Bedeutungen wieder an das Licht gebracht werden« (1986, S. 15).

Mit Jane Caputi veröffentlicht Mary Daly 1988 ein Lexikon der bösen (»wicked«) weiblichen Sprache. In ironischer Anspielung auf das berühmte »Webster's Third New International Dictionary of the English Language« benannten sie es: »Websters First New Intergalactic Wickedary of the English Language«. Die deutsche Übersetzung in ihrer Autobiographie »Auswärts Reisen« (1994) lautet ungefähr: »Der Webweiber Erstes Intergalaktisches Hexikon der Englischen Sprache«.

Dalys Denken verunsichert und provoziert. Etwa wenn sie – als ein Beispiel von vielen – das biologische mit dem sozialen Geschlecht identifiziert und radikal zwischen nekrophilen Männern und biophilen Frauen trennt. Ihre neue feministische Sprache hält allerdings der Kritik nicht immer stand. Luise Pusch bemängelt neben dem »hymnisch-beschwörenden« Stil, daß allen Leserinnen, deren Muttersprache nicht die Englische sei, die meisten Wortspielereien unverständlich bleiben müßten. Da Mary Daly außerdem ganz selbstverständlich Griechisch und Latein in ihre Arbeit miteinbezieht, sind ihre Texte ohnehin nicht ganz leicht zugänglich. Und letztlich fehlt vielen ihrer oft witzigen feministischen Wortspielereien die Beweiskraft, da diese in antifeministischer Form (Herren sind herrlich, Damen sind dämlich) genausogut funktionieren. Chris Weedon moniert außerdem Dalys »totalisierende Strategie des radikalfeministischen Diskurses, in dem eine neue Version der wahren biologischen Weiblichkeit patriarchale Definitionen ersetzt« (1990, S. 171). Eine (sprach)politische Auseinandersetzung mit den realen Machtverhältnissen würde dadurch bereits im Ansatz verwehrt (→Differenz).

Bei aller berechtigten Kritik bleibt eines jedoch unbestritten: Mary Dalys Bücher decken vermeintlich selbstverständliche patriarchale Sprach- und Denkstrukturen auf und geben damit immer wieder radikale Denkanstöße.

Die Dekonstruktion männlicher Sprechweisen – ein Spiel mit Weiblichkeit und Sprache

Nicht weniger radikal sind die seit dem Ende der siebziger Jahre in Deutschland erschienenen Übersetzungen der Texte einiger sprachphilosophischer Theoretikerinnen aus Frankreich: Julia Kristeva, Luce Irigaray, Sarah Kofman und Hélène Cixous. Bei aller Unterschiedlichkeit werden sie unter dem Stichwort »écriture féminine« zusammengefaßt. Die Textproduktion dieser Frauen ist interdisziplinär und umfaßt neben feministischer Theoriebildung, Literatur und Sprachtheorie auch die Psychoanalyse. Sie zeigt sich gleichermaßen beeinflußt vom Strukturalismus,[8] der Marxschen Gesellschaftstheorie (Kristeva), der Wissenschaftskritik Michel Foucaults, Jacques Derridas »Dekonstruktion« und der Freud-Kritik des Psychoanalytikers Jacques Lacan.

Die »écriture féminine« entlarvt die Grundlagen abendländischer Theoriebildung als phallozentrisch und fragt, was ist »weiblich« an einer Sprache, die seit Jahrtausenden eine Männerdomäne war? Und wichtiger noch: Wie können Frauen sprechen, ohne immer aufs neue die patriarchalen Sprachmuster zu reproduzieren? Schließlich ist der gesamte wissenschaftliche Diskurs gekennzeichnet durch ein Denken in Einheiten, das jeweils das »Andere« als Mangel ausschließt. Luce Irigaray schreibt dazu: »Dieses Geschlecht, das sich nicht sehen läßt, das nicht e i n Geschlecht ist, wird als k e i n Geschlecht gezählt: Als Gegenteil, Kehrseite, Mangel...« (1979). Die →Differenz der Geschlechter wird letztlich in den selbstrepräsentativen Systemen eines männlichen Subjekts ausgelöscht: »Diese Dominanz des philosophischen Logos verdankt sich nun aber zu einem guten Teil seinem Vermögen, *alles Andere in die Ökonomie des Gleichen zurückzuführen*« (S. 76).

Mit den Mitteln der Ironie und Persiflage führt Luce Irigaray vor, wie unglaubwürdig und lächerlich so manche männliche Theorie ist. Auch das Streben nach der Eindeutigkeit von wissenschaftlichen Texten hält ihrem kritischen Blick nicht stand. Diese angebliche Eindeutigkeit sei nur eine männliche »Kopfgeburt«, denn linguistisch gesehen ist jeder Text mehrdeutig (polyphon). Irigaray betont immer wieder das »Fließende« des Diskurses. Die Wahrheit ist nichts Endgültiges – jede Wahrheit verweist auf eine andere.

Wie schon im Fall von Mary Daly setzt Irigarays Spiel mit dem herrschenden Diskurs allerdings voraus, daß Leserinnen ihre meist mehrdeutigen Anspielungen auch verstehen. Wenn sie etwa in ihrem Text »Wenn unsere Lippen sich sprechen« eine biologische Konstitution der Frau entwirft, die nicht durch Mangel, sondern durch Überlegenheit gekennzeichnet sei – der Mann wird zum Mängelwesen, sozusagen dem Mangel an Frausein –, so ist dies nicht mehr und nicht weniger als eine reine Persiflage. Zum einen verweist sie damit sehr konkret auf das aristotelische Weibs-Bild von der Frau als Mängelwesen (→Mensch), zum anderen sehr grundsätzlich auf die jahrtausendealten Versuche des Mannes, sich allein zum Maßstab des Menschen zu machen. (Der von verschiedenen Seiten geäußerte Vorwurf, sie argumentiere hier biologistisch, beziehungsweise essentialistisch, trifft also nicht zu.) Und noch in einem anderen Punkt weist Irigaray Gemeinsamkeiten mit der Amerikanerin Daly auf: Wie diese sucht sie nach einer neuen – vieldeutigen – Sprache.

»Parler femme«, »frau sprechen«, heißt allerdings nicht, einmal mehr *über* das andere Geschlecht zu sprechen. Es geht keineswegs um die Produktion neuer Diskurse, deren Objekt die Frau wäre (1979, S. 141). Das gilt auch für Julia Kristevas Arbeiten, die literarisches mit texttheoretischem und psychoanalytischem Sprechen und Schreiben verbindet. Sie vertritt die Auffassung, daß es sich bei der Gesellschaft um ein Symbolsystem handelt und dieses Strukturprinzip alle Lebensbereiche durchkreuzt. Die Sprache ist darin das wichtigste Symbolsystem – es strukturiert alle anderen, denn die Phänomene dieser Welt seien dem Menschen nur als Symbole zugänglich.

Die wichtigste Kategorie in Kristevas Texttheorie ist die »Intertextualität«, ein Begriff, wie sie ironisch in verschiedenen Interviews feststellte, der längst zu einem »beliebten Spielzeug« geworden ist. Nach Inge Suchsland (1992) bezeichnet sie damit die Tatsache, »daß ein sprachliches Zeichen sich niemals auf einen Sinn festlegen läßt, sondern immer zwischen verschiedenen Bezugssystemen changiert und dadurch mehrdeutig wird. Ein sprachliches Zeichen ist also gleichsam ein Kreuzungspunkt mehrerer Sinnebenen« (S. 79 f.). Dabei teilt Kristeva mit Luce Irigaray die Auffassung, daß gerade die Differenz zwischen den Zeichen erst den Sinn konstruiert (1978, S. 31).

Julia Kristevas Sprachtheorie kann von ihrer Konzeption des »sujet-en-procès« (= →Subjekt-im-Prozeß) nicht getrennt werden. Da das →Subjekt nicht homogen ist, gibt es auch mehr als eine Wahrheit des Textes. Wie Irigaray und viele andere Denkerinnen des Poststrukturalismus, ist sie überzeugt, daß die Metasprache, der »Diskurs des Wissens«, die Vielfältigkeit seiner Textstruktur und damit seine logischen Voraussetzungen verschweigt, um seine tradierte Identität zu wahren (S. 15). Anders und vereinfacht ausgedrückt: Die Sinngebung ist für Julia Kristeva ein nie endender Prozeß, und es gibt deshalb nicht nur eine Wahrheit, sondern unzählige. Was von künstlerischen Werken bekannt ist, gilt daher auch für wissenschaftliche Texte: Bei kritischer Lektüre offenbaren sie viele Schichten, die immer wieder neue Perspektiven und Lesarten ermöglichen. In diesem Sinne ist jedes (poetische) Sprechen oder Erzählen Ideologiekritik, da es auf die Verdrängungen und Ausschlüsse aufmerksam macht, die dem theoretischen Diskurs innewohnen (S. 105).

Beim Begriff Sprache unterscheidet die Französin zwischen einer semiotischen und einer symbolischen Funktion. Mit dem Erlernen des Sprechens beginnt der Eintritt des Kindes in die (patriarchale) symbolische Ordnung. Das Semiotische umfaßt die Zeit davor, in der Kleinkinder bereits Töne hören, ihren Tastsinn erproben oder Farben sehen können. Die semiotische Funktion der Sprache beinhaltet also den Ort des »Anderen«, in dem sich Spuren des Unbewußten zeigen, unerfüllte Phantasien und Wünsche, die immer wieder störend in die symbolische Ordnung eingreifen. In Religion, Kunst – und hier besonders bei den Autoren[9] der literarischen Avantgarde – zeigen sich, so Kristeva, diese vorsprachlichen Elemente, die traditionell mit »weiblich« assoziiert werden, sehr deutlich. Diese Texte sind höchst rätselhaft, musikalisch strukturiert und mehrdeutig. Während das Symbolische mit Differenzierungen und Abgrenzungen arbeitet, zeigt sich das Semiotische eher auf Analogien ausgerichtet: Verschmelzungen, Farben, Formen, Rhythmen und fließende Übergänge sind besonders charakteristisch. Beide zusammen konstituieren den Prozeß der Sinngebung.

An feministischen Theoretikerinnen, die mit Sprache arbeiten, ohne diesen Prozeß philosophisch zu reflektieren, übt Julia Kristeva scharfe Kritik. Sie gingen immer noch von der unhinterfragten Annahme aus, es gebe ein transzendentes →Subjekt oder ein cartesianisches Cogito (Ich denke), das gewissermaßen »hinter« der sprachlichen Äußerung zu finden sei. Gerade in den zahlreichen Analysen zum sprachlichen Sexismus zeige sich jedoch immer wieder, daß nicht die Sprache »an sich« sexistisch ist, sondern lediglich ihre Sinngebung. Nur dadurch, daß sich Sprache per se als vieldeutig erweist und in einem ständigen Veränderungsprozeß befindet, sei es überhaupt möglich, daß sich Bedeutungen immer wieder verschieben.

Zum Beweis genügt ein Blick auf die Frauenbewegung, aber auch auf Schwulengruppen oder die Schwarzen in den USA. Sie alle haben wichtige Bedeutungsänderungen erreicht. So ist der Begriff »Hexe« in frauenbewegten Kreisen längst positiv konnotiert.[10] Gleiches gilt analog für Schwarze oder Schwule, die bewußt diese früher negativ besetzte Bezeichnung für sich wählten und sie damit in eine Art positives »Markenzeichen« verwandelten. Das funktioniert allerdings auch umgekehrt. So bedeutete in den 70er Jahren der Bundesrepublik der Begriff »68er« die Zugehörigkeit zu einer politischen und kulturellen Avantgarde. Heute sind mit der gleichen Bezeichnung eher die Vorstellungen von »Fossil«, »Relikt« und »unbelehrbarer Außenseiter« verbunden.

Ähnliches gilt für »Weiblichkeit«. Die Bezeichnung ist extrem neagtiv besetzt, »denn in der gesamten Geschichte der klassen- und/oder patrialinearen Gesellschaften fällt dem weiblichen Geschlecht die Rolle zu, *als der ›Ausschuß‹* (Hervorhebung d. A.) oder Hintergrund der Produktionsverhältnisse und des sie benennenden Wortes zu fungieren« (1982, S. 235f.). Für Kristeva umfaßt sie »das, was von der patriarchalen symbolischen Ordnung marginalisiert wird«. Konsequenterweise lauten die Grundfragen der Sprachphilosophin deshalb: »Welche Bedeutung hat Weiblichkeit im jeweiligen gesellschaftlichen Gefüge? Welche Bedeutung hat Weiblichkeit für die Entwicklung und die Struktur von Subjektivität? Warum wird das Verdrängte, das Unbewußte mit Weiblichkeit in Verbindung gebracht?« (Suchsland 1992, S. 9)

Allein diese Fragestellung verführt viele Frauen zu einem Fehlschluß, über den Inge Suchsland schreibt: »Auch im deutschen Sprachraum dürfte Julia Kristeva wohl vor allem unter dem Etikett ›feministische Theoretikerin‹ bekannt sein. Eine recht erstaunliche Zuordnung, denn sie selbst sagt: ›Wissen Sie, mit dem Feminismus kann ich eigentlich nicht soviel anfangen. Ich betrachte mich nicht als engagierte Feministin‹« (S. 13). Tatsächlich, so Suchsland weiter, taugt ihr Konzept »ebensowenig zum positiven gemeinschaftstiftenden Bezugspunkt für eine politische Gruppierung wie zum Kriterium für die Definition einer spezifisch weiblichen Ästhetik« (ebd.).

Dennoch ist Julia Kristeva eine wichtige feministische Erkenntnis zu verdanken: Weiblichkeit als patriarchales Konstrukt ist veränderbar und beinhaltet damit eine Frage der Positionalität und nicht der Essenz, also des »Wesens« eines →Menschen. Die Französin fordert daher auch, nicht den Saussureschen Zeichenbegriff als Grundlage der Auseinandersetzung zu nehmen, sondern das Subjekt, das die Zeichen produziert. So wie es Frauen und auch Autorinnen gibt, die sich einer eher »männlichen« Sprache und Redeweise bedienen, gibt es Männer, die »weiblich« schreiben. Dazu stellt Toril Moi fest: Gerade Kristevas »Theorie der Sprache [...] ermöglicht es uns, Texte von Frauen und Männern aus einer antihumanistischen[11] und antiessentialistischen Perspektive zu untersuchen« (1989, S. 201).

Ein solch subversiver Umgang mit der symbolischen Ordnung der Sprache steht auch für Hélène Cixous im Mittelpunkt der Auseinandersetzung: »Man muß die Kultur beim Wort nehmen, so wie sie uns in ihr Wort nimmt, in ihre Sprache. Ihr versteht, warum ich meine, daß eine politische Reflexion nicht ohne eine Reflexion der Sprache stattfinden kann, nicht ohne eine Beschäftigung mit der Sprache. Von Anfang an wird man in die Sprache hineingeboren und die Sprache spricht (zu) uns, die Sprache diktiert uns ihr Gesetz, das ein Gesetz des Todes ist: sie diktiert uns ihr Familienmodell, sie diktiert uns ihr Ehemodell [...]« (1977, S. 22).

Cixous arbeitet über »Weiblichkeit in der Schrift«, ihren eigenen kreativen Schreibprozeß beschreibt sie als Höllenfahrt, als ein Spiel mit dem Unbewußten, das für sie spezifisch weiblich ist. Mit Julia Kristeva ist sie sich darin einig, daß »nicht alles, was mit dem Namen einer Frau unterzeichnet ist, [...] deswegen eine weibliche Schrift (ist). Das kann sehr gut eine männliche Schrift sein, und umgekehrt bedeutet die Unterschrift eines Mannes nicht, daß die Weiblichkeit ausgeschlossen wäre« (S. 37). Ihre Texte und Dramen erzählen keine linearen Geschichten, sie sind assoziativ. Hélène Cixous will bewußt »fließende/stehende« Texte schreiben und wendet sich ausdrücklich gegen eine Schreibpraxis von Frauen, die sie »liegend« nennt. Gemeint sind damit »Leidenstexte« von Frauen, in der sich die gesellschaftlich akzeptierte Rolle der Frau als Unterdrückte (»Liegende«) widerspiegelt – Ehefrau, Hure und Hysterikerin: »Man bekommt so ganz schnell die Frau zurück, diesmal auf einer Tragbahre anstatt im Bett, in einem Zustand der Auflösung und des Schmerzes, der Zerstückelung, die sie offensichtlich kampfunfähig macht« (S. 39 und Brügmann 1989, S. 412).

Mit diesem Anspruch steht der dekonstruktive Feminismus in krassem Gegensatz zum frauenzentrierten. Dort gelten literarische Texte von Frauen automatisch als »weiblich«, wenn sie authentische weibliche Erfahrungen vermitteln. Die Frage nach der Selbstidentität, dem Verhältnis von Autorin und fiktiver Figur, wird praktisch nicht gestellt und darüber hinaus ganz selbstverständlich das biologische mit dem sozialen Geschlecht gleichgesetzt, unter dem Motto: Nur eine Autorin könne für Frauen schreiben (→Differenz). Die »écriture feminine« betont dagegen die Position der Frau als Außenseiterin, als Negativität, als Mangel des Mangels. Dadurch wird sie zum störenden Element der Gesellschaft – und gerade darin liegt ihre erneuernde Kraft. Dies hatte die französische Literatin Marguerite Duras in »Das tägliche Leben« schon einige Zeit früher erkannt: »Schreiben heißt nicht Geschichtenerzählen. Es ist das Gegenteil von Geschichtenerzählen. Es ist: alles auf einmal erzählen. Es ist: eine Geschichte und das Fehlen dieser Geschichte erzählen. Es ist: eine Geschichte erzählen, die durch das Fehlen einer Geschichte zustande kommt.«

Anmerkungen

1 Sensualismus = erkenntnistheoretische Richtung, die jede Erkenntnis aus Sinneswahrnehmungen ableitet.

2 Kombination von gender (dt. Genus, Geschlecht) und ... lect, analog zu sociolect oder dialect (Standard American English).

3 Der Spiegel. Heft 22/1999. S. 266.

4 Lt. Duden: heftige Erörterung; allgemeines Gespräch, jede dialogische, sprachliche Äußerung. Der Diskursbegriff bei Foucault ist dagegen recht uneinheitlich definiert. Man kann ihn verstehen als generierendes System für Äußerungsformationen und Sprechweisen des »klassischen« Wissens; als Verquickung von Aussagessystemen und Praktiken; und als kulturelles Wissenssystem, das durch Machtwirkungen generiert wird und mit Machtfaktoren arbeitet.

5 Im Wahlkampfjahr 1998 warfen SPD und Grüne der christlich-liberalen Regierung vor, sie schaffe ein Klima der sozialen Kälte und spare nur bei den »kleinen Leuten«. Das Konzept ging auf – es kam zum Regierungswechsel. Wenig später wurden Arbeitslose und Rentner mit neuen finanziellen Belastungen »beglückt«, Konzerne und Spitzenverdiener dagegen mit Entlastungen. In der Öffentlichkeit wurde dies als notwendiges Sparprogramm verkauft. Daß sich die gleiche Regierung nur Wochen zuvor an dem milliardenteuren Krieg gegen Jugoslawien beteiligt hatte, spielte im öffentlichen Diskurs keine Rolle. Es war nicht erwünscht.

6 S. 220 in der Fußnote. Eine Fußnote, die nicht länger eine solche bleiben darf, denn Daly hat völlig zu Recht erkannt, daß sich die deutsche Hexen-Frauenverfolgung exakt an diesem Punkt grundsätzlich von der in anderen europäischen Ländern unterscheidet: Besonders methodisch, besonders gründlich und besonders gnadenlos. Egal ob drei-, 30- oder 93-jährig – frei nach »Nathan der Weise«: »Die Hexe muß brennen«.

7 Im American Standard English zugleich Gynäkologie und Ökologie, zwei Begriffe, deren Frauenfeindlichkeit Daly durch diese Verbindung entlarven will.

8 Der Ethnologe Claude Lévi-Strauss entdeckte, daß die sprachlichen und die gesellschaftlichen Strukturen große Ähnlichkeiten aufweisen. Die Strukturalisten sind überzeugt, daß es eine einzige Unterscheidung des binären Denkens gibt, die allen menschlichen Verhaltensweisen, der Sprache und den kulturellen Systemen zugrunde liegt.

9 Leider bezieht sich Kristeva in ihrer Arbeit nur auf männliche Autoren. Gleiches läßt sich auch für Gertrude Stein, Ingeborg Bachmann, Clarice Lispector oder Jeanette Winterson sagen.

10 Konnotation = die mit einem Wort verbundenen zusätzlichen Vorstellungen. Z. B.: »Liebe« bei dem Wort »Rose« oder »Nacht« und »romantisch« bei »Sternenhimmel«.

11 Ein sehr unglücklich übersetzter, weil in dieser Form mißverständlicher Begriff. Mit »antihumanistisch« ist in diesem Zusammenhang lediglich gemeint, daß nicht der Mensch im Mittelpunkt der Interpretation steht.

Vernunft – herrschaftliche Ratio oder anderes Denken

»Die Vernunft muß immer die Fäden in der Hand halten, denn wer vernünftig sagt, meint glücklich. Zumindest in meinem Wörterbuch. Man braucht Leidenschaften, um glücklich zu sein.«

Emilie du Châtelet

Seit ihren Anfängen ist die abendländische Philosophie eine »Philosophie der Vernunft, Philosophie des Logos, rationalistisch«, konstatierte 1985 der deutsche Sozialphilosoph Herbert Schnädelbach und erklärte dies mit dem »Grundcharakter« der abendländischen Zivilisation: »Unsere Kultur ist ›logozentrisch‹ seit ihrem Ausgang aus dem Mythos, und ihre Geschichte ist wesentlich Geschichte von Rationalisierung«. Das bedeutet konkret: »Allgemeinheit statt Besonderheit, Universalität statt Individualität, Gesetzmäßigkeit, Regelhaftigkeit, Berechenbarkeit statt Zufall, Willkür oder Chaos; Bevorzugung des Stabilen, Bleibenden, der Ordnung gegenüber dem Ephemeren, Vergänglichen, Ungegliederten; Mißtrauen gegenüber allem bloß Natürlichen als dem Unkontrollierbaren, und das heißt im Menschen: gegenüber den Gefühlen und Affekten« (S. 78).

Dieser allgegenwärtige einseitige Rationalismus wird heute mehr und mehr Menschen suspekt; die Zuversicht in den »richtigen Vernunftgebrauch« schwindet unaufhaltsam. Dabei hatten die Philosophen der Aufklärung noch gehofft, die Vernunft ermögliche den Sieg über die bedrohlichen Naturgewalten, bedeute gar das Ende aller sozialen Gewalt und der Herrschaft des Menschen über den Menschen.

Eine trügerische Hoffnung. Statt dessen bestimmt immer häufiger Angst vor den unkontrollierbaren Folgen einer durchrationalisierten, technikbeherrschten Welt das Denken der Menschen. Noch pflegen die als »Experten« bezeichneten Hohenpriester des Technikkults ihren Fortschrittsglauben und verbreiten unverdrossen den Grundmythos des (männlichen) Höher-Schneller-Weiter-Glaubens: Alles ist (technisch) machbar und alles ist (technisch) beherrschbar.

Nicht erst die »Titanic« entlarvte diesen Mythos als im Wortsinn tödlichen Irrtum. Seither beweist jede neue Katastrophe des techno-logischen Größenwahns, daß ein generelles Umdenken überfällig ist. Seveso, Bophal und Tschernobyl, verseuchte Meere und absterbende Wälder, Treibhauseffekt und Ozonloch stehen dafür als Stichworte.

In ihrer »Dialektik der Aufklärung« verwiesen Theodor W. Adorno und Max Horkheimer auf den engen Zusammenhang zwischen Naturbeherrschung und Herrschaft über den Menschen im Namen der Aufklärung: »Die Menschen bezahlen die Vermehrung ihrer Macht mit der Entfremdung von dem, worüber sie Macht ausüben. Die Aufklärung verhält sich zu den Dingen wie der Diktator zu den Menschen. Er kennt sie, insofern er sie manipulieren kann. Der Mann der Wissenschaft kennt die Dinge, insofern er sie machen kann« (1971, S. 12).

Die Kritik an der Vernunft, diesem »Organ ewiger Ideen« (Platon), ist fast so alt wie der Begriff selbst. In unserem Jahrhundert scheinen sich jedoch die Kategorien der Vernunft überlebt zu haben: Endursache, Letztbegründungen oder eingeborene Prinzipien. Folgt man Horkheimer, wurde sie statt dessen zum bloßen Prinzip bürgerlicher Selbsterhaltung reduziert. Er nannte sie »instrumentelle Vernunft« (1967) und bezeichnete damit eine Rationalität unter Ausgrenzung von Sinnlichkeit und Erfahrung. Ihre Zukunft schien ihm eindeutig: Mit der zunehmenden Entfremdung des Menschen von der Natur, seiner Arbeit und dadurch auch von sich selbst sei der Zerfall der Vernunft und damit letztlich des Individuums nur noch eine Frage der Zeit.

Verschiedene Philosophinnen vertreten die These, daß die Kategorien der Vernunft ohnehin niemals allgemeingültig, unwandelbar und vor allem geschlechtsneutral gewesen seien. Schließlich ist das von Simone de Beauvoir beschriebene »Andere Geschlecht« auch immer das »Andere« der Vernunft gewesen.[1] Philosophen hätten stets und fast einhellig das »Geistige mit dem Männlichen« und das »Sinnliche mit dem Weiblichen« identifiziert (vgl. Stopczyk 1980, Feyl 1992).

Da drängt sich eine Fragestellung geradezu auf: Sind solche Festschreibungen »bloß« sexistisch oder hatten und haben sie nicht auch auf erkenntnistheoretischem Gebiet erhebliche Bedeutung für eine Wissenschaft, die per definitionem »jenseits der Sphäre des Geschlechtlichen angesiedelt sein soll« (Klinger 1986, S. 62)?

Die Vernunftkritik ist jedenfalls zu einem wichtigen feministischen Arbeitsfeld vieler Philosophinnen geworden. Kein Wunder: In den klassischen Erkenntnis- und Wissensgehalten der Philosophie finden sie weder sich selbst noch die sie umgebende Welt angemessen ausgedrückt und repräsentiert. Sie wollen deshalb das bisher nur »mitgedachte« Weibliche vom Objekt des Diskurses zum →Subjekt machen, wie es Luce Irigaray formulierte.

Zur Geschichte des Vernunftbegriffs

Bei den Vorsokratikern stand »Logos« für Berechnung oder Aufzählung. Später entwickelten sich weitere Bedeutungen wie Verhältnis, Erklärung, Beweisführung und die heute besonders wichtigen wie Vernunft, Wort, Ausdruck, Gegenstand der Unterredung.

Im philosophischen Diskurs der Antike erhielt der Begriff »Logos« bald einen besonderen Stellenwert. In Abgrenzung zum Mythos (Überlieferung, Sage), zur bloßen Meinung (doxa) und zur Wahrnehmung (aisthesis) entwickelte sich daraus die Reflexion über das Wesen des Denkens innerhalb der Philosophie. So glaubte Heraklit, wenn er den Logos erfasse, »der das All verwaltet«, könne er die Gesetzmäßigkeiten und den Sinn der Welt verstehen.

Denken und Reden als inneres und äußeres Sprechen, als Dialog, waren in dieser philosophischen Tradition nicht bloß individuelle Akte, vielmehr sprach der universale Logos[2] durch die Menschen. Entsprechend entwickelten Platon und Sokrates[3] den Dialog zu einer philosophischen Methode, um zur Wahrheit zu gelangen. Eine Wahrheit freilich, von der Frauen und Kinder ausgeschlossen blieben. Der Begriff Mensch bezog sich ausschließlich auf den freien männlichen und zur Vernunft fähigen weißen Bürger. Gleich den Sklaven, wurden auch Frauen und Kindern diese Eigenschaften abgesprochen.

Die strikte Trennung zwischen Vernunft und →Sprache begann erst mit der neuzeitlichen Philosophie. Der Rationalist Descartes legte großen Wert auf die Feststellung, die Vernunft sei sprachlich unabhängig. Seine Begründung: Sprache bestätige und transportiere Tradition, Autorität und Vorurteile stets aufs neue, was dem aufklärerischen Gedankengut entgegenstehe.

Immanuel Kant vertrat in seinem Hauptwerk »Kritik der reinen Vernunft« ebenfalls diese Überzeugung. Wichtiger noch: Er stellte die Selbstverständlichkeit in Frage, mit der bis dahin metaphysische Spekulationen dogmatisch, als in sich unbedingt gültige Setzungen oder Aussagen über das Sein und das Erkennen, betrachtet wurden. Die ontologische Philosophie hatte stets postuliert, wahre Erkenntnis sei nur als Erkenntnis des Wahren möglich. Kant fragte, ob das Wahre (das *óntos on*) denn überhaupt erkennbar sei, und beeinflußte damit wesentlich die weitere Entwicklung der Natur- und Geisteswissenschaften. Seitdem lautet die zentrale philosophische Fragestellung nicht mehr »Was ist?«, sondern »Was können wir wissen?« Das bedeutet, auch metaphysische Erkenntnisse müssen sich am jeweiligen Stand der Naturwissenschaften orientieren.

Mit Immanuel Kant erreichte die Vernunftphilosophie der Aufklärung ihren vorläufigen Höhepunkt. Ernst Cassirer schrieb dazu 1932: »Das achtzehnte Jahrhundert ist durchdrungen von dem Glauben an die Einheit und Unwandelbarkeit der Vernunft. Sie ist dieselbe für alle denkenden Subjekte, für alle Nationen, alle Epochen, alle Kulturen« (S. 5).

Die moderne Wissenschaft oder die »männliche Geburt der Zeit«

Zu Kants Wegbereitern gehörten – neben David Hume – vor allem René Descartes und Francis Bacon. Sie systematisierten das bisher objektivistische Vernunftdenken zum »subjektiven Rationalismus«, wie der heute geläufige Begriff lautet. Der dahinterstehende Glaube an ein unbegrenztes menschliches Erkenntnisvermögen ist bis dato nahezu ungebrochen. Für den Rationalisten existieren keine grundsätzlich unlösbaren Probleme, Widersprüche oder Paradoxa.

»Wissen ist Macht«, lautet denn auch eine wesentliche Erkenntnis von Francis Bacon. Macht – nicht zuletzt gegenüber allem Weiblichen. Der Zusammenhang zwischen Naturbeherrschung und Unterdrückung der Frauen im Namen von Wissenschaft und Fortschritt wird in seinen Schriften sehr deutlich sichtbar.

Bacon beschreibt alles Naturhafte mit den typisch männlichen Negativsymbolen für Weiblichkeit: Die Natur ist »eine allgemeine

Hannah Höch. Die Mücke ist tot, 1922.
Staatliche Museen Preußischer Kulturbesitz,
Nationalgalerie, Berlin.

Coquette und im Grunde Hure«, eine »tobende Megäre«, der man ihre Geheimnisse entreißen müsse, die noch in ihrem Busen verschlossen sind. Von der »chaotischen Natur«, die er mittels der Naturwissenschaften in ihre Schranken weisen möchte, zur gesellschaftlichen Unordnung führt bei Bacon ein direkter Weg über die »Herrschsucht und sexuelle Zügellosigkeit« der Frauen. Diese müsse vom Manne eingedämmt werden, damit er sein Ziel erreichen könne: die endgültige »Herrschaft über die Natur, wozu er von Gott bestimmt ist«.

In der »Ehe zwischen Geist und Natur« liegt für Bacon der Schlüssel zum Beginn einer »männlichen Wissenschaft«. Das Ablegen falscher Vorurteile »ermöglicht den Zugang zum Geist«, der bisher von »dunklen Götzenbildern besetzt und blockiert sei« (zit. n. Fox-Keller, 1986, S. 45). Von wem diese Götzenbilder stammen, liegt für Bacon auf der Hand, denn die gesamte ältere Wissenschaft gilt ihm als »weiblicher Sprößling [...] passiv, schwach, abwartend in der Haltung – doch jetzt ist ein Sohn geboren, ein aktiver, kraftvoller, zeugungsfähiger.«

Die symbolische Ehe zwischen männlichem Geist und der Natur war damit vollzogen. Die Gleichsetzung von Frau und Natur als ungeordnetem Chaos bedeutete, daß in ihr lediglich die »natürliche Ressource« zur Reproduktion für Mann und Kinder gesehen wurde (→Arbeit). Als »bloße Natur« hatte sie weder ein Anrecht auf eigenständiges Denken, geschweige denn eine eigene Geschichte. Sie ist das »Andere der Vernunft« und bleibt deshalb vom wissenschaftlichen Diskurs ausgeschlossen.

Feministische und postmoderne Vernunftkritik

Die Philosophin Luce Irigaray kritisiert in »Speculum. Spiegel des weiblichen Geschlechts« massiv den abendländischen Vernunftbegriff und versucht sich statt dessen in einer »weiblichen Lesart« der Philosophiegeschichte (→Sprache). Sie belegt mit zahlreichen Zitaten, daß die Welt seit Platon von den Philosophen reduziert wurde auf Dualismen wie Gut und Böse oder Körper und Seele. Die Frau verkörperte dabei stets den negativen Pol. Angeblich mangelt es ihr an Abstraktionsvermögen, an Kreativität oder an ausreichenden geistigen Fähigkeiten.[4] Ihr entweder subtil angedeutetes oder auch direkt ausgesprochenes größtes Manko liegt danach allerdings ganz woanders: Sie ist einfach kein Mann (→Mensch).

Luce Irigaray versucht in ihren Texten, den herrschenden patriarchalen Diskurs ironisch zu unterlaufen und von innen heraus zu kritisieren. Das bedeutet die Einbeziehung von Natur, Körper, Gefühl, Weiblichkeit, Sinnlichkeit und Subjektivität (→Leib) in den Vernunftbegriff. Für sie zielt feministische Vernunftkritik auf eine Veränderung und Erweiterung des bisher starren und einseitig rationalen Vernunftdiskurses ab.

Damit steht die Philosophin in großer theoretischer Nähe zur postmodernen und strukturalistischen Wissenschafts- und Vernunftkritik. Als einer ihrer bekanntesten Vertreter hatte sich Michel Foucault in seinen Schriften gegen die tradierte Auffassung gewandt, es gelte die Wahrheit bloß aufzufinden. Ausgehend von der eigenen Analyse der Wissenschaftsgeschichte schrieb er: »Der Wert einer Aussage bestimmt sich nicht durch die Wahrheit. Das, was sich durchsetzt, wird zur Wahrheit« (1973, S. 172).

In seinen verschiedenen Untersuchungen zu den bestehenden Macht- und Diskursstrategien zeigte Foucault, daß ein Postulat des »Anderen« notwendig ist, um ein kulturelles System zu festigen. Er beschrieb, wie bestimmte Repräsentationsformen bevorzugt werden und andere – insbesondere von Frauen entwickelte – sich kaum durchzusetzen vermögen. Die Hemmnisse reichen von verbaler Ablehnung bis zur bewußten oder unbewußten Blockade.

Das Dilemma, in dem Frauen bei ihrer Auseinandersetzung mit dem männlichen Rationalismus stecken, bringt Helga Geyer-Ryan auf den Punkt: »Reklamieren sie für sich die Vernunft, scheinen sie gleichzeitig ihre Unterdrückung zu fordern. Kritisieren sie diese Vernunft, bleibt ihnen kein anderer Spielraum als der, der ihnen schon immer traditionell als weiblicher zugewiesen war: der nichtvernünftige aus Wahnsinn, Intuition, Emotionalität, Seele, Sanftmut, Barmherzigkeit« (Geyer-Ryan 1992, S. 1). Dennoch beschäftigen sich immer mehr Philosophinnen mit dem Vernunftbegriff.

Zu ihnen gehört auch die Schweizerin Brigitte Weisshaupt. In ihrem »dissidenten Theorieansatz«[5] folgt sie zunächst dem vernunftkritischen Modell der Aufklärung, »das, solange noch Menschen unzufrieden sind mit sich und der Welt, alle Selbstverständigung und alle Weltverständigung vorantreibt« (1986, S. 11). Die Situation der Frau innerhalb der Wissenschaften vergleicht sie mit der einer Dissidentin: »Weibliche Wissenskritik ist so eine Negation des Totalitären, zugunsten einer Versammlung von Heterogenem in einer Wissenschaft. Da es unwahrscheinlich ist, daß männliche Wissenschaft von sich her diese Kritik praktisch akzeptiert und entsprechend ihrem Wissensanspruch ›halbiert‹, d. h. ent-totalisiert, gerät feministische ›Wissenskritik als Machtkritik‹ in die Position, sich nur als Subversion und Dissidenz entfalten zu können« (S. 15).

Daß »Frauen sich in den bisherigen Erkenntnis- und Wissensgehalten nicht wiederfinden«, schreibt Weisshaupt in »Schatten über der Vernunft«, sei Folge eines philosophischen Diskurses, in dem das »Weibliche [...] als objektivierende Interpretation eines männlichen Subjekts herausgestellt« wurde (1990, S. 137).[6]

Daran etwas zu ändern, scheint der Schweizerin – aller Vorbehalte zum Trotz – nur mit dem Mittel der Vernunft möglich. Sie macht jedoch Front gegen eine Verabsolutierung der Rationalität als Inbegriff wissenschaftlicher Theorie und technologischer Praxis (1982, S. 38). Dabei greift sie auf Hegels Differenzierung zwischen Verstand und Vernunft zurück. Der Verstand spiele zwar die zentrale Rolle bei der Erkenntnis der Wirklichkeit, jedoch werde zusätzlich die Reflexionsleistung der Vernunft benötigt: »Was rational ist, wäre also verstandesgemäß, aber (noch) nicht vernünftig« (S. 36), denn: Erst »die Vernunft stellt die Wissenswelt des Verstandes in den Zusammenhang der Wirklichkeit des individuellen, sozialen, gesellschaftlichen und wissenschaftlichen Lebens [...]« (S. 38). Sie wäre demnach das Instrument, mit dem der Mensch beispielsweise technische Entwicklungen moralisch und gesellschaftlich bewertet.

Auch die amerikanische Philosophin Elizabeth K. Minnich analysiert die »Grundprobleme der herrschenden Denktradition«. Sie sieht verschiedene »Fehlerkategorien, die sowohl Folge als auch Symptom jenes Grundproblems sind, daß eine Gruppe von wenigen Männern sich als Inbegriff, Norm und Ideal für die Menschheit definierte« (1994, S. 72). Falsche Verallgemeinerungen wie *die* Menschheit oder *das* Christentum gehören zu diesen Fehlern. Daß es dabei nicht um »Erbsenzählerei«, sondern eine grundlegende Problematik geht, beweisen zwei Beispiele.

Das bis heute in Pädagogik und Psychologie als Maßstab geltende Kohlbergsche Entwicklungsschema (→Moral, Gerechtigkeit) beruht auf einer unzulässigen Verallgemeinerung. Kohlberg analysierte eben nicht, wie behauptet, »*Die* moralische Entwicklung« (Hervorhebung d. A.), sondern nur diejenige der weißen und privilegierten amerikanischen Männer des 20. Jahrhunderts (S. 102). Einem für allgemeingültig erklärten und weltweit verbreiteten Modell liegt also lediglich das Verhalten einer bestimmten kleinen Gesellschaftsschicht zugrunde. Eine, so Minnich, »verkehrte Verallgemeinerung«, wie sie auch im zweiten Beispiel deutlich wird. Obwohl im Literaturstudium der sogenannte »Kanon« nahezu ausschließlich Romane weißer europäischer und amerikanischer Männer umfaßt, lautet der zu lehrende Oberbegriff unwidersprochen »Der Roman«. Würde hingegen unter dem gleichen Titel ein Seminar mit Werken ausschließlich schwarzer Frauen angeboten, fegte zweifellos ein Sturm der (männlichen) Entrüstung durch die Universität.

Aus dieser Grundproblematik männlichen Denkens entstehen zwangsläufig Zirkelschlüsse. Wenn Kunst von Frauen (oder Farbigen) nicht zum Kanon gehört und deshalb gesellschaftlich wenig sichtbar ist, wird automatisch unterstellt, es gebe sie gar nicht oder zumindest kaum. Diese »phallozentrischen« und »kolonialistischen« Vorstellungen gelten nicht nur an Universitäten in den Vereinigten Staaten als *die* Form rationaler Ausdrucksweise. Daran konnte bis heute weder die massive Kritik von Feministinnen, noch die einiger männlicher Denker wie Jacques Derrida, Michel Foucault oder Richard Rorty etwas ändern.

Radikaler Konstruktivismus – wahr-nehmen oder falsch-sehen?

Der griechische Arzt und Skeptiker Sextus Empiricus stellte bereits im 3. Jahrhundert fest: »Wir können unsere Wahrnehmungen immer nur mit unseren Wahrnehmungen, nie aber mit dem Objekte unserer Wahrnehmung, so, wie es vor unseren Wahrnehmungen war, vergleichen«. Der Satz, bei dem sich jedem Deutschlehrer der Magen umdreht, bedeutet im Klartext, daß wir immer nur Abbilder und Ideen erkennen können, aber niemals – so Kant –, wie die Dinge »an sich« sind. Der Königsberger Philosoph widerlegte in der »Kritik der reinen Vernunft« die jahrhundertelang gültige These, das menschliche Gehirn liefere naturgetreue »Abbilder« der Wirklichkeit: Da kein Mensch aus seinem Erkenntnisprozeß »heraustreten« und einen Standpunkt außerhalb des eigenen Gehirns einnehmen kann, ist eine Überprüfung von Abbild und Wirklichkeit überhaupt nicht möglich.

Im Alltag scheint die Wahrnehmung der Welt durch unsere Sinnesorgane gut zu funktionieren. Einen roten Stuhl erkennen wir als solchen. Erkenntnistheoretisch stellt sich jedoch die Frage, wer hat wann was als »Stuhl« definiert oder als »rot« (vgl. →Sprache)? Außerdem erliegen wir ständig Sinnestäuschungen. Die in der Ferne »zusammenstoßenden« Eisenbahnschienen sind nur ein Beispiel von vielen. Ihr Abstand voneinander ist stets gleich – und trotzdem »sehen« wir es anders. Mehr noch: Unsere Augen bilden die eingehenden Signale auf der Netzhaut seitenverkehrt und um 180° gedreht ab. Erst das Gehirn kehrt diesen Prozeß wieder um und erstellt ein »richtiges« Bild.

Oder doch ein falsches? Tiere nehmen nach dem bisherigen Stand der Forschung eine bunte Blumenwiese völlig anders wahr als Menschen. Sehen sie deshalb »falsch«? Oder der Mensch? Letztlich sehen beide richtig, da für jedes Wesen eine subjektive Wirklichkeit existiert. Aber wie steht es dann um die Wahrnehmung der angeblich so objektiven Naturwissenschaften?

Es war der Biologe Humberto Maturana, der – zunächst nahezu unbemerkt – vor rund 20 Jahren einen tiefgreifenden Paradigmenwechsel in Gang setzte. Er verwarf das rationalistische Dogma von den objektiven Naturwissenschaften und eröffnete einen Diskurs zwischen den Disziplinen, der heute unter dem Namen »Radikaler Konstruktivismus« weltweit geführt wird. Dabei wird erneut nach dem Verhältnis von Realität, Wahrheit und Erkenntnisprozeß gefragt oder anders: »Woher wissen wir eigentlich, was wir zu wissen glauben?«

Dieses philosophische und wissenschaftstheoretische Problem wurde seit der Antike immer wieder neu diskutiert. Für die damaligen Philosophen lag die »Wahrheit« (= aletheia) in den Dingen, und »wahr« bedeutete die Übereinstimmung einer Sache mit dem sie erkennenden Verstand. Im Mittelalter galt Gott als Inbegriff der ewigen Wahrheit, und noch Descartes hielt ihn für deren Garanten, mit der Einschränkung, daß diese durch die Gesetze der Mathematik und Naturwissenschaften an uns vermittelt würde.

Diese und andere Thesen über allgemeingültige Wahrheiten stellte Humberto Maturana gründlich auf den Kopf. Seine zentrale Erkenntnis lautet: Unsere Sinne können überhaupt nicht zwischen Wahrnehmung und Illusion unterscheiden, da unser Gehirn ein geschlossenes und nicht umweltoffenes System darstellt. Es bildet die Umgebung nicht einfach ab, sondern »konstruiert« sie. Genauer: Erst wenn die im Gehirn eintreffenden unstrukturierten Sinnesreize mit dem erlernten Vorwissen und den bisher gemachten Erfahrungen in Verbindung gebracht werden, kann der einzelne Mensch Unterscheidungen treffen. Dabei »konstruiert« jeder seine eigene Wirklichkeit, was sich relativ einfach demonstrieren läßt.

Teilnehmer(inne)n an Seminaren[7] zum radikalen Konstruktivismus legte man Zeitungsfotos bekannter Persönlichkeiten vor. Die Bilder sollten etwa zwei Minuten intensiv betrachtet, dann weggelegt und mit einer einfachen Zeichnung wiedergeben werden. Während Brillen- oder Krawattenträger die gezeichneten Umrißfiguren meist mit den entsprechenden Utensilien ausstatteten, hatten andere diese Details – so die eigene Erklärung – glatt »übersehen«. Und obwohl die Fotografien der Persönlichkeiten am Haaransatz abgeschnitten gewesen waren, »konstruierten« nahezu alle Testpersonen vollständige und behaarte Köpfe.

Nicht nur die Erkenntnisse und Thesen des radikalen Konstruktivismus sprechen dafür, daß im 20. Jahrhundert das Ende der allumfassenden Theoriesysteme eingeläutet wurde. Vermeintlich eindeutige »rationale« Wissenschaftstheorien, die auf der Grundlage umfassender Sinngebungszusammenhänge (Vernunft, Aufklärung etc.) operieren, weichen zunehmend der Erkenntnis, daß ihre »Bruchstellen« nicht mehr länger verdeckt werden können. Die stets behauptete wissenschaftliche Objektivität ist höchst fragwürdig geworden. Dennoch halten die meisten Wissenschaftler an diesem Trugbild fest und verbreiten es unverdrossen weiter. Der österreichische Kybernetiker und Philosoph Heinz von Foerster nennt dafür einen nur allzumenschlichen Grund: »Objektivität ist die Selbsttäuschung des Subjekts, Beobachtung sei ohne es möglich. Die Anrufung der Objektivität ist gleichbedeutend mit der Abschaffung der Verantwortlichkeit; darin liegt ihre Popularität begründet.«

Für die erste gründliche »Erschütterung des Glaubens an eine beobachterunabhängige, objektiv faßbare Wirklichkeit« (Fischer 1992, S. 10ff.) hatte zu Beginn des Jahrhunderts bereits die Quantenphysik gesorgt. Sie wurde »durch die wissenschaftlichen Entwicklungen der letzten drei oder vier Jahrzehnte weiter vertieft« (ebd.).

Zu diesen neu gewonnenen Erkenntnissen gehört auch die Chaostheorie. Sie besagt im wesentlichen, daß die gesamte Evolution ein von Selbstorganisation getragener Prozeß ist. Ordnungen in der Natur entstünden spontan, ohne jeden Sinn und Zweck. Sie seien nichts anderes, als ein Spezialfall der Unordnung. Schon der Flügelschlag eines Schmetterlings könne jederzeit das Entstehen neuer Ordnungs- oder Unordnungsprozesse auslösen.

Sollten die Erkenntnisse von Chaostheorie und radikalem Konstruktivismus zutreffen, wären alle gesellschaftlichen, wissenschaftlichen und persönlichen Wertmaßstäbe völlig relativ. Könnte die Menschheit dann nicht ebensogut auf jegliche →Ethik verzichten?

Wenn sich Vorstellungen, Lehren und Handlungen nicht mehr pauschal über das Kriterium der Wahrheit begründen und sanktionieren lassen, sind sie noch lange nicht unbewertbar. Ganz im Gegenteil. Die jeweiligen gesellschaftlichen oder individuellen Maßstäbe müßten statt dessen offengelegt und einer allumfassenden Auseinandersetzung ausgeliefert werden. Die ohnehin meist mehr schlecht als recht hinter den »ewigen Wahrheiten« verborgenen persönlichen Interessen und Motive einzelner Menschen oder gesellschaftlicher Gruppen kämen überall ans Licht.

Der radikale Konstruktivismus ist also keineswegs mit Beliebigkeit zu verwechseln. Da sein zentraler Wert die Autonomie ist, verlangt er von jedem einzelnen Menschen die Übernahme der Verantwortung für die selbstgesetzten Maßstäbe. Angesichts des vom Unterdrückungspotential der jeweiligen »einen Wahrheit« in der Menschheitsgeschichte erzeugten Elends wäre das sicher zu begrüßen.

Eine Auffassung, die von Carola Meier-Seethaler geteilt wird. Auch für sie beinhaltet die »Relativierung des Objektivitätsbegriffs« das wichtigste Korrektiv gegen eine »Verabsolutierung der Wissenschaft«. Ohnehin stimmen viele feministische Forscherinnen in diesem Punkt mit Humberto Maturana überein: Die Verantwortung des einzelnen Menschen wächst, wenn er sich nicht länger auf angeblich objektive Sachzwänge berufen kann, sondern sichtbar wird, daß er allein auswählt, was er für wichtig hält und was verwirklicht werden soll.

Tatsächlich war und ist Wissenschaft zu keiner Zeit wertneutral. Ihre VertreterInnen entscheiden sich immer für etwas, indem sie, wenn auch unbewußt, ihre Ziele nach einem bestimmten Menschen- und Weltbild stecken. Die nordamerikanische Wissenschaftstheoretikerin und Biologin Evelyn Fox-Keller hält deshalb eine grundsätzliche Diskussion für überfällig: Wie könnte die Welt aussehen, in der wir bereit und fähig wären, miteinander zu leben?

Anmerkungen

1 Dies gilt nicht nur für die sogenannte abendländische, sondern auch für die arabisch-islamische Philosophie. Dort repräsentiert die Frau ebenfalls das »Andere der Vernunft«, wie Nausikaa Schirilla gezeigt hat (1996).

2 Die daraus resultierende Überzeugung von der Existenz einer objektiven Vernunft wird heute nur noch von wenigen Philosoph(inn)en geteilt.

3 Zumindest nach der offiziellen philosophiegeschichtlichen Version. Tatsächlich geht der sogenannte Sokratische Dialog auf Aspasia zurück. (Vgl. Rullmann 1998, S. 40ff.)

4 »Sein ist das Weib, Denken der Mann«, schrieb beispielsweise der deutsche Philosoph Ludwig Feuerbach (1804-1872) in einem Brief an seine spätere Frau Bertha Löw.

5 Dissidenz bedeutet das andere Denken (abgeleitet von dissidieren, lat. dissidere = anders denken).

6 Zu demselben Ergebnis gelangen auch Adriana Cavarero (1992) und Luce Irigaray (1991).

7 Unter anderem im Bildungswerk der IG Medien in Springen/Taunus.

Differenz – rationale Gleichheit oder emotionale Vielfalt

> »Man wird erst wissen, was die Frauen sind, wenn ihnen nicht mehr vorgeschrieben wird, was sie sein sollen.«
>
> *Rosa Mayreder*

Die französische Philosophin und Psychoanalytikerin Luce Irigaray schrieb 1991: »Die sexuelle Differenz stellt eine der Fragen oder die Frage dar, die in unserer Epoche zu denken ist. Jede Epoche hat – Heidegger zufolge – eine Sache zu ›bedenken‹. Nur eine. Die sexuelle Differenz ist wahrscheinlich diejenige unserer Zeit« (1991, S. 11).

Der Verweis auf Martin Heidegger beinhaltete dabei weit mehr als nur eine Quellenangabe. Erst durch ihn war der Begriff der Differenz (lat. differe = verschieden sein) überhaupt in die philosophische Diskussion gelangt. In seinem Vortrag »Der Satz von der Identität« (1957) interpretierte er Identität und Differenz nicht mehr ausschließlich im mathematischen Sinn (a=a, b≠a), sondern als ursprüngliche Beziehung zwischen Sein und Seiendem. Seitdem entwickelte sich die Differenz zu einem Schlüsselbegriff poststrukturalistischer Denker wie etwa Jacques Derrida – und ganz besonders in der feministischen Diskussion. Während die männlichen Denker über die philosophische Bedeutung der Existenz zweier Geschlechter kaum nachdachten, wurde sie für die feministische Theoriebildung zu einem der entscheidendsten Themen, wenn nicht zum wichtigsten Thema überhaupt.

Auch im deutschen Feminismus verdrängt seit den späten 80er Jahren die Frage nach »der Differenz der Geschlechter« zunehmend die jahrzehntelang geführte »Gleichheitsdebatte«. Der Anstoß zu diesem Perspektivwechsel kam aus dem Ausland, und wie so oft, lieferte ihn ein Buch: Die 1988 erschienene deutsche Übersetzung der italienischen Publikation »Wie weibliche Freiheit entsteht«.

Das Autorinnenkollektiv des Mailänder Frauenbuchladens forderte darin eine völlig neue politische Praxis, in der die »sexuelle Differenz« nicht länger geleugnet, sondern aktiv in Theorie und Praxis mit einbezogen wird. Verbunden damit war die geradezu revolutionäre eigene Entscheidung, zukünftig die von der Frauenbewegung fast einhellig vertretene Gleichstellungspolitik aufzugeben. Nach Auffassung der Autorinnen führten sämtliche Gleichberechtigungsforderungen lediglich dazu, daß sich Frauen an die bestehenden Normen anpaßten. Die jedoch wären überwiegend von Männern geprägt und vorgegeben, was letztlich bedeutet: Wer Gleichstellungsforderungen erhebt, festigt immer aufs neue die patriarchale Gesellschaft.

Die Mailänder Schrift wandte sich deshalb auch entschieden gegen den – zu diesem Zeitpunkt hochaktuellen – gemeinsamen Kampf von Männern und Frauen für das Recht auf Abtreibung. Begründung: Statt für ein Abtreibungsrecht einzutreten, sollten die Männer gefälligst ihr patriarchales Sexualverhalten überprüfen und ändern, um Abtreibungen von vornherein überflüssig zu machen.

Von den Männern mehr oder weniger gnädig gewährte »gleiche« Rechte waren den Mailänderinnen ohnehin suspekt. »Gleich« seien die Frauen schließlich immer nur in ihrer Opferrolle. Wirkliche Freiheit wäre erst möglich, wenn sie die Unterschiede zwischen den Geschlechtern – aber auch den Frauen! – anerkennen würden und den Beziehungen untereinander in persönlichen wie in gesellschaftlichen Bereichen den Vorrang einräumten. Ein solches Beziehungsgeflecht (ital. *affidamento*), das die Frauen über wechselseitige Anerkennung stütze, könnte dann der Beginn einer weiblichen Gegenkultur sein.

Eine ganz ähnliche Sichtweise vertrat fast zeitgleich die Philosophinnengruppe »Diotima« an der Universität von Verona. Ihre Quintessenz lautete: Die Geschlechterdifferenz ist unhintergehbar, da sie auf einer nicht wieder zurückführbaren »Asymmetrie der Geschlechter« beruht. Nur wenn die Frauen bereit sind, dies zu akzeptieren, kann es eine Befreiung von den patriarchalen Werten und Normen, sowie die Entwicklung eigener Maßstäbe geben.

Lange Zeit hatten sich – von einigen Ausnahmen abgesehen – Wissenschaftlerinnen den Bedingungen des männlich dominierten Wissenschaftsbetriebes gefügt. Erst mit Beginn der zweiten Frauenbewegung Ende der 60er Jahre begannen weltweit immer mehr Forscherinnen sich mit diesem System auseinanderzusetzen und den verschwiegenen Anteil von Frauen an der Wissenschaftsgeschichte aufzuarbeiten.[1] An vielen Universitäten in Europa und den USA bildeten sich autonome Frauengruppen. In Deutschland fand 1976 in Berlin die erste Sommeruniversität von Frauen für Frauen statt; Frauenforschung und Gleichheitsdebatte wurden – zumindest in den USA und in verschiedenen europäischen Ländern – auch außerhalb des universitären Bereichs zu gängigen Begriffen.

Mit der Position der Diotima-Philosophinnen veränderte sich nun der Diskurs. Die neue zentrale Fragestellung lautete: Betreffen die erkenntnistheoretischen Probleme, die der jahrhundertelange Ausschluß von Frauen aus dem Wissenschaftsbetrieb mit sich brachte, wirklich nur diese allein? Müßte nicht statt dessen die Beziehung zwischen den Geschlechtern und das Geschlechterverhältnis als wesentliche Analysekategorie in allen Wissenschaften diskutiert werden?

Eine Überlegung, die in den USA sehr rasch dazu führte, daß die bisherigen »Womans Studies« von den »Gender Studies« abgelöst wurden. Die schnelle Reaktion beruhte auf einem wesentlichen Unterschied des amerikanischen gegenüber dem deutschen Universitätsbetrieb: Seit mehr als 20 Jahren gehören dort an über 500 Universitäten Seminare und Studiengänge zur Geschlechterfrage in allen Wissenschaften zu einem selbstverständlichen Bestandteil. Es existieren allein 40 Forschungszentren und rund 20 000 Kurse mit frauenspezifischen Themen ...

Aber auch in europäischen Ländern wie England, Frankreich, Italien oder den Niederlanden gehören entsprechende Studiengänge, Seminare und Vorlesungen längst zum universitären Alltag. Nicht so in Deutschland. Erst 1997 führte die Humboldt-Universität Berlin als erste deutsche Universität »Gender Studies« ein. Und gerade einmal zwei Jahre ist es her, seit die Gesamthochschule Essen ein Zentrum für Geschlechterforschung gründete.

Wie kommt es zu dieser frauenfeindlichen Rückständigkeit? Jeannette Goddar versuchte in der »Frankfurter Rundschau« vom 19. 6. 1997 eine Antwort zu geben. Einen Grund fand sie im nordamerikanischen Hochschulsystem. Da es nicht staatlich organisiert ist, müssen sich die Universitäten auf dem »freien Markt« behaupten. Sie sind also gezwungen, ein attraktives Programm für Studenten *und* Studentinnen anzubieten. Dazu gehören ganz offensichtlich »Gender Studies«. Und das wiederum hat nach Goddars Erkenntnis mit der im Gegensatz zu vielen anderen Ländern hochpolitischen und sehr aktiven Frauen- und Schwulenbewegung in den USA zu tun: »Gender Studies sind kein rein feministisches Projekt: Schwule hatten schon früh ein großes Interesse an der Identifizierung kultureller Muster, der Zuschreibung geschlechtsspezifischer Normen und Bilder.«

Frühe Thesen zur »Geschlechterdifferenz«

Die mit der Aufklärung begonnene und seitdem immer wieder neu geführte Debatte über die Ideale von Freiheit und Gleichheit liefert bis heute die Grundlage für entsprechende Forderungen auch der Frauen. Das Verdienst dafür gebührt René Descartes. Sein →Vernunftbegriff schloß erstmals in der Philosophiegeschichte Männer und Frauen gleichermaßen ein. Kein Wunder also, wenn sich Philosophinnen wie Mary Astell, Marie Le Jars de Gournay oder Anna Maria von Schurmann intensiv an den Diskussionen der Aufklärung beteiligten. Weit weniger bekannt ist allerdings, daß die These eines »natürlichen Unterschieds« zwischen Frauen und Männern ebenfalls – wie neuere Forschungen belegen – ein Produkt dieser Epoche ist.

Die Entstehungsgeschichte einer Sonderanthropologie der Frau beschrieb 1991 die Soziologin Claudia Honegger in »Die Ordnung der Geschlechter«. Bis zur Aufklärung könnte man demnach von einem Einkörper-Modell sprechen. Das heißt, der weibliche Körper wurde stets analog zum männlichen gedacht. Mit einem einzigen kleinen Unterschied: Dort läge einfach innen, was beim Mann nach außen gewendet ist – der Penis eben. Mit der Aufklärung veränderte sich diese männerzentrierte Betrachtungsweise. Erstmals wurde nun der weibliche Körper anders wahrgenommen, nämlich als grundsätzlich verschieden vom männlichen.[2] Die bis heute maßgebliche Differenz der Körper rückte damit in den Vordergrund.

Neben Claudia Honegger interpretieren auch viele andere Forscherinnen[3] diesen neuen Blick auf die Geschlechter, der sich in der Medizin, der Philosophie oder der Naturforschung ebenso wie im Recht zeigte, als Mittel, um die drängender werdenden Ansprüche der Frauen abzuwehren und ihnen weiterhin die volle Gleichberechtigung zu versagen.

Auch wenn die Begriffe »Gender/Sex« und »Differenz« noch nicht sehr lange zum Analyseinstrumentarium feministischer Theoretikerinnen gehören, so sind sie nicht völlig neu. Liest frau in den Schriften einiger Philosophinnen um die Jahrhundertwende, so finden sich dort zwar nicht diese Termini, sehr wohl aber die entsprechenden Inhalte. Schon damals wurde beispielsweise die »symbolische Ordnung des Patriarchats« kritisiert und Möglichkeiten aufgezeigt, wie Frauen sich eine weibliche Symbolwelt aufbauen könnten. So fragte Margarete Susman 1926 in ihrem Aufsatz über »Das Frauenproblem in der gegenwärtigen Welt«, ob »die Frau endgültig an das Bild des Mannes gebunden« ist oder ob »sie von sich aus zu einem wahreren Bild ihrer selbst, zu ihrer eigenen Wirklichkeit gelangen« kann (1992, S. 145). Die »Loslösung der Frau vom Manne als ihrem absoluten und einzigen Maßstab« schätzte sie – wie wir heute wissen mit Recht – als äußerst schwierig ein, da diese immer nur als »Bestandteil der männlichen Welt« gegolten hat: »Der reale Aufbau unseres Lebens, all unsere Wahrheiten, Weltdeutungen, Gesetze und Worte sind von durchaus männlicher Art. Die Frau soll schweigen. Auch noch wenn wir Frauen uns selbst zu fassen suchen, müssen wir es zunächst in männlichen Kategorien« (S. 150).

Noch früher hatte sich die Psychologin Mathilde Vaerting mit dem Thema biologischer oder sozio-kultureller Differenz befaßt. Dabei kam sie bereits 1888 zu dem Ergebnis, daß ein »exakter Vergleich zwischen Mann und Frau, welcher die wirklichen angeborenen Geschlechtsunterschiede aufdecken will,« als Vorbedingung eine neue, für Männer und Frauen gleichwertige Grundlage haben müßte: »Es dürfen nur Geschlechter verglichen werden in völlig gleicher Lage, also Männer bei männlicher Vorherrschaft mit Frauen bei weiblicher Vorherrschaft, oder Frauen bei männlicher Vorherrschaft mit Männern bei weiblicher Vorherrschaft oder Männer und Frauen bei völliger Gleichberechtigung der Geschlechter« (1979, S. 71).

Für Mathilde Vaerting war der Grad der Differenzierung zwischen den Geschlechtern allein abhängig von der Machtverteilung. Die Typisierungen männlich/weiblich bezeichnete sie als sozial und kulturell erworbene Muster, was sie mit verschiedenen historischen Beispielen aus Männer- und Frauenstaaten zu belegen versuchte. So erwähnte sie unter anderem, daß es sich beim nordamerikanischen Indianerstamm der Irokesen um einen Frauenstaat gehandelt hätte. Unverheiratete junge Männer standen dort aus Keuschheitsgründen unter strenger sexueller Kontrolle (S. 77).

Selbstverständlich sah sie auch im damals üblichen Altersverhältnis in der Ehe (junge Frau, älterer Mann) keine biologische, sondern lediglich eine psychologische Variante des Geschlechterunterschiedes: Das jeweils herrschende Geschlecht ist meist auch das Ältere in den Beziehungen. Die zu ihrer Zeit vermeintlich unumstößlich biologisch begründete Arbeitsteilung widerlegte sie ebenfalls mit einem historischen Beispiel. Dabei berief sie sich auf den antiken Geschichtsschreiber Herodot, der über Ägypten berichtet hatte, daß dort Frauen »männliche Geschäfte und Arbeiten (verrichteten) [...], den Handel auf dem Markt [...], während die Männer zu Hause saßen, webten und die Angelegenheiten des Hauses besorgten.« Selbst die angeblich so typisch weibliche Schamhaftigkeit hing nach ihrer Meinung lediglich von der »eingeschlechtlichen Vorherrschaft« ab und wurde als einseitige Forderung an das jeweils beherrschte Geschlecht gerichtet.

Mathilde Vaerting analysierte damit ebenso wie Rosa Mayreder (vgl. Eingangszitat) oder Margarete Susman schon um die Jahrhundertwende das Verhältnis von biologischem und soziokulturellem Geschlecht. Alle arbeiteten mit der These, daß es keine von Natur aus typisch »weiblichen« oder »männlichen« Geschlechterrollen gibt.

Für die Veroneser Philosophinnengruppe »Diotima« beginnt allerdings erst im Jahr 1938, mit Erscheinen des Buches »Drei Guineen« von Virginia Woolf, die Geschlechterdifferenz zu einer zwingenden Frage zu werden.

Die englische Schriftstellerin war von Freunden aufgefordert worden, sich für die Verteidigung von Frieden und Freiheit und gegen den drohenden Faschismus einzusetzen. Während der Auseinandersetzung mit dem Thema Gewalt, Krieg und Unterdrückung stellte sie fest, daß die Art der Fragestellung nicht die ihre sein konnte. Ihr Abscheu vor jeder Gewaltausübung war so groß, daß sie dem männlichen Wunsch, den Frieden notfalls gewaltsam zu verteidigen, nicht teilen konnte. Es war nicht »ihr« Krieg. Sie kannte zwar einige der Folgen von Kriegen – aber nicht deren eigentliche Ursachen. Gewalt, schrieb sie, sei zumeist etwas, das Frauen erleiden, selbst aber nicht zufügen. Und die »allgemeinen Güter«, die hehren Leitbilder von Freiheit und Gerechtigkeit, die die Männer gegen den Faschismus zu verteidigen gedachten? Die Frauen waren davon immer noch ausgeschlossen!

Virginia Woolfs konsequente Schlußfolgerung lautete denn auch: »Die einzige Art, wie wir Euch helfen können, die Kultur und die Gedankenfreiheit zu verteidigen, besteht darin, *unsere* (Hervorhebung d. A.) Kultur und unsere Gedankenfreiheit zu verteidigen« (1977, S. 156f.).

Ähnliche Argumente finden sich auch bei Lenore Kühn, einer Komponistin und Philosophin, die fast zur selben Zeit wie Virginia Woolf lebte. Ohne diesen Begriff zu kennen, propagierte sie lange vor den Italienerinnen die Idee des »affidamento«. Sie forderte von den Frauen eine neue Art zu leben. Dazu gehörte die Entwicklung eigener Werte und Maßstäbe ebenso wie die ökonomische Unabhängigkeit durch selbstverdientes Geld. Für nicht weniger wichtig hielt sie Frauenfreundschaften und die wechselseitige Unterstützung. Auf die (rhetorische) Frage nach dem Ziel der Frauenbewegung antwortete sie: »[...] nichts weniger als eine ganze Welt erschaffen, ja mehr als das, eine vorhandene, geprägte Welt neu umschaffen« (1925, S. 23).

»Sex« und »Gender« – was ist die Frau?

In der derzeitigen feministischen Debatte bezieht sich der Begriff Geschlechterdifferenz fast immer auf das Verhältnis von Sex als dem biologischen Geschlecht und Gender als soziokulturellem Geschlecht, also der Geschlechtsidentität.[4] Die entscheidende Frage dabei ist: Gibt es – wie der Essentialismus annimmt – ein allgemeingültiges »weibliches Wesen«, das allen Frauen gemeinsam ist und sie von den Männern unterscheidet? Oder ist – wie es der Konstruktivismus behauptet – auch der Sex, das biologische Geschlecht, historisch und kulturell geprägt und von Gender nicht zu unterscheiden?

Radikale Feministinnen wie Mary Daly, Heide Göttner-Abendroth, Luisa Muraro oder Susan Griffin behaupten eine essentiell vorhandene Weiblichkeit und treten für die Rückkehr zu einer »weiblichen Subjektivität« ein. »Weiblichkeit« wird dadurch wieder zu einem biologischen Unterschied. In Umkehrung zur bisherigen abendländischen Tradition unterstellen sie allerdings die wesensmäßige Höherwertigkeit der Frau. Alles bloß »Rationale« soll (wieder) den Männern überlassen bleiben, die Frauen sich dagegen insbesondere auf ihre spirituelle Beziehung zur Natur besinnen, zu der sie in besonderem Maße befähigt wären.

Auch Mary Dalys dualistische Trennung zwischen »nekrophilen Männern« und »biophilen Frauen« (→Tod/Geburt) beruht auf diesen klassischen Geschlechterstereotypen. Wie sie plädieren auch andere Frauen für einen radikalen Separatismus, also den völligen Rückzug aus dem Patriarchat und der »Zwangsheterosexualität« (Adrian Rich).

Zu den Vordenkerinnen einer Theorie der Geschlechterdifferenz gehört die französische Psychoanalytikerin und Philosophin Luce Irigaray. Sie beschäftigt sich seit mehr als 20 Jahren mit dieser Fragestellung und beeinflußte die italienischen Feministinnen zu deren Konzeption des »affidamento« und der Theorie einer »weiblichen Genealogie«: »Ich werde niemals an der Stelle eines Mannes sein, niemals wird ein Mann an meiner Stelle sein. Welche Identifikationen es auch geben mag, niemals wird der eine genau die Stelle des anderen einnehmen – sie (Mann und Frau/d. A.) sind nicht aufeinander reduzierbar. [...] Was der andere ist, wer er ist, ich weiß es nie. Aber der andere, der für mich immer unergründbar ist, ist der andere, der sich geschlechtlich von mir unterscheidet. Das Staunen, das Verzaubertsein, die Verwunderung angesichts des Unerkennbaren müßten an ihren Ort zurückkehren: den der sexuellen Differenz« (»Ethik der sexuellen Differenz« 1991, S. 20f.).

Luce Irigaray kritisiert nicht allein die Geschlechterhierarchie. Sie wendet sich vor allem gegen das binäre und identifizierende Denken, das die Frau als »das Andere« dem männlichen Subjekt gegenüberstellt. In einem älteren Interview sagte sie über ihre Arbeit:

»Warum der Versuch, mit einem Mann zu sprechen? Weil mein Wunsch gerade nicht der ist, eine Theorie der Frau zu machen, sondern dem Weiblichen seinen Ort in der Differenz der Geschlechter zu besorgen. Diese Differenz – männlich/weiblich – hat immer ›innerhalb‹ der Systeme der Repräsentation, der Selbstrepräsentation des (männlichen) Subjekts funktioniert [...] Denn ein Geschlecht und sein Mangel, sein Schwund, sein Negativ, das ergibt keine zwei Geschlechter [...] Es geht also weder darum, sich in diesem Mangel, in diesem Negativ einzurichten, selbst wenn man es anprangert, noch darum, die Ökonomie des Gleichen umzukehren, indem das Weibliche *zum Eichmaß der ›sexuellen‹ Differenz* gemacht wird, es geht um den Versuch, diese Differenz zu praktizieren. Z. B.: Welche andere Art des Lesens, des Schreibens, der Interpretation kann ich als Frau haben im Vergleich zu Ihnen als Mann? Ist es möglich, daß diese Differenz nicht wieder auf einen Prozeß der *Hierarchisierung der Unterwerfung des anderen unter das Gleiche* zurückgeführt wird?« (1979, S. 165 f.)

Ihre Feststellung, daß die sexuelle Differenz unüberwindbar sei, begründet die Französin mit der von Männern eingerichteten symbolischen Ordnung, in der die Frau immer nur als »das Andere« gedacht werde. Diese patriarchale Identitätslogik ist zur Beschreibung »weiblicher« Erfahrungen aber nicht ausreichend. »Das Geschlecht, das nicht eins ist«, paßt nicht in das Raster einer festgefügten Identität. Für Irigaray beruht die unterschiedliche Perspektive auf einer anderen →Leiblichkeit der Frau: »Die Frau ›berührt sich‹ immerzu, ohne daß es ihr übrigens verboten werden könnte, da ihr Geschlecht aus zwei Lippen besteht, die sich unaufhörlich aneinander schmiegen. Sie ist also in sich selbst schon immer zwei, die einander berühren, die jedoch nicht in eins (einen) und eins (eine) trennbar sind« (1979, S. 23).

Diese Sichtweise erinnert stark an Otto Weiningers Konstruktion einer Ich-Du-Beziehung zwischen dem Mann und seinem aufgerichteten Penis in »Geschlecht und Charakter« (1903). »Zweiheit ist die Ursache des wachen Bewußtseins«, schrieb er dort und führte weiter aus, da dies der Frau naturgemäß fehle, sei sie auch keine beseelte Monade. Trotz des vermeintlichen Ernstes, mit dem Luce Irigaray ihre These verfolgt, ist nicht ganz auszuschließen, daß sie hier Weininger ironisiert.

Kritische Einwände zur Geschlechterdifferenz

An der Theorie von einer Differenz der Geschlechter wurde vor allem in Deutschland sehr schnell und teilweise heftig Kritik geübt. So sah Claudia Pinl dadurch schon die »konservative Wende im Feminismus« eingeleitet. An der Konzeption des »affidamento« mißfiel ihr vor allem, daß die alltägliche »konkrete Unterdrükkung durch Männer [...] für die Mailänderinnen nicht im Vordergrund« stand. Mit einiger Ironie fragte sie: »Die (scheinbare?) Unfähigkeit der Frauen, verbindliche Strukturen herzustellen, zum Beispiel die Geschichte des Feminismus auf Dauer im Bewußtsein zu verankern, die Mischung aus Gedächtnisschwund, Wiederholungszwang und Mattigkeit, mit der die Frauen der Welt gegenübertreten – sind sie Folge der fehlenden weiblichen symbolischen

Ordnung?«[5] Und auch hier fehlte ihr »der Bezug zu den konkreten Aspekten der Männerherrschaft« (1993, S. 27).

Daß dieser Vorwurf unberechtigt ist, läßt sich anhand eines Beispiels für den unmittelbaren Zusammenhang zwischen symbolischer Ordnung und männlicher Gewaltausübung belegen. Vor noch nicht allzulanger Zeit wurden in den nordeuropäischen bürgerlichen Gesellschaften bestimmte Formen angeblich gewaltfreier[6] VerGEWALTigungen höchstens als eine Art »Kavaliersdelikt« beurteilt und bestraft. Wurden diese lediglich mit »sanftem Druck« (nötigende Überredung, emotionale Erpressung, subtile Drohung) erzwungenen Sexualakte an der eigenen Ehefrau begangen, blieben sie völlig straflos. Den Hintergrund dafür lieferte die ethische Konzeption einer spezifisch weiblichen Sittsamkeit durch Jean-Jacques Rousseau und andere Philosophen der Spätaufklärung. Laut Rousseau mußte sich jede Frau selbst in der Ehe dem Manne (scheinbar) sexuell verweigern. Auch dann, wenn sie die Intimitäten wollte. Dies steigere die (Gewalt?)Lust des Mannes – der dann wiederum zu entscheiden habe, ob das »Nein« echt oder gespielt sei. Daß damit auf beiden Seiten »Mißinterpretationen« vorprogrammiert waren oder noch genauer: die »gewollte« Vergewaltigung regel-recht zum Normalfall geschlechtlicher Beziehungen wurde, liegt auf der Hand (vgl. →Liebe).

Eine weitere schwerwiegende Kritik an der Differenztheorie lautet, sie festige aufs neue die althergebrachten Rollenklischees. Wenn Frauen »alle Schwestern sind« und es nur *eine* weibliche Identität gibt, dann muß auch eine allen Frauen gemeinsame Wesenhaftigkeit existieren, unabhängig von anderen Faktoren wie Rasse, Klasse, Kaste oder sexueller Orientierung. Und genau diese »andere« Wesenhaftigkeit unterstellt das Patriarchat den Frauen seit Ewigkeiten.

Auch von anderer Seite regt sich massiver Widerstand gegen die Differenzthesen. Viele Farbige, die »women of color«, werfen den radikalen (meist weißen, bürgerlichen) Feministinnen vor, in unverantwortlicher Weise »für« alle Frauen sprechen zu wollen. Ein Argument, das deutlich macht, wie problematisch die einseitige Festlegung auf die bloße »Differenz« der Geschlechter ist. Fragen der Zugehörigkeit zu einer Klasse, zu einer »Rasse« oder die sexuelle Orientierung (vgl. Corinna Genschel, 1996) sind für die Herausbildung einer Persönlichkeit ebenso bedeutsame Faktoren. Wobei anzumerken wäre, daß die Kategorie »Rasse« ebenfalls längst in Zweifel gezogen wird: Rasse ist kein »Monolith«, sondern werde in ungleichartigen Modalitäten gelebt, argumentierte Paul Gilroy bereits 1987. Auch für Sandra Harding besteht ein deutlicher Zusammenhang zwischen Rassenzuschreibungen und Klassenfragen (1994, S. 207ff.). Und Donna Haraway verweist nachdrücklich darauf, daß es ohne Patriarchat kein »Gender«, ohne Kapitalismus keine Klasse und ohne Kolonialismus auch keine Kategorie der Rasse geben würde.

Zunehmend gewinnt deshalb die Vorstellung von »multiple identities« Raum, also von vielen Identitäten, die sich oft auf widersprüchliche Weise in Männern oder Frauen, Farbigen oder Weißen, Lesben oder Heteros, Alten oder Jungen, Juden oder Muslimen finden lassen. Damit wird das Sich-Identifizieren zu einem fließenden Prozeß (→Subjekt-im-Prozeß), wie ihn die Schriftstellerin Gloria Anzaldúa beschrieb, »als weiße, bürgerliche, protestantische aus den Südstaaten stammende Frau, als Ehefrau, als Mutter, aber auch als Lesbe«. Dabei betonte sie ausdrücklich, wenn zum gegenwärtigen Zeitpunkt die »Chicana« und die »Lesbe« besonders wichtig wären, bedeute dies nicht, daß alle anderen Personen in ihr nun überstimmt oder gar tot wären (zit. n. Boetcher-Joeres 1994, S. 10ff.).

Damit ist die teilweise recht unreflektiert angenommene Vorherrschaft der Kategorie »Gender« gründlich in Frage gestellt. Die schwarzen Feministinnen in den USA fordern deshalb seit längerem, endlich alle Kategorien gleichrangig zu bewerten. Was wiederum bedeutet, so Elisabeth Kuppler, daß die »naive Grundannahme einer universellen, von patriarchaler Unterdrückung geprägten weiblichen Erfahrung« endgültig erschüttert ist (in Bußmann/Hof 1995, S. 271).

Aber genau darin sieht die amerikanische Philosophin und Erkenntnistheoretikerin Teresa de Lauretis auch eine neue Chance für den Feminismus: »Denn wenn es zutrifft, daß das weibliche Subjekt über multiple Repräsentationen von Klasse, Rasse, Sprache und gesellschaftlichen Verhältnissen geschlechtlich sozialisiert wird, dann trifft es auch zu, [...] daß die Kategorie Geschlecht ein gemeinsamer Nenner ist: Das weibliche Subjekt wird immer als Geschlecht und ausgehend vom Geschlecht konstruiert und definiert. Wenn also so gesehen Differenzen unter Frauen auch Differenzen innerhalb von Frauen sind, dann existiert der Feminismus nicht nur trotz dieser Differenzen, sondern er kann auch, als wichtigerer Punkt und wie wir erst jetzt zu erkennen beginnen, nicht ohne sie weiter existieren« (zit. n. Harding 1994, S. 197).

Die Konstruktion der Geschlechter

Mit dem Satz »Man kommt nicht als Frau zur Welt, man wird es«, trat Simone de Beauvoir einst eine Lawine los, die zahlreiche althergebrachte Gewißheiten unter sich begrub. Die von ihr ausgelöste Diskussion hält gut 50 Jahre nach dem Erscheinen ihres Buches »Das andere Geschlecht« (1949, dt. 1951) noch immer an. Für die Französin stand fest: »Kein biologisches, psychisches, wirtschaftliches Schicksal bestimmt die Gestalt, die das weibliche Menschenwesen im Schoß der Gesellschaft annimmt. Die Gesamtheit der Zivilisation gestaltet dieses Zwischenprodukt zwischen dem Mann und dem Kastraten, das man als Weib bezeichnet« (1988, S. 265).

Rund 40 Jahre später analysiert die amerikanische Philosophin Judith Butler in »Das Unbehagen der Geschlechter« (engl. 1990, dt. 1991) auch Simone de Beauvoirs Beschreibung und entfachte erneut eine heftige Debatte mit der These, daß kein Unterschied zwischen Sex und Gender existiere. Sie argumentiert, da Beauvoir die Kategorien »Sex« und »Gender« abkoppelte, also eine »kulturelle Interpretation geschlechtsspezifischer Attribute« annahm, wird nicht mehr länger das kulturelle Endprodukt »Frau« mit der simplen Existenz weiblicher Attribute verwechselt (S. 56ff.). In ihrer Analyse des bekannten Beauvoirschen Satzes geht sie sogar noch einen Schritt weiter und interpretiert »die Bewegung vom Sex zum Geschlecht« als Prozeß, wie aus den »ursprünglichen Körpern [...] kulturelle Form(en) modelliert werden« (S. 60). Dies bedeute, daß der tatsächliche »Ursprung« des Geschlechts nicht zeitlich fixierbar sei, zum Beispiel als Geburt, sondern daß es sich dabei um einen selbstgesteuerten Prozeß handele, der ununterbrochen stattfindet: »Das Geschlecht ist demnach nicht das Produkt längst vergangener kultureller und psychischer Relationen, sondern vielmehr ein aktueller Modus, vergangene und zukünftige kulturelle Normen zu organisieren, sich in diesen und durch diese Normen zu situieren, mithin ein aktiver Modus, seinen Körper in der Welt zu leben« (ebd.). Es scheint also, folgert sie weiter, daß Beauvoirs These implizit danach fragt, ob so etwas wie Sex »nicht

Hannah Höch. Zwei Köpfe, 1926.
Privatbesitz. © VG Bild-Kunst, Bonn 2000

Alberto Giacometti. Das Paar (Mann und Frau), 1926.
Alberto-Giacometti-Stiftung, Zürich.
© VG Bild-Kunst, Bonn 2000

eine Fiktion ist, weil Sex, also der biologische Körper, immer schon ein kulturelles Konstrukt ist, nämlich Geschlecht« (S. 65).[7] Die Geschlechtsidentität wäre demnach nicht natürlich vorgegeben, sondern würde sprachlich immer wieder (re)konstruiert.

Drei Jahre später (dt. 1995) analysiert Judith Butler die selbstverständlich erscheinende Unterscheidung zwischen Sex und Gender als kulturell konstruierte Ideologie. Sie präzisiert ihre bisherigen Thesen und bezieht sich dabei ausdrücklich auf die deutsche Rezeption ihres ersten Buches. Die geschlechtliche Identität und die Materialität des Körpers beschreibt sie jetzt als mittels performativer Akte[8] konstruiert. Die Existenz eines »natürlichen« Geschlechtskörpers wird von ihr auf der philosophisch-reflexiven Ebene verneint. Sie wendet sich gegen alle vereinheitlichenden Identitätskonzepte, die die Differenzen leugnen, da sich Identitäten neu bilden können und damit veränderbar sind. Für sie gibt es nicht nur *eine* Weiblichkeit:

»Die heterosexuelle Logik, die verlangt, daß sich Identifizierung und Begehren gegenseitig ausschließen sollen, ist eines der einschränkendsten psychologischen Instrumente des Heterosexismus überhaupt: wenn sich eine Person als ein gegebenes Geschlecht identifiziert hat, muß sie ein anderes Geschlecht begehren. Einerseits gibt es nicht eine Weiblichkeit, mit der die Identifizierung zu erfolgen hat, was besagen will, daß Weiblichkeit selbst ein ganzes Aufgebot an identifikatorischen Orten bieten könnte, wie die Vervielfachung lesbischer *femme*-Möglichkeiten bezeugt. Andererseits ist es kaum deskriptiv für die vielschichtigen dynamischen Austauschweisen in schwulen und lesbischen Beziehungen, anzunehmen, daß homosexuelle Identifizierungen einander ›spiegeln‹ oder kopieren« (»Körper von Gewicht« 1995, S. 316).

Die Möglichkeit der Geschlechterparodie zeigt nach Butlers Meinung sehr deutlich, wie fragwürdig es ist, von einem »Original« zu sprechen. Genau darin sieht sie auch die subversive Kraft der Travestie. In ihr stimmt die »gender identity«, das sogenannte soziokulturelle Geschlecht, bewußt nicht mit dem biologischen Geschlecht überein, aber – woher wissen wir eigentlich, ob wir nicht eine Frau sehen, die einen Mann darstellt, der eine Frau imitiert?[9]

Judith Butler plädiert aus rein pragmatischen Gründen dafür, die politische Kategorie »Frau« beizubehalten, versucht aber gleichzeitig, die Kontroverse zwischen Essentialismus und Konstruktivismus aufzubrechen. Konstruktivismus bedeute keineswegs, daß wir in der Lage wären, sozusagen täglich unsere (Geschlechts)Identität neu zu entwerfen. Da keine völlige Freiheit von gesellschaftlichen Normen und Zwängen existiert, liegt die »performative Dimension der Konstruktion« gerade im Zwang der steten Wiederholung. In Anlehnung an Sartres Begriff des »leiblichen Stils«, durch den eine Person sich geschlechtlich bestimmt, wird im Körper die kulturelle Bedeutung immer wieder verändert. Körper und leiblicher Stil sind also eng miteinander verbunden. Für den politischen Alltag ergibt sich daraus eine Geschlechterordnung, die nicht substantiell oder essentialistisch die Geschlechterbinarität behauptet, sondern die Ordnung der Geschlechter unterliegt einer dauernden Gefährdung durch subversive Veränderungen.

Derart radikale Thesen fordern Widerspruch geradezu heraus – ein neues Forschungsfeld ist damit eröffnet. Ausführlicher vorgestellt sei hier die Konzeption von »Geschlecht als Existenzweise« der deutschen Philosophin Andrea Maihofer, auf deren Kritik sich Judith Butler in ihrem Vorwort zur deutschen Ausgabe von »Körper von Gewicht« explizit bezieht.

Andrea Maihofer hält eine Neubestimmung der Kategorie »Geschlecht« schon deshalb für dringend geboten, da die Experimente mit Geschlechtergrenzen ständig zunehmen. Nicht nur Transvestiten und Transsexuelle stellen die gewohnten Sichtweisen und vermeintlich eindeutigen Kategorien in Frage. Musiker(innen) – Grace Jones oder Prince sind nur die bekanntesten Beispiele – wechseln die festgelegten Geschlechterrollen; in der Mode wird zunehmend mit androgynen Elementen gespielt; weibliche Models mit knabenhaften Körpern gelten derzeit als Idealtyp. Allerdings sind Travestie und selbst die Transsexualität nicht frei von gesellschaftlichen Zwängen oder der Machtfrage. Die Lösung aus der alten nicht passenden und die Suche nach einer neuen Identität ist vielmehr ein schmerzhafter Prozeß, der mit dem Verlust gesellschaftlicher Sicherheit einhergeht, wie die Berichte der »Betroffenen« immer wieder zeigen (Genschel 1996, S. 533).

Judith Butlers These vom Körper als ideologischer Fiktion ist Andrea Maihofer suspekt. Die Debatte über »die soziale Konstruiertheit des geschlechtlichen Körpers und der Idee einer geschlechtslosen Gesellschaft« komme exakt zu einem Zeitpunkt, in dem die fortschreitende Reproduktion der Gattung unter Abkopplung von der Gebärfähigkeit der Frauen stattfinde. Wenn nun der biologische Geschlechtskörper (Sex) nicht mehr die Basis des sozialen Geschlechts (Gender) bildet, dann werde das Verhältnis von Sex und Gender zu einem grundlegend erklärungsbedürftigen Phänomen. Judith Butler gehe damit weit über die bekannte These von der Historisierung der Geschlechterrollen hinaus (1995, S. 15).

Maihofer entwirft dagegen eine nicht hierarchische Theorie der Geschlechterdifferenz, die ohne essentialistische beziehungsweise biologische Ursachen auskommt, um so einer erneuten Zementierung des bestehenden Rollenverhältnisses entgegenzuwirken (S. 16). Die binäre abendländische Denkstruktur, das Denken in Dichotomien, bei der stets eine Seite stärker betont wird als die andere, mache diese Gratwanderung nötig. »Geschlecht«, das ist für sie eine »historisch bestimmte *gesellschaftliche-kulturelle Existenzweise.*« Nur diese Definition ermögliche es, die Gegensätze von Natur und Kultur, Körper und Geist, Materie und Bewußtsein zugunsten eines Sowohl-als-auch aufzulösen. Geschlecht und Geschlechterdifferenz wären dann gleichermaßen als psychische Bewußtseinsphänomene und als materialisierte Körper zu begreifen. Vor allem aber kann dabei – anders als bei Judith Butler – auch die »jeweils eigene Logik und Dynamik, die beispielsweise der Geschlechtskörper gegenüber der psychischen Geschlechts-Identität oder kulturellen Geschlechtsnormen *innerhalb* eines Individuums haben mögen«, berücksichtigt werden (1995, S. 180f.).

Andrea Maihofers Kritik richtet sich deshalb besonders gegen jene Theoretikerinnen, die zwar die Natur-Kultur-Dichotomie[10] anprangern, dabei jedoch übersehen, daß die Sex/Gender-Trennung diese erneut manifestiert. Judith Butlers Auffassung, daß körperliche Phänomene ihre geschlechtliche Bedeutung erst durch kulturelle Zuschreibung erhalten, wird von der deutschen Philosophin geteilt. Aber im Gegensatz zu der Amerikanerin hält sie den Körper nicht bloß für eine diskursiv erzeugte Fiktion. Normalerweise entwickelt sich die geschlechtliche Identität in Übereinstimmung mit dem ›realen‹ biologisch-anatomischen Geschlecht einer Person – dafür sorgt meist schon der soziale Zwang. »Dies muß jedoch nicht so sein, wie die Phänomene des Transvestitismus und der Transsexualität zeigen. Ein kausaler Zusammenhang zwischen Sex und Gender existiert nicht, das soziokulturelle Geschlecht ist nicht die ›Ent-wicklung‹ einer natürlichen vorhandenen anatomischen Geschlechtlichkeit« (ebd.). Wenn also der »Geschlechtskörper als natürliche Basis des Geschlechts« problematisiert werde, kann es dadurch »zu einer kritischen (Gesellschafts)-Theorie des Geschlechts« kommen, die auch die Machtfrage nicht ausspart (S. 185).

Die Differenz jenseits von Gegensätzen

Die Diskussion pro und contra »Differenz« und die Frage nach dem Verhältnis von »Sex« (un)gleich »Gender« macht eines sehr deutlich: Es fällt schwer, anders als in den für das Abendland so typischen Dichotomien, den Gegensätzen, zu denken. Jenseits von Gut oder Böse, Schwarz oder Weiß scheint ein Drittes ausgeschlossen. Wie Nancy Jay exemplarisch ausführte, geht dieses Denken auf Aristoteles zurück. Er begründete diese Zweiteilung und die hierarchische Grundstruktur bei allen Begriffen. Für ihn existierte immer nur *eine* perfekte Form – die Männliche. Der stand das Weibliche als Nicht-Form gegenüber (1989, S. 253).

Die Erkenntnistheoretikerin Evelyn Fox-Keller schlägt deshalb vor, begriffliche Unterscheidungen sehr genau zu prüfen. »Differenz« ist für sie ein »Prinzip zur Ordnung« der Welt, das sich grundlegend vom Prinzip der Spaltung, den traditionellen Dichotomien, unterscheidet: »Während diese Oppositionen sich auf eine kosmische Einheit richten, in der bezeichnenderweise ein Element des Paares ausgeschlossen oder beseitigt wird, was auf ein einziges, allumfassendes Gesetz abzielt, begnügt sich die Anerkennung von Differenz mit der Vielfalt als einem Selbstzweck« (1986, S. 174).

Auf ähnliche Weise versuchen in den letzten Jahren immer mehr Theoretikerinnen (etwa Cornelia Klinger, Christina Thürmer-Rohr) das Thema zu behandeln. So schlägt die amerikanische Philosophin Linda Nicholson vor, die »soziale Konstruktion des Unterschieds zwischen Mann und Frau als eine Reihe von ›Familienähnlichkeiten‹«[11] im Sinne Wittgensteins zu begreifen. Entgegen dem auch bei Feministinnen verbreiteten Entweder-Oder-Ausschlußdenken und dem Hang zu Verallgemeinerungen, plädiert sie für das Suchen und Beschreiben von gesellschaftlichen Mustern weiblicher oder männlicher Identität – ohne diese sofort wieder auf die eine oder andere Art absolut zu setzen (1995, S. 216ff.). Vergleichbar argumentiert die deutsche Philosophin Susanne Herbrand. Ihrer Auffassung nach fehlt dem abendländischen Kulturraum die »Vermittlung von Hierarchie und Heterarchie, (weshalb) die geschlechtliche Differenz in einer starren Opposition verbleibe. So steht es noch aus, der Dualität des Geschlechterverhältnisses jene Beweglichkeit zu verschaffen, die Erlebens- und Handlungsräume erzeugen wird, in der die Differenz männlich und weiblich oszillieren kann« (1994, S. 77).

Christina Thürmer-Rohr, Professorin am Fachbereich Erziehungswissenschaften an der FU Berlin, verbindet ihre Überlegungen zur Differenz mit dem Gedanken der Pluralität bei Hannah Arendt: »*Denken der Differenz* heißt: nicht identifizieren, nicht in-eins-setzen, das Andere, das Ausgeblendete und Ausgegrenzte und das Verschiedene, die Vielheit als notwendigen Plural[12] zu respektieren, heißt Auflösung des Ursprungsdenkens und heißt: nicht herrschen. Es heißt, Einheiten und Identitäten auflösen, die immer ausschließenden und keineswegs nur beschreibenden Charakter haben (Nation, Volk, »Rasse«, Geschlecht etc.): das große Wir, das weiße Wir, das unverwüstliche Wir, das Wir, das sich durch Diskriminierung des Anderen, des Nicht-Wir konstituiert« (1995, S. 91).

In diesem Sinne besitzt eine Feststellung von Andrea Maihofer zweifellos unververänderte Gültigkeit: Mit der Neubeschreibung der Kategorien »Geschlecht« und »Differenz«, lautet ihre Einsicht, steht die Frauenforschung noch ganz am Anfang.

Anmerkungen

1 Es erschienen Bücher über Schriftstellerinnen, Malerinnen und Musikerinnen, Philosophinnen, Naturwissenschaftlerinnen usw. Ihre Werke wurden neu verlegt bzw. vertont.

2 Honeggers Arbeit geht zurück auf die These von Thomas Laqueur in »Auf den Leib geschrieben« (1992).

3 U. a. Lieselotte Steinbrügge 1987, Andrea Maihofer 1995, Claudia Opitz 1996.

4 Die englische Sprache ermöglicht eine genauere Unterscheidung zwischen Sex und Gender (Gender war ursprünglich nur die linguistische Bezeichnung für das grammatische Geschlecht), im Deutschen geht es nicht ohne Umschreibungen. Aus diesem Grund werden hier die englischen Bezeichnungen benutzt.

5 In ihrem Buch »Die Entstehung des feministischen Bewußtseins« (1993) hat Gerda Lerner dies ausführlich dargelegt.

6 »Gewaltfrei« im Sinne von fehlender direkter Lebensbedrohung oder sichtbar hinterlassener Gewaltanwendung.

7 Neben Beauvoir bezieht sich Butler hier auf Monique Wittigs (1977) Theorie, daß die für die Geschlechterdifferenz so wichtige Topografie des Körpers durch die sprachliche Bezeichnung der Körperteile erst hervorgebracht werde.

8 Bei einem performativen Akt wird das, was sprachlich beschrieben wird, gleichzeitig erzeugt. Es ist ein Handlungsvollzug in der Sprache. Z. B. »Hiermit seid ihr Mann und Frau«. Butler interpretiert performative Akte in Anlehnung an Derrida aber auch als Zitieren, und damit Festigen von Normen.

9 In dem Broadway-Musical »Victor-Victoria« geschieht genau das. Auch bei Sex-Kontakten im Internet (net-sex) finden häufig ähnliche Rollen-Verwirrspiele statt. Sie werden als »Gender-swapping« bezeichnet (vgl. Turkle 1998).

10 Die Unterscheidung in Sex und Gender unterstellt eine solche auch zwischen Natur und Kultur. Aber auch die Natur hat eine Geschichte, und die Differenz zwischen beiden ist historisch und sprachlich erzeugt.

11 Philosophischer Terminus, der verschiedene Dinge bezeichnet, die unter einem gemeinsamen Oberbegriff zusammmengefaßt werden können: z. B. Buche, Pilze, Moos, Brombeerstrauch unter »Wald«.

12 Vgl. Hannah Arendt 1981, S. 15 ff. und 1993, S. 9 f.

Ethik – richtiges Handeln oder männliche Moral

> »Und ich wenigstens [...] bin der Meinung, daß besser meine Lyra verstimmt sein und mißtönen möge oder ein Chor, den ich anzuführen hätte, und daß eher die meisten Menschen nicht mit mir übereinstimmen, sondern mir widersprechen mögen, als daß ich allein mit mir selbst nicht zusammenstimmen, sondern mir widersprechen müßte.«
>
> *Sokrates*

Frühsommer 1999 in irgendeiner Ruhrgebietsgroßstadt. Im Rahmen eines kirchlichen »Forum Eine Welt« referiert eine evangelische Pfarrerin über ihre Arbeit als örtliche Flüchtlingsbeauftragte. Dabei berichtet sie über eine »bedrückende Erfahrung«. So wie es in der öffentlichen Wahrnehmung »gute und böse Befreiungsbewegungen gibt« – als jeweiliges Beispiel nennt sie die albanische UCK und die kurdische PKK –, werden häufig auch Asylbewerber entsprechend definiert. Als aktuelles Beispiel aus ihrem Alltag verweist sie auf zwei unterschiedliche Gruppen von Kosovokriegsopfern: die individuell auf meist abenteuerlichen Wegen nach Deutschland geflüchteten und die von der Bundesregierung in genau festgelegter Zahl aus dem Kosovo ausgeflogenen. Beide verließen ihr Land aus den gleichen Gründen. Erstere würden jedoch an der deutschen Grenze oder – so ihnen dieses Fluchtkunststück gelänge – im Inland als illegale und unerwünschte (»böse«) Ausländer betrachtet und entsprechend behandelt. Ohne daß jemand öffentlich dagegen protestierte. Die sogenannten Kontingentflüchtlinge hingegen seien als »gute« Kriegsopfer an ihren jeweiligen Aufenthaltsorten mit Sach- und Geldspenden geradezu überschüttet worden.

Ethisch-moralische Fragen, das Problem von Gut und Böse und der Wunsch, Richtiges von Falschem trennen zu können, beschäftigt die Menschen ständig. Dabei wird Ethik (gr. ethos = Sitte, Gewohnheit) heute oft mit Moral gleichgesetzt. Es gibt jedoch methodische Gründe, diese Begriffe auch weiterhin zu trennen. Der deutsche Soziologe Niklas Luhmann (gest. 1998) führte eine solche Unterscheidung ein. Bei ihm ist Ethik die Reflexion der Moral, also gewissermaßen die Metaebene. Entstanden ist diese Begrifflichkeit erst im ausgehenden 18. Jahrhundert, verbunden mit den Namen Immanuel Kant, Jeremy Bentham und Marquis de Sade. Die drei sonst sehr unterschiedlichen Theoretiker gaben die bis dahin verbindliche Einheit von Moral, Manieren und Sittlichkeit auf (vgl. Luhmann 1988). Ganz allgemein kann gesagt werden, daß sich die Ethik mit der Entstehung von Werten und Normen des menschlichen Zusammenlebens beschäftigt. Moralische Fragestellungen wie die nach →Gerechtigkeit, →Freiheit und →Glück gehören ebenso dazu wie die nach dem →Schonen.

Ähnlich wie schon Sokrates sah Hannah Arendt im persönlichen Gewissen die verantwortliche Instanz für die moralische Urteilsfähigkeit. Gewissen und Urteilskraft bildeten für sie die Bindeglieder zwischen Denken und Moral. Anders jedoch als beispielsweise Immanuel Kant bezog sich die Philosophin dabei nicht auf den Unterschied zwischen Schönem und Häßlichem, sondern ausschließlich auf die Fähigkeit, »Richtiges vom Falschen zu unterscheiden«. Aber bereits das einleitende, in seiner ethischen Fragestellung recht simple Flüchtlingsbeispiel beweist, wie zweifelhaft die Unterscheidungskriterien oft sind.

Im Zusammenhang mit dem Prozeß gegen den ehemaligen Leiter des Judenreferats im Reichssicherheitshauptamt, Adolf Eichmann,[1] stellte Hannah Arendt eine provokante Frage: Hatte der Mann, der zum Synonym des Schreibtischtäters wurde, sich überhaupt Gedanken über seine im Wortsinn mörderische Berufsaufgabe gemacht? Oder hatte er, wie die Verhörprotokolle (vgl. Lang 1982) nahelegen, schlicht und einfach nur gedankenlos funktioniert?

Arendt prägte für dieses Verhalten den Begriff von der »Banalität des Bösen« und geriet dadurch ins Zentrum einer jahrelangen – von ihr als Rufmord betrachteten – heftigen Kontroverse. Kein Wunder. Hatte sie doch dem Todesbürokraten (und ähnlichen Charakteren) attestiert, diese Banalität mache es dem Täter letztlich unmöglich, sich seines Verbrechens bewußt zu werden. Die beiden Kernfragen – wieweit hängt die persönliche Urteilskraft vom Denkvermögen ab und »fällt die Unfähigkeit zu denken mit einem verhängnisvollen Mangel dessen, was wir (für) gewöhnlich Gewissen nennen, in eins?« (Arendt, zit. n. Benhabib 1987, S. 522) – konnten indes auch ihre Kritiker bis heute nicht schlüssig beantworten. Denn was ist das von Kant als »Gesetz in uns« definierte Gewissen eigentlich? Besitzt der Mensch überhaupt eine angeborene Fähigkeit – vergleichbar etwa der zum Spracherwerb –, zwischen Gut und Böse zu unterscheiden? Handelt es sich dabei um ein Gefühl, um bewußte und unbewußte gedankliche Prozesse oder eine Mischung aus beidem? Last not least: Das angeborene Sprachvermögen sagt noch nichts über die dann tatsächlich erlernte Muttersprache aus. Die ist vielmehr abhängig vom jeweiligen historischen und kulturellen Hintergrund. Für eine angeborene Befähigung, Gut und Böse zu unterscheiden, müßte das gleiche gelten. Schließlich hätten die heute als »gute« Widerstandskämpfer gefeierten Hitler-Attentäter des 20. Juni 1944 niemals in unsere Schulgeschichtsbücher Eingang gefunden – wenn das »böse« Nazi-Regime nicht untergegangen wäre. Mit anderen Worten: »Gut«, »böse«, »richtig« oder »falsch« sind keine wertneutralen Begriffe, sondern eng verknüpft mit der jeweiligen Epoche, ihrer Kultur und Religion.

Eine durchaus bedauerliche Tatsache, denn für ethisch-moralische Fragen herrscht weltweit Hochkonjunktur. Ethikkommissionen sollen nun, in einer Ära der Menschheitsgeschichte, in der technisch fast alles machbar scheint, den moralisch richtigen Weg weisen und Grenzen benennen. Wirtschaftsethik, Umweltethik, Medizinethik, selbst eine Verbraucherethik sind gefordert. Mit ihrer Hilfe müssen immer kompliziertere Probleme gelöst werden, deren Existenz vor nicht allzulanger Zeit noch undenkbar schien. Einige Bespiele: Soll oder darf der ungeborene Fötus am Leben erhalten werden, wenn die Mutter bereits tot ist? Kann die genetische Reproduktion, das sogenannte Klonen, von tierischen und menschlichen Organen und ganzen Lebewesen aus medizinischen oder auch nur wissenschaftlichen Gründen gerechtfertigt sein? Ist es moralisch zulässig, die Anpflanzung von genmanipulativ schädlingsresistent gemachten Tabakkulturen mit EU-Geldern zu subventionieren, wenn gleichzeitig jährlich 800 000 Menschen[2] europaweit an den Folgen des Rauchens sterben? Wer kann die Verantwortung tragen für den produzierten Atommüll, der auch in dreißigtausend Jahren noch sicher aufbewahrt werden muß? Sind Kriege mit ihrer Vielzahl von Menschenrechtsverletzungen dann legitim, wenn sie andere Menschenrechtsverletzungen beenden wollen? Darf ein Computer nicht nur ausrechnen, sondern auch allein entscheiden, welcher Kranke wahrscheinlich nicht mehr gesund wird – und dann die überlebensnotwendigen Geräte abschalten?[3]

Natürlich sind die meisten Urteilssituationen, mit denen sich Menschen im Alltag konfrontiert sehen, weit weniger gravierend. Etwa, wenn sie vor der Entscheidung stehen, die Wahrheit zu sagen oder eine (Not)Lüge zu gebrauchen. Oder wenn das Fahrvermögen anderer Verkehrsteilnehmer als »rüpelhaft« und »rücksichtslos« beurteilt wird. Viel schwerwiegender ist dagegen wiederum die Situation von Frauen bei der Entscheidung für oder gegen einen Schwangerschaftsabbruch.

Entsprechend unterschiedlich ist auch das jeweilige »Urteilstempo«. Manchmal spontan, dann wieder nach reiflicher Überlegung und verschiedenen Diskussionen mit Familienangehörigen, Freund(inn)en oder Bekannten. Nur in den seltensten Fällen wird dabei allerdings ausgesprochen fachliche Hilfe – sei es durch entsprechende Literatur oder gar Expert(inn)en – zu Rate gezogen. Nach den jeweiligen Entscheidungskriterien befragt, beriefen sich viele zweifellos auf allseits bekannte Normen und Richtlinien. So entspricht es einem Gebot der Straßenverkehrsordnung, andere Verkehrsteilnehmer nicht zu gefährden. Daß Lügen unmoralisch ist, lernt man bereits als Kind. Nicht ganz so einfach ist es beim Thema Abtreibung. Eine praktizierende Katholikin müßte sie bereits aus religiösen Gründen prinzipiell ablehnen. Eine überzeugte Feministin argumentierte wahrscheinlich, da nur der Frau das Verfügungsrecht über ihren Körper zustehe, könne nur die Betroffene allein darüber entscheiden. In der Realität existiert zwischen beiden Extrempositionen jedoch eine Vielzahl von Einschränkungen und Begründungsvariationen, bis hin zu »Sowohl-als-auch-Positionen«.

Feministische Kritik an der (männlichen) Moral

In der Philosophie werden solche und ähnliche Fragen mit zwei grundsätzlich verschiedenen ethischen Ansätzen behandelt. Zum einen durch die normative oder Prinzipienethik. Dazu gehört die Kantsche Pflichtethik, der Utilitarismus als sogenannte Nützlichkeitsethik, die christliche Moralphilosophie und die Habermas'sche Diskursethik. Zum anderen mit Hilfe der individuellen oder Klugheitsethik. Sie geht auf Aristoteles zurück und umfaßt alle Theorien, die nicht universale Normen postulieren, sondern den konkreten Einzelfall berücksichtigen und anwendungsorientiert argumentieren. Die Auseinandersetzung zwischen den Vertreter(inne)n beider Richtungen bestimmen bis in die Gegenwart maßgeblich den universitären Diskurs. Genannt seien hier stellvertretend Neokantianer wie Jürgen Habermas oder John Rawls und Neoaristoteliker wie Hans-Georg Gadamer, Alasdair MacIntyre und Martha Nussbaum. Selbstverständlich gibt es auch Zwischenpositionen, wie sie die bereits zitierten (→Gerechtigkeit) politischen Philosophinnen Judith N. Shklar und Seyla Benhabib einnehmen.

Beide plädieren für ein politisches Handeln, das sich an bestimmten allgemeingültigen Normen orientiert, die jedoch anhand des zu beurteilenden Einzelfalls stets aufs neue überprüft werden müßten.

Kants kategorischer Imperativ »Handle so, daß die Maxime deines Willens jederzeit zugleich als Prinzip einer allgemeinen Gesetzgebung gelten könne« steht in vereinfachter Fassung (sinngemäß) bereits in der Bibel: »Was Du nicht willst, daß man Dir tu, das füg' auch keinem ander'n zu«. Die auf diesem Grundsatz beruhende Prinzipienethik argumentiert streng rational anhand eines deduktiven,[4] hierarchisch gegliederten Modells. (Ein Beispiel dafür ist das Kohlbergsche Entwicklungsschema, auf das weiter unten ausführlich eingegangen wird.) Die NeokantianerInnen kritisieren daran, daß sie lediglich einem abstrakten Ideal huldigt. Umgekehrt lautet der Vorwurf, eine am konkreten Einzelfall orientierte Ethik sei subjektiv und außerdem aus zeitlichen Gründen überhaupt nicht zu realisieren. Diese Kritik ist nicht von der Hand zu weisen, aber eigentlich zweitrangig. Vielmehr erweist sich die radikale Einzelfallbeurteilung schon deshalb als Illusion, da sie häufig von (unhinterfragten) Prinzipien wie »das christliche Ethos« »Vernunft und Aufklärung«, »allgemeine Menschenrechte«, »Freiheit und Demokratie« oder »Gerechtigkeit« ausgeht.

Ob Prinzipien- oder Klugheitsethik – in einem Punkt herrscht ohnehin Gemeinsamkeit. Beide leiden am gleichen grundsätzlichen Manko: »Ich meine, es ist an der Zeit, daß ausgebildete Frauen einige der ethischen Fragen, die eine von Männern dominierte Kultur hervorgebracht hat, im einzelnen analysieren. Es ist Zeit, daß ›die Hälfte der Menschheit‹ etwas über die Art ihrer Existenz aussagt. Andernfalls, wenn die Grundlagen des Denkens nicht revidiert werden, müssen sich Frauen darauf beschränken, moralische Folgerungen aus moralischen Grundsätzen abzuleiten, die niemals die Gleichheit der Geschlechter enthalten haben und die daher in sich unmoralisch sind.«

Diese Kritik in einem Leserinnenbrief an eine US-amerikanische Lesbenzeitschrift (zit. n. Praetorius 1995, S. 9) stammt – aus dem Jahr 1957. Sie enthält bereits den wesentlichen Kritikpunkt vieler späterer Feministinnen an den »herr«schenden Ethikkonzeptionen. Sollten die als allgemeingültig ausgegebenen erkenntnistheoretischen Grundlagen der abendländischen Ethik in Wahrheit androzentrisch geprägt, sprich: nur auf den weißen Mann einer bürgerlichen Gesellschaftsschicht bezogen sein, verlöre diese Ethik jede moralische Begründung.

Wie bereits in den USA wurde auch in Deutschland die noch immer andauernde Debatte über eine geschlechtsspezifische Ethik ausgelöst durch Carol Gilligans Untersuchung »Die andere Stimme – Lebenskonflikte und Moral der Frau« (1984). Um die Tragweite dieser Diskussion deutlich zu machen, muß zunächst etwas ausführlicher auf die Arbeit des Entwicklungspsychologen Lawrence Kohlberg eingegangen werden.

Der Amerikaner schuf die nach ihm benannte Skala über die Herausbildung moralischen Bewußtseins bei Kindern und Jugendlichen. Er entwickelte aus verschiedenen Typen von Urteilsformen ein sechsstufiges Schema. Dessen qualitative Unterschiede werden in der Hierarchie der Urteilstypen deutlich. Sie führt als Entwicklungsprozeß einer fortgesetzten Verfeinerung des moralischen Urteilens stetig aufwärts:

»*Stadium 1.* Gehorsam und Orientierung an Bestrafung. Egozentrische Unterordnung unter überlegene Macht oder Prestige oder die Neigung, ›Ärger‹ zu vermeiden. Objektive Zurechnung von Verantwortung [...].

Stadium 2. Naiv-egoistische Orientierung. Das Handeln ist richtig, wenn es als Instrument der Befriedigung eigener – gelegentlich auch der anderer – Bedürfnisse dient. Die Relativität von Werten in Abhängigkeit von den Bedürfnissen und Perspektiven anderer ist bewußt. Naiver Egalitarismus und Orientierung an Tausch und Reziprozität. [...]

Stadium 3. Orientierung an Bravheit (good-boy-orientation). Orientierung an Zustimmung und das Bemühen, anderen zu gefallen und zu helfen. Konformität gegenüber stereotypisierten Mehrheitsvorstellungen oder unreflektiert-natürliches Rollenverhalten; Beurteilung nach Intentionen [...].

Stadium 4. Orientierung an Autorität und Aufrechterhaltung der sozialen Ordnung. »Pflichterfüllung«, Respekt vor Autoritäten und Aufrechterhaltung der gegebenen Sozialordnung um ihrer selbst willen. Rücksichtnahme auf wohlverdiente Erwartungen anderer [...].

Stadium 5. Kontradueller Legalismus. Anerkennung eines Moments der Willkür in den Regeln oder Erwartungen um einer Einigungsmöglichkeit willen. Pflicht unter Rekurs auf den Kontraktbegriff definiert, generelle Vermeidung der Verletzung des Willens oder Rechts von anderen, Orientierung an Mehrheitswillen und Wohlfahrt. [...]

Stadium 6. Gewissens- oder Prinzipienorientierung. Orientierung nicht nur an aktuell festgelegten sozialen Regeln, sondern auch an Prinzipien, die verallgemeinerungsfähig und logisch konsistent sind. Orientierung am Gewissen als einer steuernden Instanz und an wechselseitigem Respekt und Vertrauen« (zit. n. Schmitt 1978, S. 57). Die letzte und höchste Stufe entspricht damit exakt der Kantschen Prinzipienethik, wonach wir uns an Regeln und Normen orientieren sollen, die einer logischen Überprüfung standhalten. Das Schema selbst dient – auch in Deutschland – bis heute als Grundlage für den politischen Unterricht. Obwohl es eine gravierende Unstimmigkeit aufweist.

Kohlbergs ehemalige Mitarbeiterin Carol Gilligan wurde stutzig, als sich zeigte, daß Frauen in der Praxis nie die höchste, sondern meist nur die dritte und maximal vierte Stufe dieser Moralskala erreichten. Bei der Untersuchung dieses merkwürdigen Phänomens deckte sie erhebliche Mängel und Versäumnisse in der bisherigen psychologischen Forschung auf. Kohlberg hatte als Probanden ausschließlich männliche Kinder und Jugendliche befragt und die Ergebnisse zur »allgemeingültigen« Grundlage gemacht. Allerdings ohne auf diese wesentliche Einschränkung ausdrücklich hinzuweisen, beziehungsweise sie überhaupt zu benennen. Außerdem blieben in der Kohlbergskala bestimmte Merkmale wie Fürsorge (care) oder Sympathie unberücksichtigt. Kriterien also, die zwar kaum von männlichen, dafür aber extrem häufig von weiblichen Jugendlichen zur moralischen Urteilsfindung herangezogen werden.

Diese Unterschiede hält nicht nur Carol Gilligan für erziehungsbedingt. Sie stimmt mit den Thesen der amerikanischen Psychologinnen Dorothy Dinnerstein (1979) und Nancy Chodorow (1985)

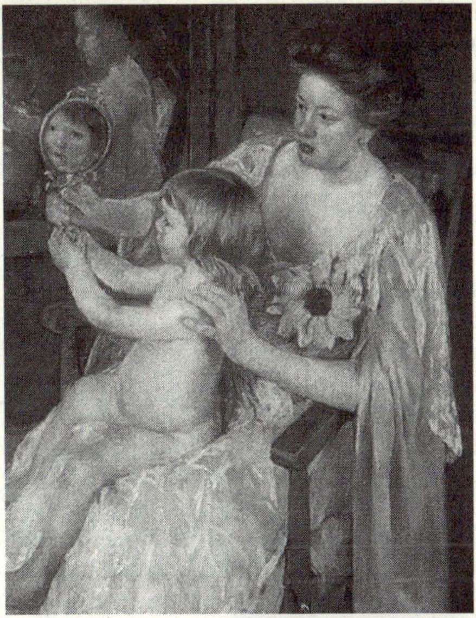

Mary Cassatt.
Mutter und
Tochter, um 1905.
National Gallery,
Washington

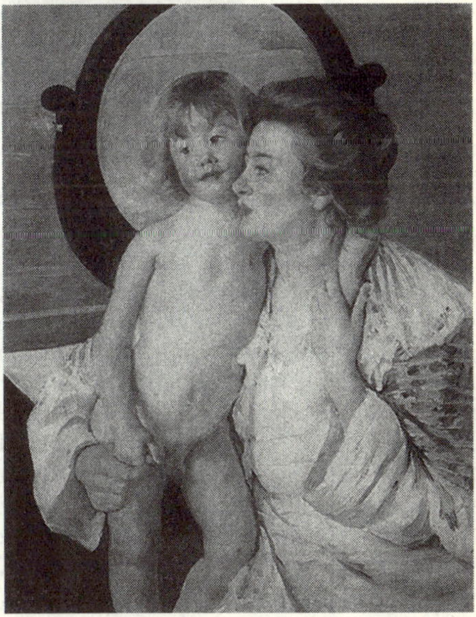

Mary Cassatt.
Mutter und Sohn,
1901.
The Metropolitan
Museum of Art,
New York

überein, wonach der frühkindliche Objektivierungsprozeß für Mädchen und Jungen anders verläuft. Laut dieser postfreudianischen Objektbeziehungstheorie müssen Kinder bereits früh lernen, zu anderen Personen Distanz zu entwickeln, sie zu »objektivieren«. Nur so werden sie selbst zum Subjekt. Da in den meisten Familien nach wie vor die Mutter als zentrale Bezugsperson agiert, verläuft der notwendige Ablösungsprozeß unterschiedlich. Für das männliche Kind repräsentiert die Mutter auch noch das andere Geschlecht. Es muß sich deshalb viel stärker von ihr distanzieren als ein weibliches. Deshalb entwickelt sich bei ihm ein eher »objektivierendes«, bei Mädchen hingegen ein stärker »beziehungsorientiertes« Selbstverständnis. Gilligan sieht diesen Unterschied nicht biologisch, sondern sozial, kulturell und historisch bedingt. Wären die in der patriarchalen Kindheit meist durch Abwesenheit »glänzenden« Väter ebenso wichtige Bezugspersonen wie die Mütter, käme es nach ihrer Meinung zu geschlechtsneutralen Entwicklungen.

Auch wenn der wissenschaftliche Beweis für diese Theorie noch nicht erbracht ist: Carol Gilligan fragt zu Recht, weshalb die von Psychologen und vielen Moralphilosophen beschriebene und gern zitierte »Andersartigkeit« der Frau stets zu deren Ungunsten ausgelegt werde. Schon dies belege, daß der Maßstab für richtiges moralisches Urteilen und Handeln eindeutig auf das männliche Geschlecht bezogen sei. Weibliches Urteilen gelte demgegenüber als Abweichung von der männlichen Norm (→Gerechtigkeit).

Gilligans Überlegungen blieben allerdings nicht unwidersprochen. Für die deutsche Psychologin Gertrud Nunner-Winkler etwa besitzt Kohlbergs Moralskala weiterhin universelle Gültigkeit. Seiner Kritikerin unterstellt sie einen biologistischen Ansatz, da diese Männer und Frauen auf ihre Geschlechterrollen festlege. Zudem betrachtet sie deren Thesen als Einengung. Grund: In der tradierten Ethik-Debatte existiert eine weit größere Bandbreite als von der Amerikanerin vorausgesetzt. Außerdem seien moralische Prinzipien immer kontextintensiv anzuwenden. Das habe nichts mit Geschlechtszugehörigkeit zu tun, sondern einzig mit Betroffenheit. Und bei der von Carol Gilligan einzig den Frauen zugeschriebenen Fürsorglichkeit (caring) handle es sich um eine positive Pflicht, da gesellschaftliche Normen existierten, wer wann wem wieviel an Fürsorglichkeit schulde. Als Gegenbeispiel führt

Nunner-Winkler die in Deutschland und der Türkei recht unterschiedlich ausgeprägte Gastfreundschaft ins Feld.

Auch so bekannte Sozialwissenschaftlerinnen wie Frigga Haug und Christina Thürmer-Rohr (1987) stimmten in den Chor der Gilligan-Kritikerinnen ein. Mit etwas anderer Argumentation. Sie bestätigten einerseits die unterschiedlichen moralischen Präferenzen der Geschlechter und verneinten andererseits deren biologische Bedingtheit. Letztere war jedoch von Carol Gilligan zu keiner Zeit behauptet worden. Ganz im Gegenteil. Gleich an mehreren Stellen ihrer Bücher wendet sie sich ausdrücklich gegen die – immerhin naheliegende – Auslegung, biologistisch zu argumentieren.

Viel schwerer wiegt da ein anderer Vorwurf: Die von ihr behauptete weibliche Moral sei keine eigenständige, sondern eine reine »Sklavinnenmoral«, entstanden aufgrund der ständigen Unterdrückung in einer männerdominierten Gesellschaft. Christine Thürmer-Rohr geht sogar noch einen Schritt weiter: Weibliche Fürsorglichkeit und Rücksichtnahme wären lediglich ein anderer Ausdruck dieser grundsätzlichen Frauenfeindlichkeit. Gilligans Theorie bestätige letztlich die klassischen Geschlechterrollen. Und wer sich dazu bekenne, mache sich zur »Mittäterin«.

In die gleiche Richtung zielte 1991 die Kritik von Birgit Rommelspacher. Auch sie interpretiert die angeblich typisch weibliche Fürsorge und Hingabe als »Ausdruck von zwischenmenschlicher Verbundenheit und weiblicher Ohnmacht zugleich«. Ein zusätzliches Argument brachten verschiedene amerikanische Autorinnen (u. a. Annette C. Baier, Sarah Lucia Hoagland, Elizabeth V. Spelman) ins Spiel. Ihnen fiel auf, daß bei der gesamten Caring-Diskussion unbeachtet blieb, wem diese weibliche Fürsorglichkeit eigentlich gilt. Wie wichtig dieser Aspekt ist, brachte Claudia Card auf den Punkt: Die Fürsorge gegenüber der eigenen Familie, Freund(inn)en und anderen nahestehenden Menschen schließt nämlich feindliches oder unterdrückerisches Verhalten gegenüber Frauen anderer Hautfarbe oder Kulturen keineswegs aus.

Zu einem anderen Urteil als die meisten Gilligan-Kritikerinnen gelangte die amerikanische Philosophin Sandra Harding. Sie hält weibliche Moral weder für bloß abweichend noch unzureichend im Vergleich zur »menschlichen« Moral der Männer, sondern – schlicht und einfach für anders. Beide Moralorientierungen, Pflichtethik und Fürsorglichkeit, ergänzten sich jedoch. Hinzu käme, daß ethische Auffassungen stets kulturell geprägt seien. Geschlechtsspezifische Moralauffassungen fänden sich deshalb auch in Wissensformen und -prozessen wieder. Die in der gesamten abendländischen Kultur typische Dichotomie (= Zweiteilung in Begriffspaare) von Geist und Körper, Verstand und Gefühl, aktiv und passiv, Mann und Frau entspreche der androzentrischen Perspektive. Sie sei Teil eines umfassenden Systems von →Differenzen und abhängig von Herrschafts- und Machtverhältnissen.

Hardings Position läßt sich wohl am ehesten als Vermittlungsversuch zwischen Pflicht- und Fürsorgeethik charakterisieren. Damit steht sie nicht allein. Ausgehend von Hannah Arendts Überlegungen zur Urteilskraft beabsichtigt Seyla Benhabib Ähnliches. Sie glaubt, wenn in den herkömmlichen Vernunftbegriff die menschliche Kommunikation und die Fehlbarkeit integriert würden, könnte er den »kontextualistischen und situativen Aspekten der moralischen und politischen Urteilskraft sehr wohl gerecht werden [...].« Gleichwohl dürfe »eine Betonung dieser Aspekte« nicht davon befreien, normative Urteilskriterien zu entwickeln (1987, S. 526).

Die renommierte Professorin für Philosophie und Politik versuchte Gilligans Untersuchung in eine feministische Moraltheorie einzuarbeiten. Auch sie kritisiert, daß in den klassischen universalistischen Moraltheorien eine gewisse »epistemologische Blindheit gegenüber den konkreten Anderen«[5] vorherrscht. Hinzukommt, daß weibliche Erfahrung stets privatisiert wird. Erst was sich im Bereich des öffentlichen Lebens abspielt, also »außerhalb« der Familie geschieht, ist überhaupt Gegenstand der Moral.[6] Dieser sogenannte »verallgemeinerte Andere« ist dann Subjekt und Objekt der Moraltheorie zugleich. Dabei bleiben jedoch subjektive Kategorien wie Geschlecht, Rasse und Klasse völlig unberücksichtigt. Seyla Benhabib plädiert deshalb für eine Erweiterung der Moraltheorie zu einer kommunikativen Ethik der Bedürfnisinterpretation. Nicht nur Rechte und eine abstrakte →Gerechtigkeit, sondern auch Bedürfnisse und »mögliche Formen des guten Lebens« sollten »in eine antizipatorisch-utopische Perspektive gerückt werden.« Daraus könnten dann letztlich andere Formen des menschlichen Zusammenlebens erwachsen (1989, S. 477).

Dank der abendländischen Religionsphilosophie durfte sich zumindest der männliche christliche →Mensch jahrhundertelang als »Krone der Schöpfung« verstehen. Laut Bibel wurde er von Gott geschaffen und mit dem Recht ausgestattet: »macht Euch die Erde untertan« (1. Mos. 1, 28). Das tat Mann denn auch. Die Folgen sind hinlänglich bekannt und füllen zwischenzeitlich ganze Bibliotheken mit kulturkritischen Werken.

Ob die Genesis tatsächlich die Ermächtigung enthält, mit dem nichtmenschlichen »Rest« der Schöpfung umzugehen, als hätten wir – so ein Plakat aus den 70er Jahren – »eine zweite Welt im Kofferraum«, stellt heutzutage selbst der vatikanische Fundamentalkatholizismus in Frage. Das ist nicht weiter verwunderlich. Immerhin erweist sich das ökologische Gleichgewicht weltweit als zunehmend gestört, und ganze Tier- und Pflanzenarten sind bereits ausgestorben. Zu allem Überfluß hat die männliche Art der Gattung Mensch auch noch die zweifelhafte Fähigkeit entwickelt, alle Lebensformen auf der Erde gleich mehrfach hintereinander auszurotten.[7]

»Wissenschaftlich« abgesichert wurde die immer rücksichtslosere unbegrenzte Ausbeutung von Tieren und Pflanzen durch die rationalistische Philosophie der Frühaufklärung. Denn wie bestellt kam es zu Beginn der naturwissenschaftlichen Revolution zu einer Trennung von wissenschaftlichen Fakten und ihrer ethischen Bewertung. Schließlich sollte diese Wissenschaft frei und unabhängig von Werten und menschlichen Handlungen, von subjektiven Einstellungen und Wahrnehmungen und einzig der Wahrheitsfindung verpflichtet sein.

Nahezu alle feministischen Theoretikerinnen fordern dagegen seit längerem eine Ethik der Verantwortung, die es dem Menschen ermöglicht, wieder stärker im Einklang mit der eigenen und der ihn umgebenden Natur zu leben. Um nur einige Namen zu nennen: Mary Daly, Susan Griffin, Carolyn Merchant, Evelyn Fox-Keller. Stellvertretend für sie und die immer länger werdende Liste der Nichtgenannten sei hier Manon Andreas-Grisebachs Konzept einer »Ethik für die Natur« vorgestellt. Es beinhaltet eine fundamentale Kritik am Androzentrismus.

Andreas-Grisebach geht von einem eigenständigen Naturbegriff aus, den sie so beschreibt: »Natur als dasjenige, was selbständig lebt und nicht in seiner Beziehung zum Menschen definiert wird« (1994, S. 12). Die klassische philosophische Trennung zwischen gewachsener und vom Menschen gemachter Natur, also der Kultur, scheint ihr nicht mehr legitim. Aus gutem oder – je nach Blickwinkel – schlechtem Grund: In welche von beiden Schubladen gehören massengezüchtete Tiere und genmanipulierte Pflanzenarten letztlich?

Wie die meisten feministischen Philosophinnen vertritt die Deutsche keine universalistische Ethik. Zu Recht sieht sie darin lediglich ein von Menschen erdachtes theoretisches Konstrukt, das dazu verhelfen soll, sich an die selbst gestellten Regeln zu halten. An den bekannten ethischen Theorien mißfällt ihr vor allem eines: Sie beinhalten stets den Menschen als selbsternannte Mitte des Universums. Tier- und Pflanzenwelt besitzen darin nur den Stellenwert eines menschlichen Lebensmittels. Ein eigenständiges Existenzrecht wird ihnen nicht zugestanden. Von Ausnahmen wie etwa Arthur Schopenhauer oder Albert Schweitzer abgesehen, hatten die männlichen Denker des Abendlandes zu keiner Zeit uneingeschränkte Ehrfurcht vor *allem* Leben auf der Erde. Selbst die Kantsche Pflichtethik schließt Tiere aus, denn für den Königsberger Philosophen setzte eine ethische Handlungsweise immer voraus, daß es zuvor einen moralischen Konflikt zwischen Pflicht und Neigung gab. Treue und Opferbereitschaft der Tiere fallen aus diesem Schema heraus. Auch Kants kategorischer Imperativ gilt nur für Menschen. Sie dürfen »niemals als Mittel gebraucht werden« – wohl aber Pflanzen und Tiere. Andreas-Grisebach formulierte deshalb Kants Maxime um: »Handle so, daß die Wirkungen deines Handelns dem Fortbestand und dem Wohlergehen der Natur nicht entgegenstehen!« (1990, S. 10) Allerdings warnt sie gleichzeitig vor der bloßen Umkehrung, nämlich von der Ausbeutung der Natur in ihre Anbetung zu verfallen und alle Tiere sakrosankt zu sprechen. Die von manchen Zeitgenoss(inn)en mit missionarischem Eifer erhobene Forderung nach allgemeinem Vegetarismus ist nicht ihr Anliegen, da alle »extremistischen Abstraktionen« den Keim zu Fanatismus und Ausgrenzung in sich trügen.

Diese Bedenken sind nur zu begründet. Das beweist eine Handvoll europaweit agierender fanatischer Tierschützer, die das menschliche Lebensrecht bereits hinter dem tierischen einordnen. Leider können sie sich dabei ausgerechnet auf die Thesen eines Philosophen berufen: Der Utilitarist Peter Singer bewertet das Existenzrecht eines gesunden Schäferhundes höher als das eines schwerstbehinderten Kindes (→Glück).

Die Integration von Ratio und Emotion – eine »Theorie der Gefühle«

Zu den heute wichtigsten Moralphilosophinnen zählt zweifellos die ungarische Dissidentin Agnes Heller. Die einst marxistische Denkerin entwickelte bereits in ihrer 1976 erschienenen Untersuchung »Theorie der Bedürfnisse« erste Ansätze zu einer neuen Ethik. Dabei rechnete sie mit Kommunismus und Kapitalismus gleichermaßen ab. Die Moral des einen entlarvte sie als asketisch und menschenfeindlich, die des anderen als geprägt von der ständigen Manipulation menschlicher Grundbedürfnisse.

Heller unterscheidet in dieser Arbeit zwischen drei grundsätzlichen Bedürfnisarten: Die »qualitativen« – etwa Geborgenheit oder das Streben nach Anerkennung – sind prinzipiell ebenso stillbar wie Hunger oder Durst. Auch wenn sie individuell unterschiedlich ausgeprägt sein können, steht ihnen das Recht auf Berücksichtigung und Verwirklichung zu. Eine gewisse Einschränkung wäre nur zulässig, wenn ihre Befriedigung offensichtlich den Bedürfnissen der Gemeinschaft zuwiderläuft. (Als denkbares Beispiel sei hier der besonders von Frauen »hochgeschätzte« Profilneurotiker erwähnt, dessen Selbstdarstellungsbedürfnis ganze Arbeitsgruppen zur Verzweiflung treibt.)

Als grundsätzlich gemeinschaftsschädlich erweisen sich in Hellers Definition »quantitative Bedürfnisse« nach Macht, Prestige und Reichtum. Deren Kennzeichen ist der stets implizite Suchtcharakter, der sie unstillbar macht.

Eine dritte Gruppe, das Verlangen nach Freiheit, Gleichheit und Gerechtigkeit, nennt sie »radikale Bedürfnisse«. Diese könnten selbst in Diktaturen niemals vollständig unterdrückt werden, da sie zu grundlegenden Elementen des Menschseins gehörten. Aber auch in den kapitalistischen Gesellschaften gäbe es bestimmte Gruppen, die an der Erfüllung der radikalen Grundbedürfnisse gehindert würden. Wirkliche Demokratie sieht Agnes Heller, die 1977 aus Ungarn emigrierte und danach lange in den USA lebte, daher nirgendwo auf der Welt verwirklicht.

Die Schülerin des früheren Neukantianers Georg Lukács[8] kann eine gewisse Nähe zu Kant ebenfalls nicht verleugnen. Das wird sichtbar in ihrer Bewertung ethischer Entscheidungen. Sie seien zwar ein subjektiver Akt, beruhten jedoch auf historisch gewachsenen und von der Gemeinschaft anerkannten sozialen Regeln. Unter dem Gesichtspunkt von allgemeingültigen Pflichten ist das Individuum als soziales Subjekt fest mit diesen Normen verbunden.

Eine Argumentation, die deutlich macht, weshalb es für Heller keinerlei Unterschied zwischen Ethik und Politik geben darf und kann. Und nicht zuletzt dieser Aspekt verleiht ihren Theorien in der gegenwärtigen gesellschaftlichen Situation Europas eine brisante Aktualität. Als ein Beispiel von vielen kann dazu nochmals der Jugoslawienkrieg von 1999 zitiert werden.

Gegen den jugoslawischen Diktator Slobodan Miloševic war wegen mutmaßlicher Kriegsverbrechen bereits ein international gültiger Haftbefehl ausgestellt worden. Gleichwohl akzeptierten ihn die westlichen Staatschefs zunächst als maßgeblichen Verhandlungspartner bei der Kosovo-Konfliktlösung. Auf eine entsprechende Journalistenfrage antwortete Deutschlands Außenminister Joseph Fischer: »Das Recht ist die eine Sache, die Diplomatie eine andere.«[9]

Treffender kann die derzeitige tiefe Kluft zwischen Ethik und Politik kaum auf den Punkt gebracht werden. Selbstverständlich verhängten die gleichen Staatschefs, die gegen Miloševic Krieg führten, ein halbes Jahr später gegen Rußland noch nicht einmal Sanktionen. Obwohl die russische Regierung ab Herbst 1999 im zweiten Kaukasuskrieg systematisch tschetschenische Städte bombardierte. Im Gegenteil, sie gewährten dem hochverschuldeten Land weitere Kredite. Und kein Journalist in Deutschland wagte es, dem grünen Außenminister oder gar dem Bundeskanzler kritische Fragen wegen dieser Doppelmoral zu stellen. Auch sie wußten nur zu gut, daß ethische Ansprüche und praktische Politik leider zwei völlig verschiedene Dinge sind.

Um so notwendiger scheinen Agnes Hellers neue ethische Ansätze. Auch wenn sie bei dem Stichwort »allgemeine Pflichten« der Kantschen Ethik recht nahe steht. In einem anderen wichtigen Punkt grenzt sie sich dafür um so stärker von ihm ab. Kant bewertete subjektive Neigung und objektive Pflicht als diametrale Gegensätze. Sie postuliert in ihrer »Theorie der Gefühle« (1981) die These, daß Verstand und Empfindung einander bedingen. An der

Bedeutung der Gefühle für die Entwicklung moralischer Werturteile hegt sie deshalb keinen Zweifel: »Es gibt kein Erkennen ohne Gefühl, keine Handlung ohne Gefühl, keine Wahrnehmung ohne Gefühl, keine Erinnerung ohne Gefühl [...]« (S. 159).

Heller unterscheidet dabei jedoch deutlich zwischen triebgesteuerten Affekten (Hunger, Durst, Sexualität), über die auch Tierarten verfügen, und den höheren menschlichen Emotionen. Erstere seien natürlichen Ursprungs, letztere dagegen reine Kulturprodukte.

Tatsachlich enthalten bereits die einfachen menschlichen »Orientierungsgefühle« erlernte und damit kulturgeprägte Wertungen. Darunter fallen Geschmacksempfindungen wie süß und sauer oder ästhetische Urteile über ein als schön oder häßlich empfundenes Bild. Um zu beweisen, wie kulturbestimmt solche subjektiven Bewertungen sind, genügt ein Blick auf die Mode. Was in einem Jahr für »schick« gehalten wird, unterliegt spätestens im übernächsten dem Verdikt »altmodisch« und »out«. Daran läßt sich gleichzeitig demonstrieren, daß diese »Orientierungsgefühle« gegenüber den von Agnes Heller »höher« genannten Emotionen eher oberflächlicher Art sind. Wirkliche Gefühlstiefe ist in ihrer Analyse untrennbar an Personen oder geistig-kulturelle Werte gebunden. Dazu zählen Freundschaft, Liebe und Haß, Trauer und Freude, aber auch Neid und Angst.

Hellers entscheidende Argumentation beruht auf der These, daß alle diese Gefühle und Wertungen verknüpft sind mit Handlungen und »Kognition«[10] (ebd.). Das bedeutet, Vernunft und Emotion stehen zueinander in einem Wechselverhältnis. Die menschliche Fähigkeit, moralisch zu urteilen, ist untrennbar verknüpft mit der »doppelten Selbstreflexion« (»double-quality self reflection«, S. 41). Mit anderen Worten: Erst durch die neuerliche selbstkritische Auseinandersetzung mit den eigenen – bereits auf Wertungen beruhenden – Handlungen und Gefühlen entwickelt sich letztlich das von ihr als »moralisches Gefühl« bezeichnete Gewissen. Es repräsentiert für sie die höchste Wertkategorie, der im Zweifelsfalle alle anderen unterzuordnen sind.

Heller unterstreicht ihre Thesen mit dem Beispiel der Volksverführung. Jeder Demagoge, gleichgültig ob politisch oder religiös motiviert, appelliert bewußt an verschwommene und verdrängte Gefühle. Neid, Eifersucht oder Geltungsbedürfnis werden ebenso angesprochen wie kulturelle Abneigungen, Besitzinteressen und

Gruppenegoismen ethnischer und religiöser Zugehörigkeit. Den weitverbreiteten Glauben, nur gefühlsbetonte Menschen seien für Demagogie und Fanatismus anfällig, entlarvt sie als grundsätzlichen Irrtum. Gerade die gefühlunterdrückenden Verstandesmenschen erlägen der Verführung. Sie seien besonders leicht zu überzeugen, da ihre verdrängten Ängste und unbewußten Bedürfnisse angesprochen würden. Agnes Heller wünscht sich deshalb den emotional reifen Menschen, der gelernt hat, selbstreflexiv mit sich und seinen Gefühlen umzugehen. Nur er wäre in der Lage, zwischen den bloß »partikulären« egoistischen Gefühlen und jenen, die mit Solidarität, Freiheit sowie der Wahrung sozialer und geistiger Werte vereinbar sind, zu unterscheiden.

Die heute wieder in Ungarn lebende Philosophin bezieht mit ihrer Theorie eindeutig Stellung gegen die im abendländisch-patriarchalen Denken typische Trennung von (Zweck)Rationalität und Gefühlen. Dieser Ansatz bietet eine wichtige Basis für die zeitgemäße Auseinandersetzung mit Fragen der Moralphilosophie. Hellers Grundgedanke, Emotion und Verstand müßten gleichermaßen an jeder Handlung, Erkenntnisleistung und moralischen Urteilsfindung beteiligt sein, wird neuerdings durch die Forschungsergebnisse verschiedener Neurophysiologen (u. a. Gerhard Roth und Antonio R. Damasio) eindrucksvoll bestätigt (→Subjekt). Eine Erkenntnis, die im übrigen in den alten indischen Philosophien schon seit einigen tausend Jahren akzeptiert ist. Sie dient dort unter anderem als Grundlage der Meditationstechnik.

Anmerkungen

1 Eichmann, u. a. zuständig für die Organisation der Judentransporte in die Vernichtungslager, war nach 1945 in Argentinien untergetaucht. Er wurde 1960 vom israelischen Geheimdienst Mossad aufgespürt, nach Israel entführt, dort vor Gericht gestellt und zum Tode verurteilt. Am 31. Mai 1962 wurde er gehenkt.

2 Laut Weltgesundheitsorgansiation (WHO).

3 Das entsprechende Computerprogramm eines japanischen Wissenschaftlers befindet sich bereits weltweit im Einsatz. In einem Bremer Krankenhaus wurde es nach Protesten wieder abgeschaltet. Das Berliner Krankenhaus »Charité« testete, ob die computererrechneten

Überlebenschancen der Schwerstkranken zutrafen. Von 68 Patienten, denen der Computer keinerlei Chance eingeräumt hatte, überlebten 50 Prozent diese Diagnose (RTL-Bericht vom 27. Februar 1997).

4 Deduktion = Ableitung des Besonderen aus dem Allgemeinen.

5 Epistemologie (griech.) = Erkenntnislehre.

6 Deshalb ist es so schwierig, Gewalt in Ehe und Familie oder Inzest öffentlich zu thematisieren.

7 Trotz diverser Abrüstungsabkommen reicht die Menge der weltweit vorhandenen Atomwaffen noch immer für diesen sogenannten »Overkill«. Von den Arsenalen chemischer und biologischer Kampfstoffe ganz zu schweigen.

8 Ungarischer Philosoph und Literaturhistoriker (1885-1971). Bedeutender marxistischer Theoretiker (»Geschichte und Klassenbewußtsein«, 1923), der u. a. die Grundlagen einer marxistischen Ästhetik (→Kunst) erarbeitete.

9 27. Mai 1999, ZDF- und ARD-Nachrichten.

10 Kognition (lat.) = Sammelbegriff für alle Prozesse und Strukturen, die mit dem Wahrnehmen und Erkennen zusammenhängen.

Freiheit – egoistischer Alptraum oder soziales Paradies

> »Ja, was nennen Sie ›Übergang‹? Wenn dahinter andere Endziele stehen sollen, solche für die man das Herrlichste und Schwersterrungene auf Erden aufgeben muß, nämlich die Freiheit, dann will ich immer im Übergang stecken bleiben, denn das geb ich nicht dran.«
>
> *Lou Andreas-Salomé*

Im Grunde scheint die Sache ganz einfach: Die Ururahnen der meisten Deutschen lebten in völliger wirtschaftlicher und persönlicher Unfreiheit, die von »bloß« materieller Abhängigkeit bis zur Leibeigenschaft reichen konnte. Selbst die Großeltern und Eltern der ersten Nachkriegsgeneration hatten zumindest noch den politischen Zwang erlebt. Entweder im preußischen Obrigkeitsstaat oder in der Diktatur des Nationalsozialismus. Und die Bewohner der neuen Bundesländer schließlich kannten noch im Sommer 1989 nur eine sehr eingeschränkte persönliche oder politische Freiheit. Aber das war vorgestern. Heute, zu Beginn des 21. Jahrhunderts, ist der Mensch frei. Jedenfalls in Europa und Amerika. Oder zumindest in Westeuropa und Nordamerika. Das heißt – ganz sicher sind es die weißen Nordamerikaner(innen) und Westeuropäer(innen).

Obwohl, wenn frau es recht bedenkt, eigentlich gilt das eher nur für die Männer ...

Wirklich für alle? Oder nicht vielmehr ausschließlich für eine kleine reiche und machtbesitzende Minderheit der weißen Männer? Und selbst bei diesen stellt sich noch die Frage: Wie frei sind sie wirklich?

Lebt der moderne Mensch in Freiheit? Was auf den ersten Blick rasch und eindeutig zu beantworten ist, was uns Medien und Politiker nahezu tagtäglich einzureden versuchen, nämlich »Demokratie *ist* Freiheit«, erweist sich schon bei oberflächlicher Nachfrage als Chimäre. Tatsächlich ist der Mensch – unfrei.

Absolut frei sein, was nichts anderes bedeutet als völlig uneingeschränkt tun und lassen können, was Mensch will, das galt allenfalls für Robinson[1] auf seiner einsamen Insel. Allerdings nur bis Freitag dazukam. Und auch hier muß schon wieder eine Einschränkung gemacht werden: Robinson war absolut frei, solange er eine Phantasiegestalt im Kopf seines Autors blieb. Der konnte ihm dort alle Fähigkeiten und alle Möglichkeiten sämtlicher nur denkbaren Welten verleihen. Einmal zu Papier gebracht, verwandelte sich diese absolute Freiheit mehr und mehr in ein Netz von Abhängigkeiten und Zwängen. Einmal ganz abgesehen von der Existenz einer realen Vorlage:[2] Aus jedem zusätzlichen Ausstattungsdetail, mit jedem weiteren Handlungsschritt erwuchsen dem Autor – und damit seiner Figur – neue Beschränkungen und Grenzen. Und wenn es auch nur um die Erzähllogik geht, deren Überschreitung Charakter und Handlungen Robinsons völlig unglaubwürdig gemacht hätten. Nicht zufällig reden deshalb viele Schriftsteller(innen) davon, daß sich ihre Personen und die zu erzählende Geschichte während des schöpferischen Prozesses verselbständigen. Die absolute Freiheit der künstlerischen (Erzähl)Phantasie existiert lediglich im Kopf. Auf dem Papier ist selbst sie begrenzt.

Freiheit heißt, keinem Zwang ausgesetzt zu sein. In der Physik definiert man den »freien Fall«, wenn ein Körper ohne jede Einschränkung zu Boden fällt. Aber Menschen sind keine physikalischen Objekte. Sie leben von Geburt an in einem gesellschaftlichen Umfeld, gemeinsam mit anderen. Schon Kinder müssen deshalb lernen, daß die eigene Freiheit dort endet, wo die der Mitmenschen beginnt.

Folgt man einem bürgerlichen Revolutionslied, sind daher nur die Gedanken wirklich frei. Aber auch das darf guten Gewissens bezweifelt werden. Denn wie unabhängig ist unser Denken wirklich? Gibt es nicht zahlreiche, völlig unbewußte Gründe, die bestimmte Gedanken und sogar Handlungen steuern?

Die Romanfigur des Robinson Crusoe brachte auf ihre einsame Insel die kulturellen und religiösen Erfahrungen aus seiner, beziehungsweise der Sozialisation des Autors mit. Das Gleiche gilt für jeden Menschen. Wohin er auch geht, was er auch entscheidet, vorangegangene Erfahrungen beeinflussen sein Handeln wie unsichtbare Leitlinien. Ist also das meiste in unserem Leben vorherbestimmt?

In der Antike war für die griechischen Denker und Denkerinnen Freiheit kein philosophischer Terminus, da sie untrennbar mit der Notwendigkeit, dem Schicksal und dem Zufall verbunden war.

Die Regeln der Natur beruhten auf der göttlichen Prädestination.[3] Erst durch die von den Sophisten aufgestellte Opposition von physis (Materie) und nomos (Gesetz) wird »frei« zum philosophischen Begriff. Frei kann danach nur das sein, was allein durch die Natur[4] bestimmt ist. Was die Gesetze vorgeben, gilt dagegen als Fessel. Für die von der Wiedergeburt überzeugten Menschen der Antike bestand Freiheit also darin, der Natur zu gehorchen, oder genauer: Der Natur gemäß zu leben.

Sokrates verstand darunter das »Tun der Besten«. Dazu gehörte neben der unerläßlichen Selbstbeherrschung – die dem Ziel diente, absolute Autarkie zu erlangen – auch die methodische Forschung. Gleiches galt für seinen Schüler Platon. Für ihn war derjenige frei, »dessen Handeln auf das Gute (nicht *ein* Gutes) geht, weil das Gute ihn in seine Autarkie, also Freiheit bringt« (zit. n. Ritter 1972, Spalte 1067).

Das antike Freiheitsverständnis beruhte also nicht auf der Unabhängigkeit des Einzelnen, sondern auf dem ethischen Streben nach dem Guten. Platon beschrieb dies im 10. Buch seines Dialogs »Politeia« am Beispiel des Mythos von der Wahl der Lebenslose: Durch die Einsicht, zu der die Seele in ihrem früheren Dasein gelangte, wählt sie sich für die Wiedergeburt eine entsprechende Lebensweise aus. Für diese Wahl ist sie selbst verantwortlich. In diesem Sinne wäre das jeweilige Dasein eines Menschen also das Ergebnis (s)einer freien Wahl – jedoch als Folge der »innerer Notwendigkeit, das eigene Sein als [...] höchste Möglichkeit [...] zu wollen« (ebd.). Freiheit und Notwendigkeit – und damit innerer Zwang – »verschmelzen« also bei Platon »dialektisch«. Aus heutiger Sicht könnte das Ganze auch leicht ironisch als versuchte Quadratur des Seelenkreises bezeichnet werden – paradox ist es allemal.

Während Platon die (Entscheidung zur) Freiheit in die Präexistenz (→Geburt/Tod) des Menschen verlegte, bestand sie für Aristoteles bereits im konkreten Handeln. Er definierte den Menschen als Wesen, das prinzipiell wählen kann. Darin läge der wesentliche Unterschied zum Tier. In der zweckgerichteten Natur strebe alles Lebendige danach zu überleben. Aber nur der Mensch habe dabei die Möglichkeit zwischen Gut und Böse, Leben und Tod zu entscheiden. Und genau dies begründe seine Freiheit.

Den mittelalterlichen Diskurs über die Freiheit beherrschte die Lehre von der Prädestination (Vorherbestimmtheit). Erst zu Beginn der Renaissance (= ital. Wiedergeburt [der Antike]) setzte sich zunehmend die Überzeugung von der Willensfreiheit durch, da nun der Mensch ins Zentrum des Denkens rückte. Natur, Geschichte und Sprache wurden ihm zugeordnet. Letztere erhielt dabei einen zentralen Stellenwert, denn durch sie sollte die menschliche Vernunft endlich unabhängig werden. Unabhängig und frei von finstrem Aberglauben – und noch ein wenig freier von jeder Autorität, vorweg der kirchlichen.

Genau deshalb wurde die Anerkennung der Willensfreiheit gerade in Glaubensfragen besonders bedeutsam. Weit eindeutiger als beispielsweise durch Hildegard von Bingen wurde sie bereits im 13. Jahrhundert von der Kirchenlehrerin Katharina von Siena gefordert und vertreten: »Jedes vernunftbegabte Geschöpf hat einen eigenen Weinberg, das ist der Weinberg seiner Seele, in welchem der Wille mit seiner freien Entscheidungskraft in der Zeit Arbeiter ist, nämlich so lange das Leben währt. [...] So habt ihr also das Winzermesser, das ihr im freien Willensentscheid handhaben sollt, so lange eure Zeit währt, um die Dornen der tödlichen Sünden auszustechen und die Tugend anzupflanzen« (1989, S. 250). Damit wird deutlich, daß Katharina jedem Menschen die Freiheit zugestand, sich für Gut oder Böse und vor allem für oder gegen Gott zu entscheiden.

Das Leben der Heiligen Katharina von Siena belegt eindrucksvoll, daß sie nicht nur theoretisch für die Willensfreiheit des Individuums eintrat. Entgegen dem ausdrücklichen Wunsch ihrer Mutter beschließt sie schon als 12jährige, niemals zu heiraten. Sie will eine »Jungfernweihe« und gibt selbst dann nicht nach, als ihre Eltern sie für diesen Widerstand bestrafen. Mehr noch: Sie setzt sich schließlich durch und wird Bußschwester bei den »Mantellaten« des Dominikanerordens.

Eine Entscheidung, die den damaligen Kirchenoberen später wohl schwer im Magen lag. Erwies sich Katharina doch zeitlebens als handfeste Kritikerin, die vehement für eine Reform der Institution Kirche eintrat. Zurück zu mehr Armut und Demut, lautete ihre Hauptforderung. Sie scheute auch nicht davor zurück, den damals mehr als nur standesgemäß in Avignon residierenden Papst Gregor XI. »zu ermahnen«. Eine chronistische Formulierung, die den wahren Sachverhalt diplomatisch umschreibt. Tatsächlich hatte sie so radikal und offen »mit dem Papst gesprochen, wie noch nie ein Mann mit einem Träger der Tiara zu sprechen gewagt hatte«, schreibt Walter Nigg in »Katharina von Siena« (1980, S. 8). Die Standpauke zeigte prompte Wirkung. Gregor XI. kehrte noch Rom zurück – und Katharina von Siena hatte damit das drohende Schisma (= Kirchenspaltung) verhindert.

Obwohl nach ihr auch viele andere Religionsphilosoph(inn)en die Prädestinationstheorie ablehnten, wurde diese besonders durch den Siegeszug des calvinistischen Protestantismus (→Arbeit) im Zeitalter der Reformation wieder höchst populär. Die von Johann Calvin behauptete göttliche Vorherbestimmtheit des Menschen zum Guten oder Bösen, zu Erfolg oder Mißerfolg diente nicht zuletzt zur ideologischen Rechtfertigung einer neuen Besitzethik. Reichtum wurde dadurch ebenso legitimiert wie das gleichzeitige Elend der zwar zu bedauernden, aber eben leider gottgewollt in Armut Darbenden.

Daß ausgerechnet ein derartiger geistiger Unfug zur – wie 1904 der Religionssoziologe und Nationalökonom Max Weber mit Recht feststellte – ideologischen Grundlage des modernen Kapitalismus wurde, ist zwar nicht der einzige Treppenwitz in der Geschichte der Religionsphilosophie, dafür aber ein besonders gut gelungener. Begründet er doch genau das, was das Neue Testament nicht nur in der Bergpredigt bekämpft: die Ausbeutung des Menschen durch den Menschen.

Kein Wunder, daß die Prädestinationstheorie mindestens soviel Kritik wie Befürwortung erfuhr. Sie berührt im Kern die Frage nach der persönliche Willensfreiheit, und diese wiederum ist nicht zu trennen von einer anderen: Wie sehr ist der Mensch für seine Handlungen verantwortlich?

Daß er prinzipiell und (willens)frei zwischen Gut und Böse wählen kann, stand für die amerikanische Philosophin und Psychologin Mary W. Calkins außer Frage. Sie wandte sich in einem bisher nicht ins Deutsche übersetzten Werk gegen die »pseudowissenschaftliche Voreingenommenheit für die Vorherbestimmung« (1925, S. 475).

Nur wenige Jahrzehnte zuvor hatte die österreichische Philosophin Helene von Druskowitz noch geschrieben:

»Es sind in Bezug auf Verantwortung und Zurechnung folgende Standpunkte zu unterscheiden:

1. Man hält an der Verantwortung und Zurechnung fest und begründet sie auf die Annahme einer natürlichen Willensfreiheit;
2. man negiert die natürliche Freiheit und begründet Verantwortung und Zurechnung auf die Annahme einer transcendentalen Freiheit;
3. man negiert die natürliche und die transcendentale Freiheit und damit auch das Vorhandensein der Verantwortung und die Berechtigung der Zurechnung;
4. man hält an dem Vorhandensein der Verantwortung und an der Berechtigung der Zurechnung fest, trotzdem man sowohl die natürliche, wie die transzendentale Freiheit negiert [...]« (1887, S. 1).

Sie selbst vertrat den letzten Standpunkt und stimmte damit teilweise der Auffassung des Moralphilosophen und Freundes von Nietzsche, Paul Reé, in seinem Buch »Die Illusion der Willensfreiheit« (Berlin, 1885) zu. Druskowitz wörtlich: »Es ist ohne Zweifel wichtig, zur Einsicht zu gelangen, daß das Souveränitätsgefühl des Ich, vermöge dessen es sich in den Willensakten ohne kausale Bedingtheit zu offenbaren glaubt, gänzlich illusorisch [...] sei« (S. 36).

Daß dennoch so viele Menschen glaubten, sie hätten sich in konkreten Situationen jederzeit frei für ein gegenteiliges Handeln entscheiden können, erklärte sie so: »Die Annahme der Willensfreiheit schmeichelt ja offenbar ihrem Hochmuthe und sie glauben, man wolle sie eines Vorrechtes, das sie vor anderen Lebewesen genießen, berauben [...]« (S. 23). Im Gegensatz zu Paul Reé, den sie deshalb heftig kritisierte, war sie jedoch von der vollen Verantwortlichkeit des Menschen für sein Tun und Lassen überzeugt:

»Scheinbar zwar haben Reé und Genossen Recht; scheinbar sollte eine That, die nicht aus freier Selbstbestimmung begangen wird, sondern unter einem Impulse, der seinerseits wieder durch eine unendliche Kausalkette bedingt ist, ihrem Vollbringer nicht als Schuld zugerechnet werden. Dennoch sträubt sich *unser Gefühl* dagegen, den Menschen nur als Automaten, nur aus dem Gesichtspunkte ursächlicher Bedingtheit zu betrachten. Wer nicht alle Würde eingebüßt hat, wird, wie fest er auch von der Unfreiheit des Willens überzeugt sein möge, dennoch Gewissensbisse und Reue fühlen, wenn er sich *durch Leidenschaft* zu einer ungerechten Handlung hinreißen ließ [...]. Wir müssen also mit Kant und Schopenhauer sagen, daß der Mensch auch dann noch an der Verantwortung und Zurechnung festzuhalten innerlich gezwungen ist, wenn er von der Unfreiheit des Willens überzeugt ist« (S. 28; Hervorhebungen d. A.).

Eine Begründung dafür blieb Helene von Druskowitz allerdings schuldig, denn die von ihr gelieferte Konstruktion klingt nicht gerade überzeugend. Das Individuum sei eben »ein selbstbewußter Theilausdruck gewisser Kräfte der als selbständig gedachten Natur, der als solcher sich für sein Thun verantwortlich fühlt und deshalb auch von der Welt für verantwortlich gehalten wird« (S. 38).

Ähnlich wie Helene von Druskowitz, Paul Reé und andere verneinte auch Friedrich Nietzsche die individuelle Willensfreiheit. Während Schopenhauer in seinem Hauptwerk »Die Welt als Wille und Vorstellung« den Willen als überpersönlichen, blinden und vernunftlosen Drang definierte, durch den die Welt geprägt sei, verstand Nietzsche ihn als grundlegenden Motor des Lebens. Gleichzeitig erweiterte er diesen Begriff zum »Willen zur Macht«, der letztlich die Welt regiere. Für Nietzsche lag der höchste erreichbare Zustand des Menschen in der Anerkennung dieses Willens, in der »Liebe zum Schicksal«, die sich dadurch erweise, daß er sein Leben uneingeschränkt bejahe.

Diese in der Philosophie auch »deterministisch« genannte Position, daß die menschliche Freiheit auf Illusion beruhe, bildet den Kern verschiedener (fatalistischer) Religionen. So geht unter anderem der Islam von der absoluten Vorherbestimmtheit des Lebens durch den Willen Allahs aus. Interessanterweise gibt es jedoch auch einen wissenschaftlich begründeten Fatalismus. Und das nicht erst seit gestern. Der französische Mathematiker Henri Poincaré behauptete schon um die Jahrhundertwende, daß die Wissenschaft entweder deterministisch oder überhaupt nicht existent sei.

Freiheit, Existenz und Herrschaft

Die »Existenz« wurde im 20. Jahrhundert zu einem zentralen Thema der philosophischen Auseinandersetzung. Der unter anderem von Sören Kierkegaard beeinflußte französische Philosoph Jean-Paul Sartre formulierte dessen Erkenntnis von der »Einsamkeit des Menschen vor Gott« um in die Einsamkeit des Menschen vor dem Nichts. Sie beinhalte eine Grundbefindlichkeit der »Angst«, durch die der Mensch auf sein eigentliches »Sein« zurückgeworfen werde: »Wir sind zur Freiheit verurteilt«, heißt es in Sartres Hauptwerk »Das Sein und das Nichts«. Dahinter verbirgt sich die Auffassung, Freiheit sei keine bloße Eigenschaft, sondern gleichbedeutend mit der menschlichen Existenz[5] und untrennbar mit Verantwortung verbunden. Das bedeutet im Klartext: Der Mensch ist ständig gezwungen, Entscheidungen zu treffen. Alltägliche (ich arbeite jetzt, ich gehe schlafen, ich sehe fern) und schwerschwiegende (ich wechsle den Beruf, ich beende eine Beziehung). Seine Freiheit besteht also darin, sein Wesen und das eigene Leben ständig neu zu entwerfen – woraus sich gleichzeitig die völlige Eigenverantwortlichkeit ergibt.

Krisensituationen beinhalten nach existentialistischer Auffassung geradezu eine Herausforderung zur Freiheit. Sartre verdeutlichte dies an einem Beispiel der französischen Geschichte. Seiner Meinung nach waren die Franzosen »niemals [...] so frei wie unter deutscher Besatzung«. Sie verlangte von seinen Landsleuten permanente Entscheidung. Entweder sie unterstützten die Vichy-Regierung und leisteten damit passiven Gehorsam oder sie schlossen sich dem aktiven Widerstand der Résistance an. Sie hatten jederzeit die freie Wahl – und die absolute Verantwortung dafür.

In dem Buch »Dreadful Freedom« lehnte die amerikanische Philosophin Marjorie Grene diesen radikalen existentialistischen Freiheitsbegriff ab. Wenn selbst das Verständnis von Menschlichkeit aus dem Nichts entstehen solle und jeder anderen Grundlage entbehre, erzeuge die Kernthese des Existentialismus bei den Menschen lediglich eine grenzenlose und unüberwindbare Furcht vor diesem Nichts.

Auch die politische Philosophin Hannah Arendt war von der Philosophie der Existenz stark beeinflußt. Als Schülerin Martin Heideggers und später von Karl Jaspers teilte sie die Auffassung von der individuellen Handlungsverantwortung. Sie ging davon aus, daß »Freiheit wie Unfreiheit ein Produkt menschlichen Handelns ist, und mit der ›Natur‹ gar nichts zu tun hat« (1986, S. 463).

Nach Arendt ist der Mensch frei, weil er nicht alleine auf der Welt existiert und daher zum Handeln gezwungen wird. Mit dieser Freiheitsdefinition erfährt das einleitend zitierte Beispiel des auf seiner einsamen Insel vermeintlich absolut freien Robinson eine völlige Umkehrung: Erst wenn der Leidensgenosse Freitag hinzukommt, begänne die Freiheit – für *beide*. Damit bezog Hannah Arendt ausdrücklich Stellung gegen die berühmte naturrechtliche Freiheitsvorstellung Jean-Jacques Rousseaus. Der hatte formuliert, daß der Mensch zwar grundsätzlich frei geboren werde, aber – nicht zuletzt aufgrund der sozialen Machtverhältnisse – später »überall in Ketten sei«. Eine Position, die jederzeit als philosophische Plattform für welche Befreiungsbewegung auch immer dienen könnte und – »Das Proletariat hat nichts zu verlieren als seine Ketten« (Marx) – oft genug auch gedient hat.

Tatsächlich stand das Verhältnis von individueller Freiheit und gesellschaftlicher Herrschaft bei verschiedenen Philosophen im Mittelpunkt des Denkens. So interessierte den Engländer John Stuart Mill in seiner Arbeit »Über die Freiheit«[6] (engl. 1868, dt. 1948) weit weniger die Willensfreiheit als vielmehr die »soziale Freiheit« und damit die »Grenzen der Macht, welche die Gesellschaft rechtmäßig über das Individuum ausübt« (1948, S. 25). In der Einschränkung der Willkürherrschaft von Königen oder gar Tyrannen sah er den Ursprung aller Gesellschaftsverträge. Sie dienten dem Schutz des Volkes.[7] Als oberstes Prinzip habe dabei zu gelten, daß der »einzige Grund, aus dem die Menschheit, einzeln oder vereint, sich in die Handlungsfreiheit eines ihrer Mitglieder einzumengen befugt ist, der ist: sich selbst zu schützen. Daß der einzige Zweck, um dessentwillen man Zwang gegen den Willen einer zivilisierten Gemeinschaft rechtmäßig ausüben darf, der ist: die Schädigung anderer zu verhüten« (S. 38). Die Verbesserung des eigenen Wohls, egal ob des körperlichen oder des moralischen, biete dafür keinesfalls eine ausreichende Begründung. Deshalb dürfe auch niemand zu seinem Glück »gezwungen« werden.

Für den Utilitaristen Mill beinhaltete einzig das Nützlichkeitskriterium die letzte Berufungsinstanz in allen ethischen Fragen, »begründet in den ewigen Interessen der Menschheit als eines sich entwickelnden Wesens.« Er forderte Gewissens- und Meinungsfreiheit, die Freiheit des Geschmacks, der Studien- und der Lebensplanung ausdrücklich auch dann, wenn ihr Gebrauch die Mitmenschen offensichtlich störe oder belästige. Vorausgesetzt, sie erlitten dadurch keinerlei Schaden (S. 42). Und aus dieser Freiheit des Einzelnen folge zwangsläufig diejenige, sich (nicht nur) zu politischen Zwecken mit anderen zu vereinigen (S. 43). Diese liberalistische und in ihrem Wesenskern gegen jeden Herrschaftsanspruch gerichtete Freiheitsauffassung bildet bis heute die Grundlage der meisten bürgerlichen Verfassungen.

Für Hannah Arendt stellte die bürgerliche Freiheit allerdings keine Konstante dar, denn sie bezweifelte eine lineare Entwicklung der Gesellschaft: Freiheit könne vielmehr immer wieder mißlingen, wie nicht nur die Erfahrung der Juden in Europa gezeigt hätte. Auch für die zweite Hälfte des 20. Jahrhunderts sah sie die Gefahr eines Rückfalls in die Barbarei keineswegs endgültig gebannt. Und die jüngste Geschichte bestätigt ihre Befürchtungen. In den Kriegen um und in Jugoslawiens Teilrepubliken brach sich eine (männliche) Brutalität Bahn, die Erinnerungen an längst vergangen geglaubte Grausamkeiten wachrief. Serben hielten Moslems und Kroaten unter derart unmenschlichen Bedingungen in Konzentrationslagern fest, daß die Bilder der ausgemergelten Opfer auf fatale Weise den nach der deutschen Kapitulation in Bergen-Belsen, Dachau oder anderen KZs entstandenen Aufnahmen ähnelten. Kroaten, Moslems und Serben setzten systematische Massenvergewaltigungen als »taktisches Kampfmittel« gegeneinander ein, was wiederum an die Massenvergewaltigungen deutscher Frauen durch die vorrückende russische Armee im Frühjahr 1945 erinnerte. Männerbarbarei und Unmenschlichkeit, die in Europa ein für allemal der Vergangenheit anzugehören schien, beherrschte ganze Landstriche – und das keine drei Flugstunden von den meisten europäischen Hauptstädten entfernt. Die angeblich unveräußerlichen Menschenrechte galten ebensowenig wie nationale und internationale Verträge und Vereinbarungen. Am Ende, im Kosovo, feierte schließlich das pure Faust- und Kriegsrecht des Stärkeren Triumphe. Das der NATO, die mit ihren mörderischen Bombardements die Freiheits- und Grundrechte der serbischen Bevölkerung mißachtete, um die der vertriebenen kosovoalbanischen Bevölkerung wiederherzustellen. Freiheits- und Grundrechte, die dort zuvor weder für die albanischen *noch* für die serbischen Einwohner gegolten hatten.

Tatsächlich werden die im größten Teil Europas vielen so selbstverständlich erscheinenden menschlichen Freiheitsrechte nur selten freiwillig gewährt. Ganz im Gegenteil: Im Namen von Freiheit und Menschenwürde wurden und werden Kriege geführt und Revolutionen entfacht. Immer wieder mußten sich ganze Völker gegen Fremdbestimmung, Tyrannei und Diktatur zur Wehr setzen. Nicht zuletzt die jüngere und jüngste deutsche Geschichte zeigt, wie wenig selbstverständlich gesellschaftliche Freiheit tatsächlich ist und wie sehr Macht und Herrschaft dazu verführen, den Bürgern selbst die elementarsten Rechte vorzuenthalten oder (wieder) wegzunehmen. Was nur den wenigsten Deutschen wirklich bewußt sein dürfte: Zu Beginn des 21. Jahrhunderts leben weltweit erheblich mehr Menschen ohne, denn mit Presse- und Versammlungsfreiheit oder der Möglichkeit zur freien Meinungsäußerung.

Dabei gehörten diese Rechte – neben dem Postulat der Gleichheit und Brüderlichkeit – bereits zu den Grundforderungen der Französischen Revolution. Allerdings nicht für Frauen. Sie waren damals ebensowenig »automatisch« mitgemeint, wie gut 200 Jahre später in der iranischen Revolution oder bei den Bestrebungen mancher afrikanischer oder lateinamerikanischer Freiheitskämpfer. Aus gutem Grund forderte deshalb seinerzeit die französische Revolutionärin und Frauenkämpferin Olympe de Gouges: »Die Frau hat das Recht, das Schafott zu besteigen, gleichermaßen muß ihr das Recht zugestanden werden, eine Rednertribüne zu besteigen [...]« (Artikel X. ihrer »Deklaration der Rechte der Frau und Bürgerin« von 1791).

Etwa 150 Jahre später entwarf ihre französische Kollegin, die Philosophin und politische Aktivistin Simone Weil, ein eigenes Freiheitsideal. Sie war überzeugt, daß alle Menschen zur Freiheit geboren sind und dies auch wissen – oder doch zumindest fühlen – vor allem dann, wenn sie unterdrückt werden. Für den Menschen als denkendes Wesen sei jede Form von Knechtschaft absolut unerträglich (1975, S. 192). Simone Weil postulierte eine »vollkommene Freiheit«, die ihr notwendig erschien, um schließlich »eine weniger vollkommene« zu erlangen (S. 199). Freiheit ohne Verantwortung hielt sie für undenkbar, da sie diese als vom Denken geleitetes Handeln interpretierte: »Vollständig frei wäre der Mensch, dessen Aktionen in einer vorherigen Erkenntnis des erstrebten Zwecks sowie der Verknüpfung der für die Erreichung des Zwecks geeigneten Mittel gründeten« (S. 200).

Freiheit und Patriarchat

Die amerikanische Dichterin und Frauenrechtlerin Audre Lorde traf 1981 die Feststellung: »Ich bin nicht frei, solange noch eine

René Magritte. An der Schwelle zur Freiheit, 1929.
Museum Boymans-van Beuningen, Rotterdam.

Frau unfrei ist«. Sie brachte damit ein Grundproblem auf den Punkt, denn in vielen patriarchalen Gesellschaften haben Frauen nur sehr begrenzte Rechte. Diese Beschränkung zieht sich bis heute wie ein roter Faden durch die Geschichte. So wurde beispielsweise in der Bundesrepublik erst 1977 ein Gesetz abgeschafft, wonach Ehegattinnen für eine Berufstätigkeit die Zustimmung ihres Mannes benötigten. Die Freiheit der sexuellen Selbstbestimmung blieb bundesdeutschen Ehefrauen sogar bis vor kurzem vorenthalten. Da der »Beischlaf« zu den im bürgerlichen Gesetzbuch (BGB) geregelten »ehelichen Pflichten« zählte, konnten Ehemänner unter Berufung darauf den Geschlechtsverkehr praktisch jederzeit erzwingen. Seit den 70er Jahren hatten deshalb verschiedene weibliche Bundestagsabgeordnete wiederholt fraktionsübergreifend versucht, Vergewaltigung und sexuelle Nötigung in der Ehe unter die gleiche Strafandrohung stellen zu lassen wie die außereheliche.

Erst am 9. Mai 1996 verabschiedete der Bundestag ein entsprechendes Gesetz,[8] nachdem auch zahlreiche männliche Abgeordnete ihren langjährigen hinhaltenden Widerstand dagegen aufgegeben hatten. Voraussetzung für die »plötzliche« patriarchale »Einsicht« war eine unter § 177d StGB gefaßte Beschränkung: Legt die Frau nach erfolgter Strafanzeige Widerspruch gegen das eröffnete Verfahren ein, wird es – im Gegensatz zu nichtehelichen Sexualdelikten – sofort eingestellt. Zweitens kann eine derart unwirksam gemachte Anzeige nicht erneut erhoben werden.

Diese Regelung bedeutete eine weitgehende »Verwässerung« des Gesetzes. Viele Frauen leben immer noch oder – in den Jahren der Massenarbeitslosigkeit – erneut in ökonomischer Abhängigkeit von ihren Ehemännern. Die nordrhein-westfälische Ministerin für die Gleichstellung von Mann und Frau, Ilse Ridder-Melchers, monierte deshalb einen Tag nach der Bundestagsabstimmung in einer Pressemitteilung: »Die Frau wird damit während des gesamten Verfahrens dem Druck ihres gewalttätigen Ehemannes sowie ihres sozialen Umfeldes in unerträglicher Weise ausgesetzt. Dieses Instrument hilft nicht der Ehefrau, sondern nutzt dem verheirateten Täter!«

Konsequenterweise rief das Land Nordrhein-Westfalen wenig später den Vermittlungsausschuß von Bundestag und Bundesrat an, um die gesetzliche Hintertür zu schließen. Der schlug eine Streichung der Widerspruchsklausel vor – und scheiterte damit am

10. Oktober 1996 bei einer neuerlichen Abstimmung. Am Widerstand der Männer, versteht sich. Und erst jetzt reichte es den weiblichen Abgeordneten. Sie stellten fraktionsübergreifend einen Gruppenantrag, der am 15. Mai 1997 im Bundestag eine Mehrheit fand. Drei Jahre vor der Jahrtausendwende verfügten nun endlich uneingeschränkt alle Frauen in der Bundesrepublik über die – zumindest gesetzlich garantierte – Freiheit der sexuellen Selbstbestimmung. Ende gut, alles gut?

Mitnichten! Das Freiheitsrecht auf »normale« körperliche Unversehrtheit gilt für Ehefrauen noch immer nicht, da von Polizei und Staatsanwaltschaft in der Regel kein »öffentliches Interesse« an der Verfolgung gewalttätiger Ehemänner gesehen wird. Dies ist jedoch Voraussetzung für eine Strafverfolgung von Amts wegen. Notwendig wäre diese allemal, wie erschreckende Zahlen belegen. Allein in Nordrhein-Westfalen flüchten jährlich 6000 Frauen mit ihren Kindern vor prügelnden und mißhandelnden Beziehungspartnern in die 63 Frauenhäuser des Landes. Noch einmal die Gleichstellungsministerin: »Gewalt gegen Frauen ist auch in den eigenen vier Wänden keine Privatsache. Dem Täter muß klarwerden, daß jede Form der Gewalt in unserer Gesellschaft geächtet wird und strafrechtliche Konsequenzen hat«. Ihr Wort zum »Internationalen Tag der Bekämpfung der Gewalt gegen Frauen«[9] verhallte bis heute weitgehend ungehört.

Daß den Frauen in der Menschheitsgeschichte – ebenso wie Kindern und ethnischen oder religiösen Minderheiten – oft die elementarsten Freiheitsrechte nicht zugestanden wurden, bedeutete, daß sie nur selten die Möglichkeit hatten, ein eigenständiges Leben zu führen und auf eine Ehe zu verzichten. Die Romantikerin Caroline Schlegel-Schelling war sich schon im 18. Jahrhundert dieses Konflikts bewußt. In einem Brief an eine Freundin schrieb sie am 1. November 1781: »Soll ich Dir noch eins sagen, das auch wohl Folge einer kleinen Sonderbarkeit ist, ich würde, wenn ich ganz mein eigener Herr wäre, und außerdem in einer anständigen und angenehmen Lage leben könnte, weit lieber gar nicht heiraten und auf andere Art der Welt zu nutzen suchen« (zit. n. Baader 1992, S. 218).

Sie wußte, Frauen müssen heiraten, um ihre Existenz zu sichern. Auf Wunsch ihres Bruders ging sie deshalb eine Ehe mit dessen Freund ein. Die wurde zum Fiasko. Kein Wunder, daß sie die wiedererlangte Freiheit ihres frühen Witwenstandes in vollen Zügen genoß: »Ich bin gewiß umso glücklicher, je freier ich mich weiß« (Brief v. 31. Oktober 1791).

Das Leben und Denken Caroline Schlegel-Schellings war ohnehin gekennzeichnet durch ihre ständige Suche nach der Freiheit. Politisch kämpfte sie für die Ideen der Französischen Revolution, die Demokratisierung des Rheinlandes und die Ausrufung der Republik[10], und »privat« stellte sie sich wieder und wieder den traditionellen Weiblichkeitsentwürfen entgegen.

Die Verbindung von privatem Freiheitsstreben und philosophischer Freiheitstheorie stand auch bei dem britischen Philosophenpaar Harriet Taylor-Mill und John Stuart Mill im Zentrum von Leben und Werk. Zum einen setzten sich beide äußerst kritisch mit den Ehegesetzen des 19. Jahrhunderts auseinander, zum anderen zogen sie aus ihren Erkenntnissen Konsequenzen für die eigene Ehe.

Harriet Taylor-Mills erste Heirat war noch von ihrem Vater arrangiert worden. Zu dem Zeitpunkt war sie gerade 18 Jahre alt und hatte nicht die geringste Ahnung von den Bedingungen der damals üblichen Eheverträge. Zwar war darin eine Zustimmung der Frauen vorgesehen, aber die besaß im Grunde nur rein formalen Charakter. Ansonsten entsprachen die »Verträge« eher Knebelkontrakten. Jeder materielle Besitz, einschließlich etwaiger späterer Erbschaften der Frau, gehörte dem Ehemann. Sie selbst hatte weder darüber, noch über ihre Kinder – sie waren praktisch »Eigentum« des Vaters – irgendeine Verfügungsgewalt. Selbstverständlich gab es auch keinerlei Schutz vor Gewalt und Mißhandlung durch den Ehemann.

Daß Harriet Taylor-Mill unter solchen Bedingungen keine glückliche Ehe führte, ist aus heutiger Perspektive nicht weiter verwunderlich. Wohl aber, daß kaum eine der Hunderttausenden von Frauen, mit denen sie dieses Schreckensschicksal teilte, dagegen aufzubegehren wagte. Noch erstaunlicher ist, daß die 23jährige verheiratete Harriet eine Liaison mit dem englischen Philosophen und Psychologen John Stuart Mill begann. Für die Londoner Gesellschaft der prüden Viktorianischen Ära eine ungeheuerliche Provokation. Gut 30 Jahre später, nach dem Tod von Harriets Ehemann, legalisierte das Paar sein Verhältnis. Allerdings wiederum auf ungewöhnliche Art. John Stuart Mill verzichtete auf seine mit der Heirat verbundenen Rechte beziehungsweise versprach – unter gleichzeitigem schriftlichem Protest gegen die bestehenden Ehegesetze –, niemals davon Gebrauch zu machen. Ein Verhalten, das mit dem philosophischen Denken der beiden in Einklang stand. In ihren gemeinsamen Schriften hatten sie sich bereits zuvor gegen die »universelle Gewohnheit« der »Unterjochung der Frauen durch Männer« ausgesprochen:

»Wenn wir jedoch fragen, warum das Dasein der einen Hälfte der Menschheit nur ein Mittel für die Zwecke der anderen sein soll und jede Frau ein bloßes Anhängsel eines Mannes, dem seine eigenen Interessen erlaubt sind, damit sich in ihrem Geist kein Widerstreit gegen seine Interessen und sein Belieben rege, so ist die einzige Auskunft, die wir erhalten können, die, daß die Männer es so haben wollen. Es ist ihnen angenehm, daß sie um ihrer selbst willen, die Frauen um der Männer willen leben, und die Herrscher wissen es dahin zu bringen, daß die Eigenschaften und das Betragen, das ihnen an ihren Untertanen wohlgefällig, diesen selbst lange Zeit hindurch als ihre spezifische Untertanen-Tugend gelte.« (Mill/Taylor/Taylor-Mill 1991, S. 93)

Vor solch einem Sklavinnendasein, stimmten beide überein, könnten die Frauen nur durch einen freiwilligen und gleichberechtigten Ehevertrag bewahrt werden.

Erst Jahrzehnte später, mit Beginn des 20. Jahrhunderts, begann sich das Leitbild der verheirateten Frau und Mutter langsam zu verändern. Zunächst in der Literatur. Im Mittelpunkt vieler Romane stand nun nicht mehr die Frau als ausschließliches »Anhängsel« ihres Mannes oder bestenfalls treulose beziehungsweise betrogene Ehegattin. Statt dessen wurden nun häufiger berufstätige und ledige Frauen beschrieben.

Für die russische Schriftstellerin und politische Philosophin Alexandra Kollontai entsprach dies auch der Realität des Lebens, nicht nur in der Sowjetunion: Die modernen Frauen wollen nicht mehr »geheiratet werden«. Sie arbeiten, verdienen selbst Geld und brauchen »Freiheit und Alleinsein« (Kollontai 1918, dt. 1977). Wenn sie eine Beziehung eingehen, dann oft nur für kurze Zeit und stets mit getrennten Wohnungen. Die Erfüllung ihres Lebens suchen und finden sie nicht länger einzig und allein in der Liebe zu einem Mann, wie dies durch die zahllosen Romanheldinnen der Dichter (in »Doktor Schiwago«, »Madame Bovary«, »Effi Briest«) vorgespielt wurde. Die Liebe hat keinen höheren Stellenwert als der Beruf, und die Achtung »vor der Freiheit des eigenen Gefühls« – die sie auch dem anderen zugestehen – ist diesen Frauen das Wichtigste (S. 28). Sie bestehen auf ihrer inneren Freiheit und entschuldigen eher die Untreue des Mannes als die Mißachtung ihrer Seele, ihres »geistigen Ich« (S. 30f.).

Ein geradezu exemplarisches Beispiel für dieses neue weibliche Freiheitsverständnis lieferte die französische Existenzialistin Simone de Beauvoir. Freiheit, ein Grundbegriff existentialistischer Philosophie, bedeutete für sie zunächst einmal die Unabhängigkeit von ihren Eltern. Und nicht zuletzt vom katholischen Glauben, dem sie bereits mit 14 Jahren abschwörte. Ihre ökonomische Unabhängigkeit sicherte sie nach dem Philosophiestudium als Philosophie-Lehrerin. Über diese Zeit schrieb sie später: »Als ich im September wieder nach Paris kam, berauschte mich vor allem meine Freiheit. Seit meiner Kindheit hatte ich von ihr geträumt« (1969, S. 13).

Die individuelle Freiheit – von beiden – spielte auch eine wichtige Rolle in der lebenslangen Liebesbeziehung zwischen ihr und Jean-Paul Sartre. Sie heirateten nicht und lebten auch niemals in einer gemeinsamen Wohnung. Auch auf Kinder verzichtete Simone de Beauvoir ganz bewußt, was ihr manche Kritiker als egoistisches Verhalten anlasteten. Doch nur so konnte sie sicherstellen, daß sie ihrer erkannten Berufung Philosophie und Schreiben ebenso ungehindert nachgehen konnte, wie Sartre dies tat. Darüber hinaus unterhielten beide auch noch Verbindungen zu anderen Partnern und Partnerinnen. Dadurch sollte sichergestellt werden, daß ihre persönliche Freiheit erhalten blieb und die »Hauptbeziehung« nicht irgendwann in einer Art Zwang erstarrte.

So gesehen entsprach Simone de Beauvoirs Leben nur dem konsequenten praktischen Ausdruck ihres theoretischen Freiheitsverständnisses: Der Mensch »muß die Freiheit in sich und überall wollen, er muß sie zu erringen versuchen« (1988, S. 131). Sie ist nicht von außen vorgegeben, sondern täglich neu zu erkämpfen. Mehr noch:

»Die konstruktiven Tätigkeiten eines Menschen (erhalten) einen gültigen Sinn nur, wenn man sie als Bewegung auf die Freiheit hin ansieht; und umgekehrt sieht man, daß eine solche Bewegung durchaus konkret ist: Entdeckungen, Erfindungen, Industrien, Kultur, Gemälde, Bücher bevölkern konkret die Welt und eröffnen den Menschen konkrete Möglichkeiten. Vielleicht darf man von einer Zukunft träumen, in der die Menschen ihre Freiheit nur noch dazu gebrauchen werden, diese Freiheit frei zu entfalten; dann wäre allen Menschen eine konstruktive Tätigkeit möglich, und jeder könnte durch seine Entwürfe positiv auf die eigene Zukunft hinzielen« (S. 133).

Für Simone de Beauvoir diente also jedes menschliche Handeln nur einem einzigen Ziel: Sich neu zu entwerfen – hin zu mehr Freiheit. Dieser radikale und extrem individualistisch orientierte Freiheitsbegriff veränderte sich jedoch durch die Erfahrung des Zweiten Weltkrieges. Mußte sie zuvor das Freiheitsstreben aller anderen Menschen zwangsläufig auch als Bedrohung der eigenen Freiheit empfinden, erkannte sie jetzt, daß diese keine absolute Kategorie sein konnte, sondern stets eine ethische Komponente dazugehören mußte. Folgerichtig lautete ihr neues Credo: Jeder Mensch habe die Verpflichtung, sich für die Freiheit der anderen einzusetzen. Nur so könne diese dauerhaft erhalten werden (1963).

Zulassen oder zensieren – Pornographie und Meinungsfreiheit

»Freiheit ist immer die Freiheit der Anderen«, lautet eines der bekanntesten und zugleich mißverstandensten Zitate von Rosa Luxemburg. Es beschreibt trefflich ein Grundproblem des Freiheitsbegriffs: Wenn jeder Mensch tun und lassen kann, was er will, schränkt er, sobald er von dieser Freiheit Gebrauch macht, die seiner Mitmenschen automatisch ein. Vor allem, wenn sie etwas anderes wollen. Wie schwierig die Grenzziehung zwischen dem Freiheitsbedürfnis des Einzelnen und den Interessen der Allgemeinheit sein kann, machen verschiedene aktuelle Auseinandersetzungen deutlich.

Noch in den 70er Jahren wäre niemand auf die Idee gekommen, öffentliche Rauchverbote zu fordern. Statt dessen lautete die zwar unausgesprochene, aber allgemein akzeptierte (liberalistische) Devise: Freies Rauchen für freie Bürger. Das Gesundheitsrisiko für die gezwungenermaßen Mitrauchenden hatte dagegen so gut wie keinen Stellenwert.

Zwei Jahrzehnte später sind die Raucher in der Defensive. Nicht nur in den USA[11] werden immer restriktivere Maßnahmen zum Schutz der Nichtraucher gefordert und verwirklicht. Auch wenn (noch?) nicht überall so weit gegangen wird wie in Kalifornien, wo seit dem 1. Januar 1998 praktisch nirgends mehr öffentlich geraucht werden darf: Werbeverbote und ein generelles Rauchverbot am Arbeitsplatz sowie in den meisten öffentlichen Gebäuden gehören längst zur Norm.

Ein weiteres Beispiel bietet die vor allem in der internationalen Frauenbewegung immer wieder heftig diskutierte Forderung nach einem Verbot der Pornographie, besser bekannt als »PorNo«-Debatte. Dahinter verbirgt sich eine brisante Frage: Sind Nacktdarstellungen von Frauen oder Beschreibungen sexueller Handlungen mit und an ihnen vom Grundrecht auf freie Meinungsäußerung gedeckt oder wird dadurch – selbst bei künstlerischen Darstellungen – generell die Würde der Frau verletzt?

Die »PorNo«-Debatte hatte ihren Ausgangspunkt Anfang der 80er Jahre in den USA. Dort führte sie zu grotesken Allianzen. Radikale Feministinnen bekämpfen gemeinsam mit konservativen Christen und rechtspolitisch reaktionären Kräften jede Form der Nackt- und Sexualdarstellung. Gleichzeitig machen die Konservativen jedoch auch massiv Front gegen Schwule und – oft radikalfeministisch orientierte – Lesben.

Die in der Bundesrepublik zwar nicht ausschließlich, aber doch besonders massiv durch Alice Schwarzer beförderte »PorNo«-Auseinandersetzung hatte sich an der Eingabe zweier Radikalfeministinnen entzündet. Andrea Dworkin und die Juraprofessorin Catharine A. MacKinnon klagten vor dem Bundesgerichtshof darauf, Pornographie nicht länger den Schutz der garantierten Meinungsfreiheit (»First Amendment«) zu gewähren. MacKinnon argumentierte in ihrer Antragsschrift, pornographische Darstellungen riefen genau das hervor, was sie zeigen: sexuelle Gewalt gegen Frauen. Dadurch demütigten und erniedrigten sie diese gleich doppelt. Zum einen die Darstellerinnen in den Filmen und Druckerzeugnissen, zum anderen alle Frauen, da Männer dadurch zu Frauenverachtung und Vergewaltigungen animiert würden.

Für Catharine A. MacKinnon bedeutet gefilmte und gedruckte Pornographie also reale Gewalt an Frauen, die zwangsläufig wiederum Gewalt gegen Frauen hervorruft. Daß es sozusagen »Nur Worte« sind, wie der ironische Titel ihres Buches lautet (dt. 1994), läßt sie nicht gelten. Und aus genau diesem Grund, so ihre Argumentation, darf das Recht auf Meinungsfreiheit bei Pornographie keine Anwendung finden.

Eine These, die keineswegs nur unter Männern Widerspruch provozierte. Drucilla Cornell, ebenfalls Juraprofessorin, stimmt der Analyse in zwei Punkten zu: Pornographie stellt tatsächlich kein gesellschaftliches Randphänomen dar, sondern eine allgegenwärtige, die Kultur prägende Erscheinung. Und sie bedeutet einen »Wirtschaftsfaktor«, in dem alleine in den USA jährlich zwischen 8 und 13 Milliarden Dollar[12] umgesetzt werden. In fast allem anderen widerspricht sie ihrer Kollegin und kritisiert deren Thesen als »monokausal«. Einem Pornographieverbot kann sie aus guten Gründen nichts Positives abgewinnen. Dadurch, so ihre Prophezeiung, entstünde lediglich ein riesiger Schwarzmarkt. Ein illegaler, ausschließlich von kriminellen Strukturen geprägter Sektor, den kaum noch jemand kontrollieren könne. Die ohnehin nicht besonders guten Arbeitsbedingungen der im Pornogewerbe tätigen Frauen wären dann überhaupt nicht mehr zu überprüfen.

Argumente, die mehr als nur bedenkenswert sind, wie die Geschichte des amerikanischen Alkoholverbots zur Genüge beweist. Berüchtigte Gangsterkarrieren wie die eines Al Capone oder John Dillinger wären ohne die damalige »Prohibition« kaum möglich gewesen. Statt einer Beschränkung der Meinungsfreiheit in Sachen Pornographie fordert Drucilla Cornell denn auch folgerichtig etwas ganz anderes: Erstens ein politisches Reformprogramm, das als wichtigsten Punkt die Selbstorganisation der Beschäftigten in der Pornoindustrie zum Ziel hat. Zweitens ein »Gesetz zur Wahrung der bürgerlichen Rechte von Pornodarstellerinnen sowie für die Ausarbeitung eines Flächennutzungsplans, der bestimmte Zonen ausweist, in denen Pornographie gezeigt werden darf« (Cornell 1997, S. 27). Dabei leugnet sie keineswegs, »daß Pornographie verletzt: nämlich das weibliche Imaginäre im Lacanschen Sinne«, (Vinken 1997, S. 14). Und zwar dadurch, daß Frauen den männlichen Imaginationen – wie etwa in der Werbung – überall im öffentlichen Raum schutzlos ausgeliefert sind. Die weibliche Geschlechtsidentität wird so auf die männliche, stereotype Sichtweise reduziert und das weibliche Imaginäre findet nirgendwo statt.

Daß in der Pornographie ausschließlich die männliche Sichtweise herrscht, kritisierte die Französin Luce Irigaray bereits 1977. In »Das Geschlecht, das nicht eins ist« (dt. 1979) stellt sie verschiedene entlarvende »Fragen an die Pornographen« (S. 204ff.):

»Die pornographische Szene präsentiert sich paradigmatisch

als die Initiation und die Dressur einer Frau – noch und immer Jungfrau, hinsichtlich des Lustempfindens, das ein Mann vorgibt, ihr beizubringen. Die Frau nimmt dabei, anscheinend, eine auserlesene Stellung ein: die der Hauptdarstellerin. Versteht sich, daß sie jung und schön ist. *Wem wird, in ihrer Körperlichkeit und ihrem Lustempfinden, diese Frau vorgezeigt*? [...] Worin besteht (dabei/d. A.) die *Funktion des Lustempfindens der Frau*?

Im übrigen *handelt es sich denn überhaupt um das Lustempfinden der Frau*? Daß die Frau ein, zwei, zehn, zwanzig ... Orgasmen hat, bis zur Erschöpfung [...] bedeutet nicht, daß sie ihr Lustempfinden genießt. Diese Orgasmen sind notwendig als Demonstration der männlichen Potenz. Sie bedeuten – wie sie glauben – den Erfolg der sexuellen Beherrschung der Frau durch den Mann. Sie sind der *Beweis dafür, daß die von den Männern erfundenen Techniken des Genusses ihren Wert haben, daß der Mann der unumstrittene Herr über die Produktionsmittel der Lust ist.* Die Frauen sind bloß da, um das zu bezeugen. Ihre Dressur zielt darauf ab, sie einer ausschließlich phallokratischen sexuellen Ökonomie zu unterwerfen [...]« (S. 205).

Ganz offensichtlich sah sich Luce Irigaray verschiedene pornographische Filme an.[13] Denn absolut zutreffend stellt sie wenig später fest, »die von der Pornographie ins Werk gesetzten Techniken des Lustempfindens sind – zumindest bis jetzt? – der Lust der Frauen sehr wenig zweckdienlich. Der Zwang zur Erektion und zur Entladung, das überbewertete Gewicht der Größe des männlichen Geschlechtsteils, die stereotype Dürftigkeit der Gesten, der auf eine zu durchlöchernde Oberfläche reduzierte Körper, die Gewalt, die Vergewaltigung ... zwingen, unter Umständen, zum Lustempfinden – die Frauen sind begabt ... –, aber zu was für einem?« (S. 206)

Aus dieser vernichtenden Analyse läßt sich ein klarer Schluß ziehen: Pornographie wird von Männern für Männer gemacht. Selbst wenn, wie beispielsweise in der deutschen Pornobranche mit Beate Uhse oder Teresa Orlowski, Frauen als Produzentinnen in Erscheinung treten. Auch die von ihnen in Auftrag gegebenen oder – wie in Orlowskis Fall – selbst inszenierten Mach-Werke sind ausschließlich an männlichen Wünschen orientiert. Was Wunder also, wenn viele Frauen sich von pornographischen Filmen nicht stimuliert, sondern abgestoßen fühlen. Diese Werke haben mit ihrem Lustempfinden wenig bis gar nichts zu tun.

Dennoch wendet sich auch die französische Philosophin gegen ein Pornographieverbot: »Letztlich ist es besser, wenn die Sexualität, die unsere soziale Ordnung stützt, offen praktiziert wird, als daß sie jene vom Ort ihrer Verdrängung her vorschreibt« (S. 209). Sie geht sogar noch einen Schritt weiter: »Wird vielleicht«, fragt sie, »wenn man schamlos die überall regierende Phallokratie zur Schau stellt, eine andere sexuelle Ökonomie möglich werden« (ebd.)? Eine, die endlich wieder – oder erstmals wirklich – weiblicher Lust Raum bietet?

Exakt diesen Raum für das weibliche Begehren, für die Frau als Subjekt der Lust, verlangt Drucilla Cornell. Und genau deshalb wendet sie sich so vehement gegen die Thesen MacKinnons und anderer radikal-konservativer Feministinnen, denen sie eine »protestantisch-puritanische Ausprägung«[14] unterstellt. Sie fordert dagegen: »Der Feminismus muß sich auf die Befreiung des weiblichen Imaginären konzentrieren und nicht auf die Zügelung männlicher Lust« (1997, S. 35).[15]

Gelegenheit dazu gibt es gerade in den USA zur Genüge, denn dort kam 1997 ein Film in die Kinos, der die Diskussion um »PorNo« erneut entfachte: »Larry Flint – oder die nackte Wahrheit«. Er behandelt die Biografie des Herausgebers von »Hustler«, einem Hochglanz-Sexmagazin, gegen das der 1953 durch Hugh Hefner gegründete »Playboy« geradezu züchtig wirkt. Zentrales Filmthema ist Flints »heroischer« – und letztlich gewonnener – Kampf um das Grundrecht der Meinungsfreiheit, dem »First Amendment«. In der Realität bekennt Sex-Verleger Larry Flint immerhin in offenherziger Selbsterkenntnis: Solange sein »perverser Schund« als Ausdruck dieser freien Rede gewertet wird, muß in den USA niemand Angst vor einer möglichen Zensur haben.[16]

Der ständig heftiger tobende Geschlechterkampf um öffentlich sichtbare (männliche) Sexualität hat in Nordamerika allerdings längst ein weiteres Schlachtfeld gefunden – den Berufsalltag. Immer häufiger werden tatsächliche, aber auch vermeintliche sexuelle Avancen (»sexual harassment«) juristisch geahndet. Vermeintliche, da es bei den Verfahren stets – und meist erfolgreich – um Entschädigungszahlungen im mehrstelliger Millionenhöhe geht. Daß die Aussicht auf derart horrende Beträge fast zwangsläufig dazu (ver)führt, selbst eindeutig harmlose Situationen zweideutig zu interpretieren, liegt auf der Hand. Eine andere Konsequenz ebenfalls, da zur Zahlung an die Opfer nicht etwa die Täter, sondern deren finanziell potentere Arbeitgeber verurteilt werden. Die verpflichten deshalb zunehmend ihre männlichen Angestellten, unter keinen Umständen mit einer Kollegin anzubändeln. Selbst bei beiderseitigem Einverständnis zieht bereits ein Flirt die sofortige Kündigung nach sich.

Wie problematisch die Definition der »sexual harassment« jedoch sein kann, zeigen einige aus Prozessen stammende Beispiele: Kann eine Kellnerin in einem Lokal die Bedienung eines Kunden verweigern, weil er im »Playboy« liest? Ist die Darstellung eines nackten weiblichen Körpers auf einem öffentlich ausgestellten Gemälde bereits sexuelle Belästigung? Die Stadtverwaltung in Meerfrasboro (USA) bejahte diese Frage und ließ das Bild entfernen, nachdem eine Schulrätin Klage einreichte. Die Malerin Maxine Henderson wiederum protestierte gegen diese Beschränkung ihrer künstlerischen Freiheit und erhob Gegenklage. Sie gewann – allerdings nur, da das Gericht zur Überzeugung gelangte, die Ausstellungsrotunde sei nicht als Arbeitsplatz zu bewerten.

Den vorläufigen Höhepunkt dieser immer groteskeren Entwicklung im Kampf gegen die sexuelle Belästigung – aber eben oft auch gegen Sexualität und Nacktheit als solche – bildete im Oktober 1999 die Inhaftierung des 11jährigen Raoul W. Er wurde gegen ein Uhr nachts aus dem Bett gezerrt und in Handschellen abgeführt, nachdem ihn eine Nachbarin wegen eines »Inzestvergehens« angezeigt hatte. Schon am nächsten Tag erhob die Staatsanwaltschaft Anklage gegen den Jungen. Der wies die Anschuldigungen zurück und behauptete, er habe seiner fünfjährigen Schwester lediglich Hilfestellung beim Wasserlassen geleistet. Einem Prozeß und der möglichen Verurteilung zu einer langjährigen Haftstrafe entging der angebliche – so US-Zeitungen – »Sexualverbrecher« nur aufgrund eines juristischen Formfehlers. Als Kind hätte er Anspruch auf einen Prozeß innerhalb von 60 Tagen gehabt. Diese Frist wurde überschritten und das Verfahren deshalb eingestellt.

Der Kampf um eine selbstbestimmte weibliche Sexualität kann nicht wichtig genug genommen werden. Dennoch fühlt frau sich – vor allem in Erinnerung an die sonstige (Gewalt)Politik amerikanischer Regierungen – angesichts solcher sich häufender[17] Ereignisse an eine Bemerkung Herbert Marcuses erinnert. Der hatte in den 70er Jahren sinngemäß gefragt, was wohl obszöner sei: Die

Darstellung weiblicher Schamhaare oder ein General »im vollen Wichs seiner Orden«.

Affidamento oder wie weibliche Freiheit entsteht

Weshalb entstehen Herrschaftsverhältnisse, aus denen sich Unfreiheit bis hin zur sklavischen Abhängigkeit entwickelt, immer wieder neu? Eine Frage, die sich ganz besonders bei der männlichen Geschlechterherrschaft stellt. Schließlich findet die Aufklärung um ihre Strukturen und Bedingungen zumindest in der Frauenbewegung nicht erst seit gestern statt.

Die philosophische Essayistin, Schriftstellerin und Dramatikerin Marlene Streeruwitz fand dafür eine mögliche Antwort: »Ich gehe davon aus, daß Erkenntnis von Freiheit möglich ist. Ich gehe aber auch davon aus, daß alle dominanten Ausdrucksformen unserer Kultur diese Erkenntnis aktiv unterdrücken, indem die ersten Versuche, frei zu sein, in der Abtrennung von der Mutter mit Sprachverboten belegt werden« (1997, S. 25).

Mit diesen (unerklärten) Tabuisierungen wird die sich gegenseitig bedingende Unfreiheit in der Mutter-Kind-Beziehung verleugnet. Darin sieht Streeruwitz ein Fundament für die Reproduktion unterdrückerischer Verhältnisse. Das Kind erlebe Unfreiheit, sobald es versuche, sich von der Mutter zu lösen und eigene Interessen durchzusetzen (Trotz(!)phase). Letztlich setze es seinen Willen zur Freiheit irgendwann durch und löse sich von der Mutter – mit allen Schwierigkeiten, die sich daraus ergeben.

Weit problematischer ist demnach allerdings die Situation der Mutter. Schwangerschaft und Geburt beinhalten für sie die – gesellschaftlich noch stärker tabuisierte – Erkenntnis »vollkommener Unfreiheit«. Weder ihr Körper noch ihre Identität gehören von nun an uneingeschränkt ihr selbst. Daß in diesem »Zustand der Ohnmacht« Melancholien »bis zur Lebensverweigerung« auftreten, hält die Österreicherin für eine »logische Konsequenz« (S. 26). Erst recht, da die Mutter bei all dem sprachlos bleiben muß: »Es gibt keine Sprache, in der diese Erfahrung von Frauengeneration zu Frauengeneration weitergegeben werden kann« (S. 27).

Daß die Geburt eines Kindes einen enormen Freiheitsverlust für die Mutter bedeutet, gehört in der Tat zu den letzten großen Tabuthemen der Gesellschaft. Eine Frau, die eine Schwangerschaft abbrechen oder auch nur verweigern wollte, mit der Begründung, davon ihre Freiheit bedroht zu sehen, stieße im günstigsten Fall auf völliges Unverständnis. Dennoch ist der durch ein Kind erzeugte Zustand der Unfreiheit allen bewußt, wie das immer noch andauernde, langjährige Verfahren gegen Monika Weimar belegt. Im ersten[18] Indizienprozeß wurde sie wegen Mordes an ihren beiden kleinen Töchtern zu lebenslanger Haft verurteilt. Das zuständige Schwurgericht unterstellte ihr, sie habe sich durch die Tötung von ihnen »befreien wollen«, um ihrem amerikanischen Geliebten in die USA folgen zu können. Damit behauptete die Justiz mehr oder weniger unmittelbar: Die Freiheitsberaubung durch ein Kind ist so massiv und bedrückend, daß sie eine Mutter zum Mord veranlassen kann.

Daß es sich wirklich um ein schwerwiegendes und die Gesellschaft nachhaltig beeinflussendes Problem handelt, glaubt auch Marlene Streeruwitz:

»Der nie ausgesprochene und damit nie zu bannende Vorwurf, daß das Kind zur Unfreiheit der Mutter existiert, ist der erste Schritt beim Erlernen des Ertragens der Unterdrückung und Machtlosigkeit als Kind, um dann später in die eigene Ausbeutung der einmal erlittenen Unterdrückung einzutreten, indem man nun als Erwachsener selbst unterdrückt. Zum Beispiel die eigenen Kinder. Und das alles, ohne auch nur einen Gedanken dazu fassen zu können. Das alles bleibt in Gefühlen beschlossen, denen keine Sprache zum Ausdruck verhelfen kann. Die unbeschreiblich bleiben müssen« (S. 26).

Ohnmächtige Unfreiheit oder unfreie Machtlosigkeit – am Ende erzeugen sie Aggression auf beiden Seiten: »Und so, wie das Kind von der Mutter als Verursacher der Unfreiheit erkannt werden muß und deshalb gehaßt wird, muß das Kind – aus demselben Grund – die Mutter hassen« (S. 28). Beste Voraussetzungen für ein Perpetuum mobile der Unterdrückung, das »dem Patriarchat gemütliches Regieren« (ebd.) gestattet. Und erst wenn die Mütter angstfrei das Gefühl ihrer verlorenen Freiheit formulieren dürfen, wäre ein erster Schritt in eine andere, bessere Richtung gewagt. Der scheinbar ewige Kreislauf von erlebter Unterdrückung als Kind und später selbst ausgeübter Unterdrückung als Erwachsener würde durchbrochen.

Der in der italienischen Frauenbewegung verwirklichten Praxis des »affidamento« (ital. = sich gegenseitig anvertrauen) liegt bereits ein Freiheitsbegriff zugrunde, der auf einer *bewußt* statt unbewußt ge- und erlebten Mutter-Tochter-Beziehung beruht. In »Wie weibliche Freiheit entsteht« (1988) behaupten die Autorinnen von Liberia delle donne di Milano, daß nur weibliche Lebenszusammenhänge und die Entdeckung und Entwicklung einer symbolischen Ordnung, die auf diesen neuen Formen beruht, Raum und Stabilität für weibliche Freiheit herstellen können. Solange Frauen in »der von Männern entworfenen symbolisch-sozialen Ordnung« zu leben gezwungen sind, kann keine wirkliche Freiheit entstehen: »In dieser Ordnung hat die Frau kein persönliches Schicksal; Freiheit und Notwendigkeit können für sie nie zusammenfallen: Notwendigkeit heißt, sich in die gesellschaftlich vorgesehene anatomische Rolle zu fügen, und Freiheit heißt, sich dieser zu entziehen« (S. 254). Erst wenn Frauen autonome Politik betreiben und »vorrangige Beziehungen untereinander aufbauen«, um beispielsweise gesellschaftliche Ziele zu verwirklichen, kann diese Freiheit realisiert werden (vgl. →Differenz). Was sie inhaltlich bedeutet, beschreiben die Autorinnen auf Seite 259: »Das Prinzip der Freiheit bedeutet für die Juristinnen also die Freiheit, Recht zu produzieren, für die Philosophinnen heißt es die Freiheit, Philosophie zu schaffen – es bedeutet die Freiheit, in einer vorgegebenen Situation, nämlich als Frau geboren zu sein, die Möglichkeit zu einer größeren Existenz zu eröffnen.«

Anmerkungen

1 Robinson Crusoe ist der Held in Daniel Defoes 1719 erstveröffentlichtem gleichnamigen Abenteuerroman.

2 Der schottische Matrose Alexander Selkirk lebte von 1704-1709 auf der menschenleeren, 95 km^2 großen pazifischen »Robinsoninsel« (heute Alexander-Selkirk-Insel, damals Más a Tierra), die zur chilenischen Inselgruppe Juan Fernández gehört. Darüber berichtete 1712 der Kapitän William Rogers in seinem Buch »A cruising voyage round the world«. Es bildete Defoes Quelle.

3 Prädestination = Vorbestimmung. Nach Augustinus und Calvin Vorbestimmtsein des Menschen zu göttlicher Gnade oder Verdammnis.

4 Unter »Natur« wird hier verstanden, was sich ohne äußeren Zwang aus sich selbst heraus entwickelt.

5 Dieser Absolutsetzung der menschlichen Willensfreiheit liegt die Absolutsetzung der Identität des Ich (→Subjekt) zugrunde, wie sie durch Hegel und Sartre vertreten wird.

6 Ohne die Mitarbeit seiner bei Erscheinen des Buches bereits verstorbenen Frau Harriet Taylor-Mill ist dieses Buch nicht denkbar, wie Mill in seinem Prolog betonte (vgl. Rullmann 1998. Band I, S. 273 ff.).

7 Auch wenn sie später oft herrschaftssichernden Charakter erlangten.

8 §§ 177 bis 179 StGB (StrÄndG).

9 24. November 1997.

10 Durch den Sieg der preußischen Armee landete sie zeitweilig sogar in Festungshaft.

11 Dort werden die Tabakkonzerne seit mehreren Jahren erfolgreich mit horrenden Schadenersatzklagen von Lungenkrebsopfern, aber auch Gesundheitsbehörden und Bundesstaatsregierungen überzogen. Entsprechende erste Versuche werden neuerdings auch in Deutschland diskutiert.

12 Auch in Deutschland – und anderen europäischen Ländern – handelt es sich um ein Milliardengeschäft. Daß genaue Zahlen nicht erhältlich sind, liegt in der Natur der Sache. Männer-Politik und Porno-Industrie haben wenig Interesse, daß die wahre Dimension dieses Wirtschaftsfaktors bekannt wird.

13 Wie notwendigerweise auch Andrea Dworkin, die davon »körperlich krank« wurde und an »allgemeinem Menschenhaß« (1987, Vorwort) zu leiden begann.

14 »Wir haben die puritanischste Gesellschaft der westlichen Welt«, sagte am 19. Oktober 1999 der Deutschlandkorrespondent der New York Times, Don Jordan, im ZDF-Mittagsmagazin.

15 Vgl. zu dieser Diskussion auch Barbara Vinken 1997 und Nadine Strossen 1997.

16 Vgl. Spiegel Nr. 6 und Nr. 8, 1997.

17 Erst wenige Monate zuvor war ein Siebenjähriger öffentlich der sexuellen Belästigung beschuldigt worden. Er hatte einer Sechsjährigen ein Küßchen auf die Wange gegeben.

18 Nach mehreren Jahren Haft bekam Frau Weimar (heute Böttcher) ein Wiederaufnahmeverfahren. Es endete mit einem Freispruch. Dieses Urteil wurde vom Bundesgerichtshof erneut aufgehoben. Ab Oktober 1999 fand der dritte Prozeß gegen sie statt, der wiederum mit einer Verurteilung zu lebenslänglicher Haft endete. Allerdings blieb Frau Böttcher bis zur Entscheidung über die beantragte Revision auf freiem Fuß. Ihr Ex-Ehemann, der mit hoher Wahrscheinlichkeit als einziger anderer Täter in Betracht käme, wurde bislang nicht behelligt. Obwohl die Justizgeschichte zahllose Fälle kennt, in denen Ehemänner, die verlassen wurden, aus Rache die gemeinsamen Kinder töteten.

Gerechtigkeit – abstrakte Norm oder lebendiges Recht

»Es ist eure Aufgabe, Arbeiter, die ihr Opfer der realen Ungleichheit und der Ungerechtigkeit seid, auf Erden endlich das Reich der Gerechtigkeit und absoluten Gleichheit zwischen Mann und Frau zu errichten.«

Flora Tristan

Der Berlin-Cöllner Kaufmann Hans Kohlhase ging 1810 in die deutsche Kulturgeschichte ein. Kohlhase war 1532 von dem sächsischen Junker Zaschwitz beim Pferdehandel betrogen worden. Sein Versuch, bei der Obrigkeit Recht zu finden, scheiterte kläglich. Daraufhin griff der Pferdehändler zwei Jahre später zur Selbsthilfe. Er erließ – was seit 1495 verboten war – einen Fehdebrief gegen seinen Widersacher und ganz Kursachsen. Als er die jahrelang aufrechterhaltene Fehde dann auch noch gegen Brandenburg ausweitete, besiegelte er damit sein Ende. Er wurde 1540 nach Berlin gelockt, erhielt dort vom brandenburgischen Kurfürst in der Sache Recht – und wurde anschließend wegen Landfriedensbruchs gerädert. Knapp 300 Jahre später stilisierte Heinrich von Kleist den Pferdehändler mit der Novelle »Michael Kohlhaas« zum dauerhaften Sinnbild des maßlosen Gerechtigkeitsfanatikers, der selbst Unrecht begeht, um Recht zu erhalten.

Gerecht behandelt zu werden, ist ein zentrales menschliches Anliegen. Das größere Stück Kuchen des Bruders, die vom Lehrer wirklich oder vermeintlich bevorzugte Mitschülerin, der trotz gleicher Qualifikation höher entlohnte Kollege – wir alle kennen solche negativen Erfahrungen und Situationen, die als ungerecht empfunden werden. Ungerecht uns gegenüber, versteht sich, obwohl vielleicht noch andere davon betroffen waren. Tatsächlich scheinen viele Menschen ein eher egoistisch denn altruistisch motiviertes Gerechtigkeitsempfinden zu besitzen. Der Wunsch, gerecht zu handeln, ist meist weit weniger ausgeprägt als der nach entsprechender Behandlung. Aber was heißt eigentlich »gerecht«?

Der Begriff geht zurück auf alt- und mittelhochdeutsche Vorsilbenbildungen (*gireht* = gerade, aufrecht, richtig, rein; *gereht* = auf der rechten Seite befindlich, geschickt, passend) des Adjektivs »recht« (ahd./mhd. *reht*), das ursprünglich wiederum nichts anderes bedeutete als »geradegerichtet«.[1]

Gerecht und »richtig« wäre demnach, wie der Freiburger Psychoanalytiker Helm Stierlin in einem Aufsatz über Gerechtigkeit schrieb, was geradlinig erkennbar ist und »einen sozusagen geraden, direkt wahrnehmbaren Bezug zwischen Richtigem und Falschem, Rechtem und Unrechtem herstellte und erkennen ließ« (1992, S. 158f.). Die meisten Menschen tendieren allerdings dazu, für richtig oder falsch zu halten, was traditionell – also kulturell und religiös – »schon immer so war« und allgemein als wahr gilt. Die Vertreter der verschiedenen Religionen wiederum berufen sich auf die jeweils *eine* ewiggültige göttliche Wahrheit und Gerechtigkeit – obwohl sich alle voneinander unterscheiden.

Für die meisten Kirchenväter und Theologen war denn auch das eine ohne das andere überhaupt nicht denkbar. Wahre Gerechtigkeit konnte nur in Gottes Barmherzigkeit und Gnade zu finden sein. Das galt für den katholischen Scholastiker Thomas von Aquin wie für den protestantischen Kirchenreformer Luther, die beide zwischen der »justitia evangelica« und »justitia civilis« trennten. Auch der umstürzlerische Mönch erkannte letztere als maßgebend für das persönliche Verhalten, entsprechend der (äußeren) gesellschaftlichen Normen und Gesetze an. Ganz im Gegensatz übrigens zu seinem askesefanatischen Bruder im Geiste, dem Schweizer Reformator Johann Calvin, der Gerechtigkeit mit absolutem Gehorsam gegenüber dem Willen Gottes gleichsetzte.

Aber wie kann man überhaupt einen Gott für gerecht halten, wenn beispielsweise in der angeblich von ihm erschaffenen Welt Kinder, die auch im religiösen Sinn als unschuldig gelten, millionenfach verhungern, als Arbeitssklaven mißbraucht oder sexuell mißhandelt werden?

Wo war diese Gerechtigkeit, als Millionen von Juden ermordet wurden; wo danach, als viele der Mörder bis ins hohe Alter ihre »rechtmäßig« verdiente Staatspension und -rente verzehrten?

Die Liste solcher Fragen ließe sich nahezu beliebig verlängern. Kein Wunder, daß zu allen Zeiten eine Vielzahl von Menschen die

Gerechtigkeit Gottes in Zweifel zog. Der französische Marquis de Sade, in dessen Werken das Thema immer wieder auftaucht, ließ gleich mehrere seiner Figuren ein eindeutiges Urteil fällen: Diese Gerechtigkeit könne es gar nicht geben, da »Gott nur das Nonplusultra menschlicher Absonderlichkeit« und »ein Hirngespinst« sei (1995, S. 337).

Gott und die Existenz göttlicher Gerechtigkeit zu bezweifeln ist nicht schwieriger, als an beides zu glauben. Die verschiedenen Religionstheoretiker und -philosophen versuchten deshalb stets aufs neue zu erklären, weshalb die angeblich göttliche Weltordnung trotz ihrer eindeutig sichtbaren Mängel gerecht ist. Eines ihrer wichtigsten Argumente: Wer im irdischen Leben »sündenfrei« lebt, erhält für das erlittene Leid einen Ausgleich im Jenseits. Umgekehrt fallen die raffgierigen, verstockten oder gar verbrecherischen Sünder an jenem ominösen Ort der ewigen Verdammnis zum Opfer.

Da drängen sich die Fragen geradezu im Dutzend auf. Etwa: Ist subjektiv empfundenes Leid quantifizierbar und wer muß wieviel davon erdulden, um welchen Ausgleich zu erhalten? Oder: Ab wie vielen »Sünden« kann man so eben noch oder gerade nicht mehr der Verdammnis entgehen? Und wie gerecht ist letztlich eine Jenseitsverheißung, die beispielsweise einem General, der Tausende von Menschen in den Tod schickte, das Paradies verspricht, wenn er nur in der Sterbestunde seine Taten »bereut« und Gott um Vergebung bittet? Umgekehrt soll, wer sein Leben lang niemandem etwas zuleide tat, einer wie auch immer gearteten »Hölle« anheimfallen, nur weil er nicht an einen christlichen Gott glaubt?

Allein in der »Höllenstrafe« sah de Sade genügend Anlaß zum grundsätzlichen Zweifel: »Heißt es nicht unvernünftig reden, wenn man sagt, daß die Gerechtigkeit Gottes die ewige Strafe der Sünder und Ungläubigen verlangt? Ist die mit unverhältnismäßig großer Strenge vollführte Bestrafung eines Fehlers nicht viel eher ein Zeichen von Rachsucht und Grausamkeit als von Gerechtigkeit?« (1995, S. 327)

Daß die Hohepriester der Jenseitsversprechungen bei solchen und ähnlichen Fragen stets damit argumentierten, Gottes Gerechtigkeit sei eben nicht mit menschlichen Maßstäben zu messen, machte das Ganze nicht gerade glaubwürdiger. Verständlich, wenn der Atheist de Sade die Dogmen von Jenseits, Paradies und Hölle als »schreckliche Erfindungen religiöser Tyrannen« geißelt,

»die die Geister der Menschen zu ketten und unter dem despotischen Joche der Regierenden gebeugt zu halten beabsichtigen« (S. 336).

Manchen dieser »religiösen Tyrannen« muß man jedoch fairerweise bescheinigen, daß sie mit Hilfe ihrer Glaubenslehren auch für etwas mehr Gerechtigkeit im Irdischen sorgen wollten. Der bis heute in der katholischen Moraltheologie als Kardinaltugend verstandene Begriff galt in vielen anderen Religionen – so in der konfuzianischen oder israelitischen – stets auch als *ethisch*-religiöse Grundforderung. Ähnliches gilt für den Hinduismus. Der Glaube an die Wiedergeburt und das individuell unterschiedliche »Karma« des Menschen soll ebenfalls zu größerer Gerechtigkeit auf Erden beitragen, nach dem Motto: Wenn die Menschen wissen, daß ihre Sünden und schlechten Taten mit dem Tod nicht vorbei sind, sondern sie mit dieser Schuld, ihrem Karma, wiedergeboren werden, verhalten sie sich im Leben entsprechend verantwortungsvoll.

Leider funktioniert solch bestechend simple Logik in den konkreten Lebenszusammenhängen meist ebensowenig wie bei allen anderen Religionen. Eher im Gegenteil. Die Karma-Lehre zeichnet verantwortlich für das in Indien fortbestehende Kastensystem. Die sogenannten Unberührbaren, aber auch die Frauen zählen zu den Unterprivilegierten, die durch entsprechende »Fehlleistungen« in früheren Leben ihre jetzige Situation selbst zu verantworten haben. Derart »göttlich« entlastet, erübrigt sich für die politisch Verantwortlichen jede gesellschaftliche Veränderung. Soziales Unrecht wird entschuldbar.

Von der überirdischen Gerechtigkeit zum Rechtszustand

Auch die Philosophen überlegten immer wieder, wie das menschliche Miteinander gerecht zu regeln sei. Schon Platon arbeitete dafür in der »Politeia«, dem Dialog vom Staat, ein Modell aus. Seine Vorstellung beinhaltete ein straff organisiertes Gemeinwesen, in dem alle Beteiligten ihren vorherbestimmten Platz fanden. Dafür entwickelte er drei Stände, die den vermuteten drei Teilen der menschlichen Seele und den Kardinaltugenden entsprechen sollten.

Zum untersten Stand gehörten die Bauern, Handwerker und

Kaufleute, denen der antike Philosoph die Tugend der Besonnenheit zuordnete. Ihre Aufgabe bestand in der Versorgung aller Menschen im Staate.

Die Krieger als zweiter Stand waren für die Bewachung zuständig. Sie schützten das Staatswesen mit Mut und Tapferkeit nach innen und außen.

Dem philosophisch gebildeten und mit der Tugend der Weisheit ausgestatteten Herrschaftsstand schließlich gebührt die Regierungsgewalt. Sie wird nach den Prinzipien der Vernunft und vor allem der Gerechtigkeit ausgeübt. Als Grundwert und allen anderen übergeordnete Tugend soll diese für Harmonie zwischen den drei Ständen sorgen, denn trotz unterschiedlicher Rechte und Pflichten der Einzelnen steht allen Menschen der gleiche Anspruch auf →Glück zu.

Diese vermeintlich positive Gesellschaftsutopie erinnert heute eher an eine Diktatur. Eine, in der, wie Karl Popper 1980 ausführte, alles ausgeschlossen blieb (unter anderem die Künste), was Neuerungen ermöglichte hätte.

Auch Aristoteles, der Platons Lehre übernahm, hielt Gerechtigkeit für die wichtigste aller Tugenden. Gleichwohl schränkte er ihre allumfassende ethische Gültigkeit ein, indem er sie näher bestimmte und dem Verhalten der Mitmenschen zuordnete. Er differenzierte zwischen einer ausgleichenden, Gesetze und Verträge betreffenden und einer »austeilenden«, auf das Zusammenleben der Gemeinschaft bezogenen Gerechtigkeit. Oberster Maßstab sollte stets das Prinzip der Gleichheit sein: »Es ist Gerechtigkeit eine Tugend, durch die jeglicher das Seinige erhält und wie es das Gesetz angibt. Ungerechtigkeit dagegen ist es, wodurch einer fremdes Gut erhält und nicht nach dem Gesetz« (Aristoteles, Rhetorik I, 9). »Jedem das Seine«, ein Zitat, das wegen seiner zynischen Verwendung durch die Nationalsozialisten[2] in Verruf geriet, wurde zu Aristoteles' Zeiten ohnehin anders verstanden als heute. Es galt nur dem männlichen Bürger, der bestimmte Rechte und Pflichten besaß. Frauen, Kinder und Sklaven hatten keine eigenständigen Rechtsansprüche – sie gehörten ja ihrem Besitzer.

Durch Thomas von Aquin fanden die beiden aristotelischen Grundformen der Gerechtigkeit als »justitia distributiva« und »justitia commutativa« Eingang in die Tradition. Sie prägten das Gerechtigkeitsdenken bis in die Renaissance hinein. Für die von »Gottes Gnaden« berufene und bestimmte weltliche Obrigkeit galt deshalb die Aussage »justitia fundamentum regnorum« (Gerechtigkeit, das Fundament der Könige) als Kernsatz abendländischer Rechtstradition. Erst Niccolo Machiavelli (1469-1527) begann dieses »Fundament« zu untergraben.

Der langjährige florentinische Spitzendiplomat verlor 1513 sein Amt, als er zu Unrecht in den Verdacht einer Verschwörung gegen die Medici geriet. Im politischen Abseits seines Landgutes avancierte er zum Rechtsphilosophen wider Willen. In dem 1532 veröffentlichten Werk »Il Principe« (Der Fürst) propagierte er das politische »Recht des Stärkeren«. Die Herrschaft eines »starken Mannes« (oder einiger weniger) über die gesamte Gesellschaft bedurfte damit nicht länger »göttlicher« Legitimation. Und was die Tugenden anbetraf – Machiavelli war überzeugt, daß der (Herrschafts)Zweck die Mittel heilige. Grausamkeit, Lüge und Heuchelei galten ihm geradezu als Regierungsvoraussetzung. Es könne nur mit Gewalt und List regiert werden, da die Menschen von Natur aus »undankbar, unberechenbar und falsch« seien.

Machiavellis menschenverachtende Zynismen finden bis heute offene Ohren. Neuzeitliche Diktatoren wie Stalin, Mussolini, Hitler oder Pol Pot gehörten ebenso zu seinen überzeugten Anhängern wie mancher »demokratisch« legitimierte Politiker. Nicht zuletzt beruht das von allen modernen Regierenden gepflegte Verständnis des Begriffs »Staatsräson« auf den Thesen des florentinischen Herrschaftstechnokraten.

Den absolutistischen Machtansprüchen von Gottes oder Machiavellis »Gnaden« bereitete die Französische Revolution 1789 ein jähes Ende. In ihren Wirren wurde – Ironie der Weltgeschichte – ausgerechnet das Grab eines Mannes zerstört, der zu ihren geistigen Wegbereitern zählte: Charles de Secondat Montesquieu. Der adelige Staatstheoretiker und Moralphilosoph, Anhänger einer aufgeklärten Monarchie nach britischem Vorbild, brachte erstmals Begriffe wie »Verfassung«, »Mehrheitswille« oder »gesetzgebende/ausführende Gewalt« in die öffentliche Diskussion ein. Montesquieu, der Gerechtigkeit als »gut für das Volk« erachtete, gilt mit seiner Konzeption der Gewaltenteilung als Urahn aller demokratischen Verfassungsstaaten. Der erste Kommentator der nordamerikanischen Verfassung bezog sich sogar ausdrücklich auf ihn.

Mehr Anerkennung als der letzten Ruhestätte Montesquieus wurde der eines anderen wichtigen Wegbereiters der Französischen Revolution zuteil: Jean-Jacques Rousseaus Grab in Ermenonville sowie das Pariser Panthéon, wohin 1794 sein Sarkophag überführt wurde, entwickelten sich zum regelrechten Wallfahrtsort. Nicht nur sein glühender Verehrer Maximilien de Robespierre pilgerte mehrfach dorthin, sondern makabrerweise auch dessen Opfer Marie Antoinette (und später unter anderen Napoleon I. und Benjamin Franklin).

In der Gegensätzlichkeit seiner Anhänger spiegelt sich letztlich die grundsätzliche Widersprüchlichkeit[3] des wichtigsten Vertragstheoretikers der Philosophiegeschichte wider. Während Rousseau einerseits dem Ideal des Naturmenschen (homme naturel) anhing, propagierte er andererseits den Bürger (citoyen), dessen Leben gesellschaftsvertraglich geregelt ist. Die entsprechende Vertragstheorie hatte er in seinem 1762 erschienenen Buch »Vom Gesellschaftsvertrag oder Prinzip des Staatsrechts« entwickelt. Damit beeinflußte er nicht nur die Französische Revolution, sondern auch die späteren Rechtsphilosophien von Kant, Fichte, Hegel bis hin zu Marx.

Rousseaus Ziel war, die größtmögliche Freiheit des Einzelnen in Harmonie mit der Gemeinschaft zu garantieren. Eine Paradoxie, die er durch die freiwillige Anerkennung bestimmter Regeln aufzulösen suchte: Die einzelnen Menschen schließen sich in einem ursprünglichen Vergesellschaftungsakt (contrat social) zu einem gemeinsamen Ich (moi commun) und einem gemeinsamen Willen (volonté général) zusammen. Der Einzelne ordnet sich diesem Gemeinwesen freiwillig unter. Dafür garantiert der so entstandene Staat die Freiheit jedes Individuums.

Rousseaus Überlegungen beruhten auf der theoretischen Konstruktion eines (paradiesischen) Urzustandes, von dem sich die Menschen im Laufe ihrer Entwicklung immer mehr entfernt hätten. Auch bei anderen Vertragstheoretikern wie Hobbes, Locke oder Hume spielte dieser angenommene Naturzustand eine wesentliche Rolle. Für alle führte er zu einer kulturpessimistischen Grundüberzeugung: Ein ungeregeltes positives Zusammenleben (Hobbes: Der Mensch ist des Menschen Wolf[4]) sei überhaupt nicht vorstellbar. Dafür könnten nur Verträge und Gesetze sorgen, die zum Aufbau einer gerechten Gesellschaft führten.

Das klingt höchst »vernünftig« und unterscheidet sich auf den ersten Blick erheblich von Machiavellis Ansichten, die Jean-Jacques Rousseau mit dem Hinweis moniert hatte, daß »der

Stärkste [...] niemals stark genug (sei), immer Herr zu sein, wenn er nicht Gewalt in Gerechtigkeit umwandelt und Gehorsam in Pflicht.« Und doch – in letzter Konsequenz verweisen auch die Vertragstheorien wieder auf den Florentiner. Genau wie er gingen viele ihrer Vertreter davon aus, »daß der Mensch egoistisch ist« und daß es »keine Grenzen für das Bedürfnis des Menschen nach Dingen oder nach Macht gibt« (zit. n. Gunnar Skirbek/Nils Gilje, Bd. I, S. 278). Weshalb sollten solche Menschen freiwillig Verträge und Gesetze beachten, die ihnen individuellen Verzicht abverlangten, wenn nicht jemand (der Fürst) oder etwas (der Staat) über genügend Macht verfügte, Verstöße zu sanktionieren?

Daß die idealtypische Vorstellung vernunftgeleiteter, freiwilliger und gerechter Selbstbeschränkung auch bei ihren Schöpfern auf innere Zweifel stieß, bewies gerade Rousseau. Sein Staatsideal beinhaltete auch eine gemeinsame Staatsreligion. Eines ihrer wenigen Dogmen sollte die absolute Heiligkeit – und damit wiederum eine Art Gottgegebenheit – von Gesellschaftsvertrag und Gesetzen beinhalten.

Freiheit und Gerechtigkeit

Das Problem der Gerechtigkeit ist auch im 20. Jahrhundert ungelöst und wird bis heute immer wieder diskutiert. Einen Tag nach Beginn des – formaljuristisch betrachtet – völkerrechtswidrigen Angriffskrieges[5] der NATO gegen Jugoslawien wies Gregor Gysi, Fraktionsvorsitzender der linksgerichteten PDS, den deutschen Bundestag darauf hin: »Die Menschenrechte müssen universal gelten«. Mit dem monolithischen Appell reagierte er auf die veröffentlichte Meinung und die zweifelhafte Einigkeit seiner Parlamentskolleg(inn)en. Danach galt es – Völkerrecht hin oder her –, die Unterdrückung der Kosovo-Albaner durch die serbische Zentralgewalt zu beenden und laut offizieller Sprachregelung »eine humanitäre Katastrophe«[6] zu verhindern. Gysi stellte die nur allzu berechtigte Frage, weshalb USA und NATO jahrzehntelang die Unterdrückung der schwarzen Bevölkerungsmehrheit durch das weiße Apartheidsregime in Südafrika toleriert hätten oder – ganz gegenwartsbezogen – nicht beim NATO-Partnerland Türkei gegen die Unterdrückung der kurdischen Minderheit vorgingen?

Selbstverständlich dürfte diese Kritik des PDS-Vorsitzenden

stark parteipolitisch motiviert gewesen sein. Dennoch deckt sie exemplarisch die grundsätzliche philosophische Problematik des Themas Gerechtigkeit auf: Gibt es universell gültige und jederzeit einklagbare Normen und Regeln (wie etwa die allgemeinen Menschenrechte) oder muß nicht vielmehr in jedem Einzelfall neu entschieden werden? Ist Gerechtigkeit eine abstrakte, jederzeit berechenbare und damit nahezu mathematische Größe oder müssen wir sie kurzerhand aus unserem Denken streichen und statt dessen durch Begriffe wie »Fürsorge« und »Mitgefühl« ersetzen?

Fragestellungen und Positionen, wie sie gegensätzlicher kaum sein können. Und doch markieren sie nur die Pole, zwischen denen sich die neuzeitliche Gerechtigkeitsdebatte bewegt.

Zu den Geisteswissenschaftlern, von denen sie in den letzten zwei Jahrzehnten maßgeblich geprägt wurde, gehört der amerikanische Philosoph John Rawls. Seine umfassende »Theorie der Gerechtigkeit« (1979) lieferte den Anstoß für unzählige weitere Texte und Diskussionsbeiträge. Rawls teilt die Moralphilosophie in zwei Bereiche: In der moralischen Erkenntnistheorie geht es um die Bedeutung und Rechtfertigung moralischer Urteile, der zweite Bereich umfaßt den Aufbau und die Gestaltung moralischer Vorstellungen. Wie sind grundlegende Prinzipien und Maßstäbe zu formulieren, die das Zusammenleben freier Bürger und Bürgerinnen in einer politischen Gemeinschaft legitimieren können?

Statt einer Theorie des Gesellschaftsvertrages propagiert der Amerikaner »Gerechtigkeit als Fairneß« (1977). Sein Grundgedanke lautet, »daß die ersten Grundsätze der Moral die Prinzipien sind, auf die rationale Wesen sich vernünftigerweise als grundlegenden öffentlichen Vertrag über alle ihre wechselseitigen Beziehungen einigen können [...]«. Dahinter steht die Idee grundsätzlicher gegenseitiger Fairneß, denn wer »Vorteile und Rechte einer politischen Ordnung genießt und verlangt, hat auch die damit verbundenen Aufgaben und Pflichten zu erfüllen« (ebd., S. 11).

Im Gegensatz zum Utilitarismus gilt hier nicht das Maximum an Nützlichkeit für die Allgemeinheit (»es geht allen immer besser«) als Maßstab, sondern die Mitglieder einer politischen Gemeinschaft haben gleichermaßen deren Vorteile und Lasten zu tragen. Dabei steht für Rawls fest, daß jedes Individuum die größtmöglichen Freiheiten und Rechte erhalten muß, um sein Leben zu gestalten. Dazu gehören das Recht auf freie Meinungsäußerung, auf persönliches Eigentum, politische Mitbestimmung und gleiche Chancen auf Ausbildung und Arbeit. Diese Freiheiten dürfen nur eingeschränkt werden, wenn die Rechte anderer Menschen in Gefahr sind.

Solche Gerechtigkeitsprinzipien weisen Rawls als Vertreter eines liberalen und sozialen Rechtsstaats auf der Grundlage von Demokratie und freier Marktwirtschaft aus. Die »liberale Gleichheit« ist für ihn ein leitender Begriff. Normen sind demnach nur legitim, wenn sie frei von willkürlichen Unterschieden alle Menschen gleich behandeln. Unter dieser Voraussetzung könnten sie dann auch von allen freien und gleichen Personen aus Vernunftgründen akzeptiert werden.

Wie wenig dies in der Praxis funktioniert, hat die Menschheitsgeschichte hinlänglich bewiesen. Legt man Rawls' Maßstäbe zugrunde, müßte beispielsweise das für alle gültige und wohl von den meisten Bundesbürger(inne)n freiwillig akzeptierte Mord- und Totschlagsverbot in der deutschen Gesetzgebung als illegitim definiert werden. Die Frankfurter Rechtsprofessorin Dagmar Oberlies (1995) untersuchte über mehrere Jahre hinweg zahlreiche Tötungsdelikte unter Beziehungspartnern. Dabei machte sie eine höchst bedenkliche Feststellung: Männer erhalten bei Tötung ihrer Ehefrau oder Verlobten in aller Regel vor Gericht mildernde Umstände eingeräumt. Sie werden so gut wie nie wegen Mordes und damit zu lebenslänglicher Haft verurteilt. Im umgekehrten Fall wird den Täterinnen fast immer »Heimtücke« unterstellt. Dadurch ist die rechtliche Voraussetzung für die dann stets erfolgte Verurteilung zu »lebenslänglich« gegeben.

Dies zeigt, daß John Rawls' Überlegungen eine Frage nicht beantworten: Ob und welche Unterschiede zwischen den Menschen (Geschlecht, Herkunft oder besondere Fähigkeiten) trotz aller Eindeutigkeit von Regeln und Gesetzen gerechtigkeitsrelevant werden. Darüber hinaus beweisen vergangene und gegenwärtige Erfahrungen, daß sich die Beurteilung dieser Frage unter bestimmten historischen Voraussetzungen verändern kann. So war noch vor wenigen Jahrzehnten die Unterdrückung von Frauen oder Menschen mit anderer Hautfarbe in den meisten Ländern der Welt gesetzlich sanktioniert und – oft sogar von den Betroffen selbst – akzeptiert.

Rawls' erstes Gerechtigkeitsprinzip verlangt die größtmögliche →Freiheit für alle: Die Abschaffung der Sklaverei und der Leibeigenschaft, sowie jedweder Verfolgung aus rassischen, politischen und sonstigen Gründen. Andererseits läßt er Ungleichheiten jedoch ausdrücklich zu, wenn sie sich aus unterschiedlichen natürlichen und sozialen Startchancen ergeben und nur im wirtschaftlichen und sozialen Raum wirksam sind. Allerdings sollten dann – etwa im Bildungsbereich – von der Gemeinschaft Voraussetzungen geschaffen werden, um ein derartiges Handicap ausgleichen zu können. Dies unterscheidet ihn von der utilitaristischen Theorie, in der nur die größte Summe der Bedürfnisbefriedigungen in einer Gesellschaft zählt, unabhängig davon, wie diese auf die einzelnen Mitglieder verteilt ist.

Dennoch leidet Rawls' Gerechtigkeitsmodell an einem grundsätzlichen Manko: Der Abstand zwischen Arm und Reich vergrößert sich dabei stetig, sowohl innerhalb der Gesellschaft wie auch im globalen Maßstab, auf Länderebene. Dies hält der Amerikaner unter einer Bedingung für akzeptabel: Die jeweils unterste Gesellschaftsschicht (beziehungsweise das ärmste Land) darf nicht schlechter gestellt sein, als es in jedem anderen bekannten System der Fall wäre. Daß damit jedoch bereits das Modell einer gerechten Gesellschaft gegeben ist, dürften allenfalls Zyniker behaupten.

Wie bei allen Vertragstheoretikern, spielt auch für John Rawls der menschliche »Naturzustand« eine zentrale Rolle. Er charakterisiert ihn als Lebensweise, in der willkürliches Handeln wechselseitige Interessenkollisionen zwischen den Menschen verursacht. Gleichzeitig fehlt es an einem kompetenten »Richter«, der solche Streitfälle beilegen könnte. Mit Hilfe einer Spieltheorie demonstriert der Philosoph, wie rational am Eigeninteresse orientierte Egoisten ihre unterschiedlichen Ansprüche gegenseitig geltend machen. Darin sieht er die Voraussetzung für wechselseitige Verträge, denen die Wahl der für alle Beteiligten besten Möglichkeit zugrundeliegt. Dies setzt jedoch als »spieltheoretische« Annahme einen Zustand »ursprünglicher Gleichheit« – den Naturzustand eben – zwingend voraus. Rawls prägte dafür den Begriff »Schleier der Unwissenheit«. Dank dieses hochgeistigen Taschenspielertricks findet die »Wahl der für alle besten Möglichkeit« nunmehr unter der Prämisse statt, daß sich alle Beteiligten über ihren gesellschaftlichen Status im unklaren befinden – also auch real »gleich« sind. Die Wählenden sind nicht länger Subjekte, sondern verfügen über eine Art Gattungsidentität, die Gewähr bieten soll, daß die Wahl nicht ausschließlich vom persönlichen Vorteil bestimmt wird. Was schon in der Theorie höchst gewagt klingt, dürfte in der Praxis erst recht zum Scheitern verurteilt sein. Wann in der Geschichte hätten sich Menschen je von derart ideal zurechtgedachten Konzepten leiten lassen?

Die Theorie der Ungerechtigkeit

Die amerikanische Philosophin Judith Nisse Shklar griff mit ihrer Publikation »Über Ungerechtigkeit« 1992 in die Debatte zwischen Liberalisten wie John Rawls und Kommunitaristen wie Michael Walzer (→Ethik) ein. Das ebenso naheliegende wie ungewöhnliche Stichwort war bis dato in keinem philosophischen Wörterbuch vertreten, da alle Philosophen davon ausgingen, »Ungerechtigkeit« sei lediglich eine Negation der Gerechtigkeit.

Anders die Amerikanerin. Ihre Theorie setzt an der üblichen definitorischen Trennung zwischen Ungerechtigkeit und Unglück an. Letzteres wird in der Regel als vom menschlichen Handeln und Wollen unabhängiges Ereignis begriffen. Shklar behauptet dagegen, »daß die Trennungslinie zwischen Ungerechtigkeit und Unglück auf einer politischen Entscheidung beruht. Sie folgt keiner einfachen Regel, die wir als gegeben hinnehmen können« (S. 14). Im Klartext: Die Bezeichnung eines Geschehnisses als Unglück soll häufig verschleiern, daß es sich in Wahrheit um eine von menschlichen Interessen bestimmte Ungerechtigkeit handelt.

Ein Blick in die Geschichte belegt dies. In den USA galt es jahrzehntelang schlicht als Unglück, mit schwarzer Hautfarbe geboren zu sein. Der Glaube an eine quasi gottgewollte natürliche Überlegenheit der weißen Rasse verhinderte eine simple Einsicht: Jede Diskriminierung und Unterdrückung ist von Menschen verursachtes Unrecht. »Einiges, was in der Vergangenheit ein Unglück war, ist heute eine Ungerechtigkeit«, schreibt Shklar dazu, »etwa Kindersterblichkeit oder Hunger, die hauptsächlich durch öffentliche Korruption und Gleichgültigkeit verursacht werden« (ebd.).

Selbst die bei Naturkatastrophen gern zitierte Unglücksursache der »höheren Gewalt« hält einer genaueren Überprüfung oft nicht stand. Viele beruhen auf unbedachten oder rücksichtslosen Eingriffen des Menschen in natürliche Abläufe und Zusammenhänge. So führen Flußbegradigungen und die fortschreitende Zerstörung der flußnahen Auenlandschaften in immer kürzeren Abständen zu fatalen Überschwemmungen. Die ungezügelte Ausbreitung des Wintersporttourismus wiederum schädigt Schutzwälder und verwandelt bisher lawinensichere in zunehmend risikogefährdete Gebiete.[7] Und selbst unvorhersehbare Erdbeben erreichen ihr meist katastrophales Ausmaß oft erst durch menschliches Handeln. So stürzten im August 1999 bei einem schweren Erdbeben in der Westtürkei (über 17 000 Tote) vor allem jene Wohnblocks ein, in denen die ärmeren Bevölkerungsschichten hausten. Die Gebäude waren von Spekulanten aus Profitgründen teilweise unter Mißachtung teurer gesetzlicher Bauauflagen errichtet worden.

Für Judith Shklar steht fest, daß die Unterscheidung zwischen Unglück und Ungerechtigkeit, die Bereitschaft, »im Interesse der Opfer zu handeln, anzuklagen, zu helfen und zu lindern [...]«, schwinden läßt (S. 9). Die entsprechende Definition hinge ohnehin auch davon ab, ob wir uns mit dem Opfer oder mit dem Täter identifizieren. Zu jedem Opferstatus gehöre ein »unhintergehbares, subjektives Moment«. Die Frage »Warum trifft es gerade mich?« müsse ernst genommen werden, denn daran bemesse sich die Gerechtigkeit in einer Gesellschaft: Wie geht sie mit den Opfern um? Um Ungerechtigkeiten zu erkennen und möglichst zu beseitigen, müsse genau diese Perspektive in den Mittelpunkt gestellt werden. Und auch daran mangele es früheren Gerechtigkeitstheorien, denn nicht nur Aristoteles hatte vor allem die Täterperspektive im Blick.

Die Amerikanerin will nicht alle rechtlichen Regelungen und Normen der Gesellschaft in Frage stellen. Sie wendet sich aber gegen die »selbstzufriedene Auffassung von Ungerechtigkeit und das Vertrauen in die Fähigkeit der Institutionen, dem Unrecht gewachsen zu sein« (S. 36). Sie vertritt die These, daß keine Einigkeit über das Wesen der Gerechtigkeit besteht, denn jedes Rechtssystem verkörpere immer nur eine bestimmte Auffassung von Gerechtigkeit.

Eine Ansicht, die sich bereits durch einen eher beiläufigen Blick in die jüngste deutsche Geschichte untermauern läßt. Ein Jahr nach dem Zusammenbruch des – so die veröffentlichte Politikermeinung – »Unrechtsregimes« in der ehemaligen DDR wurde neben verschiedenen anderen hohen Repräsentanten auch der ehemalige Staatsratsvorsitzende Erich Honecker unter Anklage gestellt. Einer Verurteilung wegen des berüchtigten Mauer-Schießbefehls gegen sogenannte »Republikflüchtlinge« entging er lediglich aufgrund einer schweren Krebserkrankung, die zu einer Einstellung des Verfahrens führte. Was jedoch in den alten Bundesländern als Verbrechen gegen die Menschlichkeit angesehen wurde, galt im Rechtssystem der DDR als legitimer Schutz staatlicher Interessen.

Konnte man bei diesem Verfahren auf der Grundlage unseres westlich demokratisierten Rechtsempfindens – was allerdings bereits eine gewisse Einschränkung bedeutet – noch verhältnismäßig einfach auf der »gerechten Seite« Stellung beziehen, ist dies im Fall des NATO-Kriegs gegen Jugoslawien schier unmöglich. Handelte es sich bei der Vertreibung der Kosovo-Albaner durch das serbische Jugoslawien wirklich um die von Bundesverteidigungsminister Rudolf Scharping zur Rechtfertigung zitierte[8] »beispielloseste Unmenschlichkeit seit Ende des zweiten Weltkrieges«?

Wohl kaum. Die Liste ähnlich barbarischer Ungeheuerlichkeiten ist lang. Stellvertretend erinnert sei hier nur an die systematische Ermordung von über zwei Millionen Kambodschanern durch das Pol-Pot-Regime, die Schlächtereien Idi Amins in Uganda oder, in jüngerer Zeit, das Massenmorden der Tutsi an den Hutu in Ruanda. In all diesen Fällen griffen die USA und ihre Verbündeten nicht ein. In anderen waren sie sogar Mitverursacher – so die USA beim Militärputsch in Chile – oder stillschweigende Unterstützer von Verbrechen gegen die Menschlichkeit, wie die NATO im Fall ihres Partnerlandes Türkei und der dortigen Kurdenunterdrükkung.

Aber selbst wenn Scharping und andere westliche Politiker mit ihrer vor allem auf Beeinflussung der öffentlichen Meinung ausgerichteten Propaganda recht gehabt hätten: Ist ein völkerrechtswidrig geführter Bombenkrieg schon deshalb gerecht(fertigt), weil er Ungerechtigkeit zu bekämpfen vorgibt?

Wie fragwürdig Rechts- und Gerechtigkeitsauffassungen grundsätzlich sind, beweist auch die Tatsache, daß selbst innerhalb eines Gesellschaftssystems gegensätzliche Positionen nebeneinander Rechtsgültigkeit erlangen können. So wurde 1996 in den USA der ehemalige Footballstar und Schauspieler O. J. Simpson von einem Geschworenengericht vom Verdacht des Mordes an seiner Frau und deren Geliebten rechtskräftig freigesprochen. Nur wenig später sprach ihn ein Zivilgericht – ebenfalls rechtskräftig! – schuldig und verurteilte ihn zu Schadenersatzzahlungen in Millionenhöhe an die Familien der Opfer. In Deutschland wiederum wiesen Gerichte in mehreren Bundesländern Einsprüche gegen die von den Kultusministern der Länder eingeführte Rechtschreibreform zurück. In zwei weiteren Fällen wurde sie allerdings mit sofortiger Wirkung gestoppt. Und in Schleswig-Holstein kippte gar ein Volksentscheid das neue Regelwerk, mit der grotesken Folge, daß an den Schulen dieses Bundeslandes vorübergehend eine andere Rechtschreibung unterrichtet wurde als im Rest der Republik.

Aber auch noch ein anderer Aspekt des Themas Gerechtigkeit verlangt kritisches Hinterfragen. Judith Shklar thematisiert diesen in der Philosophie sonst eher vernachlässigten Gesichtspunkt: »Ungerechtigkeit gedeiht nicht nur, weil die Regeln der Gerechtigkeit tagtäglich von ungerechten Menschen verletzt werden. Die passiven Bürger, die sich von wirklichen und potentiellen Opfern abwenden, tragen ihren Teil zur Summe des Unrechts bei« (S. 69).

Diese »passive Ungerechtigkeit«, deren »universale Vorherrschaft« (S. 70) schon einmal von Cicero ausführlich beleuchtet wurde,[9] »bezieht sich auf unsere öffentlichen Rollen und ihren politischen Kontext – darauf, Bürger in einer konstitutionellen Demokratie zu sein« (S. 71). Sie beschreibt das Versagen der Einzelnen, die »ihre Augen vor kleinen alltäglichen Ungerechtigkeiten verschließen«, und unterscheidet sich in nichts vom aktiven ungerechten Handeln. Mehr noch: »Der passiv ungerechte Mensch [...]«, konstatiert Shklar, »versagt in seiner Eigenschaft als Bürger« (S. 72).

Ein Versagen, das auch jenen Frauen angelastet werden muß, die in den bürgerlichen Demokratien alle mit ihrer Rolle verbundenen Ungerechtigkeiten stillschweigend hinnehmen. Erst recht, da Gerechtigkeit keine absolut feststehende Größe ist, sondern abhängig von der Machtverteilung in einer Gesellschaft. »In Wirklichkeit«, konstatiert Shklar, »gehört der gültige Sinn für Gerechtigkeit denen, die sich durchsetzen können«[10] (S. 174).

Tatsächlich hatte das Unrechtsempfinden von Frauen jahrhundertelang keinerlei gesellschaftliche Bedeutung. Begehrten sie gegen offensichtliche Ungerechtigkeiten auf, so hielt man sie für »Exzentrikerinnen, unfähig, die wissenschaftliche Realität oder die anerkannten Regeln zu verstehen. Weil sie isoliert waren und keinen politischen Einfluß und kein Ansehen besaßen, zählten ihre Stimmen nicht« (ebd.). Heute dagegen ist es in vielen Ländern nicht länger ein bloßes Unglück, als Frau geboren zu werden.

Dazu haben die Beharrlichkeit und die Emanzipationsbestrebungen einzelner Frauen beigetragen. Zahlreiche Änderungen von Gesetzen, Vorschriften und gesellschaftlichen Regeln sind ihrem Wirken zu verdanken. Judith Shklar sieht darin »ein Beispiel für eine rechtswirksam gewordene Unrechtsempfindung« (ebd.).

Natürlich läßt sich in keiner Gesellschaft sämtliches Unrecht verhindern. Noch jede Gesetzesänderung, mit der Verbesserungen erreicht wurden, schuf zugleich neue Ungerechtigkeiten. Für die amerikanische Philosophin kann deshalb die handlungsleitende Frage nur lauten: »Wieviel Ungerechtigkeit ist unvermeidlich und wieviel ist menschlichen Entscheidungen und Handlungen geschuldet?« (S. 203) Ihre Position erweist sich so als die einer skeptischen Liberalistin, die Kritik übt an den beiden einflußreichsten Modellen, von denen die amerikanische Gerechtigkeitsdiskussion derzeit maßgeblich bestimmt wird: dem liberalistischen und dem kommunitaristischen Konzept.

Gerechtigkeit, Recht und Gewalt

Nicht nur Judith Shklar und viele feministische Philosophinnen stellen die tradierten Werte und Normen der abendländischen Kultur in Frage. Jacques Derrida, federführender Mitbegründer des unabhängigen Collège International de Philosophie in Paris, hält nichts von einer allgemeingültigen Gerechtigkeit. Sie stellt für ihn ein ewiges Paradoxon dar, das in die Ausweglosigkeit (Aporie) führt: Gerechtigkeit benötigt Freiheit, da nur freie Wesen in der Lage sind, gerecht oder ungerecht zu handeln – und dennoch muß ihre Ausübung in Gestalt des Rechts geregelt und berechenbar sein. Ein unauflösbarer Widerspruch, der sich in der Figur des Richters personifiziert. Er muß sich im Augenblick des Urteilens dem Gesetz verpflichtet fühlen – womit er sich einer Regel unterwirft. Gleichzeitig soll er jedoch völlig frei, unabhängig und nur seinem Gewissen verpflichtet eine gerechte Entscheidung treffen. Das Gesetz muß also gleichzeitig erfüllt und zerstört, genauer: immer wieder erneuert werden, da jeder abzuurteilende Fall individuell einmalig ist und keinerlei Allgemeingültigkeit beanspruchen darf. Gerechtigkeit – nicht mehr als eine Schimäre?

Ein Trugbild immerhin, das einklagbar sein muß. Während die Übertretung bloßer moralischer Gebote (»Du sollst nicht lügen!«)

nicht justitiabel ist, hätte kaum jemand dafür Verständnis, wenn ertappte Diebe, Betrüger oder gar Mörder ihrer »gerechten Strafe« entgingen. Sie zu vollstrecken, bleibt allerdings dem Staat überlassen. Und spätestens hier zeigt sich, daß eine enge Verbindung zwischen Gerechtigkeit, Recht und Gewalt existiert, der in der philosophischen Diskussion noch nicht genügend Aufmerksamkeit zuteil wurde.[11]

Tatsächlich steht und fällt die Durchsetzung des Rechts auf Strafe mit der Existenz staatlicher Macht. Die jedoch orientiert sich keineswegs grundsätzlich am Prinzip der Gerechtigkeit, wie weltweit zahlreiche Diktaturen beweisen. Auch sie verfügen in der Regel über ein – wie auch immer geartetes – Rechtssystem. Dennoch sind dort Folter und Ermordung mißliebiger Gegner an der Tagesordnung. In manchen Staaten zählen sie so sehr zum politischen Alltag, daß der Asylantrag eines Kurden vom Verwaltungsgericht Ansbach (Bayern) mit der Begründung abgewiesen wurde, Folter gehöre eben zum »Kulturgut« der Türkei.

Jacques Derrida analysiert und dekonstruiert[12] solche Zusammenhänge in seinem Text über die »Gesetzeskraft« (1991). Die Nähe zwischen Macht und Gewalt manifestiert sich besonders deutlich im Englischen: »To enforce the law« oder »enforceability of the law«, bedeutet das Gesetz durchsetzen beziehungsweise erzwingen. Unüberhörbar schwingt im Wort »force« die Androhung von Gewalt mit. Für Derrida heißt dies, »daß es kein Recht gibt, das nicht in sich selbst, a priori, in der analytischen Struktur seines Begriffs die Möglichkeit einschließt, ›enforced‹, also mit oder aufgrund von Gewalt[13] angewendet zu werden« (S. 12). Das fordert eine andere Frage geradezu heraus: Wie kann unter solchen Voraussetzungen überhaupt noch zwischen der Gewalt des Gesetzes (Gesetzeskraft) und der als ungerecht geltenden Gewalttätigkeit im Sinn des englischen Begriffs »violence« unterschieden werden?

Im deutschen Wort »Gewalt« kommt die gesetzgebende Kraft, die Staatsgewalt und die Gewalttätigkeit gleichermaßen zum Ausdruck. Mit Hilfe seiner dekonstruktivistischen Lektüre von Walter Benjamins Text »Zur Kritik der Gewalt« stellt Derrida die These auf, daß Gerechtigkeit nicht zu objektivieren ist. Niemand kann sagen, »dies ist gerecht«, geschweige denn »ich bin gerecht«, ohne bereits die Gerechtigkeit und das Recht verraten zu haben, da für erstere kein objektiver Maßstab existiert. Außerdem behauptet er damit ein ihm nicht gegebenes Gewaltmonopol, denn laut Derrida stellte schon Blaise Pascal in den »Pensées« (Nr. 298) fest: »Die Gerechtigkeit ohne Kraft (Gewalt) ist kraftlos, ohnmächtig [...] Gerechtigkeit ohne Kraft (Gewalt) wird nicht anerkannt, weil es immer Bösewichte gibt; Kraft (Gewalt) ohne Gerechtigkeit wird angeklagt. Man muß also Gerechtigkeit (Gewalt) und Kraft zusammenstellen, damit was stark und kräftig auch gerecht und angemessen ist.«[14]

Gerechtigkeit, Solidarität und Fürsorge

Die Alternative ist so eindeutig wie schrecklich: In einem Rettungsboot mit drei Insassen haben nur zwei eine Überlebenschance – oder es kommen alle um. Gibt es in dieser Situation moralisch gerechtfertigte Gründe, daß jemand entscheidet, wer zum Sterben verurteilt ist?

Ausgehend von solchen und ähnlichen angenommenen Dilemmata entwarf der amerikanische Entwicklungspsychologe Lawrence Kohlberg die nach ihm benannte sechsstufige Moralskala (→Ethik). Sie gilt bis heute als – wenn auch umstrittenes – entwicklungslogisches Stufenmodell für die Entstehung moralischer Urteilsfähigkeit.[15]

Daß Kohlbergs erfundene Ethikzwickmühlen nicht so weltfremd sind, wie sie zunächst scheinen, beweist die jüngste Vergangenheit. Den monatelangen NATO-Luftkrieg gegen Jugoslawien begründeten führende Politiker des westlichen Verteidigungsbündnisses mit einer vergleichbaren Konstruktion: Um die durch drohende Massenvertreibungen gefährdeten Menschenrechte der albanischen Minderheit im Kosovo zu schützen, sei es nötig, ganz Jugoslawien zu bombardieren, sprich – die Menschenrechte der dortigen Zivilbevölkerung gröblichst zu verletzten. Welch verheerende Konsequenzen solche hanebüchenen Alternativen bei ihrer Verwirklichung nach sich ziehen, zeigte dieser Krieg auf erschreckende Weise. Die Vertreibungen fanden dennoch statt, und zusätzlich beherrschten Tod und Zerstörung die jugoslawischen Städte.

Schon allein deshalb gebührt Carol Gilligan Dank. Die ehemalige wissenschaftliche Mitarbeiterin Kohlbergs löste in den achtziger Jahren eine bis heute andauernde Debatte über dessen moralisches Schema aus (→Ethik). Sie kritisierte unter anderem, daß darin Begriffe wie Fürsorge (care) oder Sympathie völlig unberücksichtigt blieben und der »moralische Gipfelpunkt« allein in der abstrakten Gerechtigkeit gesehen werde. An diesem typisch abendländischen Gerechtigkeitsverständnis üben Feministinnen schon lange Kritik. Sie fordern die Berücksichtigung von Werten wie Solidarität und Empathie. Kohlberg und viele andere stellen dagegen die fundamentalen Rechte und Freiheiten des Einzelnen höher als beispielsweise den Gesamtnutzen (Utilitarimus) der Gemeinschaft.

Für Jürgen Habermas, der 1991 in die Debatte eingriff, beruht ein Großteil von Carol Gilligans Kritik auf einem falschen Verständnis der Kantschen Ethik, auf die sich Kohlberg stützt. Schließlich kennt jede normative Ethik nur eine Fragestellung: Sind strittige Normen richtig? Deontologische[16] Ansätze wie bei Kant müssen demnach grundsätzlich zwischen Begründungs- und Anwendungsfragen trennen. Die damit zwangsläufig einhergehende Abstraktion vom Einzelfall und den lebensweltlichen Zusammenhängen ist also unumgänglich. Anschließend kann das Problem wieder als Einzelfall beurteilt werden, was Ausnahmen jederzeit ermöglicht. Verfahrensethisch begründbare Prinzipien besitzen außerdem Gültigkeit für die Verteilungsgerechtigkeit. Sie können zum einen negative Freiheit und subjektive Rechte bedeuten und zum anderen »Prinzipien der Fürsorge und des Beistandes für Hilfsbedürftige« umfassen (1991, S. 228).

Der Versuch, Gerechtigkeit und Fürsorge zusammenzubringen, erinnert Habermas an die Kantkritik Hegels und dessen Begriff der »Sittlichkeit«. Auch Hegel hätte versucht, beides zusammenzudenken, und auch er wandte sich gegen jede Einseitigkeit und den abstrakten Universalismus. Dabei sei jedoch zu berücksichtigen, daß es starke Einwände gegen den Partikularismus gebe, der das persönliche Wohlergehen in den Mittelpunkt stelle und ausschließlich subjektiven Maßstäben folge.

Kritik an den abstrakten Gerechtigkeitsmodellen äußern jedoch nicht nur Frauen. William K. Frankena vertritt in der gleichen Debatte den Standpunkt: »Selbst die Gerechtigkeit hat mit der Verteilung von *Wohl* und *Übel* zu tun. Mit anderen Worten, alle unsere Pflichten, selbst die der Gerechtigkeit, setzen das Prinzip des Wohlwollens *voraus*. [...] Daß sie die Bedeutung des Prinzips des Wohlwollens nicht erkennen, läßt viele deontologischen Systeme unbefriedigend erscheinen« (1991, S. 212). In der Tat. Das Prinzip der Gerechtigkeit steht zwar für Gleichbehandlung und die

Gleichheit vor dem Gesetz. Aber als ebenso sittlich verpflichtend erweist sich, den Mitmenschen wohl zu wollen, statt ihnen Schaden zuzufügen. Für Frankena sind deshalb in Entscheidungssituationen immer beide Prinzipien anzuwenden.

Wie auch immer, die amerikanische feministische Philosophin Seyla Benhabib ist überzeugt, daß Carol Gilligan eine positive Neubewertung der Art und Weise des moralischen Urteilens von Frauen in Gang setzte. Ihre Quintessenz: Frauen neigen dazu, den Standpunkt des »konkreten Anderen« einzunehmen, damit kontextgebunden und beziehungsorientiert zu urteilen. Diese kognitive Fähigkeit wurde ihnen – vor allem von Männern – bislang als Schwäche und besondere Unzulänglichkeit angekreidet. Da Gilligan klar zwischen abstrakten Gerechtigkeitsmodellen und einer auf Verantwortung und Fürsorge gegründeten Ethik unterschied, änderte sie diese Definition und schuf eine neue Skala des moralischen Urteilens. Die vermeintliche Schwäche erweist sich nunmehr als Stärke.

Seyla Benhabib moniert noch einen anderen Problempunkt an der traditionellen Moralskala. Nur die Gerechtigkeit gehört zur Sphäre einklagbarer Rechte. Genau deshalb kritisiere Kohlberg seine ehemalige Mitarbeiterin. Die hatte nämlich den privaten Bereich mit seinen besonderen Beziehungen der Fürsorge und Anteilnahme dem öffentlichen gleichgesetzt. Für den Entwicklungspsychologen gehören jedoch »Verwandtschaft, Liebe, Freundschaft und Sexualität« ausschließlich zur Sphäre des persönlichen (privaten) Entscheidens. Damit steht er in der bewährten (Männer)Tradition der Vertragstheoretiker, von Hobbes, über Locke und Rousseau bis Kant. Sie alle betrachteten das Thema Gerechtigkeit als ein Gebiet, in dem unabhängige weiße männliche Familienoberhäupter ihre Beziehungen untereinander regeln. Die private häusliche Sphäre der sogenannten Reproduktion, der »Haushalt der Gefühle« (Agnes Heller), ist allein den Frauen vorbehalten. Kindererziehung, Liebe und Fürsorge für die Familienmitglieder sind Frauensache und bleiben von einer moralischen und sittlichen Beurteilung ausgeschlossen (Benhabib 1989, S. 462f.).

Daß diese säuberliche Trennung eine hervorragende Tarnkappe für den familiären Mißbrauch von Kindern, Vergewaltigung in der Ehe – ja, überhaupt jede Form der Gewaltausübung abgibt, versteht sich fast von selbst. Kein Wunder, wenn Martha Nussbaum schon 1993 zu dem Schluß gelangte, daß die »härtesten Diskriminierungen« von Frauen gerade »in der Familie« stattfinden und durch die Organisationsform der →Arbeit sowie die ungleiche Verteilung des Familieneinkommens hervorgerufen werden.

Schon aus diesem Grund halten immer mehr Philosophinnen – und zunehmend auch Philosophen – abstrakte Gerechtigkeit als oberstes moralisches Prinzip allein nicht mehr für tragfähig. Besonders in den USA entstand eine Gegenbewegung, nach deren Auffassung Gerechtigkeit nur eine von vielen Tugenden sein kann: Alasdair MacIntyre, Lawrence Blum, Claudia Card, Alison Jaggar, Joy Kroeger-Mappes sind nur einige Namen, die dafür stehen. Sie stoßen auf besonders großes Interesse in der Frauenbewegung und bei ethnischen Minderheiten. Der Grund liegt auf der Hand. Die »kalte« Tugend Gerechtigkeit soll durch die gemeinschaftlichen Werte und Ideale »Fürsorge«, »Verantwortung«, »Solidarität« und »Wohlwollen« ergänzt werden. Damit gerät die Perspektive der Opfer stärker in den Mittelpunkt.

Daß verstärkt Männer unter den Theoretikern der Fürsorge-Ethik zu finden sind (der in Deutschland bekannteste ist Hans Jonas), könnte dazu beitragen, daß sie nicht – einmal mehr – zur reinen Frauensache erklärt wird. Aber auch die Frauen selbst müssen den in Gang gekommenen Diskussionsprozeß unterstützen und vorantreiben. Sie sollten sich jeder einseitigen Rollenzuschreibung konsequent verweigern. Das wiederum kann nur gelingen, wenn sie der patriarchalen Irrlehre von der Alleinveranwortlichkeit der Frau für Kindererziehung und Pflege krank oder alt gewordener Familienangehöriger abschwören. Die ökonomische – aber auch emotionale! – Unabhängigkeit und Selbständigkeit liefert dafür die beste Grundlage.

Anmerkungen

1 Etymologisches Wörterbuch des Deutschen, München 1993.

2 Es stand über dem Eingang des Konzentrationslagers Buchenwald (bei Weimar).

3 Unter anderem propagierte er ein auf Förderung der natürlichen Anlagen ausgerichtetes Erziehungsideal, ließ jedoch seine eigenen fünf Kinder im Findelheim aufwachsen; er war zunächst Calvinist, konvertierte dann zum Katholizismus, um am Ende wieder beim Calvinismus zu landen.

4 Verhaltensforscher haben allerdings inzwischen herausgefunden, daß gerade Wolfsrudel ein hochentwickeltes Sozialverhalten pflegen.

5 Da es sich bei Jugoslawien um einen souveränen Staat handelt, dessen Bestandteil der Kosovo ist, griff die NATO praktisch in einen Bürgerkrieg ein. Für ihren Einsatz existierte kein wie auch immer geartetes Mandat der Vereinten Nationen. Nach dem Völkerrecht ist damit die Definition für einen Angriffskrieg erfüllt. Tragweite und mögliche Folgen dieses Vorgehens sind bis heute noch nicht einmal ansatzweise öffentlich diskutiert. Eine Folge dürfte der im Herbst 1999 begonnene zweite Tschetschenienkrieg sein. Bis in die Propagandamethoden hinein folgt dort das russische Militär mit seinen (Luft)Kriegsaktionen dem NATO-Vorbild aus dem Kosovo.

6 Schon diese Sprachregelung diente der Verschleierung. Eine Katastrophe kann niemals humanitär sein. Allenfalls die Hilfe, die im Katastrophenfall geleistet wird.

7 Bei besonders schweren Lawinenabgängen wurden im Januar 1999 in den französischen und österreichischen Alpen zahlreiche Häuser zerstört und mehrere Dutzend Urlauber und Einheimische getötet. In einigen Fällen zeigte sich, daß Ferienhäuser in lawinengefährdeten Gebieten errichtet worden waren. Auch in der Wintersaison 1999/2000 fanden in Österreich über 30 Ski- und Snowboardfahrer durch selbstausgelöste Lawinen den Tod.

8 5. März 1999, ZDF.

9 Vgl. Cicero 1987.

10 Ähnlich formulierte dies Michel Foucault zur »Wahrheit« (vgl. →Vernunft).

11 Iris Marion Young kritisiert dies und fragt in »Fünf Formen der Unterdrückung« (1996, S. 130f.), was Gewalt zu einem Phänomen sozialer Ungerechtigkeit macht. Gewalt definiert sie als über »individuelle, moralisch falsche Handlungen« hinausgehende soziale Praxis, die einen »systemischen Charakter« hat.

12 Dekonstruktion (= Abbruch, Entblößung), von Derrida geprägter Begriff für eine Arbeitsweise, die die philosophische Zweideutigkeit (Philosophie als Tradition und Philosophie als Denken/Heidegger) freilegt und nutzt (vgl. →Sprache).

13 Unter Gewalt wird hier nicht nur die unmittelbare und physische verstanden.

14 Derrida zitiert hier »Pensées et opuscules«, Paris 1912, edition L. Brunschvicg, S. 470.

15 Dennoch ist Kohlberg in kaum einem Lexikon zu finden.

16 Formen normativer Pflichtethik, die Verbindlichkeit und Richtigkeit einer Handlung nicht von deren Folgen abhängig machen. Außermoralische Werte wie Nutzen oder Annehmlichkeiten müssen unberücksichtigt bleiben.

Glück – glückselig leben oder käuflich glücklich

»Alle Menschen suchen,
glücklicher zu sein,
selbst der, welcher hingeht,
um sich aufzuhängen.«
Blaise Pascal

Im Dezember 1998 fragte das FORSA-Institut im Auftrag der Zeitschrift »Brigitte« nach den Glücksvorstellungen der deutschen Bevölkerung. Ergebnis: Zwei von drei Deutschen sind an Heiligabend glücklich. Das größte Glücksgefühl allerdings verspürten 85 Prozent der Befragten beim Aufenthalt in den eigenen vier Wänden. Urlaub (75 %), Hobby (72 %), Liebe (67 %) und die Lektüre eines Buches (64 %) wurden als weitere Glücksvermittler genannt. Weit abgeschlagen blieb dagegen das Zusammensein mit den eigenen Kindern. Nur 53 Prozent entschieden sich bei den erbetenen Mehrfachnennungen für diese Möglichkeit.

Auch wenn man solchen Momentaufnahmen der Demoskopie keine allzugroße Bedeutung einräumen sollte – eines beweist diese Umfrage allemal: Die Glücksvorstellungen der Menschen sind unterschiedlich. Die einen finden ihr Glück im Glauben an eine der Weltreligionen, die anderen in Sekten oder im Atheismus. Für den Kunsthistoriker Jacob Burckhardt lag das »Glück in Rom« und für Franz Kafka im Alleinsein in der Wohnung. Regenbogenpresse und Seifenopern suggerieren ihren zumeist weiblichen Konsumenten, einzig die Wahl des richtigen Lebenspartners biete eine Glücksgarantie. Und die Werbeindustrie wiederum verspricht uns allen das Glück als etwas Käufliches, das mit der Wahl der richtigen Kaffeesorte am Morgen oder dem besten aller Biere am Abend jederzeit abrufbar sei.

Eine Glücksverheißung, der zumindest in den westlichen Konsumgesellschaften immer mehr Menschen zu erliegen drohen. Eine TV-Reportage unter dem Titel »Ich kauf mich glücklich«[1] berichtete im Sommer 1999 über eine entsprechende Studie der Universität Hohenheim. Danach sind etwa fünf Prozent der Deutschen kaufsüchtig und rund 20 Prozent kaufsuchtgefährdet. Im offiziellen ZDF-Ankündigungstext über die Sendung hieß es dazu:

»Den Betroffenen geht es nicht um die Ware, sondern um das Glücksgefühl bei der Kaufhandlung.«

Das Verlangen nach diesem Gefühlszustand ist vermutlich so alt wie die Menschheit. Dank des späteren (1801-09) Präsidenten Thomas Jefferson wurde es 1776 sogar in der amerikanischen Unabhängigkeitserklärung und Verfassung verankert. Neben Leben und Freiheit zählt dort das Streben nach Glück (»the pursuit of happiness«) zu den »unabdingbaren Menschenrechten«.

Das selige Glück (Eudaimonia)

In der Antike wurde die Philosophie als Lehre vom glücklichen Leben verstanden. Sie sollte zu einer richtigen und deshalb erfüllten Lebensführung verhelfen. Glück galt dabei als einzige Lebensaufgabe und zugleich letztes Ziel, das keinem anderen zu- oder untergeordnet war. Es wurde deshalb auch als das höchste Gut, das »summum bonum« betrachtet.

Philosophisches Denken im engeren Sinn begann in der Antike, als der Glaube an die Allmacht von Schicksal, Göttern und Göttinnen brüchig wurde (→Vernunft). Die frühen Philosophinnen und Philosophen verlegten die »eudaimonia« (gr. Glückseligkeit) in die Seele und wandelten damit den Glücksbegriff zu einem vom Materiellen unabhängigen Zustand. Ein überlieferter Ausspruch des Vorsokratikers Heraklit belegt dies: »Wäre das Glück in den Freuden des Leibes, so dürften wir die Ochsen für glücklich halten, wenn sie wilde Zuckererbsen zu fressen finden«.

Platon vertrat eine ähnliche Position, unterschied jedoch scharf zwischen zwei Glücksformen: Dem an subjektiven Bedürfnissen orientierten Glück des gemeinen Volkes – und dem einer Handvoll »Weiser«. Nur bei letzteren unterläge die Glückseligkeit einer ethischen Bestimmung. Wirklich glücklich konnten demnach einzig die Philosophen sein, da sie ihre ganze Energie ausschließlich auf die Erkenntnis der göttlichen Ordnung richteten und damit die Idee des Guten zu erkennen vermochten. Voraussetzung dafür sei jedoch der Verzicht auf Macht und materielle Güter. Im Leben seines Lehrers Sokrates sah Platon diese Haltung beispielhaft verwirklicht.

Platons Schüler Aristoteles ging einen Schritt weiter. Er stellte eine Verbindung zwischen dem individuellen Glück und dem der

Gemeinschaft her. Glück müsse für jeden Menschen als höchstes Gut erwerbbar sein. Verwirklicht würde es im demokratischen Handeln des Einzelnen in und mit der antiken Gemeinschaft (gr. = polis). Nur in ihr könnten sich die Freien und Bürger voll entfalten. Voraussetzung sei allerdings eine sittliche Lebensführung und gute Kenntnisse der Wissenschaften und Künste.

Wer über keine entsprechende Bildung verfügte, blieb also von diesem Glücksmodell ausgeschlossen. Kinder beispielsweise, da sie aufgrund ihres Alters noch nicht über genügend Wissen verfügen konnten. Zum Unglücklichsein auf Lebenszeit jedoch geradezu verdammt waren die Frauen: Da ihnen die Bürgerrechte verweigert wurden, blieben ihnen in der Regel auch die Bildungsmöglichkeiten verwehrt[2] (vgl. →Mensch).

Das ewige Glück

In einer Art geistigem Stoßseufzer stellte Caroline Schlegel-Schelling 1791 in einem Brief fest: »Glückseligkeit besteht nur im Augenblicke – ich wurde glücklich, da ich das lernte«.[3] In der Tat: Kein Glückszustand wehrt ewig – und dennoch wünschen sich die meisten Menschen genau dies.

In der Antike entwickelten sich bei der Suche nach dem dauerhaften Glück verschiedene philosophische Schulen und Richtungen. Darunter die kyrenaische, so benannt nach der Heimatstadt Kyrene ihres Begründers Aristippos (um 435-355 v. u. Z.), die nahezu zeitgleiche kynische und – rund einhundert Jahre später – die epikureische.

Anders als bei Platon und Aristoteles, stand bei diesen Strömungen die Frage nach der subjektiven Glückserfahrung im Vordergrund.

Die Kyrenaiker setzten dabei auf das Lustprinzip. Als frühe Vertreter eines radikalen Sensualismus verbreiteten sie die These, nur was die Sinne wahrzunehmen vermochten, sei real. Konsequenterweise erhoben sie die Sinneslust zum höchsten Glück und traten für deren augenblickliche Befriedigung ein. (Die in den 70er Jahren von der sogenannten Sponti-Szene propagierte Forderung »Wir wollen alles und das sofort!« findet hier ihren Ursprung.) Obwohl die auch als Hedonisten (von gr. hedone = Lust) bezeichneten Kyrenaiker vor allem den sinnlichen Lustgewinn suchten,

Camille Claudel. Fortuna, 1905.
Privatbesitz. © VG Bild-Kunst, Bonn 2000

räumten sie geistigen Genüssen ebenfalls einen hohen Stellenwert ein. Aristippos' Tochter Arete, eine der berühmtesten antiken Philosophinnen,[4] unterrichtete auch ihren Sohn in der hedonistischen Lehre. Er erhielt deshalb in der Überlieferung den Beinamen »der Metrodidakt« (Mutterlehrling).

Eine völlig andere Position als die kyrenaische beinhaltet die von Antisthenes (ca. 444-368 v. u. Z.) begründete kynische Philosophie. Glück, lautet ihre zentrale These, beruht auf völliger Wunschlosigkeit.

Für Antisthenes' Zeitgenossen Platon war Bedürfnislosigkeit noch bloßes Mittel zum Zweck auf dem Weg zu höherer Erkenntnis und Glückserfahrung. Den Kynikern galt sie als Selbstzweck und Ziel. Philosophisches Denken und Wissen, das nicht der Verwirklichung eines von Machtstreben und persönlichen Wünschen freien Lebens diente, schien ihnen sinnlos. Bei vielen ihrer Mitbürger stießen sie auf Unverständnis und heftige Kritik, da sie sich nicht an die geltenden Sittengesetze und gesellschaftlichen Normen hielten. So heiratete die aus vermögendem Hause stammende Hipparchia den Kyniker Krates gegen den ausdrücklichen Willen ihrer Eltern. Nicht weniger demonstrativ soll Diogenes von Sinope gehandelt haben, der angeblich glücklich in einer Tonne lebte.

Der bis heute wohl bekannteste und zugleich mißverstandenste Vertreter antiker Glücksphilosophien war Epikur. Schon zu Lebzeiten verleumdete man seine Theorie als anrüchig, moralisch zweifelhaft und »weibisch«. Einer der Gründe: Er betrachtete Frauen als den Männern gleichwertig. Zu seiner Schule gehörten viele Philosophinnen, darunter die durch eine Streitschrift gegen den einflußreichen Aristoteles-Nachfolger Theophrast hervorgetretene Leontion. Sie zählte auch zu den Vorsitzenden der Schule.

Nach seinem Tod wurde Epikur als Hedonist verunglimpft. Nur wenige erkannten später seinen wahren Stellenwert als frauen- und sklavenfreundlicher Aufklärer. Zu ihnen gehörten unter anderem Karl Marx und die feministische Philosophin Elfriede Walesca Tielsch.

Auch in Epikurs Überlegungen stand Lustgewinn im Mittelpunkt. Allerdings verstand er darunter einen Zustand der Seelenruhe (Ataraxie), der durch vernunftgemäßes Verhalten entstünde: »Es ist nicht möglich, lustvoll zu leben, ohne daß man vernunftgemäß, schön und gerecht lebt, noch vernunftgemäß, schön und gerecht, ohne lustvoll zu leben« (1983, S. 59). Für ihn sollte der Mensch mit Freude am Angebot der Natur teilhaben, sich aber auch damit bescheiden. Die Überwindung der Furcht vor den Göttern und dem Tod betrachtete er als Voraussetzung für ein glückliches Leben. Von seinem Denken ließen sich in der Geschichte der Philosophie unter anderem Michel de Montaigne, Voltaire, die Marquise du Châtelet, Jeremy Bentham und nicht zuletzt Karl Marx und Friedrich Nietzsche beeinflussen.

Eine kaum geringere Wirkung als Epikur erzielte der Römer Seneca.[5] In seiner 58 n. u. Z. verfaßten Abhandlung »Über das glückliche Leben« erwies er sich als Anhänger des von Zenon (um 300 v. u. Z.) begründeten kynischen Pessimismus, der sogenannten Stoa. Wie die Kyniker predigte auch Seneca Verzicht und redete der absoluten Bedürfnislosigkeit das Wort. Glück sei nicht das zentrale Gut im Leben, und »die wahre Wollust« bestehe darin, genau diese zu verachten. Sein eigenes Leben stand dazu allerdings in krassem Gegensatz. Er forderte Armut und verlieh als – mit heutigem Maßstab gemessen – Multimillionär Geld gegen hohe Zinsen; er besaß mehrere Villen und eine Sammlung von 500 Elfenbeintischen, die im ganzen Imperium berühmt war.

Angeblich verachtete Seneca das von ihm geführte Leben. Merkwürdigerweise unternahm er jedoch keinerlei Anstalten, es zu verändern. Im Gegenteil: »Glücklich ist«, lautete seine Rechtfertigung, »wer mit dem Bestehenden, sei es, wie es wolle, zufrieden und mit seinem Zustande befreundet ist.«

Nicht zuletzt aufgrund dieser eklatanten Widersprüche zwischen Leben und Werk spottete Ludwig Marcuse[6] fast 2000 Jahre später: »Was ist das Glück des Stoikers Seneca und Millionen anderer Unentwegter bis zu diesem Tag gewesen? Die körperliche und seelische Hornhaut! Der Panzer, der nichts durchläßt! Die vollendete Anästhesie des Körpers und der Seele!« (1962, S. 73)

Zumindest, was den Römer angeht, eine wohl zutreffende Kritik. Immerhin war Seneca als Lehrer und langjähriger Berater Neros in zahlreiche Mordanschläge verwickelt. Den vom Kaiser befohlenen Mord an dessen Mutter Agrippina rechtfertigte er mit glänzender Rhetorik sogar öffentlich. Aber noch etwas anderes verwundert: Die zahlreichen Schattenseiten des bis heute hochgerühmten Stoikers werden – von wenigen Ausnahmen wie etwa Ludwig Marcuse einmal abgesehen – in der Rezeption meist »vergessen«.

Wasser predigen und Wein trinken – wahrlich keine Seltenheit in der Geschichte von Philosophie und Religion. Nicht weniger beliebt war, vor allem in der Religionsphilosophie, auch die andere Variante: Nach mehr oder weniger langer Lebensphase in Saus und Braus die jähe Wandlung vom Saulus zum Paulus. Besonders gut gelang sie im vierten Jahrhundert Aurelius Augustinus. Der später als »Kirchenvater« in die Geschichte eingegangene Sproß wohlhabender Eltern genoß als junger Erwachsener sein Leben in vollen Zügen. Erst in Karthago, dann in Rom pflegte er zahlreiche Liebschaften, war in den örtlichen Bordellen zu finden und ging auch keinem Gelage aus dem Weg. Seiner Mutter Monica, einer überzeugten Christin, mißfiel dieser Lebenswandel. Wiederholt drängte sie ihren Sohn, sein Leben zu ändern. Ihre Mahnungen und Vorhaltungen fanden schließlich Gehör. Augustinus, der ständigen Wiederholung stets gleicher Sinnesgenüsse wohl ohnhin etwas müde geworden, stellte ihr eine sehr grundsätzliche Frage: Ist wirklich glücklich, wer erreicht hat, was er sich wünschte? Die Antwort seiner Mutter lautete: »Falls er das Gute will und es hat, ist er glücklich; falls er dagegen das Böse will, ist er, auch wenn er es hat, unglücklich.«

In Kirchenkreisen wurde später oft kolportiert, dies sei der Wendepunkt in Augustinus' Leben gewesen. Tatsächlich dauerte es jedoch noch geraume Zeit, bis er den alten Lebensstil aufgab. Erst als er sich intensiv mit den Briefen des Apostels Paulus auseinandergesetzt hatte, entschied er sich für den Verzicht, trat zum Christentum über und verkündete fortan: Alles irdische Glück sei höchst unsicher, da es einem jederzeit genommen werden könnte. Sicherheit gewähre nur das immerwährende Glück, und dieses läge einzig in der Liebe zu Gott.

Mit dieser Einstellung verbrachte Augustinus laut Biographie und Überlieferung glücklich und zufrieden den Rest seines Lebens.

Auch Baruch de Spinoza, den man als besonders anspruchsvollen Epikureer bezeichnen könnte, sah einen engen Zusammenhang zwischen Gott und dem Glück. Gottesliebe und Gotteserkenntnis schienen ihm identisch. Mehr noch: Alles sittliche Handeln beruhe auf dieser Einheit; Glück sei deshalb nicht Lohn der Tugend, sondern die Tugend selbst.

Spinoza entwickelte eine Philosophie, die dauerhaft glücklich machen sollte, da sie das »Gemüt friedlich stimmt«. Sein Versuch, mit dieser geistigen Grundhaltung eine neue »Ethik« zu begründen, stieß jedoch erst lange nach seinem Tod auf starke Resonanz. Im geistigen Klima der Romantik fand er zahlreiche Anhänger. Zu ihnen gehörte auch der Deutschen Lieblingsdichter, Johann Wolfgang von Goethe.

Noch vor der Romantik, in der Zeit der europäischen Aufklärung, wurde die Glücksfrage erneut zu einem beherrschenden Thema in intellektuellen Kreisen. Allein in Frankreich erschienen dazu mehrere Dutzend Schriften. Neben Voltaire und der bereits erwähnten Marquise du Châtelet beteiligten sich auch Enzyklopädisten wie Denis Diderot und Jean le Rond d'Alembert an der öffentlichen Diskussion. Sie alle relativierten die Glücksdefinition in einem wesentlichen Punkt: Glück ist nicht länger ein philosophischer Begriff, sondern ein reiner Gefühlszustand, bei dem es keinen Unterschied zwischen bloß eingebildetem und wirklich empfundenem gibt. Einige Philosophen (beispielsweise Pierre Moreau de Maupertuis) empfahlen deshalb sogar den Konsum von Drogen. Noch weiter ging Julien Offray LaMettrie mit der durchaus ernstgemeinten Frage, ob das Glück eines Verbrechers bei der Ausübung seiner Taten überhaupt zu kritisieren sei. Spätestens damit war die jahrhundertelang von vielen Geistesgrößen behauptete Verbindung zwischen Glück, Tugend und Gott endgültig aufgegeben.

Das nützliche Glück

Gegen Ende des 18. Jahrhunderts begründete der Jurist und Philosoph Jeremy Bentham mit dem Utilitarismus[7] eine weitere bedeutende Glückstheorie. Der Engländer orientierte sich zwar an Epikur, stellte aber nicht das individuelle, sondern das »größtmögliche Glück für die größtmögliche Zahl« in den Mittelpunkt seines Denkens. Er bewertete den Nutzen einer Handlung danach, ob sie – im Vergleich mit Handlungsalternativen – das höchstmögliche Ergebnis an positiven Werten erzeugt. Gemeint waren damit allerdings nicht moralische Werte, sondern ausschließlich Lusterfahrungen. Benthams Glücksethik wird deshalb auch oft als hedonistischer Utilitarismus bezeichnet.

Eine Variante davon entwickelten John Stuart Mill und seine Frau, die Philosophin Harriet Taylor-Mill. Sie differenzierten qualitativ zwischen körperlichen und geistigen Lusterlebnissen. So zählte in ihrem Wertesystem ein noch so geringer Wissensgewinn mehr als das intensivste körperliche Lustgefühl. In einem John Stuart Mill zugeschriebenen Zitat wird dieser Unterschied deutlich auf den Punkt gebracht: »Lieber ein unzufriedener Sokrates als ein glückliches Schwein«.

Das Ehepaar plädierte für die größtmögliche Freiheit des Individuums. Es wies »jede Beschränkung der freien Bewegung eines [...] Mitmenschen [...]« zurück, denn diese »trocknet den Hauptquell der menschlichen Glückseligkeit aus und macht die Menschheit in einem sehr beträchtlichen Grade ärmer an allem, was dem einzelnen Menschen das Leben wertvoll und lebenswert erscheinen läßt«(1991, S. 278).

Daß beide für die Gleichberechtigung eintraten, versteht sich da fast von selbst. Sie forderten das Wahlrecht für Frauen, deren ungehinderten Zugang zu öffentlichen Ämtern und nicht zuletzt bessere Ehegesetze.

Heute ist utilitaristisches Denken nicht selten heftiger Kritik ausgesetzt. Zu verdanken ist dies hauptsächlich den provokanten Thesen des australischen Philosophen und Bio-Ethikers Peter Singer. Der hatte wiederholt die totale Rechtlosigkeit der Tiere moniert (→Ethik). Angesichts des oft skrupellosen und ausschließlich am ökonomischen Nutzen orientierten Umgangs mit ihnen ein durchaus verständliches Anliegen. In seiner 1979 erstveröffentlichten »Praktischen Ethik« behauptet Singer dann allerdings, daß es keine wesentlichen Unterschiede zwischen Mensch und Tier gibt. Diese These ermöglicht ihm eine fatale Konsequenz: »So scheint es, daß etwa die Tötung eines Schimpansen schlimmer ist als die Tötung eines schwer geistesgestörten Menschen, der keine Person ist«. Mit solchen und ähnlichen Sätzen begibt sich der Australier in gefährliche Nähe zu nationalsozialistischem Gedankengut. Ein Zitat aus dem SS-Kampfblatt »Das Schwarze Korps« von 1937 belegt dies: »Ein idiotisch geborenes Kind hat keinen Persönlichkeitswert [...]. Das Bewußtsein seines Daseins geht ihm weniger auf als einem Tier«.

Auch Singer spricht schwerstbehinderten Menschen und Säuglingen den Status einer Person (→Subjekt) ab. Diese ex cathedra verkündete Entmenschlichung benötigt er als theoretische Grundlage für sein eigentliches Ziel: Singer wirbt für eine nutzenorientierte Euthanasie.

Gewollt oder ungewollt rechtfertigt der Australier damit die im Nationalsozialismus verübten Morde an geistig und körperlich behinderten Menschen. Natürlich verteidigt er diese Verbrechen nicht offen und direkt. Im Gegenteil – er kritisiert sie sogar. Gleichzeitig fordert er jedoch den Einsatz pränataler Diagnostik bei allen Schwangeren. Behinderte Föten könnten so erkannt und »rechtzeitig« abgetrieben werden. Ein solches Handeln liegt für ihn im »wohlverstandenen Interesse« der Allgemeinheit, zumal »neugeborene Kinder [...] ersetzbar sind«.

Da Schwerstbehinderte für Singer keine Personen sind, kann er ihnen auch jede Glücksfähigkeit absprechen. Tatsächlich behauptet er, nur Menschen im Vollbesitz ihrer geistigen und körperlichen Kräfte könnten glücklich sein. Damit leugnet der ausgewiesene Wissenschaftler nicht nur alle menschlichen Erfahrungen und zahlreiche wissenschaftliche Untersuchungen, die das Gegenteil beweisen – er erhebt darüber hinaus den Anspruch, das Glück oder Unglück anderer Menschen objektiv beurteilen zu können. Eine derartige »wissenschaftliche« Haltung ist bestenfalls töricht und vermessen. Schlimmstenfalls verbirgt sich dahinter jene Ideologie, die den Holocaust ermöglichte.

Das käufliche Glück

Im 20. Jahrhundert scheint die Frage nach dem Glück weitgehend obsolet geworden zu sein. Bestand für Friedrich Nietzsche noch das »einzige Glück« im kreativen Schaffensprozeß, so sieht Sigmund Freud schon nicht mehr, daß der Plan der Schöpfung überhaupt vorsehe, daß der Mensch glücklich sei. Kultur entstehe gerade durch Sublimierung, also Einschränkung des Glücksstrebens. Eine These, die Arthur Schopenhauer indirekt bereits vorweggenommen hatte mit seiner Behauptung: »Es gibt nur einen angeborenen Irrtum und der ist, daß wir da sind, um glücklich zu sein«.

Ohnehin schien sich etwas so »Profanes« wie das kleine Alltagsglück bei den Philosophen keiner allzugroßen Beliebtheit zu erfreuen. So fiel Ludwig Wittgenstein – wie Epikur – zum Thema Glück nicht viel mehr ein, als daß nur der Mensch glücklich sein könne, der frei von Furcht sei und keine Angst vor dem Tod habe.

Neues ist von den Philosophen und Philosophinnen kaum noch zu hören. Liegt es daran, daß dem Streben nach Glückseligkeit in einer Welt, die in weiten Teilen beherrscht wird von Gewalt und Krieg, Armut und Umweltzerstörung, schon fast etwas Obszönes anhaftet?

Günther Biens »Versuch über das Glück« (1995) ist ein Ansatzpunkt, den Begriff »Glück« als menschliches Lebensziel für das 20. Jahrhundert neu zu definieren. Wenn es in der Neuzeit und besonders in der Gegenwart »moralisch unanständig« sei, glücklich zu sein, so liege dies an einem egoistischen, auf sensualistisch-hedonistischen Konzeptionen basierenden Glücksbegriff. Wer also an einer Neuformulierung des antiken Begriffes »eudaimonia« interessiert sei, vermeide es besser, von Glück zu sprechen, und sollte eher vom »geglückten Leben« reden. Die unterschiedlichen philosophischen, aber auch psychologischen Glückskonzepte sind seiner Auffassung nach wesentlich ein semantisches Problem: So würden die verschiedenen Bedeutungen des Wortes »Glück« jeweils für die Sache selbst genommen. Beispielsweise ließen sich bei dem Begriff des »Glück haben«, der Fortuna – also etwas, das einem zufällt – drei Bedeutungen unterscheiden. Erstens das einzelne konkrete Ereignis, etwa ein Lottogewinn oder das Glück, daß die herabfallende Dachpfanne einen Meter entfernt aufschlägt und nicht auf den eigenen Kopf fällt. Zweitens können allgemeine Glücksgüter gemeint sein wie Erfolg, Reichtum und Gesundheit. Also das, was die Menschen sich gegenseitig wünschen, beispielsweise an Neujahr oder zum Geburtstag. Drittens benennt »Glück haben« einen Zustand häufiger Begünstigung, der in Bezeichnungen wie »Sonntagskind« oder »Hans im Glück« zum Ausdruck kommt.

Auch die Empfindungen des Glücklichseins lassen sich unterscheiden. Es gibt zum einen das Hochgefühl des Augenblicks, ein – im Freudschen Sinn – »Erleben starker Lustgefühle«. Von diesem eher sensualistischen Glücksgefühl grenzt Bien ein geistiges Erleben von Höhepunkten ab. Als beispielhaft zitiert er den neopositivistischen Philosophen Moritz Schlick: »Glück – das sind diejenigen wenigen Viertelstunden im Leben, in denen die Welt mit einem Male vollkommen wird, durch das Zusammentreffen unscheinbarer Zustände: Die Berührung einer warmen Hand, der Blick in ein kristallklares Wasser, die Stimme eines Vogels – wie könnte man danach streben?« (Zit. n. Bien 1995, S. 8)

Gemeint sein können jedoch auch sogenannte institutionalisierte Höhepunkte im Leben des einzelnen Menschen. Die eigene

Hochzeit, die Geburt eines Kindes – oder auch das Weihnachtsfest, wie die am Anfang erwähnte FORSA-Umfrage gezeigt hat.

Die philosophisch wichtigste Bedeutung von Glück meint das Talent und die Fähigkeit glücklich zu sein. Dies bedeutet: Mit den guten und schlechten Lebensbedingungen so umzugehen, daß der Mensch von äußerlichen Glücksgefühlen relativ unabhängig bleibt und doch »im Inneren ›eudaimon‹ glücklich wird.« Bien hält diese »gelassene Distanz zu sich und den Dingen der Welt [...] (für) die erste Glücklichkeitsbedingung.« Die Einstellung des Menschen zur Welt ist wichtiger als die sogenannte »objektive Realität«. Nur wenn der Mensch die Welt bejaht, kann er auch glücklich sein.

Die »Anleitung zum Unglücklichsein« des Psychoanalytikers Paul Watzlawick ist nicht frei von satirischer Überspitzung. Dennoch beschreibt sie sehr genau ein letztlich erschreckendes Grundproblem des modernen Menschen: Im Zweifelsfalle sieht er schwarz. Er erwartet pessimistisch das Schlimmste und sorgt durch die sogenannte »self-fulfilling prophecy« dafür, daß es dann tatsächlich eintritt.

Haben wir die Fähigkeit zum Glück verloren, weil wir uns so selten darüber Gedanken machen, wie es ist, wenn wir glücklich sind? Und sei es auch nur, einen »Versuch über den geglückten Tag« zu wagen, wie ihn der Dichter Peter Handke beschrieben hat?

Oder sind wir den Glücksverheißungen der Werbe- und Freizeitgesellschaft bereits so weit erlegen, daß wir »Glück« nur noch in teuren Reisen, im Extremsport oder in dem ganz besonderen Auto zu finden hoffen?

Aber wäre eine Welt ohne die »Chancen des Zufalls« (Nicholas Rescher), also auch des Glücks, nicht reichlich trostlos und langweilig?

Das »weibliche« Glück

Es fällt auf, daß sich in der langen Geschichte der Philosophie nur sehr wenige Frauen mit dem Thema Glück befaßten. Eine davon, die Französin Marie Le Jars du Gournay, verweist dabei ausdrücklich auf die Frauenfrage:

»Glücklich bist du, Leser, wenn du nicht zu diesem Geschlecht gehörst, dem man alle Güter versagt, indem man ihm die Freiheit versagt, [...] um ihm als einziges Glück, als höchste und ausschließliche Tugend die Unwissenheit, den Anschein der Dummheit und das Dienen zu bestimmen. Glücklich weiterhin, der du straflos gebildet sein kannst, da deine Eigenschaft als Mann dir, in dem Maße, wie man sie Frauen verwehrt, jedes Handeln, jedes Urteil und jedes richtige Wort zugesteht, dazu den Vorzug, daß man dir darin glaubt oder dich zumindest anhört« (1910, S. 89f.).

Die Marquise du Châtelet, Physikerin und Philosophin, zog mit der 1745 erschienenen Erörterung über das Glück (»Discours sur le bonheur«) eine Lebensbilanz. Ihre wissenschaftlichen und persönlichen Bemühungen hatten stets nur einem Ziel gedient: dem praktischen Nutzen für ihre Mitmenschen und der Befriedigung von Bedürfnissen: »Man muß damit beginnen, sich wirklich selbst zu sagen und es sich zur Überzeugung zu machen, daß wir nur auf dieser Welt sind, um uns angenehme Gefühle und Empfindungen zu bereiten« (zit. n. Hagengruber 1998, S. 121). Welch ein Gegensatz zur bereits zitierten Glücks- und Triebverzichtshaltung der nachgeborenen Herren Schopenhauer und Freud. Denen hätte die Marquise vermutlich das Prädikat »moralinsauer« verliehen und ihnen in die Studierstube gerufen:

»Die Moralisten, die den Menschen sagen, zügelt eure Leidenschaften und beherrscht eure Begierden, wenn ihr glücklich werden wollt, kennen den Weg zum Glück nicht. Man wird nur glücklich durch befriedigte Neigungen oder Leidenschaften, und da man nicht immer das Glück hat, letztere zu verspüren, muß man sich mangels Leidenschaften eben mit Neigungen begnügen. Leidenschaften sind es also, die man von Gott erbitten sollte, falls man ihn um etwas zu bitten wagt [...]« (ebd.).

Wen wundert es da noch, daß die Marquise du Châtelet in der menschlichen Liebe den höchsten Ausdruck des menschlichen Strebens nach Glück sah?

Eine andere Französin, die Politikerin, Schriftstellerin und Philosophin Olympe de Gouges setzte sich in ihren Werken und Dramen ebenfalls für »Das einfache Glück des Menschen« ein. In der Französischen Revolution veröffentlichte sie die »Deklaration der Rechte der Frauen und Bürgerinnen«. Mit dieser Kampfschrift reagierte sie auf die kurz zuvor verabschiedete neue französische Verfassung (»Déclaration des Droits de l'homme et de Citoyen«), die nichts an der weitgehenden Rechtlosigkeit der Frauen verändert hatte. Daß Olympe de Gouges außerdem für die Abschaffung der Sklaverei in den französischen Kolonien eintrat, machte sie bei den Revolutionsayatollahs nicht eben beliebter. Sie mußte ihr mutiges Engagement mit dem Leben bezahlen. Am 3. November 1793 wurde sie wegen »konterrevolutionärer Umtriebe« in Paris guillotiniert.

Nach dem Ende der Französischen Revolution versuchten die Saint-Simonisten durch eine kritische Auseinandersetzung mit den revolutionären Zielen und Methoden die progressiven Ideale der Aufklärung zu retten. Sie propagierten eine neue Gesellschaftsordnung, die sowohl das materielle Wohl wie auch das sittliche Glück aller Menschen beinhalten sollte. Ihre bekanntesten Vertreter, der Graf von Saint-Simon (1760-1825) und Charles Fourier (1772-1837), forderten ausdrücklich die Gleichberechtigung der Frau.

Mit dem gleichen Thema setzte sich auch die Saint-Simonistin Claire Démar auseinander. In ihrem 1834 veröffentlichten »Text meiner Zukunft« machte sie Front gegen die christlichen Moral- und Ehevorstellungen. Besonders heftig kritisierte sie die darin enthaltene Verdammung der körperlichen, bei gleichzeitiger Mystifizierung der geistigen Liebe – oder anders: die ständige Aufspaltung der Frau in Engel und Hure. Sie sei die eigentliche Grundlage für die Unterdrückung der Frauen, gerade auch in der Ehe. Claire Démar plädierte folgerichtig für die »Rehabilitierung des Fleisches«. Nur in einer befreiten weiblichen Sexualität liege das Glück für beide Geschlechter. Eine notwendige neue Moral dürfe die Lust als solche und die Sinnlichkeit der Frau nicht länger verteufeln; darüber hinaus müsse sie die Hierarchie zwischen den Geschlechtern beseitigen. Ziel sei letztlich die Entwicklung autonomer, selbstverwirklichter Individuen, die sich in freier, leidenschaftlicher →Liebe ohne jede äußere Regelung begegneten.

Im krassen Gegensatz zu einer Realität, in der die fast ausschließlich von Frauen konsumierten Herzens- und Schmerzens-Glücksillustrierten Millionenauflagen erreichen, wird die Glücksthematik auch noch heute von Wissenschaftlerinnen eher stiefväterlich behandelt. Gertrud Höhler (»Das Glück«) beschäftigt sich im Jahr 1986 ebenso wie die Philosophin Imelda Abbt (»Liebe zur Weisheit – Geglücktes Leben?«) in recht traditioneller Weise mit dieser Frage. Letztere plädiert für das »Suchen nach dem geglückten Leben«, für den »aufmerksamen Blick«, der auch »Mühe und Anstrengung« nicht scheue. Philippa Foot wiederum versucht – ähnlich wie Günther Bien – in »Die Wirklichkeit des Guten« (1997) die antike Verbindung von Tugend und Glück wiederzubeleben.

Anders Charlotte Annerl. Sie fragt kritisch nach den »Glückserwartungen und Glücksenttäuschungen des weiblichen Subjekts«. Die bereits erzielten Erfolge der Emanzipationsbewegung haben ihrer Meinung nach nicht wesentlich zur »Verbesserung [...] des persönlichen Glücks, der Sinnerfüllung des Lebens [...]« beigetragen. Dafür spreche nicht zuletzt der extrem hohe Anteil von Frauen (70%), gegenüber Männern (30%), am Gesamtverbrauch von Psychopharmaka. Annerl behauptet, daß diese Anfälligkeit für psychische Leiden in der modernen Persönlichkeit der Frau angelegt sei, in der ein männliches und ein weibliches Selbst (→Subjekt) im Streit miteinander lägen. Begründung: Im Zusammenhang mit der Freiheit der Selbstbestimmung, also dem »Recht [...] des Subjekts, sich befriedigt zu finden« (Hegel, Rechtsphilosophie § 124), entstand im 18. Jahrhundert ein neuer zweckorientierter Glücksbegriff. Glück wurde definiert als ein Gefühl, das entsteht, sobald die eigenen Zwecke erreicht sind. Ein Irrtum, wie sich rasch zeigte. Die Verwirklichung selbstgesteckter Ziele beinhaltet nicht zwangsläufig ein Glücksgefühl. Und selbst wenn es sich einstellt, hält es meist nicht sehr lange an. Da aber das menschliche Begehren prinzipiell unbegrenzt ist, führte das Streben nach einem derart verstandenen Glück zu harten Konkurrenzkämpfen innerhalb der Gesellschaft. In der Folge kam es zu einer »Relativierung und Abschwächung der aufklärerischen Glückserwartungen«. Die männlichen Subjekte verlegten ihr Glücksziel vom öffentlichen Bereich auf die Sphäre des privaten Lebens – in das Reich der Frauen. Das Weibliche wurde stilisiert zur »Idylle«. Unter Verzicht auf ihre eigene Subjektivität sollten die Frauen im privaten Rahmen das wieder herstellen, was der Mann aus dem öffentlichen Leben verdrängt hatte: Geborgenheit, Ruhe, Vertrauen. Seitdem jedoch im Zeichen der Emanzipation »Nora«[8] immer öfter das »Puppenheim« verläßt und selbst in der »feindlichen« Berufswelt agiert, verliert dieser letzte Hort männlichen Glücks seinen Ort. Mehr noch: Auch der Frau fehlt nun plötzlich der ruhende Pol, als Gegenentwurf zu der »von Machtkämpfen durchzogenen Welt des Subjekts«. Sie hat niemanden, der ihr eine »sinnstiftende Idylle« inszeniert, in der sie sich regenerieren kann (1992, S. 360). Dadurch, so Annerl, werde das weibliche Subjekt letztlich gezwungen, das Verhältnis von »Freiheit und Glück, Subjekthaftigkeit und Weiblichkeit« immer wieder in sich selbst auszutarieren.

Das biologische Glück

In der neuzeitlichen Wissenschaft versuchen immer mehr Biologen und Neurologen, dem Geheimnis des Glücksgefühls auf die Spur zu kommen. Dabei zeigte sich, daß es wohl auch einer genetischen Steuerung[9] unterliegt. Ein starkes Indiz dafür lieferte die Beobachtung eineiiger Zwillinge. Sie entwickelten selbst dann einen nahezu identischen Glückspegel,[10] wenn sie ihr ganzes Leben voneinander getrennt verbrachten.

Weitgehend entschlüsselt sind auch die sogenannten Glückshormone, körpereigene Stoffe, die der Mensch selbst stimulieren kann. Das Dopamin, ein Botenstoff des Gehirns, ist immer dann im Spiel, wenn wir auf einer »rosa Wolke« schweben. Er kann unter anderem durch (Zen)Meditation, ekstatischen Tanz, Autosuggestion oder starke Außenreize aktiviert werden. Auch die Entspannungs- und Glücksmoleküle des Endovaliums lassen sich unmittelbar anregen. Etwa mit einfachen Entspannungsübungen oder autogenem Training.

Sind wir also doch unseres Glückes Schmied, wie ein altes Sprichwort behauptet, oder zumindest dafür mitverantwortlich?

Zahlreiche Untersuchungen belegen heute ein menschliches Phänomen, das Psychologen schon immer vertraut war: Etwa drei Monate nach Unfällen oder schweren Krankheiten kehren bei den meisten Menschen Wohlbefinden und Glücksgefühle nahezu »automatisch« zurück. Selbst beim Verlust eines Lebenspartners oder Angehörigen durch Tod oder Trennung dauert diese Spanne »nur« rund ein Jahr.

Der Neurobiologe und Philosoph Gerhard Roth beschäftigt sich mit den physiologischen Grundlagen des Glücks. Er vertritt die Auffassung, daß der Mensch trotz dieses offensichtlichen Automatismus extreme »emotionale Höhenflüge« benötigt, um nicht geistig träge zu werden. »Der Glücksrausch dient dazu, unsere letzten Reserven zu mobilisieren, um einem Feind zu entkommen, um uns fortzupflanzen oder Gipfel zu erstürmen, die wir sonst nie erreichen würden.« (Roth, zit. n. »Stern«, Heft 2, 1997)

Wie auch immer, eine menschliche Grunderfahrung ist trotz aller neueren wissenschaftlichen Erkenntnisse bisher unwiderlegt: Die Suche nach dem Glück war und ist letztlich eine sehr individuelle Angelegenheit, die dem Menschen von niemandem abgenommen werden kann – auch nicht von der Philosophie.

Anmerkungen

1 ZDF, 20. Juli 1999, 22 Uhr 30, in der Reihe »37°«.

2 Lediglich die gesellschaftlich angesehenen Prostituierten, die Hetären, konnten in den Häterenschulen Bildung erlangen. Dennoch gab es in der Antike gelehrte Frauen (u. a. Arete, Hipparchia, Hypatia). Sie waren von ihren Vätern oder Ehemännern unterrichtet worden.

3 Brief vom 6. Dezember 1791 an eine Freundin.

4 Laut Überlieferung verfaßte sie rund 50 Werke, von denen jedoch nur einige Gedichte erhalten blieben.

5 Er war einer der meistgelesenen Autoren zwischen dem 16. und 18. Jahrhundert.

6 Ludwig Marcuse (1894-1971), Philosoph und Schriftsteller, bis 1962 Professor für Philosophie in Los Angeles, USA.

7 Von lat. utilitas = Nutzen.

8 Der norwegische Dramatiker Henrik Ibsen (1828-1906) schrieb 1879 das Gesellschaftsdrama »Nora oder ein Puppenheim«.

9 Der amerikanische Molekulargenetiker Dean Hamer ist sogar sicher, daß die Entdeckung des ersten Glücksgens kurz bevorsteht (Stern, Heft 2, 1997).

10 ebd.

Liebe – himmlischer Monolog oder irdischer Wechselgesang

»Liebe ist ein Kunstwerk, und ich glaube nicht, daß es sehr viele Menschen können.«
Ingeborg Bachmann

Liebe – das ist der Stoff, aus dem die Träume sind. Unzählige Lieder, Texte und Reden handeln von ihr. Mythische, philosophische, religiöse und literarische Geschichten von – meist unglücklich – Verliebten und Liebenden wurden zu Opern, Dramen oder Romanen verarbeitet. Romeo und Julia, Tristan und Isolde, Othello und Desdemona, Heloise und Abaelard, Don Juan, Carmen, Effi Briest oder Jane Eyre sind nur einige von vielen Namen tragischer Liebesgestalten aus weltbekannten Werken vergangener Zeiten.

Der den modernen Liebesromanen und -filmen zugrundeliegende Stoff ist im Vergleich dazu oft ausgesprochen prosaisch. Im Schatten der Geschlechterproblematik (→Differenz, Mensch) sucht Veronica Ferres als Karrierefrau Jacqueline den Einmalbesamer, um sich »Jack's Baby«[1] machen zu lassen. Und »Beim nächsten Mann wird alles anders«,[2] natürlich, weshalb »Das Superweib« auch den »impotenten Mann fürs Leben« will und die modernen Singles höchstens von einer »9 1/2 Wochen« dauernden »Beziehungskiste« träumen dürfen. Derweil sinniert der auf den One-Night-Stand abonnierte männliche Großstadtnomade zwar gelegentlich über eine Zweimonats-Lebensabschnittspartnerin nach, verkneift sich aber im Freundeskreis jede Diskussion über ein so großes Gefühl wie die Liebe...

Der Eros – über die himmlische und die irdische Liebe

Für die griechischen Naturphilosophen waren Liebe und Eros noch eine kosmische Macht. Dementsprechend schildert sie der Geschichtsschreiber Hesiod als blindes Geschick, das Götter und Menschen gleichermaßen um den Verstand zu bringen vermag. Inhaltlich überschnitten sich beide Begriffe und waren nicht klar voneinander zu trennen. Eros[3] ist das griechische Wort für Liebe und Verlangen und gleichermaßen für das Streben nach dem Guten (→Ethik), Schönen (→Kunst) und Wahren. Liebe meinte dabei das Gefühl des starken Hingezogenseins und einer Zuneigung, die jedoch keinesfalls nur an das geschlechtliche Begehren gebunden sein mußte, wie die Mutter-, Geschwister- oder Nächstenliebe beweisen.

Zu den bekanntesten antiken Geschichten über die Entstehung der Liebe gehört der Mythos von den ursprünglich drei Geschlechtern, wie ihn der Komödiendichter Aristophanes in Platons Dialog »Symposion« (dt. Das Gastmahl) erzählte. Danach hatte es in noch früheren Zeiten nicht zwei, sondern drei Geschlechter gegeben: das weibliche, das männliche und das mannweibliche, »welches das gemeinschaftliche war von diesen beiden« (Symposion, 189e). Alle drei waren rund, »so daß Rücken und Brust im Kreise herumgingen. Und vier Hände hatte jeder und Schenkel ebensoviele wie Hände, und zwei Angesichter auf einem kreisrunden Halse einander genau ähnlich [...], auch zweifache Schamteile, und alles übrige [...]« (190a). Diese merkwürdigen Gestalten »erzeugten nicht eines in dem andern, sondern in die Erde wie die Zikaden« (191c).

Als nun Göttervater Zeus über den zunehmenden Übermut der Kugelmenschen erzürnt war, zerschnitt er sie zur Strafe kurzerhand in zwei Hälften. Anschließend verlegte er ihnen die Geschlechtsteile »nach vorne, und bewirkte vermittels ihrer das Erzeugen ineinander, in dem Weiblichen durch das Männliche, deshalb, damit in der Umarmung, wenn der Mann eine Frau träfe, sie zugleich erzeugten und Nachkommenschaft entstände, wenn aber ein Mann einen anderen, sie doch eine Befriedigung hätten [...]« (ebd.). Und seitdem, heißt es bei Platon weiter, »ist die Liebe zueinander den Menschen angeboren [...]« (191d).

In dem nur von Männern abgehaltenen Symposion verbreitete der Philosoph Sokrates die Weisheiten der Diotima, einer Priesterin aus Mantinea. In ihrer – durch ihn wiedergegebenen – Rede bestreitet sie gleich zu Beginn seine eigene These, Eros sei ein Gott. Diotima behauptet statt dessen, er wäre ein Dämon, der zwischen den Sterblichen und Unsterblichen vermittelt (202e). Eros, Sohn der Penia (der Armut) und des Poros (dem Ausweg), sei die zentrale Kraft, mit deren Hilfe die Götter die Menschen dazu zu bewegen versuchten, das Schöne, Gute und Wahre anzustreben. Dank der Liebe (Eros) steige die Psyche – also die individuelle Seele – über den Weg der Erkenntnis auf zur göttlichen Unsterblichkeit. Den Eros beschreibt sie als die »Liebe zum Schönen«, und da die Weisheit zum Schönsten gehöre, bestehe darin die Verbindung zwischen beiden. Eros ist demnach ein Stufenweg der Liebe: Ausgelöst durch die Liebe zum einzelnen führt er schließlich über das Schöne zur Erkenntnis.

An dieser Stelle unterscheidet Diotima zwischen himmlischer und irdischer Liebe. Zunächst betrachtet sie die Zeugung noch als einen göttlichen Vorgang. Das sterbliche Geschöpf, der Mensch, trage Schwangerschaft und Zeugung als unsterbliche Beigabe in sich (206c). Doch dann trennt sie zwischen sterblicher und unsterblicher Liebe: Die körperliche Liebe von Mann und Frau sei für die Fortpflanzung zwar nötig, könne deshalb aber nur als »irdische Form« gelten. Die himmlische Liebe bliebe allein denen vorbehalten, die einen stärkeren Zeugungstrieb in der Seele hätten – den »weisheitsliebenden Männern«. Nur diese himmlische Liebe diene der Erzeugung von guten und schönen Dingen. Und genau deshalb wäre die – auch körperliche – Liebe unter Männern der zwischen Frau und Mann überlegen (208-211).

Für die Liebe unter Frauen galt dies selbstverständlich nicht. Die »Tribadie«[4] war zwar durchaus bekannt und wurde im »Symposion« sogar begründet, als zwangsläufige Folge der durch Zeus vorgenommenen Teilung des (androgynen) mannweiblichen Kugelmenschen (191e). Dennoch hielt Platon sie für »minderwertiger« als die männliche Homosexualität. Wohl nicht zuletzt deshalb hatte er auch der Priesterin Diotima die Funktion zugedacht, seine These von der »männlichen Mutterschaft« zu vermitteln.

Für Adriana Cavarero beinhaltet diese Rede im »Symposion« denn auch die Geburtsstunde des männlichen Philosophierens. Mit dem Ausschluß der Frauen wird »Philosophie als eine Ausgeburt der männlichen Seele« definiert, die zudem »an die Liebe zwischen Männern gebunden ist« (1992, S. 154; vgl. auch unten: Irigaray und Kristeva).

Auch in einem anderen, jedoch kaum bekannten antiken Text steht der Eros als Triebkraft des menschlichen Lebens im Mittelpunkt. Es handelt sich um den nicht vollständig erhaltenen[5] Aspasia-Dialog des Aischines.

Die antike Philosophin und damals in Athen sehr bekannte Aspasia aus Milet war die zweite Frau des Perikles.[6] Neben vielen anderen unterwies sie auch Sokrates in Rhetorik. In Aischines' Werk wird Sokrates von dem sehr wohlhabenden Kallias gefragt, wen er als besten Philosophielehrer für seinen Sohn empfehlen könnte.

Der nennt Aspasia und begründet den eher ungewöhnlichen Vorschlag mit einem Beispiel ihres pädagogischen Talentes. Er erzählt von einem Gespräch, daß die als Ratgeberin herbeigebetene Rhetorin mit dem Ehepaar Xenophon geführt habe. Den Ausgangspunkt bildete das der damaligen Ethik entsprechende Verlangen der beiden, den jeweils bestmöglichen Ehegatten zu besitzen. (Ein Wunsch, der nach der gültigen gesellschaftlichen Norm nur vom eigenen Ehepartner erfüllt werden durfte.) Obwohl sich beide wegen ihrer persönlichen Schwächen außerstande sahen, diesen »bestmöglichen« Ehegatten für den jeweils anderen zu verkörpern, akzeptierten die Eheleute ihr gegenseitiges Verlangen, mit einem solchen verheiratet zu sein. Aspasias große Leistung bestand nun darin, beide Partner davon zu überzeugen, um des jeweils anderen willen sich selbst verändern zu wollen. Und zwar solange, bis jeder der Vorstellung des anderen vom bestmöglichen Ehegatten entsprach. Dabei ging sie davon aus, daß der Eros die Triebkraft für alles menschliche Handeln darstellt.[7] Ihr pädagogisches Bemühen zielte deshalb auf die »arete« (gr. = Tugend), die dazu dient, den Eros in die richtigen Bahnen zu lenken (Ehlers 1966, S. 90).

Eros und Agape

Durch den Einfluß des Christentums kam es im Mittelalter zu einer völlig anderen Sicht auf Liebe und Eros. Die Kirchenväter trennten scharf zwischen Eros und Agape (Liebe zu Gott). Ersterer hatte nun allein der Fortpflanzung zu dienen – alles andere war Sünde.

Schon im zweiten Jahrhundert hatte der Philosoph und Kirchenvater Tertullian »entscheidend die christliche Sexual-Moral bestimmt«, schrieb Ludwig Marcuse in »Obszön« (1984, S. 165 f.). Tertullian, Römer aus Karthago, mahnte in seiner testamentarischen Schrift »Zwei Bücher an meine Frau«, daß »uns vom Herrn des Heils in der Enthaltsamkeit ein Mittel gezeigt worden ist, zur ewigen Seligkeit zu gelangen« (ebd.). Deshalb forderte er sie auf, nach seinem Tod Witwe zu bleiben und auf »eheliche Leistungen« zu verzichten. Dies sollte ihr um so leichter fallen, da in der Jungfräulichkeit der beste Stand für eine Frau zu sehen sei. Die Ehe habe der Herr sozusagen nur notgedrungen gestattet, um das Menschengeschlecht zu erhalten.

Eine Position, die sich in den nächsten Jahrhunderten zum gut bewachten Fundament der christlichen Lustfeindlichkeit verfestigte. Die Reihe seiner Hüter reichte über Augustinus, Boethius und Gregor den Großen bis hin zu Thomas von Aquin, der verkündete: »Zur Vernichtung der guten Sitten führt es, wenn Menschen allzusehr sich den *Freuden des Koitus* ergeben, denn da diese Freude *am meisten den Geist absorbiert*, so pflegt die Vernunft hierdurch an denjenigen Dingen behindert zu werden, die vernunftgemäß zu tun wären [...]« (Kap. 125 in: Summa Contra Gentiles, Bd. IV, S. 270). Immerhin gestand er zu, da die »Fortdauer der Art« nur durch die »fleischliche Vereinigung« gesichert werden könne, diese sei »unmöglich an sich schlecht«. Aber eben nur dann, wenn die Frau im Ehestand lebte (Kap. 126).

Neben der mehr oder weniger satanischen und deshalb zu verbietenden erotischen Lust stand im Zentrum des scholastischen Denkens vor allem eines: die erkennende Liebe zu Gott, die »Agape«. Gott verkörperte die Liebe und damit das einigende Prinzip, das dem menschlichen Leben zugrunde lag. Zugleich war es diese Liebe, die sich als weltschöpferische Kraft ein Gleichnis ihrer selbst schuf. Um die fast unüberbrückbar erscheinenden Gegensätze zwischen der menschlichen und der Gott zugeschriebenen Liebe wenigstens einigermaßen zu »kitten«, gab es bei Thomas von Aquin jedoch noch eine dritte Liebesform – die »caritas«. Sie bedeutete eine Art der wechselseitigen Mitteilung, ja, sogar Freundschaft mit Gott.

Etwa 150 Jahre vor diesem maßgeblichen Kirchendenker hatte sich bereits die Äbtissin und Visionärin Hildegard von Bingen in ihrer »Heilkunde« intensiv mit dem Thema Liebe befaßt. Nicht etwa mit der himmlischen, sondern ganz schlicht mit der irdischen Erotik. Sie entwickelte sogar eine eigene Geschlechtstypologie für Frauen und Männer. In der Sexualität sah sie ein Wesensmerkmal des Menschen, und Frau und Mann waren in ihren Augen für den gemeinsamen Liebesbund geschaffen. Ausdruck fand diese Liebe in der geschlechtlichen Gemeinschaft, die untrennbar zur menschlichen Entfaltung beider Partner gehörte. »Mann und Frau sind auf eine solche Weise miteinander verbunden, daß einer das Werk des anderen ist (opus alterum per alterum). Ohne die Frau könnte der Mann nicht Mann heißen; ohne Mann könnte die Frau nicht Frau genannt werden« (1990, S. 148).

Welch ein Unterschied zu Thomas von Aquin! Hildegard von

Bingens Credo lautete eindeutig: So wie Leib und Seele harmonisch zusammenwirken im Menschen, so gehören auch Mann und Frau *leibhaftig* zusammen. Damit wich sie bereits stark von der zeittypischen Position der meisten hochheiligen Kirchenmänner ab. Und nicht nur sie! In bewußter Abgrenzung zur stark vernunftgeprägten männlichen Gottesliebe der Scholastik haben fast alle Mystikerinnen[8] ihre Liebe zu Gott oder Christus erotisch personalisiert. So beschrieb die Begine Hadewijch von Antwerpen (1. Hälfte des 13. Jahrhunderts) ihre »mystische Hochzeit« in ziemlich eindeutigen Bildern:

»Damit kam er in der Gestalt und dem Gewand des Mannes, der er an dem Tag war, als er uns seinen Leib zum ersten Mal gab; ganz als Mensch und Mann, wunderbar und schön, mit verklärtem Antlitz, kam er in hingegebener Haltung auf mich zu wie einer, der dem anderen ganz angehört. Er gab sich mir in der Gestalt des Sakraments in der Form, in der man es zu nehmen pflegt; und darnach gab er aus dem Kelche zu trinken, in Gestalt und Geschmack, wie es üblich ist. Dann aber kam er selbst zu mir, nahm mich ganz in seine Arme und drückte mich an sich; und alle meine Glieder fühlten die seinen in vollem Genügen nach dem Herzensbegehren meiner Menschheit. So ward ich von außen mit voller Befriedigung gesättigt« (1951, S. 131f.).

Auch die im Kloster Helfta bei Eisleben lebende Mechtild von Hackeborn wollte keine abstrakte Vernunftliebe zu Gott, sondern strebte »mit allen Sinnen« zu ihm hin (1986). Und die ebenfalls dort lebende Gertrud die Große beschrieb ihre Christuserscheinungen fast wie Hadewijch. Sie sah einen »etwa 16jährigen jungen Mann stehen von schöner Gestalt, wie er damals für meine äußeren Augen wünschenswert gewesen wäre [...]« (1989, S. 13f.). An anderer Stelle heißt es: »[...] genoß sie im Brautgemach des Bräutigams die höchsten Freuden, sie wurde in wunderbarer Weise so erfüllt von der Gnade und Milde der göttlichen Liebe [...], menschliche Worte hätten es nicht erfaßt« (S. 276f.).

Den Höhepunkt christlicher Liebesdialoge bildet jedoch zweifellos das hymnische Traktat der Heiligen Teresa von Avila »Von der Liebe zu Gott« (1649/1984).

Teresa, die Karlheinz Deschner in seiner »Das Kreuz mit der Kirche« betitelten Sexualgeschichte des Christentums »die größte katholische Mystikerin« nennt und sie wegen ihrer »Herrsch- und Geldgier« gleichzeitig als »bestia mystica« und »ma bête noire«

Gian Lorenzo Bernini.
Die Verzückung der Heiligen Theresa, um 1650.
Cornaro-Kapelle, Santa Maria della Vittoria, Rom

(1988, S. 111) bezeichnet, artikulierte ihr sinnliches Begehren mit barocker Sprache in rauschhaften Bildern:

»So der H. Paulus spricht, daß alles Leyden dieser Welt nicht werth sey derjenigen Glory, auf die wir hoffen, so sag ich, daß es nicht werth sey noch verdienen könne eine einzige Stunde dieses Vergnügens und der Wollust, die Gott hie der Seelen ertheilet...

O, ihr Christen, ach, meine Töchter! Lasset uns doch einmahl aufwachen, umb Gottes willen, von diesem Schlaf der Welt und gedenken, daß er uns die Belohnung seiner Liebe nicht nur für das künftige Leben aufbehält; noch in diesem Leben fängt er an uns zu bezahlen!« (Teresa 1984, S. 48f.)

Und an anderer Stelle dichtete sie. »Als der Jäger süß und holde / Mich getroffen, mich verwundet, / Sank in siner Liebe Arme / meine Seele, minnetrunken« (zit. n. Deschner 1988, S. 113).

Solche und ähnliche Zitate lassen sich von vielen christlichen Mystikerinnen wiedergeben. Kein Wunder also, wenn der vehemente Kirchenkritiker Karlheinz Deschner den christlichen Bräuten nachträglich ins Gebetbuch schreibt: »Mystik ist ohne Erotik nicht denkbar, geradezu ihr Geschöpf, ein hochfahrender Bastard freilich, der seine Herkunft leugnet und doch nur durch Triebunterdrückung entstehen, durch Triebsublimierung den visionären Überschwang, den ganzen Gottestaumel erst erzeugen kann [...]« (ebd., S. 102).

Zu Recht weist er in seiner schonungslosen Abrechnung auf zwei weitere wichtige Punkte hin: Erstens fand der nönnische Mysterientaumel seine Entsprechung in der mönchischen Marienverehrung: »Gerade die frömmsten Mönche übertrugen alle ihnen verwehrten Sexualgefühle auf die heilige Jungfrau, machten sie zu ihrer ›Braut‹ [...]« (S. 103). Zum zweiten waren trotz schwerster Strafandrohungen sexuelle Verfehlungen und Übergriffe gegen Weib, Kind und Tier an der Tagesordnung. Das bezeugten nicht nur viele zeitgenössische kirchenkritische Berichte, sondern sogar die Betroffenen selbst. Der österreichische Augustinerchorherr Konrad Waldhauser wetterte im 14. Jahrhundert über den »Augiasstall, der sich Kirche Christi nennt und doch nur ein Bordell des Antichrist ist« (S. 124). Der Domprediger Geiler von Kaisersberg schimpfte rund hundert Jahre später: »Die Ordensleut sollen das Salz der Erde sein; sie sein aber versalzen mit Hoffart und Geiligkeit, mit Unkeuschheit, daß man ihnen nicht mehr kann zuhilfe kommen« (ebd.). Und wiederum ein Jahrhundert später klagte selbst Teresa von Avila: »Dagegen wandeln auf dem Wege wahrer klösterlicher Vollkommenheit so wenige, daß ein Ordensmann oder eine Nonne, die ernstlich beginnen wollen, ihrem Berufe vollständig nachzukommen, die eigenen Hausgenossen mehr zu fürchten haben, als alle höllischen Geister zusammen« (ebd.).

Der Rosenroman oder die Querelle des femmes

Zur wichtigsten Liebesschule der herrschenden und intellektuellen Schicht im Mittelalter wurde das bedeutendste Werk französischer Dichtkunst des 13. Jahrhunderts: der »Rosenroman« (Roman de la Rose). Der Dichter Guillaume de Lorris verfaßte 1230 den ersten Teil des Buches, hinterließ das Werk jedoch unvollendet. Den umfangreicheren zweiten Teil schrieb etwa zwischen 1275 bis 1280 der Scholastiker Jean de Meun(g).[9] Im Grunde handelt es sich deshalb um zwei verschiedene Bücher, die sich nicht nur stilistisch sehr stark voneinander unterscheiden. Während Guillaumes Arbeit mit bestechender Formschönheit und eleganter Lyrik den Höhepunkt der höfischen Minnedichtung markiert, ist der zweite Teil durch einen abstrakten wissenschaftlichen Ton gekennzeichnet. Er dokumentiert den Hochmut seines Verfassers, eines Professors für Theologie und Philosophie an der Pariser Universität. Der mokierte sich über die ungebildete Mehrheit seiner Mitmenschen – und noch mehr über die Frauen. In zynisch-polemischen Formulierungen wiederholte er so ziemlich alle frauenfeindlichen Argumente, die von den klassischen Autoren der Antike – von Theophrast über Ovid bis Vergil – bereits niedergeschrieben worden waren. Den Männern empfahl er, die Liebe »als schändlich und verächtlich zu meiden« und darauf zu achten, niemals »aus Liebe zu lieben«. Wozu auch, schließlich gäbe es da noch die »andere, natürliche Liebe, die NATUR für die Tiere geschaffen hat« (Lorris 1976, S. 353). Die sei zwar ebenfalls nicht erstrebenswert, verdiene aber wenigstens weder Lob noch Tadel. Und natürlich gab es auch bei Meun(g) eine große wahre Liebe – die zur Vernunft, die er nicht zufällig in weiblicher Gestalt auftreten läßt.

Rund 300 Jahre lang beschäftigte der zum Kultbuch avancierte »Rosenroman«, von dem im Lauf der Zeit über 300 Abschriften erschienen sind, die mittelalterlichen Gemüter. Mehr noch: Er löste den ersten überlieferten Literaturstreit der Geschichte, die sogenannte »Querelle des femmes« aus. Die in Italien geborene und in Frankreich lebende Berufssschriftstellerin Christine de Pizan machte Front gegen Meun(g)s frauenverachtendes Traktat. Sie erklärte, das Werk habe mit der höfischen Liebe (Minne)[10] nichts mehr zu tun, und fragte gleichzeitig nach den Ursachen für die fatale Neigung der Männer, so viele »teuflische Scheußlichkeiten« über Frauen zu verbreiten. Im Kanzler der Pariser Universität, dem Theologieprofessor Jean Gerson, fand sie einen prominenten Streitgefährten für ihre Hauptkritik, Meun(g)s Werk warne einseitig vor den lasterhaften Frauen und ihren Verführungskünsten und stelle die Männer als deren unschuldige Opfer dar.

Ihr »Sendbrief vom Liebesgott« wurde denn auch zur fulminanten Abrechnung. Mit dem mittelalterlichen Bestseller einerseits – und seinen zahllosen Vordenkern andererseits:

»[...] Und von diesen spricht Ovid in seiner Abhandlung
über die Liebeskunst; denn wegen des großen Mitleids,
das er für sie (die Männer) empfand, stellte er ein Buch zusammen,
indem er für sie niederschreibt und sie bereitwillig unterweist,
wie sie die Frauen durch Heucheleien betrügen
und ihre Liebe gewinnen können;
und er nannte es das ›Buch von der Liebeskunst‹,
aber er lehrt nicht die Voraussetzungen und Umgangsformen,
um gut zu lieben, sondern eher das Gegenteil. [...]
Und wie ist es nun, wenn die Frauen schwach und leichtfertig,
wankelmütig, einfältig und wenig gewissenhaft sind,
so wie es einige Gelehrte sagen,
welcher Bedarf an soviel List besteht denn für diese Männer,
die sich so sehr einsetzen, um ihr Ziel zu erreichen? [...]
Aber wenn die Frauen die Bücher geschrieben hätten,
so weiß ich fürwahr, daß es anders geschehen wäre,
denn sie wissen sehr wohl, daß man sie zu Unrecht beschuldigt,
doch es werden die Teile nicht gerecht geteilt,
denn die Stärksten nehmen den größten Anteil,
und das Beste behält für sich, der die Stücke teilt.
Dann sagen diese heuchlerischen Verleumder noch,
die die Frauen auf diese Weise verachten,
daß alle Frauen falsch waren, sind und sein werden,

noch niemals Ehrlichkeit besaßen, [...]
wer auch immer eine Missetat beging,
auf die Frauen wird es geschoben [...]« (1987, S. 28ff.)

In Pizans Kritik floß viel Autobiographisches mit ein. Nach dem frühen Tode ihres Mannes hatte die nunmehr alleinerziehende und ernährende Mutter dreier Kinder sehr negative Erfahrungen mit dem anderen Geschlecht gemacht. Gläubiger ihres Mannes weigerten sich jahrelang, ihre Schulden zu bezahlen, andere wiederum versuchten, sie um ihr Erbe zu betrügen. Vierzehn Jahre lang mußte sie deshalb verschiedene Prozesse führen. Keine Spur war da zu finden von der vielgepriesenen »Ritterlichkeit« gegenüber Frauen. Deshalb bekämpfte Christine de Pizan die gesellschaftliche Doppelmoral in der Auseinandersetzung mit dem »Rosenroman« ebenso wie in ihren übrigen Werken.

Die (r)eine Liebe – Abaelard und Heloise

Als Vordenker der reinen, nicht durch die Erwartung eines Lohns getrübten Liebe gilt – neben dem Kreuzzügler Bernhard von Clairvaux – vor allem der Scholastiker Petrus Abaelard.[11] Er definierte sie in seiner Ethik (»Ethica seu liber dictus scito te ipsum«): »Die Liebe sucht nicht das ihre, sie duldet alles, sie glaubt alles, sie hofft alles, sie erträgt alles.« Abaelard setzte sich jedoch nicht nur theoretisch mit dem Thema auseinander. Der Theologe und die spätere Äbtissin Heloise[12] gingen als *das* tragische Liebespaar des 13. Jahrhunderts in die Geschichte ein.

Abaelard war als Lehrer für die damals 16jährige Heloise angestellt, als sich beide ineinander verliebten. Heloise wurde schwanger, was verständlicherweise zu einem Eklat führte. Daraufhin entführte er sie mit ihrem Einverständnis, und sie entband das gemeinsame Kind. Die Familie des Mädchens bestand nunmehr auf einer Eheschließung. Abaelard stimmte zu, obwohl Heloise dagegen war. Sie sah den ihr wichtigen Erhalt der reinen Liebe vom drohenden Ehealltag gefährdet. Außerdem wollte sie – ganz klassische verzichtende Geliebte – seiner wissenschaftlichen Karriere nicht im Wege stehen.

Schließlich willigte sie nach langem Zögern in eine heimliche Hochzeit ein. Doch nach der Eheschließung drängte Abaelard das

Camille Claudel. Sakuntala oder die Hingabe, 1905.
Musée Rodin, Paris.

Mädchen, den Schleier zu nehmen und ins Kloster zu gehen. Als Heloises Familie davon erfuhr, rächte sie sich furchtbar an Abaelard. Sie überfiel ihn im Schlaf – und kastrierte ihn.

Der Verstümmelte trat nach seiner Genesung ebenfalls in ein Kloster ein und machte schon bald Karriere als einer der wichtigsten Denker des Mittelalters. Wenige Jahre später begann zwischen ihm und Heloise ein Briefwechsel, in dem das Thema Liebe eine zentrale Rolle einnahm. Sie beteuerte darin wiederholt, daß sie ihn noch liebe, denn wahre Liebe kenne nur ein Interesse – das Geben: »Ohne Zaudern – Du, Du gabst ja den Befehl – brachte ich mein altes Gewand und mein altes Herz zum Opfer, um aller Welt zu zeigen, wie ich Dein eigen sei mit Leib und Seele. Gott ist mein Zeuge, ich habe je und je in Dir nur Dich gesucht, Dich schlechthin, nicht das Deine, nicht Hab und Gut. Ein festes Eheband, eine Morgengabe – habe ich je danach gefragt? Du bist mein Zeuge, nicht meine Lust, nicht mein Wille war je mein Ziel, nein, nur Deine volle Befriedigung« (2. Brief in: Abaelard 1992, S. 80f.).

Das klingt nach völliger Selbstaufgabe und -verleugnung. Aber Heloise ging – wie einst Aspasia, auf die sie sich ausdrücklich berief – davon aus, daß Männer und Frauen ihre Ehepartner(innen) als die jeweils bestmöglichen Ehegatten anerkennen müßten. Andernfalls sei die Ehe das Grab der Liebe und nicht viel besser als Prostitution. Gleichzeitig warf sie dem nunmehr zum Bruder in Christo Gewordenen vor, daß es für ihn mehr die »Glut der Sinnenlust [...] als Liebe« gewesen sei (S. 82). Da sie nicht aus Frömmigkeit, sondern allein auf seinen Befehl hin ins Kloster gegangen sei, bat sie ihn um einige »Worte der Liebe«.

Vergeblich. Abaelard wollte offensichtlich nur ungern an eine teuer bezahlte Jugendsünde erinnert werden. Und als nichts anderes empfand er die damalige Affäre. Ihre angebliche Liebe, wies er sie deshalb zurecht, wäre »mit Sünden umfangen« gewesen und dürfe nur »Sinnlichkeit« genannt werden. Sie solle diese Zeit besser vergessen und Klagelieder nur über ihren Herrn Jesus Christus anstimmen. Sonst, drohte er ihr indirekt, könnte es so aussehen: »[...] Du möchtest Dir nachträglich die häßlichen Schändlichkeiten zu eigen machen, die Du zuerst nur erduldest. Flehentlich bitte ich Dich, liebe Schwester, nimm hin in Geduld, was Gott an uns getan aus Barmherzigkeit« (ebd., 5. Brief an Heloisa,[13] S. 140f.).

Renaissance, Aufklärung und die neue alte Liebe

In der Renaissance kam es zu einer Wiederentdeckung antiker Philosophie und damit auch der platonischen Dialoge. Mitte des 16. Jahrhunderts ging die römische Kurtisane und Philosophin Tullia d'Aragona in dem »Dialog über die Unendlichkeit der Liebe« (dt. 1988) der Fragestellung des »Symposions« nach und erörterte das Verhältnis des Schönen und Guten zum Eros. Ihre zentrale These lautete, daß die Liebe unendlich sei. Wie Platon unterschied sie dabei zwischen zwei Arten. Der endlichen und zielgerichteten irdischen (die deshalb verdammungswürdig wäre) und der himmlischen Form. Nur diese wolle die Unendlichkeit, weshalb sie unerfüllbar sei. Denn nur die »Sehnsucht der Liebenden (ist) unendlich«, nicht aber die körperliche Erfüllung derselben (S. 60). Für die Kurtisane d'Aragona, die zeitlebens versuchte, ihren »Berufsmakel« vergessen zu machen, bestand diese tugendhafte Liebe »darin [...] sich in den Gegenstand ihres Verlangens zu wandeln, begleitet von der Sehnsucht, daß auch dieser sich in sie verwandeln möge [...]« (S. 70). Anders als Platon läßt sie jedoch nicht dem Liebenden, sondern dem Geliebten die größere Wertschätzung zuteil werden: »Liebe, soviel ich oft von anderen sagen hörte und soweit ich selbst es verstehe, ist nichts anderes als ein Verlangen, sich der Gemeinschaft dessen zu erfreuen, der entweder in Wahrheit schön ist oder dem Liebenden doch so scheint« (S. 41).

Daß Tullia d'Aragona in diesem Text darüber hinaus den platonischen Liebesbegriff ironisch kommentierte, ist ein ganz besonderer Beweis für ihre von allen Verehrern gerühmte Intelligenz. Wohl kaum zu Unrecht unterstellte sie für den Ausschluß der Frauen aus dem antiken Liebesbegriff einen ganz bestimmten Hintergrund – nämlich die damals in Athen übliche Knabenliebe.

Rund zweihundert Jahre später, in der Frühaufklärung, verlagert sich der Liebesdiskurs erneut. Diesmal auf die gesellschaftliche und subjektive Ebene. Von der wahren »reinen« Liebe ist kaum noch die Rede. Die Anzahl der Bücher zum Thema nimmt sprunghaft zu, doch bei den meisten Autoren – etwa Diderot oder Voltaire – steht das körperliche Begehren im Mittelpunkt. Meist dezent und umschrieben, manchmal deutlich und bis ins schier grenzenlose Extrem gesteigert wie bei Donatien Alphonse François Marquis de Sade. Der bezieht selbst den Tod in die Befriedigung der körperlichen Lust mit ein.

Dennoch war de Sade weit mehr als ein – wie er lange beschimpft wurde – grenzenloser Wüstling. »Ich werde Euch bedeutungsvolle Wahrheiten vorlegen; man wird sie hören, wird darüber nachdenken. Wenn auch nicht alle gefallen werden, so werden doch zumindest einige übrigbleiben; ich werde etwas zur Förderung der Erleuchtung beigetragen haben und werde dessen zufrieden sein«.

Diese von Simone de Beauvoir (1988, S. 42f.) zitierte Selbsteinschätzung de Sades bestätigt eine Erkenntnis, die erst in den letzten drei Jahrzehnten Verbreitung findet: Der »göttliche Marquis«, wie ihn seine frühen Verteidiger nannten, war zuallererst ein Aufklärer. Nicht zufällig behauptet er an zahlreichen Stellen seiner verschiedenen Werke, daß die wirkliche Unzucht »in der Despotie« liegt. Wie ein roter Faden zieht sich die Entlarvung des engen Zusammenhangs zwischen Wollust und Unterwerfung, Macht und Ohnmacht durch fast alle seine Schriften. Ein Zusammenhang, der von anderen – stellvertretend genannt seien Sigmund Freud, Ernest Bornemann und Jessica Benjamin – erst viel später in seiner wahren Dimension erkannt wurde.

Nicht minder Revolutionäres verkündeten verschiedene Theoretikerinnen der Aufklärung. Sie forderten immer häufiger das Recht der freien Liebe – auch für Frauen. Die Philosophin Claire Démar lehnte jede Hierarchie zwischen den Geschlechtern strikt ab und propagierte statt dessen ein Ausleben von Sinnlichkeit und Sexualität für Männer und Frauen. Frei und leidenschaftlich sollte die Liebe sein und vor allem: durch kein Gesetz geregelt. Die bürgerliche »Liebesheirat« kritisierte sie als »legalisierte Prostitution«. Denn entweder würden die Töchter aus reichen Häusern als gute Partie verheiratet oder die Arbeiterinnen seien aufgrund ihrer miserablen Entlohnung gezwungen, sich einen Ehemann zu suchen, der mehr verdient, schrieb sie in »Mein Zukunftsgesetz« (1976). Auf der freiweillig gewählten Grundlage gegenseitiger Liebe beruhe nicht eine dieser Ehen.

Auch in der Romantik steht die mehr oder weniger profane Liebe im Mittelpunkt von Philosophie, Literatur und Leben. Diese sei in Deutschland regelrecht zur neuen Religion geworden, schrieb Madame de Stael in »De l'Allemagne« (Über Deutschland). Sie bezog sich damit auf Friedrich Schlegels stark autobiographisch gefärbten, 1799 erschienenen Roman »Lucinde«. Der hatte einen lang anhaltenden Skandal ausgelöst. Angeblich wegen einiger aus heutiger Sicht geradezu lächerlich erscheinender »lüsterner« Szenen.

Angeblich, da nach Ludwig Marcuse (1984) die wahren Gründe viel tiefer lagen. Schlegel, in dessen Hauptfigur »Lucinde« unschwer seine jüdische Ehefrau Dorothea (geborene Mendelssohn) zu erkennen war, hatte darin gegen weit mehr als nur die gesellschaftlich übliche Prüderie bei der Darstellung erotischer Szenen verstoßen. Nur ein Jahr zuvor war in Kants »Anthropologie« die Behauptung aufgestellt worden: »Das Weib ist weigernd, der Mann werbend; ihre Unterwerfung ist Gunst« (zit. n. Marcuse, S. 68). In »Lucinde« demonstrierte Schlegel jedoch, daß diese klassische Rollenzuweisung kein gottgewolltes Naturgesetz ist. Mehr noch, er schildert, wie die Frau »gar nicht lieblich, gar nicht weigernd in den Liebes-Kampf geht; daß der Mann, gar nicht wagend, das Besiegtwerden genießt. War nach Kant eine Frau, die Griechisch lernt, ein Monstrum, [...] wieviel monströser war eine Frau, welche im Bett die Position verließ, die, wie man meinte, Eva von der Natur zuteil war« (ebd.).

In der Tat! Noch 105 Jahre später regte sich ein Deutsch-Schweizer Doktorand an der Pariser Sorbonne über den Lucindianischen »Rollentausch im Bett« auf und bezeichnete diese Passage als »eine der schändlichsten« (S. 69). Schlegel hatte damit an einem Grund(bett)pfosten der männlichen Macht über das Weib gerüttelt: »Daß die Frau aus der Rippe des Mannes verfertigt war, daß die hingebende Frau mit dem werbenden Mann einen Vertrag auf Lebenszeit machte, zum (so Kant/Anm. d. A.) ›Gebrauch der gegenseitigen Geschlechtseigenschaften‹ – und mit der selbstverständlichen Stipulation, daß ihr die Rolle des Stillehaltens zugewiesen ist: diese Vorstellung ist [...] zerstört worden« (S. 71).

Friedrich Schlegels romantisches Liebes- und Erotikideal beruhte auf Gegenseitigkeit. Frau und Mann waren darin gleichermaßen aufgerufen, sich in der Liebe zu verwirklichen – und zwar mit Leib und Seele. Dem Liebesakt kam damit eine beinahe (natur)religiöse Bedeutung zu. Denn in ihm offenbaren sich nicht nur die Liebenden einander, sondern sie haben dadurch Anteil an der »Religion der Liebe«, die Grundlage des Universums ist: Gott wird in die Liebenden hineinverlegt.

Die Philosophin Margarete Susman bescheinigt allerdings dem romantischen Eros, daß er zugleich auch der »[...] ironische Gott der Vernichtung« war:

»Im romantischen Eros lebt das Hingegebensein an die Schönheit jeder einzelnen Erscheinung im Erblicken ihres Getroffenseins vom Tode, das sehnsüchtige Erkranken der Seele an jeder einzelnen Vollendung, das Fortgezogenwerden durch sie in immer weitere und tiefere Zusammenhänge: diese einzige Fähigkeit, die letzte Schönheit, Symbolik und eigenste Tiefe jeder Erscheinung zu begreifen und in ewiger Liebe zu jedem vergänglichen Bild eines Ganzen zu entbrennen [...]: dieser Rhythmus des ewig erotisch Entflammten, den nur der göttlich erlösende Mensch, den nur der romantische Christus zuletzt ganz in sich aufnehmen und zur Ruhe bringen kann« (1996, S. 215).

Geradezu exemplarisch galt dies für die Dichterin und Philosophin Karoline von Günderode. Trotz – oder gerade wegen? – der großen Enttäuschungen in ihren realen Liebesbeziehungen hielt sie bis zu ihrem frühen Freitod an den Idealen der romantischen Liebe fest. Kompromißlos galt ihre Sehnsucht der freien und schrankenlosen Liebe, die sich nur im Unendlichen und in ihrem Werk erfüllen konnte. In ihrem Gedicht »Die eine Klage« heißt es:

»Wer die tiefste aller Wunden / Hat in Geist und Sinn empfunden / Bittrer Trennung Schmerz; / Wer geliebt, was er verlohren, / Lassen muß, was er erkohren, / Das geliebte Herz, // Der versteht in Lust die Thränen / Und der Liebe ewig Sehnen / Eins in Zwei zu sein, / Eins im Andern sich zu finden, / Daß der Zweiheit Gränzen schwinden / Und des Daseins Pein [...]« (1981, S. 109f.).

Bettina von Arnim setzte ihrer Freundschaft mit der früh verstorbenen und fast vergessenen Karoline von Günderode mit dem Briefroman »Die Günderode« ein literarisches Denkmal. Sie verglich ihre wechselseitige Zuneigung mit der zwischen dem männlichen Philosophenpaar Platon und Dion: »Weißt Du was, du bist der Platon, und Du bist dort auf die Burg verbannt, und ich bin Dein liebster Freund und Schüler Dion, wir lieben uns zärtlich und lassen das Leben füreinander, wenn's gilt [...]« (zit. n. Wolf 1983, S. 578). Damit hatten nunmehr auch die Frauen die von zahlreichen Philosophen als einzig wahre Liebe gefeierte Freundschaft entdeckt.

Das Ungleichgewicht der Geschlechter konnte das romantische Liebesideal letztlich dennoch nicht beseitigen. Dem stand die repressive idealistische Sittenlehre entgegen, die um die Jahrhundertwende des 18./19. Jahrhunderts) dafür sorgte, daß – frei nach Friedrich Schillers »Glocke« – wieder die »züchtige Hausfrau«

drinnen im Hause schaltet und waltet. Einmal mehr wurde die sittliche und geschlechtliche Reinheit der Frauen propagiert und damit das »bürgerliche Frauenideal« geschaffen.

Als Basis diente diesem Frauenbild die idealistische Philosophie, wie sie Johann Gottlieb Fichte in der »Grundlage des Naturrechts« entwickelt hatte. Sein Ehebegriff beruhte auf der Wechselbeziehung zwischen Liebe und Ehe, die er als grundlegend betrachtete. Nur durch diese Verbindung könne die sittliche und geschlechtliche Reinheit der Frauen erhalten bleiben.

Die Philosophinnen Marion Heinz[14] und Friederike Kuster analysierten 1998 »Fichtes Eherecht in der Perspektive feministischer Philosophie« und kamen zu dem Schluß: »Erst wenn das materielle Gefühl der Liebe verewigt wird, indem sich die Frau einem Mann für immer hingibt, behauptet sie ihren sittlichen Charakter, das heißt ihre Würde als Vernunftwesen [...]. Nur durch die konstante und konsequente Hingabe an einen Mann kann die Frau Natur und Sittlichkeit in Übereinstimmung bringen, d. h. sich als freies sittliches Wesen realisieren, und daraus folgt, daß ihre Entrechtung sittlich geforderter Zweck ist« (S. 835).

Fichte verknüpfte also die uralte These von der natürlichen Minderwertigkeit der Frau mit dem aufklärerischen Ideal der Gleichheit und erreichte – so der Soziologe Niklas Luhmann – »gerade weil die Frau die primär Liebende ist und ihm (dem Mann/d. A.) das Lieben ermöglicht«, daß die »Asymmetrie der Geschlechter« auch weiterhin erhalten blieb (1982, S. 53).

Triebkraft, Sex und Psycholiebe – das 20. Jahrhundert

Zu Beginn des 20. Jahrhunderts taucht ein neuer Aspekt beim Thema Liebe auf. Sie wird eher unter dem Blickwinkel psychologischer Fragestellungen diskutiert. Der Einfluß von Sigmund Freuds psychoanalytischer Theorie kann kaum überschätzt werden. Der Eros gilt nun unumstößlich als lebenserhaltender Trieb, der für den Fortbestand der menschlichen Art Sorge trägt. Friedrich Nietzsche, der diese Erkenntnis schon im 19. Jahrhundert postuliert hatte, bescheinigte der Liebe, daß sie auf der Suche nach dem eigenen Selbst zunächst stets egoistisch ist. Gleichzeitig beinhalte sie jedoch ein Überschreiten der Gegenwart, denn alle große Liebe wolle Ewigkeit.

Freud führte – wie Nietzsche – die Liebe auf die »Libido sexualis«, die Geschlechtsliebe zurück. Durch Umlenkung der Libido auf Objekte nicht sexuellen Inhaltes könne diese Triebenergie jedoch auch rein geistig befriedigt werden. Alle Kulturleistungen der Menschheit beruhen demnach letztlich auf einer solchen Triebsublimierung.

Lou Andreas-Salomé, Freundin Nietzsches und Schülerin Freuds, setzte sich ebenfalls mit der Psychologie der Liebe auseinander. In »Die Erotik« unterschied sie zunächst grundsätzlich zwei Arten von Gefühlsbeziehungen zwischen Menschen. Einmal das vertraute Umgehen mit- und die Sympathie füreinander, zum anderen das Unvertraute, Fremde, ja sogar Feindselige. Die erotische Beziehung beinhaltete für sie eine sehr widerspruchsvolle dritte Möglichkeit. Widerspruchsvoll, da sie lediglich aus einer Vermischung von Bestandteilen der beiden anderen bestünde. Gerade das Gegensätzliche und Fremde wirke in einer Liebesbeziehung besonders anziehend.

Lou Andreas-Salomé war überzeugt, daß andererseits genau darin der Grund zu sehen ist, weshalb Liebe und Haß oft so nahe beieinander liegen: Es sind diese zwei Gefühlswelten, die in der Liebe aufeinander treffen. Nach ihrer Meinung endet der Liebesrausch, sobald Mann und Frau sich näher kennenlernen und die Distanz zwischen ihnen abnimmt. Liebe schien ihr eng verwandt mit der menschlichen Selbstsucht. Anspruchsvoll, fordernd und in der erotischen Leidenschaft letztlich nur ein »Eingehen in uns selbst«, eine vertausendfachte Einsamkeit. Erotik beinhaltete für sie deshalb mehr als bloße Begierde. Sie sah darin einen Rauschzustand des gesamten Menschen, in dem kurzfristig der Dualismus von Körper und Seele aufgehoben ist. Nur im erotischen und im künstlerischen Akt erlebe der Mensch dieses vollkommene Heimischwerden.

Die größte Gefahr in der Liebe lag für Lou Andreas-Salomé in dem Wunsch, sich für den anderen zu ändern oder mit ihm verschmelzen zu wollen. Vielmehr müsse im Sichnahesein immer ein Stück weit das Fremdbleiben fortbestehen. Denn nur wenn beide Partner ganz sie selbst blieben, könnten sie vom anderen geliebt werden.

In der zweiten Hälfte des 20. Jahrhunderts steht der Diskurs über die Liebe ganz im Zeichen des Geschlechterkampfes (→Differenz). Hatte die 68er Generation noch die Vorstellung, eine frei ausgelebte Sexualität jenseits der (klein)bürgerlichen Schranken brächte die erotische Erfüllung für *beide* Seiten, kritisierten nun immer mehr Frauen, daß als Maßstab wiederum nur die *männliche* Sexualität galt. Die wichtigsten Vorwürfe lauteten: Männer wollen immer nur das eine – die sexuelle Penetration. Außerdem seien sie weder einfühlsam noch zärtlich und interessierten sich kaum für die erotischen Wünsche ihrer Partnerinnen.

Die unterschiedlichen Wünsche der Frauen in bezug auf Eros und Liebe fanden ihre Entsprechung in der Entdeckung des eigenen Geschlechts. Lesbische Liebe und Erotik sind seither aus dem Verheimlichungsghetto befreit und weitgehend enttabuisiert. Und immer mehr Frauen begannen, zumeist auf dem Hintergrund ihrer persönlichen Männer-Erfahrungen, sich auch theoretisch mit dem noch immer männlich beherrschten Diskurs über die Liebe auseinanderzusetzen. Psychologinnen, Soziologinnen, Schriftstellerinnen, Filmemacherinnen und nicht zuletzt Philosophinnen, wie etwa Julia Kristeva in »Geschichten von der Liebe«, Luce Irigaray in »Ethik der sexuellen Differenz«, Mary Daly in »Gyn/Ökologie« oder Jessica Benjamin in »Die Fesseln der Liebe«.

Für Julia Kristeva handeln letztlich alle Diskurse von der Liebe oder genauer: von ihrem Mangel. Ganz gleich, ob sie in Roman-, Dramenform oder ins Gewand historischer oder philosophischer Texte gekleidet sind. Sie analysiert deshalb in ihren Arbeiten die symbolisch und kulturell bedeutsamen Liebesdiskurse. Von der Antike bis zur Gegenwart, von Don Juan bis zur höfischen Minne. Dabei gelangte sie zu der Überzeugung, daß jede leidenschaftliche Liebe den unauflösbaren Widerspruch zwischen dem Wunsch nach Abgrenzung und dem nach Vereinigung widerspiegelt.

Mit Platons »Symposion« untersuchte die Philosophin und Psychoanalytikerin Luce Irigaray den bis heute wirkungsmächtigsten philosophischen Liebesdiskurs. Mit dem Ergebnis, daß sie die berühmte »platonische Liebe« als »Gründungsakt der Meta-Physik« definiert (1991, S. 37). Begründung: Es ginge darin weniger um die Liebe als um den Wunsch der Männer nach Unsterblichkeit. Die platonische Unterscheidung zwischen himmlischer und irdischer Liebe führe dazu, »daß die Liebe zwischen Männern der Liebe zwischen Mann und Frau überlegen ist.« Denn nur in der sogenannten »himmlischen Liebe« komme es zur »Erzeugung von guten und schönen Dingen, die unvergänglich sind« (S. 43).

Ganz ähnlich beurteilt die in Deutschland aufgewachsene und

seit 30 Jahren in der Schweiz lebende Philosophiedozentin Brigitte Weisshaupt Platons Werk. Auch sie betrachtet das »Symposion« weniger als Dialog über die Liebe. In seinem Zentrum stehe vielmehr das platonische Verhältnis von Eros und Logos. Und auch sie erkennt in dem Text eine grundsätzliche frauenfeindliche Bedeutung: Mit ihm beginne der Ausschluß des Weiblichen aus dem abendländischen →Vernunftbegriff.

Ein ganz anderes Thema bearbeitet die Amerikanerin Jessica Benjamin. In »Die Fesseln der Liebe« untersucht sie den Zusammenhang von Liebe und Aggression. Sie argumentiert, daß das kindliche Spiel von »Zerstörung und Überleben« in der Liebe wiederholt wird, und behauptet: »Aber was Sexualität zur Erotik werden läßt, ist das Überleben des anderen in der Zerstörung und trotz der Zerstörung. Eros unterscheidet sich nicht etwa dadurch von Perversion, daß er frei von Macht und Unterwerfungsphantasien wäre, denn der Eros reinigt die sexuellen Phantasien nicht, er spielt mit ihnen. Der Begriff der Zerstörung erinnert uns daran, daß ein Stück Aggression im Liebesleben notwendig ist. Doch erst das Überleben, der Unterschied, den der andere setzt, unterscheidet die erotische Vereinigung, die mit der Dominanzphantasie spielt, von realer Herrschaft« (1993, S. 74). Und deshalb ist es möglich, sich in der erotischen Beziehung gleichzeitig »zu verlieren und ganz da zu sein [...]« (ebd.).

Sich in Liebe verlieren, hin- und hergerissen sein zwischen Nähe und Distanz oder auf der Gefühlsachterbahn von »himmelhoch jauchzend« ins Tal der Tränen zu stürzen – das scheint vor allem Frauensache zu sein. Der abendländische Mann möchte hingegen so wenig Zeit wie möglich mit seinen Gefühlen »vertun«. Das erweist sich auch beim Sex. Je schneller er zum Orgasmus kommt, um so besser, schreibt die Berliner Philosophin Annegret Stopczyk. Eine Erkenntnis, die im Wege des Sextourismus bereits zum Allgemeingut bei den philippinischen Prostituierten wurde. Sie ziehen die europäischen und amerikanischen Freier bei weitem den asiatischen vor. Letztere versuchten nämlich ihren Orgasmus so lange wie möglich hinauszuzögern.

Und noch etwas fiel ihr auf: Viele Männer reden über den Orgasmus als »kleinen Tod« und vertreten damit implizit die Freudsche Theorie, daß die direkt gelebte Lust Kulturleistungen verhindert. In anderen Kulturen, etwa im alten China, galt aber gerade die sexuelle Vereinigung als schöpferische Energie, »die innerlich und äußerlich gesund mache und so fließend ist, daß hieraus schöpferische Werke mit Leichtigkeit entstünden« (1996, S. 193). Wie Annegret Stopczyk weiter ausführt, propagiert der fernöstliche Philosoph John Chang diese taoistische Form der Liebe heute auch für den Westen. Er plädiert für eine Frauenherrschaft, allerdings nur unter der Bedingung, daß es sich dabei um erotisch befriedigte Frauen handele. Damit hätte das Elend dieser Welt ein Ende, denn für den Mann bliebe da nur die Aufgabe, »ein guter Liebhaber für die Frau zu sein« (ebd.).

Bis diese (schöne?) Utopie verwirklicht wird, bleibt den meisten Frauen wohl nur, sich weiterhin – wie es die Filmemacherin Doris Dörrie 1989 ironisch formulierte – »Liebe, Schmerz und das ganze verdammte Zeug« anzutun.

Anmerkungen

1 Eine Helmut-Dietl-Produktion auf SAT 1, 17. Oktober 1999.

2 Seit Eva Hellers Erstlingswerk sind unzählige solcher und ähnlicher Titel erschienen. Viele wurden zum Bestseller (Hera Lind, »Das Superweib«, Gaby Hauptmann, »Suche impotenten Mann für's Leben«) und anschließend verfilmt.

3 »Erotik« ist davon abgeleitet, bedeutet aber heute viel eingeschränkter oft nur sexuelle Lust und Leidenschaft, die unabhängig von Fortpflanzung und Liebe sein kann.

4 Der damals häufig verwendete Begriff für gleichgeschlechtliche Liebe unter Frauen. Die Verwendung des Substantivs »Lesbierin« wurde erst im 19. Jahrhundert, »Lesbe« und »lesbisch« im 20. Jahrhundert gebräuchlich. Es stammt ab von dem in der Antike als Umschreibung für die Frauenliebe ebenfalls verwendeten Verb »lesbiázein« (= »sich wie die Frauen von Lesbos verhalten«), das wiederum abgeleitet ist von »Lesbis« (= »Frau von Lesbos«). Auf der Insel Lesbos pries die Dichterin Sappho um 600 v. u. Z. die Schönheit von jungen Mädchen einer weiblichen Kult-, Schul- und auch erotischen Lebensgemeinschaft.

5 Die erhaltenen Auszüge sind übersetzt und kommentiert in Ehlers 1966.

6 Perikles (ca. 500-429 v. u. Z.), athenischer Staatsmann. Nach ihm ist das sogenannte Goldene oder Perikleische Zeitalter Athens benannt (Bau der Akropolis usw.), obwohl er Athen in den Peloponnesischen Krieg führte.

7 Womit sie Freuds These von der Libido als menschlicher Triebkraft vorwegnahm.

8 Die christliche Frauenmystik ist eine Besonderheit. In allen anderen monotheistischen Religionen war die Mystik ausschließlich Männersache.

9 In der Literatur existieren die Schreibweisen Meun und Meung.

10 Die Minne, die Liebe eines Ritters oder Troubadours zu einer höfischen, verheirateten Dame. Liebe meint hier die stets unerfüllbare Sehnsucht der Liebenden, die ständig erneuert wird.

11 Petrus Abälard(us), eigentlich Pierre Abelard (1079-1142); Mitbegründer und Hauptvertreter der scholastischen Methode.

12 Heloise (1100/01-1164) französische Gelehrte und Äbtissin, genoß eine Erziehung im Benediktinerkloster von Argenteuil und lernte Latein, Griechisch und Hebräisch.

13 Im zitierten Buch wurde die Schreibweise Heloisa verwendet.

14 In Deutschland bisher einzige Inhaberin eines C-3-Lehrstuhles für Philosophie, mit dem Schwerpunkt Frauenforschung (Uni Duisburg). Derzeit C-4-Professur in Siegen.

Arbeit – einziger Lebenszweck oder notwendiges Übel

»Welchen Nutzen kann ein Leben haben, das nicht nützlich für den Profit ist?«

Viviane Forrester

Der Begriff »Arbeit« hatte in der abendländischen Philosophie lange Zeit kaum – oder allenfalls negative – Bedeutung. Nicht nur die antiken Philosophen diskutierten bevorzugt über abstrakte Themen wie: Das Wahre, Gute und Schöne, das Sein oder die Gerechtigkeit. Die geistige Auseinandersetzung mit, wie man ironisch sagen könnte, »Gott und der Welt« wurde bis in die frühe Neuzeit nicht als aktive Tätigkeit, geschweige denn Arbeit betrachtet. Denken war »vita contemplativa«[1] und galt als Muße. Über diese in ausreichendem Maße zu verfügen, strebten die Philosophen seit der Antike an.

Aus der Sicht unseres von Hektik, Streß und fehlender Zeit geprägten Alltags scheint es fast unvorstellbar, daß eine herrschende Gesellschaftsschicht die Muße als höchstes Ziel propagierte. Mehr noch: Auf alle Tätigkeiten, die zum direkten Lebenserhalt notwendig waren, ebenso verächtlich herabsah wie auf handwerkliche oder künstlerische Produkte.

Tatsächlich aber waren in der griechischen »Polis« Kontemplation und Philosophie das einzige, was – neben politischem Handeln – eines freien Mannes würdig schien. Platons politische Utopie, die »Politeia« (dt. Der Staat), verfolgte denn auch das Ziel, den Philosophen ein derartiges Leben zu ermöglichen. Arbeiten für den Lebensunterhalt wäre für die (männlichen) Bürger der Antike gleichbedeutend gewesen mit einem Leben in sklavischer Abhängigkeit, denn dafür hatte man ja schließlich die Sklaven.[2] Für Aristoteles schlossen sich sogar Tugend und Arbeit generell aus. Selbst das Herstellen künstlerischer Produkte war für einen freien Mann verpönt. Daß Sokrates keine Zeile seiner Philosophie selbst aufschrieb, dürfte darin begründet sein. Für ihn hätte es sich dabei um unwürdige Arbeit gehandelt. Hannah Arendt setzte sich in der »Vita activa« (amerik. 1958, dt. 1967) ausführlich mit Theorie und Praxis des »tätigen Lebens« in der Antike auseinander. Es umfaßte drei Bereiche: Arbeiten, Herstellen und (politisches) Handeln. Letzteres manifestierte sich hauptsächlich in öffentlichen Reden und Diskussionen. Der Begriff »Arbeiten« bezog die unmittelbare Gewinnung lebensnotwendiger Dinge (Getreideanbau, Brot backen) ebenso mit ein wie das Gebären und Erziehen der Kinder. »Herstellen« wiederum gehörte zum Handwerk und der Kunstproduktion. Der dritte und für Hannah Arendts Analyse wichtigste Bereich war das Handeln und Sprechen in der öffentlichen »Polis«. Hier definierte sich für sie das eigentliche Menschsein. Ihre Begründung ist einleuchtend: Niemand existiert allein auf der Welt. Zwar sind die Menschen gleichartig, aber dennoch grundsätzlich verschieden. Durch die Andersartigkeit und das Schicksal der Pluralität wird es notwendig, miteinander zu kommunizieren und zu agieren: »Sprechen und Handeln sind die Tätigkeiten, in denen diese Einzigartigkeit sich darstellt« (1981, S. 165). Menschen, die leben, ohne zu arbeiten, könne das Menschsein nicht abgesprochen werden; ein Leben ohne Sprechen und Handeln war für Hannah Arendt jedoch »buchstäblich kein Leben mehr, sondern ein in die Länge eines Menschenlebens gezogenes Sterben [...]« (ebd.). Übertragen auf die modernen Industriegesellschaften, in denen die Arbeit zunehmend zur Mangelware wird, scheint dies eine nachdenkenswerte These.

Zur Wandlung eines Begriffs – der Weg in die Arbeitsgesellschaft

Produktive Arbeit als zentraler Lebenszweck? Ein für die HERRschende Schicht des alten Griechenland unvorstellbarer Gedanke. Und dennoch ist es geschehen: Auf dem menschheitsgeschichtlichen Weg von der Antike in die Neuzeit entwickelte sich eine völlige Umkehrung der Werte. Die produktive Tätigkeit wurde zum neuen Götzen erkoren, die »vita contemplativa« ersetzt durch reines Gewinnstreben, durch das goldene Kalb »Profit«, um das unsere heutigen Arbeitsgesellschaften noch immer kreisen. Wie kam es dazu?

Betrachten wir das Alte Testament einmal so, wie es manche Historiker sehen: Als Sammlung von Mythen und überlieferten geschichtlichen Ereignissen und Begebenheiten, die zu verschiedenen Zeiten von unterschiedlichen Autoren aufgezeichnet wurden. Verfälscht durch die vorausgegangenen Jahrhunderte der mündlichen Weitergabe, verzerrt von interessendiktierter Sichtweise, verfremdet durch Legenden- und Mythenbildung – aber im Wesenskern wahr.

Unter diesem Blickwinkel könnte der sogenannte Sündenfall und die Vertreibung aus dem Paradies als Wendepunkt von matriarchal zu patriarchal orientierten Gesellschaften interpretiert werden. Oder als Wiege eines neuen Arbeitsverständnisses, wobei das eine das andere nicht ausschließt, sondern vielleicht eng damit zusammenhängt: »In der Frühzeit war Arbeit ein vom Frauenkollektiv geprägtes Gemeinschaftserlebnis«, schreibt Carola Meier-Seethaler, »ein von kultischen Vorstellungen erfülltes und von Liedern begleitetes *rhythmisches Tun* [...]« (1992, S. 282). Ganz anders die Geschichte von Adam und Eva im Alten Testament: »So sei der Erdboden verflucht um deinetwillen: mit Mühsal sollst du davon essen alle Tage deines Lebens«, heißt es im 1. Buch Mose (3,17), und »im Schweiße deines Angesichts wirst du dein Brot essen« (3,19). Arbeit als Fluch, als vom (männlichen) Gott verhängte *Strafe* dafür, daß die Frau vom Baum der Erkenntnis gegessen hatte...

Natürlich ist die Wendepunkt-Sichtweise spekulativ. Unbestreitbar bleibt jedoch, daß viele Philosophen und vor allem Theologen den zweifelhaften Ruhm beanspruchen können, Paten unserer menschen- und umweltzerstörenden Arbeitsgesellschaft zu sein.

Während Paulus noch verlangte, ein Christ müsse arbeiten, damit er seinen Brüdern nicht zur Last falle, setzte Benedikt von Nursia (um 480-547) bereits andere Maßstäbe. Ora et labora, bete und arbeite, lautete sein grundsätzliches Motto für ein gottgefälliges Leben. Der Begründer des abendländischen Mönchtums schrieb seinen Benediktinern denn auch folgerichtig ins Klosterregelwerk: »Müßiggang ist der Feind der Seele«. Diese Regel überdauerte als pädagogisches Dogma die Jahrhunderte. In der leicht abgewandelten Form »Müßiggang ist aller Laster Anfang« wurde es noch der ersten Nachkriegsgeneration von ihren Vätern, Lehrern und Lehrherren im wahrsten Sinne des Wortes eingebleut. Allerdings blieb es dem Protestantismus vorbehalten, auf dem arbeitsethischen katholischen Fundament ein Gebäude zu errichten, dessen Eingang schnurgerade in eine Arbeitshölle führte. Die protestantische endgültige Definition von (profitbringender) Arbeit als Sinn und Zweck jedes individuellen Lebens gipfelte schließlich in dem monströsen Zynismus, der in gußeisernen Lettern über dem Tor von Auschwitz stand: »Arbeit macht frei«.

Eine Unterstellung? Mitnichten! Für Martin Luther beruhten Stand und Beruf eines Menschen auf göttlicher Fügung. Deshalb verteidigte der Reformator in den Bauernkriegen auch die gottgewollte Ordnung. Er stellte sich auf die Seite der Feudalherren und machte Front gegen die von ihnen ausgebeuteten Aufständischen. Sein Bruder in Christo, der Schweizer[3] Reformator Johann Calvin, errichtete mit der Theorie der doppelten Prädestination[4] (= Vorherbestimmtheit) das religionstheoretische geistige Fundament, auf dem die kapitalistische Gesellschaftsordnung aufgebaut wurde.

Mit Zitaten aus dem Alten Testament konnte zwar die Arbeit als zentraler Lebenszweck begründet werden, nicht aber Zinsen und Profit. Ganz im Gegenteil. Reines Gewinnstreben bleibt dort den Gottlosen vorbehalten. Dem Rechtsgelehrten Calvin gelang mit einer geradezu winkeladvokatischen Chuzpe eine Umkehrung dieser Aussage: Da alles im menschlichen Leben von Gott vorherbestimmt sei, beweise der materielle Erfolg arbeits- und strebsamer Menschen eben die göttliche Auserwähltheit der Erfolgreichen. Da auch das Leben der Erfolglosen – oder gar eines Verbrechers – Gottes Vorherbestimmung unterliege, beweise deren Lebensführung, daß sie ohnehin für die Verdammnis vorgesehen seien. Im Klartext bedeutete dieser circulus vitiosus des leib- und lustfeindlichen Asketen Calvin: Je strebsamer, desto erfolgreicher – je erfolgreicher, desto auserwählter.

Max Weber, Jurist, Historiker, Nationalökonom und Begründer der Religionssoziologie, konstatierte 1904, daß mit diesem calvinistischen Arbeits- und Wirtschaftsverständnis der unaufhaltsame Aufstieg des Kapitalismus begann.

In der Tat. Vertreter der zweifelhaften calvinschen Ethik, als deren religionsbereinigte Fortsetzung der moderne Neo-Liberalismus gelten kann, brachten das Ganze in einer griffigen Formel auf den Punkt: »Wer nicht arbeitet, soll auch nicht essen«, verkündete beispielsweise der englische Geistliche und Erbauungsschriftsteller Richard Baxter (1615-1691), der sich immerhin als nur gemäßigter (sic!) Calvinist verstand. Was Wunder, Arbeitsunlust galt schließlich als Symptom des fehlenden Gnadenstandes der göttlichen Auserwähltheit.

Da die protestantische Arbeitswut fast zwangsläufig zu Wohlstand und Reichtum führte, mußte allerdings noch eine klitzekleine Unstimmigkeit beseitigt werden. Stand in der Bibel nicht auch etwas vom Kamel, das eher durch ein Nadelöhr gelangte, als ein Reicher in den Himmel? Kein Problem! Nicht der Reichtum, sondern lediglich dessen Genuß gefährdete den Seelenfrieden, sprich: Wiederum der Müßiggang und das Ausruhen auf den wie auch immer erworbenen Besitztümern. So verwandelte sich die Arbeit für den Lebensunterhalt zum vorgeschriebenen Selbstzweck des Lebens. Zeitvergeudung gewann den Charakter einer Todsünde, Kontemplation war verwerflich, wenn sie auf Kosten der (Berufs)arbeit erfolgte. Damit hatte das kapitalistische Grundmotiv »Haben statt Sein« seine metaphysische, weil angeblich göttliche Legitimation erhalten.

Für die weltliche sorgten englische Wissenschaftler. Der Arzt, Pädagoge und Philosoph John Locke stellte in seinen zwei Abhandlungen »Über die Regierung« gegen Ende des 17. Jahrhunderts erstmals die Arbeit als »Prozeß der Wert- und Kulturschöpfung« in den Mittelpunkt einer politischen Philosophie. Seiner Meinung nach verlieh erst sie den Dingen ihren Wert und berechtigte zum persönlichen Eigentum an Grund und Boden. Wer ungenutztes Gelände bewirtschafte, beispielsweise durch Ackerbau oder Errichtung einer Manufaktur, habe auch ein legitimes Recht auf dessen Besitz.

Knapp hundert Jahre später bereicherte der schottische Moralphilosoph Adam Smith die Menschheitsgeschichte um die erste nationalökonomische Theorie. Eine seiner Haupthesen lautete: »Der Wert einer beliebigen Ware stimmt für ihren Besitzer [...] mit dem Quantum Arbeit überein, das er damit kaufen oder kommandieren kann. Arbeit ist also das reale Maß des Tauschwerts aller Waren« (1983, S. 40).

Arbeit und arbeitsteilige Produktion werden damit zu zentralen gesellschaftlichen Begriffen des beginnenden Industriezeitalters. Zunächst im englischen Liberalismus, später weltweit.

Entfremdung und Selbstbestimmung

Grundlegende gesellschaftliche Neuerungen und Wandlungen rufen, zu Recht oder zu Unrecht, stets auch Kritiker auf den Plan. Karl Marx, der die gesamte Kulturleistung der Menschen nicht mehr als Produkt theoretischer Erkenntnisse, sondern als Ergebnis praktischer Arbeit verstand, untersuchte die frühkapitalistischen Arbeits- und Poduktionsbedingungen. Gemeinsam mit seinem Freund Friedrich Engels gelangte er zu einem vernichtenden Urteil: Da die Arbeiter ihre Arbeitskraft als Ware anbieten und verkaufen müßten und sie weder Verfügungsmacht über die Art ihrer Beschäftigung noch über die hergestellten Produkte besäßen, sei ihre Arbeit stets unfrei und entfremdet. Im Gegensatz dazu propagierte Marx einen humanistischen Arbeitsbegriff, der sich am Ideal freier handwerklicher oder schöpferischer Tätigkeit als Ausdruck eines selbstbestimmten Lebens orientierte.

Was der kapitalismuskritische Begriff »Entfremdung« konkret bedeutete, erlebte die französische Philosophin Simone Weil 1934 in der Automobilproduktion. In ihrem »Fabriktagebuch« (dt. 1978) beschrieb sie, wie ihre Würde und Selbstachtung »unter der Gewalt eines täglichen brutalen Zwanges« (S. 25) zusammenbrachen. Ihr Leiden in der Tretmühle ewiggleicher Akkordarbeit wurde noch verstärkt durch den Kampf gegen eine ständige Versuchung: Das bewußte Denken und Beobachten aufzugeben und statt dessen in einem abgestumpften, die Arbeit erleichternden Dämmerzustand dahinzutreiben. Daß diese Situation keine Revolte in ihr wachrief, sondern »Fügsamkeit« (S. 29), verhalf ihr zur bitteren Erkenntnis über einen historischen Irrtum: Die häufigste Reaktion auf »offenkundig unerbittliche und unbezwingbare Unterdrückung« sei eben nicht, wie Marx und Engels geglaubt hatten, »Revolution«, sondern schlicht »Unterwerfung« (S. 122).

Um so mehr bewunderte sie die wenigen ihrer Kollegen, die nach Feierabend noch die Kraft zu kultureller und vor allem politischer Fortbildung aufbrachten. An deren selbsternannten großen Führern übte sie allerdings harsche Kritik. Sie monierte, daß diese »eine freie Arbeiterklasse zu schaffen behaupteten, und daß wahrscheinlich keiner von ihnen – Trotzki sicher nicht, und Lenin, glaube ich auch nicht – je den Fuß in eine Fabrik setzte und folglich nicht die leiseste Ahnung von den wirklichen Bedingungen hatte, die Knechtschaft oder Freiheit der Arbeiter bestimmen [...]« (S. 25).

Seit Simone Weils freiwilliger Arbeitszwangserfahrung haben sich die Produktionsbedingungen in den industrialisierten Ländern erheblich verbessert. Körperliche Schwerstarbeit, schmutzige, besonders monotone oder gefährliche Tätigkeiten, werden heute meist von Maschinen übernommen. Statt einer Sechs- ist praktisch überall die Fünftagewoche Standard. Die Zahl der zu leistenden Wochenarbeitsstunden sank ab den 50er Jahren des 20. Jhdts. kontinuierlich von 48 über 40 auf teilweise 35. Allerdings verdichtete sich gleichzeitig der Arbeitsprozeß. Nicht nur in der Bundesrepublik wird mit immer weniger Beschäftigten ein Jahr für Jahr höheres Bruttosozialprodukt[5] erzielt.

Dennoch stellen sich einige grundsätzliche Fragen, beispielsweise: Ist die in nahezu klinisch reinen High-Tech-Betrieben verrichtete Akkordarbeit weniger »entfremdet«, weil in den Fabriken von der Belegschaft gewählte Betriebsräte existieren? Sind Massenentlassungen wirklich »sozial verträglich«, wenn sie per »Sozialplan« erfolgen?

Das Verhältnis zwischen den Besitzern von Kapital, Boden und vor allem Produktionsmitteln und jenen, die nur ihre Arbeitskraft zu Markte tragen können, veränderte sich mit der Gründung von Gewerkschaften. Aber noch immer leiden viele lohnabhängige Beschäftigte unter problematischen Arbeitsbedingungen und sind jederzeit von Entlassung bedroht, wenn dies dem Firmenprofit dienlich scheint. Oder sie sind gezwungen, zum Wohle der Aktionäre und des »Firmenstandorts« erhebliche Einkommenseinbußen hinzunehmen, »freiwillig« natürlich, unter dem Damoklesschwert drohender Arbeitslosigkeit.

Das Los der Arbeit – arbeitslos

Erstmals seit den Zeiten von Karl Marx läßt sich am Ende des 20. Jahrhunderts in den hochindustrialisierten Ländern eine entscheidend neue Entwicklung beobachten: Massenentlassungen sind nicht länger ein ausschließliches Ergebnis der im kapitalistischen Wirtschaftssystem typischen zyklischen Krisen. Statt dessen sinkt durch immer intensivere Rationalisierung die Zahl der zur Verfügung stehenden Arbeitsplätze stetig und dramatisch. Gleichzeitig schnellt in den betroffenen Staaten die Arbeitslosenquote drastisch in die Höhe. Rund 800 Millionen Menschen – Tendenz steigend – waren 1998 weltweit von Arbeitslosigkeit betroffen. Das Ende der Arbeitsgesellschaft, wie es Hannah Arendt in »Vita activa« vor fast 40 Jahren und Jeremy Rifkin 1996 in »Das Ende der Arbeit und ihre Zukunft« voraussagten, scheint damit in Sicht. Und wie so oft in der Menschheitsgeschichte zeigen sich die selbsternannten Herren der Schöpfung einmal mehr unfähig, angemessen auf die Entwicklung zu reagieren. Politiker, Manager und Gewerkschaftsführer wetteifern mit unterschiedlichen Vorschlägen und verbalen Forderungen, die vom jeweiligen Eigeninteresse diktiert sind. Eines jedoch ist allen gemeinsam: Sie vermitteln den Eindruck, Massenarbeitslosigkeit sei mit dem richtigen »Knopfdruck«, sprich der Erfüllung ihrer jeweiligen Wünsche, jederzeit abzubauen. Teils aus Unwissenheit über wirtschaftliche Zusammenhänge, teils mit voller Absicht wird dadurch von einer simplen ökonomischen Tatsache abgelenkt: Die zentrale Aufgabe jedes kapitalistisch geführten Betriebes liegt nicht in der Schaffung von Arbeitsplätzen, sondern in der ständigen Steigerung des Gewinns. Ist die Profitmaximierung durch verstärkten Einsatz immer leistungsfähigerer Maschinen einerseits und erhöhte Arbeitsproduktivität von immer weniger Mitarbeitern andererseits zu erzielen, sind Entlassungen die einzig richtige unternehmerische Konsequenz.[6] Kein Zufall also, wenn die öffentliche Ankündigung eines Stellenabbaus postwendend die Aktienkurse des betroffenen Unternehmens in die Höhe treibt.

Für Hannah Arendt bedeutete ein Ende der alles und jeden beherrschenden Arbeitsgesellschaft nicht automatisch die Befreiung und Verwandlung des »animal laborans« zum schöpferischen Menschen. Sie glaubte allerdings, daß dieser, sei er nur einmal vom täglichen Joch der Existenzsicherung befreit, sich wieder stärker seiner ureigentlichen Aufgabe zuwenden würde – der Sphäre des politischen Handelns.

Eine trügerische Hoffnung? Zumindest im Deutschland der Gegenwart. Von Januar bis September 1998 organisierten Gewerkschaften, Arbeitsloseninitiativen und kirchlich orientierte Gruppen einmal im Monat bundesweit Demonstrationen gegen die Massenarbeitslosigkeit. Obwohl die Zahl der Betroffenen im Februar mit offiziell 4,8 Millionen[7] den höchsten Stand in der Nachkriegsgeschichte erreicht hatte, beteiligten sich kaum Arbeitslose[8] daran. Anders als beispielsweise in Frankreich, wo wiederholt Hunderttausende gegen die gleiche Situation protestierten, führt die Massenarbeitslosigkeit hierzulande offenbar zu einer Entpolitisierung.

Zum einen kann das mit den grundsätzlichen, historisch gewachsenen gesellschaftlichen Bedingungen in der Bundesrepublik erklärt werden. Preußischer Obrigkeitsstaat, Hurra-Patriotismus im Ersten Weltkrieg, Niederlage, das Chaos der Weimarer Republik, Nationalsozialismus, Zweiter Weltkrieg, Kapitulation, Deutsche Teilung und Wiedervereinigung sind Marksteine der deutschen Geschichte, die vor allem eines bewiesen: Die Mehrheit der Deutschen ist und war politisch stets unemanzipiert. Sie zieht in der Regel den nahezu blinden und vor allem sehr bequemen Glauben an die jeweils Regierenden einer befreienden – aber oft auch unbequemen! – Selbstverantwortung vor.

Zum anderen entwickelte sich im 20. Jahrhundert die Erwerbsarbeit zum wesentlichen Maßstab gesellschaftlicher Anerkennung. Dabei zählt körperliche Tätigkeit bis heute weniger als Kopfarbeit und ein abgeschlossenes Studium meist mehr als jahrzehntelange Berufserfahrung. Das Arbeitnehmereinkommen bildete die Grundlage steigenden Wohlstandes, der in Form erworbener Statussymbole in der Öffentlichkeit präsentiert wird. Das Selbstwertgefühl der meisten Menschen ist eng mit diesem sicht- und meßbaren Wert ihrer Arbeitsleistung verbunden. Fällt, etwa durch Dauerarbeitslosigkeit, die entsprechende Bestätigung weg, leidet über kurz oder lang das Selbstwertgefühl. Zum Teil so stark, wie neuere Untersuchungen von Gewerkschaften und Sozialverbänden belegen, daß die Betroffenen sich in völlige gesellschaftliche Isolation begeben. Kein Wunder: Wenn bezahlte Lohnarbeit zur allein seligmachenden Sinnstifterin erklärt wird, führt ihr Fehlen zwangsläufig zu einem totalen Sinnverlust. Wo »Müßiggang aller Laster Anfang« ist und »Zeitvergeudung« als Todsünde gilt, kann man von den Arbeitslosen kaum erwarten, daß sie das Positive an ihrer Situation erkennen und besser zu nutzen verstehen.

Dabei proklamierte Paul Lafargue,[9] Schwiegersohn von Karl Marx, bereits 1883 in seiner witzig-ironischen gleichnamigen Kampfschrift das »Recht auf Faulheit«: »Wenn die Arbeiterklasse sich das Laster, welches sie beherrscht und in Natur herabwürdigt, gründlich aus dem Kopf schlagen und sich in ihrer furchtbaren Kraft erheben wird, nicht um die famosen ›Menschenrechte‹ zu verlangen, die nur die Rechte der kapitalistischen Ausbeutung sind, nicht um das ›Recht auf Arbeit‹ zu proklamieren, das nur das Recht auf Elend ist, sondern um ein ehernes Gesetz zu schmieden, das jedermann verbietet, mehr als drei Stunden pro Tag zu arbeiten, so wird die alte Erde, zitternd vor Wonne, in ihrem Innern eine neue Welt sich regen fühlen [...]«. Eine Forderung, deren ernsthafte Prüfung noch immer aussteht, obwohl offensichtlich ist, daß die bisherigen Regelungen und Modelle den Mangel an bezahlter Erwerbsarbeit nicht beseitigen können.

Auch Friedrich Nietzsche klagte über den Mangel an »Muße und Müßiggang« und die einseitige Determination des Menschen durch Arbeit. Er warnte vor einer Zeit, in der man sich der Ruhe schäme und Gewissensbisse verspüre beim »Spazierengehen mit Gedanken und Freunden« oder wenn man zu viel nachdächte. Seine Befürchtung, daß unsere Zivilisation »aus Mangel an Ruhe« in »eine neue Barbarei« mündet (1988, Bd. 2/I, S. 232), könnte schneller Wirklichkeit werden, als uns lieb ist.

Arbeit und Arbeit ist zweierlei

Die Arbeitslosenzahlen in den meisten[10] hochentwickelten Industrienationen legen den Schluß nahe, es mangle dort grundsätzlich an Arbeit. Das ist ein Irrtum. Lediglich die angemessen entlohnten Erwerbsstellen in den profitorientierten Unternehmen werden immer weniger. In allen anderen gesellschaftlichen Bereichen gibt es dagegen Arbeit im Überfluß. Ganz besonders bei den staatlichen Pflichtaufgaben wie: Gesundheitswesen, Sozialfürsorge, Umweltschutz, Kultur- und Denkmalpflege. Die Problemlösung läge also in einer gerechten Um- und Neuverteilung von Arbeit, Zeit und damit Einkommen und Gütern.

Für die Finanzierung der sogenannten Pflichtaufgaben sind allerdings – behaupten zumindest die Politiker – kaum noch Finanzmittel vorhanden. Das trifft auf den ersten Blick zu, denn die Staatsverschuldung wächst stetig, während die Einnahmen ebenso kontinuierlich zurückgehen. Und dennoch stimmt an dieser Behauptung etwas nicht. Fakt ist nämlich auch: Die Reichen werden immer reicher – die Zahl der Millionäre steigt in Deutschland ständig. Gleichzeitig nähern sich am anderen Ende der gesellschaftlichen Einkommensskala immer mehr Menschen der Armutsgrenze – auch die Zahl der Sozialhilfeempfänger steigt stetig (vgl. Beck/Meine, 1997). Beides hängt eng miteinander zusammen, und das wiederum sollte kaum jemand ernstlich verwundern.

In einer ausschließlich am Kapitalertrag und sichtbarem materiellen Reichtum orientierten Arbeitsgesellschaft unterwirft sich auch die herrschende Politik diesen Zielen. Sie sorgt für gesellschaftliche Rahmenbedingungen, die nahezu ausschließlich der Gewinnmaximierung dienen. Als Beispiel par excellence sei die Steuer- und Sozialabgabenpolitik in der Bundesrepublik genannt.

Während das einzelne Arbeitseinkommen mit immer höheren Abgaben belastet ist, sinkt gleichzeitig die Steuerquote von Unternehmen und Kapitalgesellschaften seit Jahren kontinuierlich. Arbeitnehmern werden Steuern und Sozialabgaben automatisch vom monatlichen Einkommen abgezogen. Firmen und Geschäftsleuten sind dagegen in der Steuergesetzgebung unzählige »Schlupflöcher« eingeräumt worden, um den zu versteuernden realen Gewinn niedrigzurechnen oder gar in »Buchverluste« zu verwandeln. In dem Buch »Die Globalisierungsfalle« (1996) weist der Wirtschaftsjournalist Harald Schumann detailliert nach, daß die bundesdeutschen Konzerne trotz immer höherer Rekordgewinne kaum noch Steuern bezahlen.[11] Last not least sind lebensnotwendige Alltagsgüter mit direkten und indirekten Steuern belegt, während der Verbrauch unwiederbringlicher Ressourcen (Wasser, Luft, Rohstoffe) durch die Unternehmen unbesteuert bleibt. Eine am Gemeinwohl statt am Profit orientierte Steuerpolitik könnte dies ändern. Das Totschlagargument »leere Staatskasse« wäre dann rasch aus der Welt.

Auch ein anderes Problem ließe sich damit leicht lösen. Bereits heute leisten zahllose Menschen in Vereinen, Sozialverbänden, Gewerkschaften, Parteien, Kirchen und Interessenverbänden wichtige, aber unbezahlte Arbeit für die Gesellschaft. Die Mehrzahl dieser sogenannten »ehrenamtlichen« Tätigkeiten wird von Frauen verrichtet. Männer sind meist nur dazu bereit, wenn das Ehrenamt tatsächlich oder vermeintlich Prestigegewinn verspricht. Ohnehin zeigt sich beim Thema Arbeit die Ungleichbehandlung der Geschlechter besonders deutlich.

Im 20. Jahrhundert erhöhte sich die Zahl berufstätiger Frauen immer mehr. In England standen 1921 nur 10 Prozent der verheirateten Frauen in einem Beschäftigungsverhältnis, 1974 bereits 42 Prozent. In der Bundesrepublik waren 1974 knapp ein Drittel aller Erwerbstätigen Frauen, 1983 rund 40 Prozent. Dieser europaweit zu beobachtende Aufwärtstrend wurde erst Mitte der 80er Jahre, mit Beginn der Massenarbeitslosigkeit, wieder gestoppt.[12]

Der Grund liegt auf der Hand: Frauen arbeiten nicht nur häufiger als Männer in sozial ungeschützten Arbeitsverhältnissen, sie werden in Wirtschaftskrisen auch stets zuerst entlassen. So waren in Deutschland Ende 1996 laut Angaben der Bundesanstalt für Arbeit rund 70 Prozent aller Arbeitslosen weiblich.

Die Bezeichnung »arbeitslos« trifft jedoch in aller Regel gerade auf Frauen überhaupt nicht zu. Selbst wenn sie keiner entlohnten Beschäftigung nachgehen, arbeiten sie. Haushalt, Kindererziehung, die Pflege alter oder kranker Angehöriger und die bereits erwähnten »Ehrenämter« gehören zu ihren »selbstverständlichen« und deshalb unbezahlten Fulltimejobs. Das führt zu einem beachtlichen Ergebnis: Nach Zahlen der UNO beträgt das Verhältnis zwischen weiblicher und männlicher Arbeitsleistung weltweit zwei zu eins. Dennoch erzielen Frauen nur etwa ein Zehntel des gesamten Erwerbseinkommens und besitzen lediglich ein Prozent des Vermögens.

In vielen Ländern sichern oft Frauen allein den Lebensunterhalt der Familie. Da sie selbst bei gleicher Qualifikation und identischer Arbeit meist schlechter bezahlt werden als Männer, erhalten sie im Alter auch niedrigere Renten. Den Hintergrund der geringeren Frauenentlohnung bildet zum einen die tradierte »Arbeitsteilung« und »Werteskala« zwischen den Geschlechtern. Frauen (be)dienen, (ver)pflegen, (ver)sorgen – ihnen werden also die per männlicher Definitionskraft für »minderwertig« erklärten Berufszweige zugewiesen. Männer hingegen führen, organisieren, forschen und entwickeln. Sie üben damit nicht nur selbstgewählte Tätigkeiten aus, sondern vor allem die – wiederum von ihnen selbst – höher bewerteten. Auf den »unteren« Berufsebenen, beispielsweise als Verkäuferin, Erzieherin oder Grundschullehrerin, sind Frauen deshalb stark überrepräsentiert.[13] Zum anderen gilt im öffentlichen Bewußtsein noch immer der Mann als alleiniger Familienernährer. Diese längst von den Fakten widerlegte Vorstellung bildet die unausgesprochene Grundlage für seinen höheren »Familienlohn«. Frauen dagegen haftet das Etikett des bloßen »Dazuverdienens« an, obwohl die Zahl weiblicher Singlehaushalte und berufstätiger alleinerziehender Mütter ständig wächst.

Beim Kampf um berufliche Gleichberechtigung handelt es sich also keineswegs um ein Relikt aus der geschichtlichen Mottenkiste. Er bleibt vielmehr wichtigstes Anliegen aller Emanzipationsbewegungen. Immerhin benötigten verheiratete Frauen in West-

Sella Hasse. Streckenarbeiterinnen, 1916.
Staatliche Museen Preußischer Kulturbesitz
(Kupferstichkabinett), Berlin

deutschland noch 1976 die ausdrückliche Erlaubnis ihres Ehemannes, um berufstätig zu sein.[14]

Auch die jüngste deutsche Geschichte beweist die Notwendigkeit der Gleichstellungsbestrebungen. Ab 1989 wurden die Frauen in der ehemaligen DDR systematisch aus dem Berufsleben verdrängt. Nicht zuletzt dank der überall eingerichteten Kinderkrippen waren vorher rund 90 Prozent von ihnen einer Erwerbstätigkeit nachgegangen. Nach dem Mauerfall sorgten die in Scharen aus dem Westen einfallenden Politiker, Firmenchefs, Behördenleiter und Verwaltungsbeamten für die Schließung zahlreicher Kindergärten. Darüber hinaus kam es in den neuen Bundesländern zu einer enormen Arbeitsplatzvernichtung. Daß davon zuerst die Frauen betroffen waren, versteht sich fast von selbst.

Um diese anhaltende Frauendiskriminierung zu rechtfertigen, verweisen Männer gerne auf die Biologie (→Mensch, Differenz). Demnach wird die weibliche Energie bereits von Menstruation, Schwangerschaft und Kindererziehung verbraucht. Durch die Gebährfähigkeit und »natürliche Bestimmung« zur Mutterschaft seien Frauen außerdem unberechenbar für den Arbeitgeber, stünden ihm zumindest nicht ein Berufsleben lang verläßlich zur Verfügung. Mit dieser Argumentation verweigerte die »Lufthansa« noch in den 90er Jahren die Einstellung von Pilotinnen.

Solche »Argumente« verschleiern die wirklichen Motive nur unvollkommen. Wenn Geschlechtsgenossen bei der Stellenbesetzung bevorzugt werden oder Ehemänner es »nicht gerne sehen«, daß »ihre« Frauen arbeiten, verbergen sich dahinter in aller Regel die klassischen Männerbefürchtungen: Simple Konkurrenzangst, Sorge um die Beeinträchtigung des Familienlebens (beziehungsweise der männlichen Vorstellung davon), Bedenken, daß Kindererziehung und Haushalt vernachlässigt würden. Dahinter wiederum lauert, was als stärkste Bedrohung überhaupt empfunden wird: Die Angst vor der unabhängigen und damit ebenbürtigen Frau.

Hausarbeit – Reproduktion oder Produktion

Die bereits erwähnte traditionelle Arbeitsteilung zwischen Mann und Frau beruht auf dem ungleichen Austausch gesellschaftlicher Werte. Für die Teilhabe an Geld, Macht und Ansehen des arbeitenden Mannes liefert die Frau – oft neben der eigenen Erwerbstätigkeit – Kinderaufzucht, Haushaltsführung, Körper- und Seelenpflege als »private« Dienstleistung. Die Forderung nach Anerkennung und Bezahlung dieser auch »reproduktiv« genannten Arbeiten steht deshalb seit Ewigkeiten[15] ganz oben auf der Prioritätenliste vieler Emanzipationsbestrebungen.

Ein nicht ganz unproblematisches Verlangen. Wer soll ein derartiges »Gehalt« bezahlen? Der Staat, der Ehemann oder – in den seltenen Fällen – die Ehefrau? Zementiert ein Hausarbeitslohn nicht die althergebrachten Geschlechterrollen und schafft neue Abhängigkeit?

Wichtige Fragen, wie die neuere Entwicklung in Deutschland zeigt. Seit 1986 können Eltern nach der Geburt eines Kindes Erziehungsgeld beantragen. Es wird einkommensunabhängig für die Dauer von sechs Monaten[16] gewährt. Darüber hinaus berücksichtigt der Gesetzgeber in geringfügigem Maße Erziehungszeiten beim Rentenbezug. Allerdings nicht bei teilzeitbeschäftigten oder berufstätigen alleinerziehenden Müttern. Dies entlarvt die staatliche Reproduktions-Anerkennung als neue Verpackung für eine alte Absicht: Die Frauen sollen zurück an Heim und Herd. Nicht nur die horrende Arbeitslosigkeit, sondern auch die Trennung zwischen öffentlichem Produktions- und privatem Reproduktionsbereich bringt den Männern grundsätzliche Vorteile. Durch die unentgeltlichen Frauenarbeiten steigt ihre Lebensqualität enorm. Der zusätzliche Freizeitgewinn ist dabei nur ein Stichwort von vielen. Mittelbar verbessern sich ihre Chancen im alltäglichen Konkurrenzkampf. Welcher Mann bügelt schon seiner Frau die Bluse zum Bewerbungsgespräch oder bekocht ihren Chef bei der karrierefördernden Einladung zum Essen?

In den letzten Jahren kritisierten Theoretikerinnen den Begriff der »Reproduktion« wiederholt als reine »Ideologie« (Jaggar/McBride 1989, Gisela Schade 1992). Bei ihnen steht das Gebären und Aufziehen von Kindern gleichrangig neben jeder anderen produktiven Arbeit. Mehr noch: Sie betonen mit Recht, daß es sich dabei um die Grundlage jeder menschlichen Gesellschaft handelt. Die willkürliche Einstufung als bloß reproduktive Tätigkeit trage dazu bei, die gesellschaftlich wichtige Frauenarbeit weiterhin unsichtbar zu machen. Damit werde letztlich gerechtfertigt, daß sie unbezahlt bleibt.

Daß auch Männer in der Lage sind, die massive ökonomische

Ausbeutung der Frauen zu erkennen, bewies der Philosoph Friedrich Kambartel. Mit dem Aufsatz »Arbeit und Praxis« entfachte er in der »Deutschen Zeitschrift für Philosophie« eine Debatte über Grundlagen und Inhalte des Arbeitsbegriffs.

Kambartel definiert Arbeit als »Tätigkeit für andere«, welche am »allgemeinen, durch die Form der Gesellschaft bestimmten Leistungsaustausch« und den wechselseitigen Anerkennungsverhältnissen zwischen ihren Mitgliedern teilnimmt. Aus diesem Grund fühlten sich Arbeitslose selbst dann gesellschaftlich isoliert, wenn ihre materielle Versorgung dauerhaft gesichert wäre. Deshalb plädiert er für ein Recht auf Arbeit und das gleichzeitige Recht auf deren gesellschaftliche Anerkennung.

Der »seit Mitte der achtziger Jahre intensivierten« gesellschaftlichen Arbeitsdiskussion bescheinigt Kambartel zwei grundsätzliche Erkenntnisse. Erstens: »Der Gesellschaft, in der wir leben, geht die Arbeit aus«. Zweitens: »In unserer Gesellschaft wird, vor allem von Frauen, in großem Umfang Arbeit geleistet, welche, im Sinne der rechtlichen und ökonomischen Formen, in denen sich Arbeit als *Erwerbsarbeit* vollzieht, nicht als Arbeit gilt [...]« (1993, S. 239).

Wesentlicher Teil der von ihm »informelle Arbeit« genannten Frauentätigkeiten ist die »sogenannte *Familienarbeit*«. Dazu gehört die »*Sorge für andere,* die solcher Sorge *bedürfen*«, aber auch bestimmte zwangsläufige Verpflichtungen, die sich aus Partnerschaft und Verwandtschaft ergeben. Nicht darunter fällt soziales »Engagement für andere«, etwa in Form ehrenamtlicher Behindertenbetreuung.

Wie diese Familienarbeit nun ökonomisch anzuerkennen ist, welches Modell dafür in Frage käme, darüber schweigt des Sängers Höflichkeit. Dies sei, meint Kambartel, »im allgemeinen nicht Sache philosophischer Analyse« (S. 247).

In der gleichen Zeitschriftenausgabe begrüßte Angelika Krebs Kambartels Definitionen. Sie könnten zum »Kampf gegen die Diskriminierung von Frauen in unserer Gesellschaft« beitragen. Da er die wirtschaftliche Ausbeutung der Frauen in den Mittelpunkt stellt, ermögliche sein Arbeitsbegriff die sogenannte Familienarbeit als »Arbeit im gesellschaftlich-ökonomischen Sinne anzuerkennen« (ebd., S. 251).

Tatsächlich entfällt bei Kambartel die stets übliche Trennung von produktiver und reproduktiver Tätigkeit. Dem häufig verwendeten Argument, Frauen betrieben durch die liebevolle heimische Hingabe an Mann und Kinder lediglich ihre – sozusagen naturgegebene – Selbstverwirklichung, ist damit der Boden entzogen. Schließlich kämen auch keine Kunstschaffenden auf die Idee, ihren selbstbestimmten künstlerischen Berufen den Arbeitscharakter abzusprechen.

Kambartels Forderung, Haus- und Beziehungsarbeit nicht zu entlohnen, sondern gleichmäßig auf beide Geschlechter zu verteilen, hält Angelika Krebs aus feministischer Sicht für durchaus bedenkenswert. Nur fürsorgerische und pflegerische Tätigkeit möchte sie davon ausgenommen sehen. Diese sollte entlohnt werden, da eine gerechte Aufteilung der für Kinder oder Pflegebedürftige zu leistenden Arbeit auf alle gesellschaftlichen Mitglieder nicht zu erzwingen sei.

Anlaß zu vehementer Kritik sieht die Philosophin in einem anderen Punkt. Sie bestreitet Kambartels »historische These«, die Gesellschaft befinde sich im »Übergang von der Ausbeutung der Frauen zu der Ausbeutung der Familie« durch die Singles. Die von vielen Männern – und nicht zuletzt Wissenschaftlern – gehegte Überzeugung von der »naturbedingten Minderwertigkeit« und »mangelnden Rationalität« der Frauen sei keineswegs überwunden. Zum Beweis zitiert sie die anhaltende Diskriminierung in der Arbeitswelt und die unverändert hohe Zahl körperlicher und sexueller Übergriffe gegen Frauen. Kambartels Gleichsetzung von Frauen- und Familiendiskriminierung betrachtet Angelika Krebs deshalb als »eine grobe Verharmlosung des Unrechtes, das Frauen in unserer Gesellschaft widerfährt« (S. 255).

Die Zukunft der Arbeit – eine feministische Perspektive?

Unsere moderne Arbeitsgesellschaft krankt an einem schizophrenen Zustand. Der kapitalistische Zwang zur Produktivitätssteigerung verdichtet und beschleunigt die Arbeitsprozesse immer stärker. Zunehmender Streß und schwerwiegende Überarbeitungssymptome sind die negativen Folgen für den einzelnen. Zusätzlich sehen sich viele Frauen durch die Mehrfachbelastung von Berufstätigkeit, Kindererziehung und Haushaltsführung einer permanenten Überforderung ausgesetzt. Gleichzeitig bleibt ein großer Teil gesellschaftlich wichtiger Arbeit unerledigt, da es zuwenig bezahlte Arbeitsplätze gibt. Dies ist eine absolut unverantwortliche, da längerfristig gesellschaftszerstörende Situation.

Verschiedene TheoretikerInnen glauben, daß eine Problemlösung grundsätzliche Änderungen im Geschlechterverhältnis voraussetzt. Solange jedoch die Tätigkeit eines Waffenfabrikanten oder Börsenmaklers gesellschaftlich höher eingeschätzt wird als die Arbeit einer Erzieherin oder Altenpflegerin, kann es den dazu notwendigen gesellschaftlichen Wertewandel nicht geben.

Wie eine entsprechende Lösungsmöglichkeit aussehen könnte, beschrieb Gret Haller (zit. n. Carola Meier-Seethaler 1992) schon 1980. Sie verlangte eine »Versorgungsunabhängigkeit für alle«, also ein Steuer- und Rentensystem, in dem beide Ehepartner[17] getrennt berücksichtigt werden. Die Lebenskosten der Kinder trägt die Gemeinschaft. Löhne, Erwerbs- und – wie Kambartel sie nennt – Familienarbeitszeiten verteilen sich gleichmäßig auf Mann und Frau. Der Familienernährer und die Nurhausfrau gehörten dann der Vergangenheit an.

In eine ähnliche Richtung zielt der Vorstoß von Ulrich Beck (1998) oder Wolfgang Keßler (1996). Sie plädieren für die Zahlung eines Bürgergeldes an alle, die gesellschaftlich wichtige Tätigkeiten in sozialen oder kulturellen Bereichen ausüben.

Solche und ähnliche Vorschläge beruhen auf einer gleichmäßigen Verteilung von Arbeit, Zeit und Geld. Aber auch andere Modelle sind denkbar. Die amerikanische Schriftstellerin Marge Piercy skizziert in ihrem lesenswerten futuristischen Roman »Frau am Abgrund der Zeit« eine horizontal organisierte Gesellschaft, in der keinerlei Rollenzuweisungen existieren. Die Menschen leben in dezentralen und weitgehend autonomen Gemeinschaften. Frauen und Männer, Kinder und Alte erledigen alle notwendigen Arbeiten gemeinsam und entsprechend ihren Anlagen, Fähigkeiten und Wünschen. Die absolut gleichwertige Anerkennung jedes einzelnen Gesellschaftsmitgliedes erzeugt gegenseitiges Verantwortungsbewußtsein, was egozentrische Auswüchse weitgehend verhindert.

Wie immer auch die verschiedenen Entwürfe aussehen – eines ist allen gemeinsam: Sie beinhalten einen Abschied vom Achtstundentag und der 38,5-Stundenwoche.[18] Gefragt ist statt dessen größere Flexibilität, eine Eigenschaft, die für viele berufstätige Frauen und manche Männer längst zur alltäglichen Praxis gehört. Eine weitere wichtige Vorausetzung für grundlegene Veränderungen wäre die verstärkte kollegiale Zusammenarbeit. Wo Konkurrenzdenken vorherrscht, sind Neuerungen kaum durchzusetzen. Last not least wird eine gewisse Bereitschaft zum materiellen Verzicht gefordert, was Männern besonders schwerfallen dürfte. Ihr Selbstwertgefühl hängt wesentlich von der Erwerbsarbeit ab, genauer: vom damit verbundenen Machtstatus und der Höhe des erzielten Einkommens.

Die Psychoanalytikerin Carola Meier-Seethaler erklärt diese Abhängigkeit mit dem Profilierungsstreben, das Männer bei jeder Arbeit an den Tag legen. Höher, schneller, weiter, scheint deren allumfassende Lebensdevise zu lauten. Sie beschreibt dies als »typisch männliche Genugtuung«, die jedem Herstellungsvorgang zugrunde liegt, und führt sie zurück auf die männliche Kompensation des →Geburtsaktes, der das Leben hervorbringt (1992, S. 478).

Das männliche »Herstellungs-Bedürfnis« als Ergebnis eines ausgeprägten Gebärneides? Für Meier-Seethaler jedenfalls ist es eindeutig libidinös besetzt: »Mit anderen Worten, unsere patriarchale Wirtschaftsgeschichte endet nicht nur mit dem Warenfetischismus, an dessen Überproduktion und Abfallbergen unsere heutige Welt zu ersticken droht, sondern sie beginnt mit eben diesem Fetischismus« (ebd.).

Diese Entwicklung ist zwar nicht unumkehrbar, doch gibt der unter dem Stichwort »Globalisierung« zu beobachtende Prozeß derzeit wenig Anlaß zur Hoffnung. In vielen Arbeitsbereichen ist der Computer zum Nonplusultra der Arbeit geworden. An ihm und seinen Leistungen werden beide Geschlechter gemessen. Daß auch dies einem typisch männlichen Maßstab entspringt, stellte Gertraude Krell fest. Den Menschen als Gegenstand männlicher Arbeitswissenschaft sieht sie zum »technologischen Wesen« degradiert, seine Arbeit reduziert auf eine rein mechanische Größe.[19] Die REFA-Methodenlehre zerlege jede Tätigkeit in kleinste Bewegungsabläufe. Menschliche Regungen wie Naseputzen oder der Gang zur Toilette verwandelten sich zur unwillkommenen Störung des eigentlichen Arbeitsprozesses. Die fortschreitende Rationalisierung der Arbeitswelt und die damit einhergehende Anpassung des Menschen an die Maschine interpretiert Krell als männlichen Versuch, die verwirrende Vielfalt menschlichen Lebens zu regeln.

Ein Versuch, der in letzter Konsequenz genau das zu zerstören droht, was er in den Griff zu bekommen trachtet.

Anmerkungen

1 Beschaulich, das Leben betrachtend.

2 Die Sklaverei – Platon und Aristoteles entstammten der Sklavenhalteraristokratie – bedurfte deshalb auch keiner besonderen Verteidigung. Wie die Unterdrückung der Frau rechtfertigte sie sich von selbst, sozusagen durch die »Natur der Sache«.

3 Wie sein eigentlicher Name Jean Cau(l)vin verrät, wurde der Reformator in Frankreich geboren. Am 10. Juli 1509 in Nyon (Picardie). Nach dem Studium der Rechte bekannte er sich zum Protestantismus und mußte deshalb 1534 von Paris nach Basel fliehen. Seine »Karriere« als Schweizer Reformator begann erst 1542 in Genf, wo er 1564 starb.

4 Die Prädestination ist allerdings keine ureigene Erfindung Calvins. Sie wurde bereits von Augustinus gelehrt.

5 Summe aller erwirtschafteten Dienstleistungen und Güter.

6 Es ist erstaunlich, welch verbalakrobatische Mühe – vor allem zu Wahlzeiten – Politiker, Kapital-, Medien- und teilweise sogar Gewerkschaftsvertreter aufwenden, um diese einfache ökonomische Wahrheit vor der Öffentlichkeit zu verschleiern. Der Grund liegt auf der Hand. Wer diesen Zusammenhang benennt, stellt damit zwangsläufig das gesamte kapitalistische Wirtschaftssystem in Frage. Ein System, von dessen Existenz nicht zuletzt auch die Genannten profitieren.

7 Dazu kamen rund 2 Millionen Menschen, die wegen Krankheit, AB-Maßnahmen, vorgezogenem Ruhestand oder einer Umschulung nicht in der Statistik geführt werden.

8 Insgesamt etwa 4000 Demonstrant(inn)en in rund 200 Städten im Februar 1998. In den Folgemonaten nahm die Zahl zunächst geringfügig zu, im August halbierte sie sich.

9 Führender Sozialist der französischen Arbeiterbewegung (1842-1911).

10 Niedrige Zahlen existieren in Ländern, die neue Modelle der Arbeitsgesellschaft entwickeln. So arbeiten beispielsweise sehr viele niederländische Erwerbstätige auf Teilzeitstellen. In den USA wiederum sorgt ein anderes, nicht gerade empfehlenswertes Modell dafür: sogenannte Billigjobs, also niedrigentlohnte stundenweise Beschäftigungsverhältnisse, von denen zur Existenzsicherung häufig mehrere gleichzeitig ausgeübt werden müssen.

11 Wie unternehmenswillfährig gerade die deutsche Politik ist, beweisen Gegenbeispiele. So beklagte sich am 12. August 1998 Dr. Martin Glunz (†) auf der Hauptversammlung der deutschen Glunz AG, sein Konzern zahle hierzulande wegen eines hohen Verlustvortrages kaum noch Steuern. Eine verlustbringende Tochterfirma in Frankreich müsse dagegen »Kapital- und sogar Forst- und Arbeitslosensteuer entrichten«.

12 Trotzdem betrug der Frauenanteil 1997 noch 42,6 Prozent.

13 Anders in den Leitungsebenen. Nur drei Prozent aller Professuren sind in Deutschland derzeit mit Frauen besetzt (in den USA immerhin 30 Prozent), obwohl laut Statistik mehr Mädchen das Abitur bestehen, erfolgreich studieren und promovieren als Jungen.

14 Bis 1953 unterlagen sogar noch alle Entscheidungen, die das gemeinsame Familienleben betrafen, allein dem Ehemann. (Ehe- und Familienrecht, Bürgerliches Gesetzbuch (BGB), § 1357.)

15 Marianne Weber (1919) und Käthe Schirmacher (1905) forderten dies bereits zu Beginn des Jahrhunderts.

16 Die theoretisch mögliche Verlängerung bis zur Dauer von maximal drei Jahren ist in der Praxis kaum zu erreichen. Voraussetzung wäre ein Bruttofamilieneinkommen auf Sozialhilfeniveau.

17 Hier zeigt sich, wie sehr die traditonellen Geschlechterrollen auch von Frauen verinnerlicht werden. Schließlich gibt es auch nichteheliche Lebensgemeinschaften.

18 Dem damit zwangsläufig verbundenen Einkommensrückgang steht jedoch ein erheblicher Gewinn an (Frei)Zeit gegenüber.

19 Inzwischen wurde versucht, den Arbeitsbegriff entsprechend zur Maschinisierung der Arbeitswelt zu funktionalisieren. Dabei gilt dann Arbeit (w) als Produkt aus Kraft (F) und Weg (s). $F \times s = w$. Theoretisch kann demnach jede Arbeit – oft sogar besser – von Maschinen ausgeführt werden.

Kunst – herrliche Schönheit oder androgyne Ästhetik

»Rose
ist eine Rose
ist eine Rose.«
Gertrude Stein

Unter dem Titel »Witze Fabeln Anekdoten« veröffentlichte der Augsburger Weltbild Verlag 1990 ein eher ungewöhnliches – so der Untertitel – »Handbuch für Politiker, Künstler, Pädagogen, Wissenschaftler, Redner, Journalisten, Schriftsteller, Manager, Korrespondenten«. Das Wort »Witze« war dabei etwas irreführend. Zwar kommen sie auf den 973 Seiten des Buches vor, aber in der Mehrzahl hatte der Autor Eberhard Puntsch darin Tausende, in jahrelanger Arbeit zusammengetragene Bonmots und Anekdoten aus und über Geschichte, Politik, Gesellschaft und vor allem Kunst und Kultur veröffentlicht. Allein das Personenregister beinhaltet 1417 Namen. Männernamen, versteht sich, denn Frauen kommen in der Sammlung so gut wie nicht vor. Von gerade einmal 79 Frauen wußte der Anekdotensammler etwas zu berichten, das ihm würdig schien, für die Nachwelt aufgehoben zu werden.

Aber auch hier bewies sich noch das gnadenlose männliche Vor-Urteil. So handelte es sich bei 20 der erwähnten Frauen um die Gattinnen, Geliebten oder Mätressen bedeutender Männer, bei fünf anderen um deren Mütter oder Schwestern. Weitere 15 fielen unter die Rubrik (ehemalige) Regentinnen, Fürstinnen und sonstige Adelige. Dazu kamen zwei Heilige, zwei Tänzerinnen, zwölf Schauspielerinnen und die Modeschöpferin Coco Chanel. Blieben genau 22 Frauen – die meisten Schriftstellerinnen – aus dem übrigen weiten Feld von Gesellschaft, Kunst und Kultur.

Und selbst dabei demonstrierte der Autor noch den üblichen männerfixierten Horizont: »Du Châtelet, Gabrielle-Emilie«, heißt es im Personenregister über die geistreiche Marquise, »1706-1749, 20 Jahre mit Voltaire befreundet, Schriftstellerin«. Als müsse er sich bei seiner – bereits im Untertitel als ausschließlich männlich apostrophierten – Leserschaft dafür entschuldigen, sie überhaupt aufgenommen zu haben, erhalten auch andere den rechtfertigenden Männer-Querverweis: »Frielinghaus-Heuss,

Hanna, Schriftstellerin, Tochter von Theodor Heuss« oder: »Schumann, Clara [...], Pianistin (und nicht etwa, was sie ebenfalls war, Komponistin/d. A.), 1840 vermählt mit Robert Schumann.« Wenn auch beim allerbesten Willen keine männliche Berühmtheit vor, hinter oder neben der Zitierten ausfindig zu machen war, folgt, wie bei der Lyrikerin Louise Labé (1525-1566), wenigstens der Hinweis »Frau eines Seilers«.

Selbstverständlich hätte statt Herrn Puntsch's Anthologie auch ein anderes Werk zitiert werden können. Es ließen sich (vgl. →Sprache) genügend finden. Wenn so ausführlich darauf eingegangen wurde, dann, weil es absolut exemplarisch ist. Auch zu Beginn des 21. Jahrhunderts sind in literaturhistorischen Abhandlungen und literarischen Sammelbänden Biographien über oder Texte von Schriftstellerinnen die Ausnahme. In den weltberühmten Museen und Galerien hängen und stehen nach wie vor fast ausschließlich Werke männlicher Künstler. Die Orchester samt ihren Dirigenten spielen die Kompositionen von Männern. Theateraufführungen von Dramatikerinnen? Elfriede Jelinek mag einem da spontan einfallen, vielleicht noch Marlene Streeruwitz – ansonsten Fehlanzeige auch hier. Und dies alles, obwohl seit einigen Jahrzehnten eine intensive (Frauen)Forschung auf diesem Gebiet existiert und zahlreiche Bücher über Künstlerinnen und deren Werke zwischenzeitlich erschienen sind.[1]

Mindestens ebenso lange wird aber auch die Frage diskutiert, warum deren Arbeiten in der (männlichen) Kunstgeschichte nicht tradiert sind. Oder anders: Wer bestimmt eigentlich die Maßstäbe für das, was als »Kunstwerk« gilt? Unterscheidet sich etwa die Kunst von Frauen von der ihrer männlichen Kollegen?

Schon 1976 fragte Silvia Bovenschen in einem Essay: »Gibt es eine weibliche Ästhetik?« Die meist kontrovers geführte Diskussion über diese Fragestellung ist seither nicht abgerissen. Allerdings beschränkt sie sich – und um anderes kann es daher in diesem Text nicht gehen – in erster Linie auf feministische Forschungsergebnisse aus einzelnen Fachgebieten wie Literatur- und Sprachwissenschaft oder Kunstgeschichte. Eine explizit feministische philosophische Ästhetik beginnt sich gerade erst zu entwikkeln (vgl. Brand/Korsmeyer 1995; Klinger 1998).

Sicher scheint bei dieser Auseinandersetzung bislang nur zu sein, daß kreativ tätige Frauen erst einmal lernen müssen, »Den eigenen Augen (zu) trauen« (Gagel 1995). Denn seit mehr als

2500 Jahren sind auch unsere kulturellen Leitbilder ausschließlich männlich geprägt: Wie üblich verkörpert der Mann darin Geist und Kultur, während die Frau »verantwortlich« zeichnet für Gefühle und Sinnlichkeit. Frau kann es nicht oft genug wiederholen: Diese Geschlechterdichotomie (→Differenz) ist seit Aristoteles Grundlage der abendländischen Kultur. Die Folge liegt auf der Hand. Kunstwerke von Frauen fanden keinen Eingang in den »Kanon«, sondern erfuhren statt dessen eine ständige Marginalisierung. Claire Démar forderte deshalb schon im 18. Jahrhundert die Frauen dazu auf, sich gegenseitig den »Platz frei(zu)halten«, da nur sie selbst herausfinden könnten, was sie zu sagen haben.

Das Schöne – zur Wandlung eines Begriffs

Über (künstlerischen) Geschmack läßt sich bekanntlich trefflich streiten – und dies geschieht seit einigen tausend Jahren. Farben, Formen, Töne und Bilder sind dem Menschen nicht durch die unmittelbare Wahrnehmung zugänglich. Um einen sinnvollen künstlerischen Zusammenhang herstellen zu können, benötigt er historische und kulturelle Erfahrungen. Die aber sind zeitgebunden. So dürfte sich der künstlerische Geschmack des Steinzeitmenschen erheblich von dem des modernen Europäers unterschieden haben. Karl Marx schrieb dazu, daß die Bildung der fünf Sinne eine Arbeit der gesamten bisherigen Weltgeschichte sei. Wie sehr uns die erlernten kulturellen Geschmacksmuster prägen, demonstriert die jeweilige zeitgenössische Kunst, die sich meist nur schwer durchzusetzen vermag.

Als vor 125 Jahren, am 15. April 1874, der Pariser Künstler und Photograph Gaspard Felix Nadar die ersten Impressionisten[2] ausstellte, darunter Alfred Sisley, Claude Monet, Berthe Morisot und Paul Cézanne, urteilte der damals bedeutendste Kunstexperte Louis Leroy über deren Bilder: »Dilettantisch, lächerlich!« Heute gelten sie als »Meisterwerke« und erzielen bei Auktionen Höchstpreise. Über Picassos »Sündenfall« wiederum schrieb einst der französische Kunstkritiker Delormes: »Bei Betrachtung der Eva fragt man sich: Wie konnte es dazu kommen?« Ähnliches ist vom Sachsenkönig Friedrich August III. überliefert. Der monierte in der Dresdner Gemäldegalerie Franz Marcs weltberühmte »Blaue

Pferde« gegenüber dem Künstler: »Sie, Marc, de Pferde sinn doch nich blau!« Marc entgegnete, er sähe sie aber so. Darauf sein »kunstverständiger« Kritiker: »Mußd'n Se denn da ausgerechnet Maler wern?« (Zit. n. Puntsch 1990, S. 922f.)

Nicht viel anders erging es auch Jean Claude und Christo. Während ihre künstlerischen Verhüllungen heute ein Millionenpublikum faszinieren – die Verpackung des Berliner Reichstags 1995 wurde als riesiges Medien- und Tourismusspektakel inszeniert –, stieß das Projekt noch rund zwei Jahrzehnte zuvor bei der damaligen Bundesregierung und zahlreichen Abgeordneten auf heftigste Ablehnung. Etwa zu dieser Zeit verließen die Besucher auch noch scharenweise die Aufführungen des von Pina Bausch geleiteten Wuppertaler Balletts. Heute erweisen sich ihre Choreographien als Kulturexportschlager erster Güte.

Aber selbst im kulturellen Trivialbereich stößt Neues und Ungewohntes zunächst häufig auf Ablehnung. Vor allem bei den doch angeblich mit ganz besonderem Sachverstand gesegneten Experten. Eine Abneigung, die mitunter recht teuer zu stehen kommt. Als der Filmregisseur George Lucas 1972 sein Sternenmärchen »Star Wars« entwarf, lachten ihn Kollegen wie Martin Scorsese oder Brian de Palma kurzerhand aus. Und die nach mühevoller Suche endlich gefundene Produktionsfirma 20th Century Fox geriet schon bald wegen der vermeintlich viel zu hohen Kosten in hektische Sorge. Kurzerhand bot Lucas an, auf die Hälfte seines Regisseurgehaltes zu verzichten, wenn er dafür die gesamten Merchandisingrechte eingeräumt bekäme. Wer immer in der Filmfirma diesem Geschäft zustimmte, sieht sich heute in die Galerie der berühmtesten Volltrottel des 20. Jahrhunderts eingereiht. Ziemlich dicht neben den »Experten« jener britischen Plattenfirma, die sich seinerzeit weigerten, den Beatles einen Vertrag zu geben. Die »Star-Wars«-Trilogie wurde zum Super-Kult und George Lucas dank seines Verzweiflungsdeals zum Milliardär.

Die Kulturhistorie ist voll von solchen Geschichten über zunächst verkannte, mißachtete oder aus ästhetischen Gründen (Vincent van Gogh) abgelehnte Werke. Und nicht immer endeten sie Jahre oder Jahrzehnte später doch noch in einer Erfolgsstory. Wieviele unbekannte Künstler und ganz besonders Künstlerinnen gaben wohl irgendwann entnervt auf, obwohl sie mit ihren Fähigkeiten die Welt hätten bereichern können?

Ursprünglich war der geschmacksabhängige Begriff des »Schönen« ohnehin nicht mit der Kunst verbunden, sondern untrennbar mit der Ethik verknüpft. Er bezog sich in erster Linie auf die sittlichen Lebensformen, den menschlichen Körper, auf schöne Gesetze und die Wissenschaften. Die Bezeichnung Ästhetik entstand aus »aisthesis«, dem griechischen Wort für Wahrnehmung. Und eben diese Wahrnehmung wurde von Platon verurteilt, mit dem Argument, was allein die Sinne anspreche, zerstöre die Ordnung und die Vernunft. Sein Schönheitsverständnis bezog sich also nicht auf die Wahrnehmung von Kunst oder die Ästhetik in der Natur, sondern allein auf die Schönheit des Kosmos, den göttlichen Logos. Mittels der Schönheit könne der Mensch, allerdings nur nach intensiver philosophischer Vorbereitung, teilhaben an der universalen Idee des Schönen. Die rein sinnliche Wahrnehmung hingegen hindere die Seele sogar, diese göttliche Idee zu schauen. Künstlerische Produkte verkörperten für Platon bloß den täuschenden Schein. Er wollte sie aus seinem »Staat« verbannen, denn nur so könnten die Bürger und die politische Ordnung unter die Gesetze der Vernunft gezwungen werden. Als einzig wahre Dichter galten ihm folglich auch die politischen Gesetzgeber.

Dieser platonische Schönheitsbegriff fand sich – erstaunlicher- oder je nach Blickwinkel auch logischerweise – Ende des 20. Jahrhunderts bei einer Berufsgruppe wieder, die in der Regel mit höchst abstrakten mathematischen Gleichungen zu tun hat: Physikern gilt Einsteins Relativitätstheorie »bis heute als schönstes aller wissenschaftlichen Gedankengebäude« (Der Spiegel, Heft 30/1999, S. 186). Damit nicht genug, eine Gruppe besonders hochspezialisierter Experten schwärmt unablässig von der »Schönheit« einer noch unentdeckten Weltformel, nach der sie begeistert sucht. Die naheliegende Frage, was an einer Formel schön sei, beantwortete der Nobelpreisträger für Physik Steffen Weinberg in einem Interview so: »In gewissem Sinne läßt sich das durchaus mit der Schönheit von Musik vergleichen. [...] Wir testen Theorien, um zu prüfen, ob sie mit Experimenten übereinstimmen. Damit prüfen wir unseren Schönheitssinn – wir prüfen, ob unsere Theorien wahr sind. Wahrheit ist etwas, für das es in der Kunst keine Entsprechung gibt. In der Kunst ist die Frage nach Wahrheit bedeutungslos« (S. 193). Und obwohl auch in der Naturwissenschaft bekannt sein dürfte, daß es *die eine* Wahrheit nicht gibt, antwortet Weinberg auf die Frage »Ist Wahrheit schön?« mit einem lakonischen »Ja« (ebd.).

Im Gegensatz zu Platon unterschied Aristoteles in seiner »Poetik« zwischen künstlerischer Wahrscheinlichkeit und philosophischer Wahrheit. Er wandte sich gegen Verbote und sah in den Künsten, besonders in der Tragödie, auch befreiende und reinigende Kräfte – die sogenannte Katharsis. Tatsächlich kann die »Poetik« auch gelesen werden als Anleitung zur Herstellung von Komödien und Tragödien, die genau diese Funktion erfüllen sollen. In Aristoteles' Theorie wird dem Zuschauer durch die Nachahmung menschlicher Handlungen (Mimesis) auf der Bühne ermöglicht, sich mit Leid und Schrecken zu identifizieren. Dies führe dann zur Katharsis, der »Reinigung«. In der Nachahmung sah er sogar eine besondere Befähigung des Menschen, die ihn von anderen Lebewesen unterscheide. In Mußezeiten seien deshalb Kunst und Musik durchaus sinnvolle Beschäftigungen, wobei die letztere die höchste Kunstform darstelle, da sie ganz besonders die Kultur des Geistes fördere.

Mit der Renaissance (frz. = Wiedergeburt) der antiken Kultur kam es in Italien zwischen 1350 und dem Beginn des 16. Jahrhunderts zu einer Neuentdeckung der Philosophen Platon, Aristoteles und Plotin (ca. 205-270). Plotin hatte in Anlehnung an die Platonische Lehre von der Idee des Guten, Wahren und Schönen versucht, das Verhältnis von Gott und Welt, Idee und Wirklichkeit neu zu klären. Demnach stellte die Welt eine Emanation (lat. *emanare* = ausfließen, ausströmen) des unteilbaren, ewig bestehenden (göttlichen) Einen dar, das sich dabei selbst niemals verändert. Alles Niedere, wie der Mensch oder die Tiere, bedeutete für ihn und andere Neuplatoniker eine Emanation aus diesem höchsten Prinzip und letzten Grund des Ur-Einen. Während der entwicklungsgeschichtliche Verlauf nach allem, was wir bis heute wissen, vom Niederen zum Höheren strebt, wird er in dieser Theorie genau gegenteilig interpretiert.

Plotin war außerdem überzeugt, daß der Umgang mit dem Schönen vom Bösen befreie und zur Schau des ewig Schönen und Guten führe, das er mit dem wahrhaft Seienden (Ur-Einen) gleichsetzte. Wie Platon hielt er es für unmöglich, das Schöne der Seele mit den Sinnen wahrzunehmen. Lediglich das innere Auge sei in der Lage, geistige Schönheit, also Gerechtigkeit, Tugend oder Mäßigung zu erkennen.

Vor allem durch die Kommentare und Übersetzungen des Florentiners Marsilio Ficino wurden die platonischen Dialoge in ganz

Europa bekannt. Ficino, der die »heidnischen« Denker mit den christlichen Philosophen zu versöhnen trachtete, propagierte dabei besonders die neuplatonische Emanationslehre und die Lehre vom Schönen. Auf dieser theoretischen Grundlage sorgte der Humanist und Renaissancedichter Dante Alighieri mit seiner »Göttlichen Komödie« nun für die neue Definition »Schönheit ist Geist«. Dank seiner Angebeteten, der gelehrsamen und gebildeten Beatrice, entstand damit in den höheren Ständen gleichzeitig ein neues Frauenideal. Als unmittelbare Folge gab es in Italien zwischen dem 15. und 16. Jahrhundert eine – im Vergleich zum übrigen Europa – ungewöhnlich große Zahl an Dichterinnen, Humanistinnen und Philosophinnen. Um nur einige zu nennen: Vittoria Colonna (1492-1547), Veronica Gambara (1485-1550), Cecilia Gonzaga (1415-1451), Costanza Varano Sforza (1426/8-1447), Gaspara Stampa (1523-1554), Olympia Fulvia Morata (1526-1555) oder Arcangela Tarabotti (1604-1652). Selbst naturwissenschaftlich gebildete und lehrende Frauen sind bekannt. Etwa Constanza Calenda, die an der Universität von Neapel Medizin unterrichtete, oder Dorotea Bocchi, die im frühen 15. Jahrhundert eine Professur für Medizin und Moralphilosophie an der Universität von Bologna innehatte. Maria di Novella wiederum wurde dort mit 25 Jahren Vorsteherin der Mathematiker.

In vielen Fällen sollte die umfassende Bildung der höheren Töchter allerdings nur dazu dienen, das öffentliche Ansehen der jeweiligen Familie zu erhöhen. So repräsentierten sie, hielten Vorträge und führten wie ihre männlichen Kollegen einen umfangreichen Briefwechsel. Im Gegensatz zu diesen mußten sie jedoch noch ein weiteres Attribut aufweisen, um als geistreich zu gelten – die weibliche Schönheit. Der oft frühe Ruhm als Vorzeigekind – oder wie im Fall Cassandra Fedeles gar als »Zierde Italiens« – nahm rasch ab, nahezu parallel mit dem Verlust an Jugend und jugendlicher Schönheit. Viele dieser Frauen lebten im Alter in klösterlicher Abgeschiedenheit oder starben in Armut, wie die in ihrer Glanzzeit philosophisch und schriftstellerisch aktive Kurtisane Tullia d'Aragona (1508/10-1556).

Diese hochgebildete gebürtige Römerin setzte sich – stark beeinflußt durch Marsilio Ficinos Plotin-Übersetzungen – besonders intensiv mit der platonischen Idee des Schönen auseinander. In ihrem »Dialog über die Unendlichkeit der Liebe« fragte sie nach dem Verhältnis des Schönen und Guten zum Eros (→Liebe) in Platons »Symposion«. Die Priesterin Diotima verkündet dort den platonischen Erosbegriff als zentrale Kraft, mit der die Götter den Menschen helfen, das Schöne, Gute und Wahre anzustreben. Die »Liebe zum Schönen«, und als erste Stufe davon die Liebe zum schönen, männlichen Körper, markiert darin einen wichtigen Schritt auf dem Weg zur Erkenntnis. Einer Erkenntnis, die den Frauen der Antike durch ein frauenfeindliches und zudem stark homoerotisch geprägtes Menschenbild von vorneherein verwehrt blieb.

D'Aragona folgte nun in ihrer Argumentation zunächst Platons Thesen und erklärte, daß den Platonikern kein Vorwurf zu machen sei, wenn sie die schönsten Menschen zugleich auch für die »Besten und Edelsten dem Geiste nach« hielten. Dann jedoch stellte sie mit einer einfachen Frage eine geschickte Falle auf: »[...] warum sie ihre Liebe dann auf junge Männer wenden und nicht auf Mädchen?« (1988, S. 85).

Unter dem Einfluß der christlichen Theologie hatte sich das Schönheitsideal der Antike längst gewandelt. Per definitionem waren nunmehr die Frauen zum »schöneren Geschlecht« erkoren worden. Mehr noch: Homoerotik galt als Todsünde und wurde in zahlreichen christlich geprägten Ländern sowohl kirchen- als auch strafrechtlich scharf sanktioniert. Mit ihrer Fragestellung legte Tullia d'Aragona nun süffisant den durchaus nicht unbegründeten Verdacht nahe, beim platonischen Ausschluß der Frauen aus dem Eros habe es sich lediglich um die philosophische Rechtfertigung der Knabenliebe gehandelt, die in der Antike weitverbreitet war.

Noch ironischer ging später die Venezianerin Lucretia Marinella vor. In dem 1600 erschienenen »Adel und Vorzüglichkeiten der Frauen und Fehler und Mängel der Männer« persifliert sie Platons berühmten Gastmahl-Dialog über den Eros: Da die Frauen als das schönere Geschlecht gelten, seien sie folglich auch zu größerer Gotteserkenntnis als die Männer befähigt. Außerdem verweise ihr größerer körperlicher Liebreiz auf eine entsprechend wertvollere Seele, »denn Schönheit ist« – Plotins und Platons Thesen zugrunde gelegt – »zweifelsohne ein Strahl und Licht der Seele, die den Körper formt, in dem sie sich wiederfindet« (1985, S. 27).

Von der Schönheit zur Ästhetik – Autonomie der Kunst oder ästhetische Existenz

Als eigenständige und von der Ethik unabhängige Disziplin entwickelte sich die Ästhetik erst im 18. Jahrhundert. Als ihr Begründer gilt der deutsche Philosoph Alexander Gottlieb Baumgarten (1714-1762) mit seiner unvollendet gebliebenen »Aesthetica«. Seither setzt sich die ästhetische Theorie mit den Grundlagen und Gesetzen des Schönen vor allem in Kultur und Natur auseinander.

Immanuel Kant entwickelte Baumgartens Ansatz weiter. In der »Kritik der Urteilskraft« fragte er nach den Bedingungen der Möglichkeit ästhetischen Urteilens. Weshalb beurteilen wir das eine Bild als schönes Kunstwerk, ein anderes als häßlich, kitschig oder naiv? Und wie werden aus den zunächst subjektiven Empfindungen von ästhetischer Lust oder Unlust objektive Urteile? Seine Fragestellung zielte auf die Art und Weise der Urteilsentstehung; besonders wichtig war ihm dabei der Moment des Urteilens. Als oberstes Kriterium galt ihm die Definition des »interesselosen Wohlgefallens«: »Schön ist, *was allen* ohne Begriff gefällt« (1975, § 45).

Georg Wilhelm Friedrich Hegel griff die bis zu Kant noch recht kurze ästhetische Theorietradition auf und entwickelte sie weiter. Dabei verband er sie erstmals mit praktischer Kunstanschauung, denn Gegenstand seiner Arbeit war das »Schöne der Kunst«. Anders als Kant grenzte er die Naturschönheit bei seinen Überlegungen aus: Nur wenn die Natur »aus dem Geist geboren« als Kunstwerk ihre Wiedergeburt erlebe, handele es sich um etwas Schönes. Als beispielhaft galt ihm die im 18. Jahrhundert eine erste Blütezeit erlebende Landschaftsmalerei im Stile Caspar David Friedrichs.

Ein solches, auf schöpferische Kunst-Werke beschränktes ästhetisches Verständnis mag heute verwundern. Schließlich fliehen viele betongeschädigte Großstadtbürger im Urlaub oder in der Freizeit in landschaftlich reizvolle Gegenden, um als Ausgleich zur gewohnten Steinwüste deren Schönheiten zu genießen. Tatsache ist jedoch, daß die sogenannte Naturschönheit keineswegs von allen Menschen empfunden wird. So stieß der Maler Paul Cézanne (1839-1906) auf großes Unverständnis in seiner Umwelt, als er in seiner provencalischen Heimat immer wieder den Mont St. Victoire bestieg, den er malen wollte. Für die dort lebenden Bauern, die ihr tägliches Brot mit harter Feldarbeit verdienen mußten, blieb völlig unbegreiflich, wie jemand freiwillig einen Berg besteigen konnte, nur um ihn auf ein Bild zu bannen. Was sollte diese natürliche Selbstverständlichkeit, die sie von klein auf im Blick hatten, an Besonderem und vor allem Schönem an sich haben?

Ganz so verwunderlich ist es also nicht, wenn für Hegel die Idee des Geistes, an dem die Natur bloßen Anteil hat, stets Vorrang besaß. Die Kunst stellte für ihn das sinnlich Höchste dar – sie fungiert als Vermittlerin zwischen Gott und den menschlichen Sinnen. Künstlerische Produkte sind bei Hegel also nicht bloßer Schein, er gesteht ihnen vielmehr eine höhere Realität zu. Über der Kunst standen bei ihm nur noch Philosophie und Religion. Da Kunstwerke jedoch nicht mehr kraft ihres göttlichen Ursprungs verehrt würden, war für Hegel das »Ende der Kunst« angebrochen. Gleichzeitig begann ihre Autonomie, denn an die Stelle der Werke tritt nun die Wissenschaft – die Ästhetik. Wenn heute viele Kunstschaffende sogenannte Konzeptkunst gestalten, in der die Reflexion über Kunst den wichtigsten Teil des Werkes ausmacht, verweisen sie damit – bewußt oder unbewußt – auf Hegel.

Ein gänzlich anderes Kunstideal entwickelten gegen Ende des 18. Jahrhunderts die Romantikerinnen und Romantiker. Ihnen galt die Ästhetisierung der Welt als gesellschaftliches und politisches Ideal. Die Philosoph(inn)en und Dichter(innen) der Romantik versuchten den Bruch zwischen Bewußtheit und Unbewußtheit zu heilen: Menschlicher Geist, Kultur und Natur, Wahrheit und Schönheit sollten durch ein entsprechendes Denken miteinander ausgesöhnt werden, Kunst, Liebe und Leben nicht länger getrennte Sphären sein.

Der französischen Salonière und Autorin Germaine de Stael diente das Schöne zur Verfeinerung des Gemüts. Den gleichen Zweck wies sie der Philosophie zu: »Sie ist die Schönheit des Denkens«. Und als Joseph Beuys in den siebziger Jahren des 20. Jahrhunderts an der Düsseldorfer Kunstakademie lehrte, daß jeder Mensch ein Künstler sei, war diese These bereits uralt. Nichts anderes hatte letztlich die romantische Philosophin und Salonière Rahel Varnhagen behauptet, als sie schrieb, daß »der Mensch als Mensch [...] selbst ein Werk der Kunst (sei)« (1983, Bd. I, S. 226). Wie sehr für diese Schriftstellerin Leben und Kunst eine Einheit bildeten, zeigte sich auch in ihren literarischen Urteilen. Sie vertrat weder, wie so viele ihrer Zeitgenossen, Hegels These von der ästhetischen Autonomie der Kunst, noch erkor sie sich Kants »interesseloses Wohlgefallen« zum Maßstab. Für sie stand vielmehr der Aspekt der gesellschaftlichen Wirkung im Zentrum jeder Kunstbeurteilung.

Ähnlich wie Rahel Varnhagen entdeckten viele Romantikerinnen für sich eine Art ästhetischer Existenz als Dichterin, Schriftstellerin, Briefeschreiberin, Philosophin und Salonière. Anders als die meisten ihrer männlichen Kollegen, von denen die »Symphilosophie« – so das Schlagwort für das versöhnende Denken – nur theoretisch erörtert wurde, praktizierten sie diese in Form eines gemeinschaftlichen Lebens, Arbeitens und Denkens. Dabei war keineswegs nur der Salon, die »schöne Geselligkeit«, das ästhetisches Ausdrucksmittel von Rahel Varnhagen, Bettina von Arnim, Caroline Schlegel-Schelling oder der Madame de Stael. Sie schrieben Briefe, Verse, Romane und Dramen. Caroline Schlegel-Schelling übersetzte gemeinsam mit ihrem zweiten Mann, dem Schriftsteller August Wilhelm Schlegel, Shakespeares Dramen. Sie war auch wichtigste Mitarbeiterin ihres dritten Mannes, des Philosophen Friedrich Wilhelm Schelling.

Das Verstummen der Kunst

Wie die Romantikerinnen fragte später auch Friedrich Nietzsche nach dem Verhältnis von Kunst und Leben und nicht mehr nach dem von Schönheit und Wahrheit. Und wie Rahel Varnhagen wollte auch er »das Leben zum Kunstwerk machen«, denn nur als ästhetisches Phänomen könne es überhaupt ertragen werden. Nietzsche wollte die Wahrheit im Licht der Kunst betrachten, denn seine Überzeugung lautete, daß die »Wahrheit häßlich« ist. Um an diesem Widerspruch nicht zugrunde zu gehen, gebe es die Kunst. Dabei betonte er besonders deren vorästhetische Elemente wie Traum oder Rausch. Wie in der Antike sollte diese »dionysische Kunst« wieder zur Katharsis führen. Eine rein verstandesmäßige »apollinische Kunst« lehnte er strikt ab.

Nietzsches Hauptinteresse galt der Entstehung des Kunstwerks, dem schöpferischen Prozeß als solchem. Seine Produktionsästhetik übt bis heute großen Einfluß auf viele Künstler und Künstlerinnen aus.

Bereits 1928 bezog sich die Musikerin und Philosophin Lenore Kühn auf ihn. Sie entwickelte in »Schöpferisches Leben« als eine der ersten eine lebensweltlich orientierte Ästhetik. Auch ihr Interesse galt dabei in erster Linie dem ästhetischen Produktionsprozeß. Im Gegensatz zu Nietzsche verstand sie Kunst jedoch keineswegs a priori als teleologisch und damit zweck- und zielorientiert. Die Frage nach deren Sinn, Wert und Bedeutung wurde deshalb leitend für ihre gesamte Philosophie: »Niemand kann ohne Sinn leben«, lautete ihr Credo. Da Werte »an sich« nicht existieren, müssen sie von den Menschen erst geschaffen werden. Der Sinn jeder menschlichen Produktivität läge darin, das individuelle Leben zu überdauern. Schöpferisch sein hieße also vor allem Sinn geben zu können. Dadurch seien Kunstschaffende immer positiv zum Leben eingestellt.

Mit dieser These reagierte Leonore Kühn – wie später noch viele andere Philosoph(inn)en – auf Nietzsches philosophischen Grabgesang »Gott ist tot«. Gleichzeitig verlagerte sie damit den Sinn des Lebens aus der Metaphysik in die Kreativität.

In der zweiten Hälfte des 20. Jahrhunderts, nach zwei Weltkriegen und der Erfahrung des Völkermordes im Holocaust, trat die Frage nach dem Verhältnis von Ästhetik und Politik in den Mittelpunkt der philosophischen Diskussionen. Theodor W. Adornos »Ästhetische Theorie« entstand auf der Folie des Wissens um Auschwitz. Sie ist damit untrennbar verbunden. Adornos längst zum Klassiker avancierte Feststellung, nach Auschwitz könne eigentlich kein Gedicht mehr geschrieben werden, »[...] die zunehmende Unmöglichkeit der Darstellung des Geschichtlichen« führe zum Absterben der Kunst, konkretisiert Hegels These vom »Ende der Kunst«. Nicht zu Unrecht fragte Adorno, ob die Unmenschlichkeit der Geschichte eine künstlerische Verarbeitung überhaupt noch zulasse. Müßte es nicht vielmehr angesichts der Zunahme des Leides in der Welt der Kunst zunehmend die Sprache verschlagen?

Besonders während der sogenannten 68er Studentenbewegung widersprachen dem zahlreiche, politisch links engagierte Kunstschaffende aller Richtungen. Vor allem Vertreter der gerade groß in Mode gekommenen Agitprop-Lyrik behaupteten: Gerade nach Auschwitz müsse man Gedichte schreiben, um eine Wiederholung zu verhindern. Eine verständliche Reaktion, die allerdings übersah, daß es trotz der Kunst *vor* Auschwitz den Holocaust gegeben hatte.

Für Adorno resultierte die prinzipielle Undarstellbarkeit des Faschismus aus der vollendeten Unfreiheit. Der Widerspruch zwischen der Freiheit der Kunst und der Unfreiheit des Ganzen schien ihm unauflöslich. Aber aus dieser Ungewißheit der Kunst, sich selbst und ihren Stellenwert betreffend, entsteht – gerade oder trotz alledem – erneut Kunst. Was deren politisches Engagement angeht, war Adorno allerdings eindeutig: »Das Schöne in der Kunst (ist) der Schein des real Friedlichen«. Oder anders: Sie entstehe nur durch Transformation, weshalb jede bewußt engagierte Kunst, da sie die Wahrheit direkt ausspreche, Ideologie im Sinne von falschem Bewußtsein sei. Sie helfe, wenn auch ungewollt, das Lügennetz der Gesellschaft zu verdichten. Nur das Geheimnis, der Rätselcharakter der Kunstwerke, zwinge letztlich zu stets neuen Interpretationen. Adorno erhob deshalb die Unausschöpflichkeit (Polysemie) der Kunstwerke zum absoluten ästhetischen Prinzip. Bei Autoren wie Samuel Beckett oder Franz Kafka sah er sie verwirklicht.

Der Holocaust wurde auch für die französische Philosophin Sarah Kofman zu einem zentralen Thema. Ihr ganzes Leben war bestimmt durch den Tod ihres Vaters: »Weil er Jude war, starb mein Vater in Auschwitz. Wie könnte ich nicht darüber sprechen? Und wie kann ich darüber sprechen? Wie kann man über etwas sprechen, angesichts dessen jede Möglichkeit zu sprechen vergeht« (1986, S. 27). Und auch sie bewegte die Frage, wie beispielsweise ein verantwortungsvolles Schreiben nach Auschwitz aussehen könnte, damit sich das Grauen nicht wiederhole: »Wenn man über das ›Unvorstellbare‹ schreibt, darf das Schreiben vor allem kein herrschaftliches, didaktisches und kursorisch-spekulatives sein, man muß versuchen, beim Schreiben Raum für das Schweigen derer zu lassen, die nicht sprechen konnten: Das ist Schreiben ›ohne Macht‹« (1991, S. 104). Sarah Kofmann folgerte daraus, daß jedes Schreiben über Auschwitz immer nur fragmentarisch sein kann. Eine Erkenntnis, die von der praktischen Erfahrung bestätigt wurde. Trotz unzähliger bis dato zu Auschwitz publizierter Bücher, trotz Forschungsprojekten, Erfahrungsberichten und Steven Spielbergs stetig wachsender gigantischer Shoa-Sammlung, die er mit den Gewinnen aus dem Film »Schindlers Liste« finanziert, trotz der unaufhörlichen Versuche, das Grauen zu beschreiben und zu analysieren – das Bild von Auschwitz bleibt fragmentarisch. Vielleicht, weil das Ausmaß und die Einmaligkeit dieses Menschheitsverbrechens jedes (Er)Fassungsvermögen des menschlichen Verstandes übersteigt. Eine Einmaligkeit, die niemals laut genug betont werden kann. Schon gar nicht angesichts der zahlreichen Geschichtsmodernisierer, nicht nur,[3] aber vor allem in Deutschland, die sich immer öfter bemühen, eben diese Einmaligkeit hinwegzuschreiben. Auschwitz war und bleibt in letzter Konsequenz – um es mit Mary Dalys Schreibtechnik zu benennen – unbeGREIFlich, selbst für jene, die vor Ort waren und zum Greifen nah mit seiner fragmentarischen Symbolik konfrontiert wurden: Den zurückgebliebenen Schuh-, Brillen-, und Kofferbergen, in denen jedes einzelne Stück von einem vernichteten Menschenleben zeugt.[4]

Nicht nur auf dem Hintergrund von Auschwitz setzte sich Sarah Kofman mit dem Schreiben über die Kunst auseinander. Ob es nicht eine »unmögliche Aufgabe« sei, überlegte sie 1986 in »Melancholie der Kunst«, denn jedes Denken und Schreiben überträgt zwangsläufig die eigenen Begrifflichkeiten auf die Kunst und ordnet sie zugleich der Herrschaft von Logos und Wahrheit unter. Die Oppositionen von Kunst und Natur, Form und Inhalt, Zeichen und Bezeichnetes, Sinnlichkeit und Intelligenz könnten jedoch nicht auf die Kunst übertragen werden, da diese nicht in einen anderen Code zu übersetzen sei.

Weibliche Kunst oder feministische Ästhetik

Mit der Entwicklung der Frauenbewegung ging es in den frühen 70er Jahren zunächst einmal darum, die Kunstwerke von Frauen als wesentlichen Bestandteil der Kulturgeschichte zu erforschen. Es galt, die vergessenen Werke von unter anderem Malerinnen, Bildenden Künstlerinnen, Komponistinnen und Dichterinnen zu erfassen. Sie wurden – und werden immer noch! – gesammelt, teilweise neu herausgegeben, ausgestellt oder aufgeführt. Bei dieser Arbeit drängte sich schon bald die Frage nach dem »weiblichen Blick« auf. Unter dem Stichwort →Differenz der Geschlechter dauert die Diskussion noch immer an: Gibt es eine weibliche Wahrnehmung, die sich von der männlicher Künstler unterscheidet und dementsprechend zu einer anderen ästhetischen Umsetzung führt?

Die meisten Theoretikerinnen lehnen einen essentiellen, also wesensmäßigen Unterschied strikt ab. Sie führen den »anderen

Judy Chicago.
(in Zusammenarbeit mit 400 Frauen und Männern)
Die Dinner Party, 1979.
© Judy Chicago, Foto: M. Alexander

Blick« vieler Künstlerinnen auf die jahrtausendelange Ausgrenzung des Weiblichen aus den Zentren der Macht zurück. Frauen wurden nicht an der Errichtung der kulturellen Symbolsysteme beteiligt; innerhalb der religiösen, kulturellen und wissenschaftlichen Diskurse waren sie nur das »andere« Geschlecht, auf dessen Negativfolie sich das Männliche um so positiver entfalten konnte. Die Schweizer Psychoanalytikerin und Philosophin Carola Meier-Seethaler argumentiert deshalb, daß sich die Frage nach Inhalt und Stil einer spezifisch weiblichen Ästhetik im Moment noch nicht beantworten läßt. Andererseits gilt als sicher, daß Frauen aus ihrer spezifisch weiblichen Lebenswelt heraus ihre Umwelt auch anders wahrnehmen.

Eine von vielen Bestätigungen dafür lieferte die Kunsthistorikerin Hanna Gagel mit ihrer umfassenden Untersuchung »Den eigenen Augen trauen. Über weibliche und männliche Wahrnehmung in der Kunst«. Sie stellte darin Kunstwerke von Männern und Frauen aus mehreren Jahrhunderten einander gegenüber. Dabei wurde deutlich, daß sich nicht nur die Selbstporträts von Malerinnen – von der Renaissance bis heute – stark von denen ihrer männlichen Kollegen unterscheiden. Auch der Blick der Frauen auf die Welt entspricht nicht der männlichen Tradition und damit dem bestimmenden »Kanon«. So »fehlt« den Künstlerinnen die männliche Distanz zum eigenen Körper, sie trennen weniger zwischen diesem, der Psyche und dem Bewußtsein; eine Hierarchisierung dieser Bereiche fehlt völlig. In ihren Selbstbildnissen kommt eine größere »Ich-Nähe« zum Ausdruck, die im deutlichen Gegensatz zur »Ich-Distanz« nahezu aller Maler steht (vgl. hierzu die Selbstbildnisse von Modersohn-Becker und Picasso im Kap. →Subjekt). Aber nicht nur ein anderes Verhältnis zur eigenen Person, sondern überhaupt »zu ihrer inneren und äusseren Objektwelt wirft Licht auf die so schwer greifbare Differenz von Künstlerinnen und Künstlern« (1995, S. 26). Dieser intensivierte »Bezug nach aussen und innen macht das Besondere des Werkes vieler Künstlerinnen aus« (ebd). Es sind nicht die einzigen Unterschiede. Zu nennen wäre weiter eine ausgeprägtere Neigung zum »Dialog mit einem Gegenüber auf gleicher Ebene – statt Monolog des männlichen Ich« (S. 27), und nicht zuletzt »ein anderes Akzeptieren der Widersprüche der Realität« (S. 29). Das alles veranlaßt Hanna Gagel zu der Schlußfolgerung: »Wenn viele Künstlerinnen einen anderen Gebrauch von ihren sinnlichen, rationalen und emotionalen

Wahrnehmungsfähigkeiten machen, diesen mehr trauen, sie weniger spalten und hierarchisieren, als es Plato forderte, dann haben sie ein unplatonisches Verhältnis zu ihrem Potential – und in ihren Werken kommt es zum Ausdruck. Sie gestalten mit Körper, Kopf und Eigen-Sinn« (ebd.).

Eine unterschiedliche künstlerische Existenzweise von Männern und Frauen ergab sich quer durch die Kunstgeschichte fast zwangsläufig aus deren unterschiedlichen gesellschaftlichen Lebensbedingungen. Nicht nur die Künstler der Romantik hingen eher der Genieästhetik an, was meint: Der Künstler gilt als tragische Gestalt, zumindest jedoch als gesellschaftliche Ausnahmeerscheinung (Goethe-Kult), und seine künstlerische Mission spielt sich weit weg vom gewöhnlichen Leben ab. Die meisten Künstlerinnen halten es dagegen eher mit der Dichterin Gertrude Stein. Sie trachten danach, Kunst und Leben miteinander in Einklang zu bringen, entsprechend der Steinschen Forderung, daß »der Dichter in der Erregung des reinen Seins arbeiten« müsse. Oder wie es Christa Wolf einmal formulierte: Im Gegensatz zu den meisten ihrer männlichen Kollegen wollen sich Künstlerinnen nicht »die Wirklichkeit vom Leibe halten«. Sie verzichten deshalb in ihrer Ästhetik auf den Ausdruck einer universalistischen »überzeitlichen« Idee. Statt dessen steht die Gestaltung des unmittelbaren Augenblicks im Mittelpunkt ihres Interesses.

Die Philosophin Heide Göttner-Abendroth argumentiert in ihren »Prinzipien einer matriarchalen Ästhetik«, daß die frühe, auf magischen Ritualen basierende Kunst der Matriarchate (vgl. →Göttin) durch das Patriarchat zunehmend funktionalisiert wurde. Sie wurde marginalisiert, unterteilt in verschiedene Kunstformen, Stile und Richtungen, hierarchisiert und damit ihrer Radikalität beraubt. Die heute so selbstverständlich erscheinende Trennung von Kunst und Leben, dem schönen Schein und der harten Realität, habe es früher nicht gegeben. In der Frühzeit unserer Kultur waren die Ausdrucksformen der Kunst, des Tanzes, der Musik, des Gesangs, der Gestik und dramatischer Szenen unlösbar miteinander verbunden. Die Handlung, die Einweihung, die Hochzeit oder der Opfertod wurden nicht auf einer Bühne »gespielt«, sondern als sakrale Akte vollzogen – die ästhetische Dimension bestimmte das Leben. Im Verlauf der patriarchalen Geschichtsschreibung verkam die Kunst jedoch immer mehr zur Ideologie und zu einem Mittel der Machtausübung.[5]

Laut Göttner-Abendroth finden sich in den antiken griechischen Tragödien noch immer Anklänge an die alten rituellen Feste des Dionysos-Kultes. Aber durch den Philosophen Platon wurde die zugrundeliegende mythische Struktur dieser bacchantischen Feste diffamiert. Solche »Lügengeschichten« sollten das Volk nicht länger täuschen. Auch auf der Bühne siegte das neue begrifflich abstrakte Denken und löste das bildhaft-archaische ab – die sogenannte apollinische Kunst war geboren.

Heide Göttner-Abendroth propagiert allerdings keine weibliche, sondern ausdrücklich eine matriarchale Ästhetik, da ihr erstere noch zu sehr auf der Trennung von Kunst und Leben, also der Fiktionalisierung, zu beruhen scheint. Sie will den matriarchalen Kultus wiederbeleben, »wo in den magisch-rituellen Festen die Menschen vollkommen in den symbolischen Vollzug ihrer komplexen Praxis integriert waren, wo Tanz, Musik, Sprache, Gestik in eins verschmolzen, wo Kunst ein Kontinuum zwischen Körper, Sinnlichkeit und kosmisch erfahrener Welt war« (1991, S. 41).

Natürlich kann frau auch die gegenteilige Position vertreten. Für Barbara Sichtermann hat Kunst kein Geschlecht. Wie sollte man wohl, fragt sie, einer Sinfonie anhören oder einem Bild ansehen, ob es von Frau oder Mann geschaffen wurde?

Soweit es die Malerei betrifft, hat Hanna Gagel eine Antwort geliefert. Allerdings wußte sie bei ihrer vergleichenden Untersuchung, wer was geschaffen hatte. Es wäre den Versuch wert, herauszufinden, ob ihr die beschriebenen Unterschiede eine sichere Mann-Frau-Zuordnung auch dann ermöglichen, wenn ihr unbekannt ist, wer das Werk schuf.

Auch viele Künstlerinnen wehren sich energisch gegen den Stempel »Frauenkunst«. Dahinter steht häufig das universalistische Verständnis, in der Kunst gäbe es nur eine unteilbare Wahrheit. Ein historischer, kultureller oder ideologischer Einfluß auf Kunstwerke wird damit geleugnet. Eine Haltung, die etwas weltfremd erscheint. Demnach hätte Goethe, wäre er in Ankara geboren und in Istanbul alt geworden, seine Dichtung in türkischer Muttersprache verfaßt – ohne daß dies irgendeinen formalen oder inhaltlichen Unterschied bedeutet hätte ...

Viel näher an der Realität bewegt sich da Herta Nagl-Docekal, wenn sie betont, daß gerade die Avantgarde-Kunst Ausdruck »des subversiven Charakters des Weiblichen« ist (1992, S. 33), denn eine weibliche Ästhetik könne nicht ausschließlich auf die Kunst von Frauen bezogen werden. Dies sei keine neue »Geschlechtsvergessenheit«, sondern eine »Utopie der Weiblichkeit« (ebd.). Sie verlangt eine Bestandsaufnahme, inwieweit der künstlerische Kanon allein durch den »männlichen Blickwinkel« dominiert wird, und fordert: Dem weiblichen Bick und der Kreativität von Frauen ist der gleiche (öffentliche) Raum zu gewähren. Nur dadurch kann die bisherige Einseitigkeit des künstlerischen Blicks korrigiert werden. In der Beseitigung der Diskriminierung von Frauen sieht sie dafür eine Grundvoraussetzung. Ihr Ziel lautet: Angleichung der Geschlechter auf der formalen Ebene. Dies bedeutet gleiche Chancen für alle, sich selbständig und damit auch anders zu entwickeln.

Daß eine derartige Entwicklung einen enormen Umdenkungsprozeß beinhaltet, liegt auf der Hand. Er müßte letztlich zum Entwurf neuer Geschlechteridentitäten[6] führen. »In der Folge«, schreibt Nagl-Docekal, »könnte die lange Tradition androgyner Konzepte neue Aktualität erlangen«, und fährt fort: »Wie Peter Gorsen[7] [...] erläuterte, zielt der ästhetische Androgynismus darauf ab, den Männern ihre verdrängten Weiblichkeitskomponenten bewußt zu machen und, analog dazu, den Frauen die Emanzipation zu ihrer eigenen Männlichkeit zu ermöglichen« (ebd.).

Besonders wichtig ist ihr, daß es dabei nicht zu neuen Festlegungen kommen darf, und gerade in einer feministischen Ästhetik gebe es »auch Raum für Frauenkunst in Distanz zum Geschlecht« (S. 41). Politisch wäre eine solche feministische Ästhetik allemal, da sie sich so oder so gegen die Unterdrückung von Frauen wendet und ihnen dazu verhelfen würde, ihre Individualiät frei zu gestalten.

Anmerkungen

1 Eine Tatsache, die in keinerlei Widerspruch steht zur sonstigen Mißachtung. Schließlich sind Frauen eine kaufkräftige Buchhandels-Zielgruppe.

2 Der Begriff »Impressionismus« geht zurück auf ein Bild des später als Vater des Impressionismus bezeichneten Claude Monet: Impression, soleil avant (= Eindruck, aufgehende Sonne) 1872. Dieses Bild wurde ebenfalls in der o. a. Ausstellung präsentiert.

3 So schrieb der französische Politikprofessor und frühere Maoist Stéphane Courtois, daß Stalin »der größte Verbrecher dieses Jahrhunderts

war« (1999, S. 116) – und nicht etwa Hitler und die Nationalsozialisten.

4 Der jüdische Dichter Erich Fried (1921-1988) sagte mir (WSch) bei einem privaten Treffen 1981: »Wenn man davorsteht, versteht man es noch weniger als aus der Distanz«.

5 Dabei sollte allerdings nicht übersehen werden, daß Kunst auch häufig als Mittel des Protestes gegen Machtausübung eingesetzt wurde und wird.

6 Marge Piercy hat sie in »Frau am Abgrund der Zeit« (Hamburg 1996) bereits literarisch entwickelt.

7 In Nabakowski/Sander/Gorsen 1980, 2. Band, S. 156f.

Zeit – ewiger Zyklus oder rasender Stillstand

»Hamm: Wieviel Uhr ist es?
Clov: Soviel wie gewöhnlich.«
Samuel Beckett

Am 14. Februar 1876 meldete Alexander Graham Bell in den USA eine Erfindung zum Patent an, die binnen weniger Jahre die menschliche Kommunikation weltweit revolutionierte. Etwa zwei Stunden nach ihm versuchte der Amerikaner Elisha Gray (1835-1901), der – unabhängig von Bell – an der gleichen Idee gearbeitet hatte, ein identisches Patent zu erhalten. Er wurde von der zuständigen Behörde abgewiesen und klagte dagegen. Vergeblich. Das höchste amerikanische Gericht, der Supreme-Court, erklärte Bell zum alleinigen Erfinder des Fernsprechapparates. Als Begründung diente den Juristen hauptsächlich der knappe Zeitunterschied zwischen den beiden Patentanträgen.

Ob wir es wollen oder nicht – die Zeit ist allgegenwärtiger Bestandteil unseres Lebens, mehr noch: sie bestimmt es weitgehend. Wir handeln innerhalb von Zeitrahmen, denken in Zeitbegriffen und reden jeden Tag von ihr. Wir verplanen unsere Lebenszeit, genießen gute und fürchten schlechte Zeiten oder beklagen, daß sie uns fehle. Heute »sitzt sie uns im Nacken« – morgen »läuft sie uns davon«. Zumindest in der abendländischen Kultur hat sich der Mensch längst zu ihrem Gefangenen gemacht. Und dennoch bleibt sie allen letztlich ein Rätsel. Sobald wir versuchen, sie zu begreifen, geht es uns noch immer wie einst dem Kirchenvater Augustinus in seinen »Confessiones«: »Was also ist die Zeit? Wenn mich niemand danach fragt, weiß ich's, will ich's aber einem Fragenden erklären, weiß ich's nicht.«

Verständlich, denn bereits die Zeitwahrnehmung zweier Menschen läßt sich nicht miteinander vergleichen. Sie ist absolut subjektiv. Überlebende von Erdbebenkatastrophen sind immer wieder davon überzeugt, die Erde habe sich »ewig« oder doch zumindest minutenlang bewegt. Tatsächlich halten Beben selten länger als eine halbe Minute an, ihre häufigste Dauer liegt zwischen 10 und 30 Sekunden.

Aber schon in alltäglichen Situationen macht man die Erfah-

Natalia Gontscharowa. Die Uhr, 1910.
Staatliche Museen Preußischer Kulturbesitz,
Nationalgalerie, Berlin

rung, daß auf das eigene Zeitgefühl kein Verlaß ist. Erlebnisse, die wir genießen, lassen Stunden »wie im Flug« vergehen. Wer sich irgendwo langweilt oder gar gezwungen ist, auf etwas zu warten, empfindet den gleichen Zeitablauf als »schleichend«. Dabei besteht in beiden Fällen jede abgelaufene Minute aus 60 gleich langen Sekunden.

Was für eine merkwürdige Zeit ist das also, die subjektiv so unterschiedlich langsam zu vergehen scheint?

Ihre Wahrnehmung findet stets »jetzt« statt. An vergangene Zeiten können wir uns lediglich erinnern, zukünftige uns allenfalls vorstellen. Die Gegenwart ist auf den Jetzt-Moment konzentriert. Aber wie lange dauert dieser? Eine Sekunde? Eine Zehntel- oder gar nur eine Nanosekunde?

Obwohl die technischen Möglichkeiten des 20. Jahrhunderts eine Zeitmessung in kleinsten Einheiten ermöglichen – beim Hochleistungssport entscheiden hundertstel Sekunden über Sieg und Niederlage –, kann der Mensch die Zeit ebensowenig definieren wie Augustinus.

Nach heutigem Wissensstand ist Zeit »an sich« (Kant) begrifflich nicht faßbar. Um sie vermeintlich dingfest zu machen, werden stets äußere Bezugspunkte benötigt. Unser persönliches Zeiterlebnis ist an Ereignisse, Erlebnisse oder andere Personen gebunden, die wiederum selbst der Zeit unterworfen sind. Nicht einmal gedanklich kann der Mensch – etwa um sie zu definieren – aus der Zeit springen. Deshalb bleibt jede Auseinandersetzung mit dem Thema fragmentarisch. Sie bedeutet lediglich einen Versuch mehr, sich einem Phänomen zu nähern, das bisher allen menschlichen Erklärungsversuchen trotzte.

Zeit – Bewegung und Ewigkeit

Für Aristoteles verlief die Zeit linear und bestand aus drei Teilen. Dabei bildete der Augenblick, das »Jetzt«, die Verbindung zwischen Vergangenheit und Zukunft. Außerdem sah er als erster Philosoph einen systematischen Zusammenhang zwischen Zeit und Bewegung. Diese Feststellung besitzt bis heute Gültigkeit. Nur durch Veränderungen – und seien sie noch so minimal – sind Menschen überhaupt in der Lage, Zeitabläufe zu erleben.

In einem anderen Punkt irrte Aristoteles, der von einem objektiven Sein der Zeit ausging. Er hielt die Bewegung der Planeten für ewig unveränderlich. Deshalb bildete sie für ihn das absolute Maß der Zeit. Seine damit verbundene, vermeintlich objektive Zeitvorstellung war jedoch Illusion, da sie eine Zeitmessung durch das Veränderungen wahrnehmende und damit wiederum subjektive Bewußtsein voraussetzte.

Daß die Zeit keinen Stillstand kennt, daß wir sie nicht »festhalten« können, brachte schon vor Aristoteles der Philosoph Heraklit auf den Punkt: Niemand sei in der Lage, zweimal in den selben Fluß zu steigen. Zum einen, da das Wasser stetig weiterfließt, zum anderen, weil wir selbst uns ständig verändern.

Eine Auseinandersetzung mit dem Begriff Zeit gilt deshalb keinem abstrakten metaphysischen Problem, sondern sie berührt das menschliche Leben ganz unmittelbar. Sie beinhaltet stets die Sinnfrage. Woher kommen und wohin gehen wir – warum sind wir sterblich? Jedes Leben währt nur eine begrenzte Zeitspanne. Sie verringert sich von Tag zu Tag. Egal, ob bewußt wahrgenommen oder verdrängt, im Hintergrund tickt ständig die unsichtbare Uhr und erinnert an die eigene Vergänglichkeit.

In der metaphysischen Tradition der Philosophie spielten Zeit und Ewigkeit eine bedeutende Rolle. Sie symbolisierten das Vergängliche und das Unendliche, zeitlos Immerseiende. In der Lehre vom Sein war damit die Ewigkeit der Zeit übergeordnet. Sie gehörte zum Reich des göttlichen Seins, dem alles Zeitliche entsprang. Stellvertretend sei hier Platon genannt, der die Ewigkeit mit dem göttlich Einen verbunden sah.

Heute gelten solche Definitionen allenfalls noch in religiösem Zusammenhang. Für die moderne Geistes- und Naturwissenschaft spielt der Ewigkeitsbegriff bei der Untersuchung des Zeitphänomens keine Rolle mehr.

Noch im Mittelalter war das anders. Die Verbindung von Ewigkeit und Gott besaß zentrale Bedeutung für die gesamte christlich geprägte abendländische Philosophie. Mechtild von Magdeburg schrieb im 13. Jahrhundert: »Was ist das, die Ewigkeit? Es ist die ungeschaffene Weisheit der endelosen Gottheit, die weder Anfang noch Ende hat« (1988, S. 139). Ganz ähnlich verstand auch Hildegard von Bingen die »ewige Gottheit« als jemand, »der war und der ist ohne die Pflicht einer Veränderlichkeit der Zeiten [...]. Und er war vor dem Anfang und er tritt auch hervor als der Anfang nach der Zeit der Zeiten« (1989, S. 278).

Die natürliche Zeit

Die menschlichen Versuche der Zeitmessung und -einteilung sind uralt. Zumindest in den heute bekannten Hochkulturen existierten verschiedene Kalenderformen. Von dem in der abendländischen Kultur immer noch gültigen gregorianischen Typ[1] unterschieden sie sich jedoch erheblich. Auch in ihrem Berechnungsrhythmus wichen sie stark voneinander ab. Ihre Ursprünge verdanken sie wahrscheinlich der Absicht, die beobachteten und für die Nahrungsbeschaffung wichtigen natürlichen Zeitrhythmen aufzuzeichnen: Tag und Nacht, Frühjahr, Sommer, Herbst und Winter. Besonders große Bedeutung hatten die Jahreszeiten für die frühen Ackerbaukulturen. Ihre Eingrenzung war gleichbedeutend mit dem Erfolg von Aussaat, Wachstum und Ernte. Allerdings ergaben sie noch keinen exakten Kalender. Den ermöglichte erst die genaue Beobachtung des Mondes. Sein rascher Lauf und die im Gegensatz zur Sonne häufig wechselnde Gestalt dürften Ausgangspunkt für die meisten Kalender gewesen sein. In matriarchalen Kulturen (→Göttin) könnte auch der normalerweise ebenfalls 28 Tage dauernde weibliche Menstruationszyklus als Kalendergrundlage gedient haben.

In ihrer Naturphilosophie »Von der Ordnung der Zeit« beschrieb Hildegard von Bingen die Jahreszeiten als natürliche Zeichen, mit denen man sich verantwortungsvoll auseinanderzusetzen habe. Die zwölf Monate galten ihr als Spiegelbild der Natur im Menschen. So sah sie im Februar ein Symbol der Reinigung und – entsprechend der spätsommerlichen Fruchtreife – im September eines für die Reifezeit des Menschen. Der elfte Monat wiederum »beugt sich und baut Kälte auf«, wie ein Mensch, der »zum Greisenalter hingelangt ist«.

Die Zeit als reine Form der Anschauung

Seit der Antike waren sich die Wissenschaften in einem Punkt einig: Die Zeit existiert und ist untrennbar mit allen Dingen verbunden. Diese Sichtweise veränderte sich erst durch Immanuel Kant. Bei dem Königsberger Philosophen ist sie nicht länger Eigenschaft der Dinge, sondern eine bloße Funktion des menschlichen Verstandes. Sie läßt sich in der Wirklichkeit nicht finden.

Kant analysierte in der »Kritik der reinen Vernunft«, welche Bedingungen jeder menschlichen Erkenntnis zugrunde liegen. Er kam zu dem Ergebnis, daß es »zwei reine Formen sinnlicher Anschauung, als Prinzip der Erkenntnis a priori« gibt, nämlich Raum und Zeit (B 35/6).

Der Raum systematisiert die äußere Empfindung, die Zeit die innere. Es gibt keine Wahrnehmung und kein Denken, das außerhalb und unabhängig von Raum und Zeit möglich wäre. Kant verneinte damit keineswegs eine für jeden Menschen erfahrbare Realität von Raum und Zeit. Er fragte vielmehr nach der erkenntnistheoretischen Problematik. Woher rühren unsere Vorstellungen von Dauer und Ausdehnung? Für ihn waren beide nicht der Erfahrung zu entnehmen, da es keinerlei menschliche Wahrnehmung gibt, der nicht bereits eine Raum-Zeit-Kategorie zugrunde liegt. Deshalb waren für Kant Raum und Zeit apriorisch (im vorhinein) vorhanden und damit eine allgemeine und notwendige Bedingung des menschlichen Verstandes.

Bei der Analyse des Raum-Zeit-Verhältnisses zeigt sich besonders deutlich, wie paradox die Reflektion über die Zeit sein kann. Jede Zeitmessung beruht auf der Bewegung von Dingen oder Menschen im Raum – diese ist jedoch nicht ohne Zeit zu erfassen. Um sie zu messen, muß sie aber wiederum mit etwas verglichen werden, daß sich stets mit der gleichen Geschwindigkeit bewegt.

Als wissenschaftlich gültige Vergleichsgrundlage gilt heute die Uhrzeit, die vom Pariser Bureau International de l'Heure auf astrophysikalischer Grundlage berechnet wird. Sie dient auch zur nachträglichen Korrektur aller 150 weltweit betriebenen Atomuhren, von denen sich die beiden modernsten der gleichen Bauart erst in drei Millionen Jahren um eine Sekunde unterscheiden sollen. Um eine Uhrenabweichung überhaupt feststellen zu können, muß jedoch wiederum die Zeit gemessen werden. Ein in der Tat unauflösbares Paradoxon, das Kants Theorie bestätigt: Ohne die Anschauungsformen Raum und Zeit kann der Mensch nicht denken.

Die physikalische Zeit

Mit seiner erkenntnistheoretischen Sichtweise stand Immanuel Kant im Widerspruch zur damaligen naturwissenschaftlichen Überzeugung. Der von ihm sehr bewunderte Physiker und Mathematiker Isaac Newton hatte mit der nach ihm benannten Mechanik[2] ein allgemein anerkanntes, wesentliches Fundament der klassischen theoretischen Physik geschaffen. Dadurch entwickelte sich ein einheitliches naturwissenschaftliches Weltbild. Ähnlich dem der Antike und des Mittelalters beruhte es auf unveränderlichen und damit zeitlosen Gewißheiten. Raum und Zeit sind darin absolut und bilden die Schemata einer idealen Wirklichkeit. Die Veränderungen aller Gegenstände in der Welt – also im Raum – finden nach festgelegten (Natur)Gesetzen statt. Ihre materielle Qualität wandelt sich durch innere Bewegung oder den Wechsel von Farbe, Form, Festigkeit oder Temperatur: Aus einem grünen Blatt entsteht im Herbst ein braunes, das später vom Baum herabfällt.

Selbst Albert Einstein hielt deshalb Vergangenheit, Gegenwart und Zukunft für bloße »Illusion«. Er ging sogar noch einen Schritt weiter: Da die Naturgesetze offenbar nicht an die Zeit gebunden waren, schien ihm alles im Leben vorherbestimmt. Von da war es nur noch ein kleiner Schritt zu der Auffassung, die Zukunft sei vorhersehbar. Voraussetzung wäre lediglich ein vollständiges Wissen über die Welt und die genaue Kenntnis aller Naturgesetze.

Nach dem heutigen Stand der Wissenschaft ist Einstein in diesem Punkt widerlegt. Tatsächlich geht die moderne Physik von einer zeitlichen Asymmetrie aus. Der Nobelpreisträger für Chemie Ilya Prigogine beschreibt 1979 unumkehrbare und vor allem nicht sicher vorhersagbare Prozesse in den natürlichen Systemen. Durch dieses »Ungleichgewicht« hat die Zeitlichkeit erneut Eingang in die Physik gefunden. Die Zukunft gilt wieder als nicht berechenbar, sie bleibt die große Unbekannte des Lebens.

Ohnehin konnte auch die Physik des Atomzeitalters längst nicht alle Zeit-Fragen lösen. Im alltäglichen Leben haben wir das Gefühl, die Zeit bewege sich nur in eine einzige Richtung: Von gestern nach morgen, von der Vergangenheit in die Zukunft. Unser alltägliches Zeitgefühl könnte auch als »biologisch« bezeichnet werden, da es mit dem Erlebnis von Vergänglichkeit verknüpft ist. Die physikalische Zeit kennt jedoch keine ausgewiesene Richtung. Das in der Physik verwendete Zeitsymbol »t« führt – egal ob mit Minus oder Pluszeichen versehen – in Gleichungen stets zu einem zweideutigen Ergebnis. Es steht für eine Zeit, die »vorwärts«, »rückwärts« oder gar in beide Richtungen fließen kann. Erst die menschliche Zeiterfahrung verwandelt ein solch richtungslos unbestimmtes Formelergebnis wieder in eine eindeutige Zeitaussage. Aber die Zeit wäre kein Phänomen, wenn sie nicht auch hier eine Überraschung zu bieten hätte.

Nicht nur der berühmte britische Physiker Stephen W. Hawking geht von der Existenz dreier Zeitpfeile aus. Zwei davon, der thermodynamische und der kosmologische,[3] sind eindeutig physikalisch. Paradoxerweise zeigen sie ebenso wie der dritte, psychologische Zeitpfeil, der unser subjektives Zeitrichtungsempfinden verkörpert, in eine einzige Richtung: Von der Vergangenheit in die Zukunft.

Hawking hofft diesem physikalischen Widersinn mit einer neuen Theorie beizukommen. Sie stellt das Raum-Zeit-Kontinuum nicht mehr als Linie dar, die mit dem Urknall beginnt und mit dem großen Zusammenbruch endet, sondern als Schleife ohne Anfang und Ende (Moebius-Band). Grenzenlos zwar, aber nicht unendlich.

Obwohl die zeitgenössische Philosophie nicht gerade für einen Hang zum interdisziplinären Arbeiten berühmt ist, konnte sie die jeweils neuesten naturwissenschaftlichen Erkenntnisse nicht völlig ignorieren.

Als eine der ersten berücksichtigte Hedwig Conrad-Martius Forschungsergebnisse aus Physik und Biologie. In ihrer Naturontologie[4] beschäftigte sie sich unter anderem mit Fragestellungen zum Thema Raum und Zeit und bezog Relativitätstheorie und Quantenphysik mit ein.

In ihrem 1954 erschienenen Werk »Die Zeit« behauptet die Husserl-Schülerin, erfahrbare Zeit existiere nur in der menschlichen Wahrnehmung, obwohl sie auf etwas Reales, nämlich deren »Quantelung« zurückgehe. Diese wiederum beruhe auf der die vergängliche Zeit konstituierenden »äonischen Dimension« (gr. Aion = Leben; Zeit, Ewigkeit). Mit der Bezeichnung »Äon« verleiht Conrad-Martius einem aristotelischen Begriff eine neue Bedeutung. Er verschmelzt die räumliche mit der zeitlichen Dimension oder anders: Er macht die Zeit räumlich erfaßbar.

Ohne diesen geistigen Taschenspielertrick hätte Hedwig Conrad-Martius im Widerspruch zu einigen Ergebnissen der physikalischen Forschung gestanden – was sie nicht wollte. Im Gegenteil: Sie sah die zentrale Aufgabe der Philosophie darin, die Erkenntnisse der Physik zu deuten und sich mit dem Wesen der Dinge zu befassen. Dennoch konnte auch sie das bestehende Spannungsverhältnis zwischen moderner Physik und Philosophie nicht auflösen.

Die subjektive Zeit

Bis weit über die Jahrhundertwende hinaus galt der mechanistische Zeitbegriff der Naturwissenschaften als das intellektuelle Nonplusultra. Henri Bergson (1859-1941), Lebensphilosoph und Onkel des französischen Dichters Marcel Proust, hatte diese Position bereits 1889 in seiner Dissertation »Zeit und Freiheit« (dt. 1911) scharf kritisiert. Ihn interessierte kein physikalischer Hintergrund, sondern ausschließlich die individuelle Zeiterfahrung, die er als eindeutig subjektiv verstand. Genauer: Bei der vom menschlichen Bewußtsein unmittelbar erlebten Zeit handelt es sich ursprünglich um einen ununterscheidbaren und daher nicht quantifizierbaren Strom reiner Dauer (durée pure), der keine räumliche Kategorie darstellt. Das Bewußtsein zeitlicher Dauer entsteht vielmehr erst durch das intuitive Wiederauftauchen früherer Bewußtseinsinhalte. Solche Eingebungen finden in einem Daseinszustand zielloser, ungerichteter Aufmerksamkeit statt.

Bergsons Neffe Marcel Proust beschrieb diesen Vorgang sehr anschaulich in seinem Roman »Auf der Suche nach der verlorenen Zeit«. Im ersten Teil reflektiert der Icherzähler auf Seite 61 über die Unmöglichkeit, seine Vergangenheit heraufzubeschwören, und ißt dabei – nahezu unbewußt – das französische Nationalgebäck Madeleine zum Tee. Ausgelöst durch den Sinnesreiz der Geschmackskombination »erlebt« er im selben Augenblick Szenen aus seiner Kindheit (Proust 1968, 1. Teil).

Die permanente Vergänglichkeit menschlicher Erfahrungen und Erlebnisse, ihr »Untergang« im stetig fließenden Zeitstrom, findet seine endgültige Begrenzung erst mit dem Ende des menschlichen Seins. Martin Heidegger fragte daher nach dem Sinn dieses Seins. Für ihn bestand es in der »Interpretation der Zeit als des möglichen Horizontes eines jeden Seinsverständnisses« (1977, Prolog). Etwas allgemeinverständlicher formuliert: Zeit ist die Grundlage eines jeden Lebens. Da der Mensch nur zukunftsorientiert und damit ins Ungewisse hinein planen und handeln (in Heideggerscher Terminologie »sich entwerfen«) kann, muß er sich auch ständig mit Ungewißheiten abfinden, insbesondere mit dem

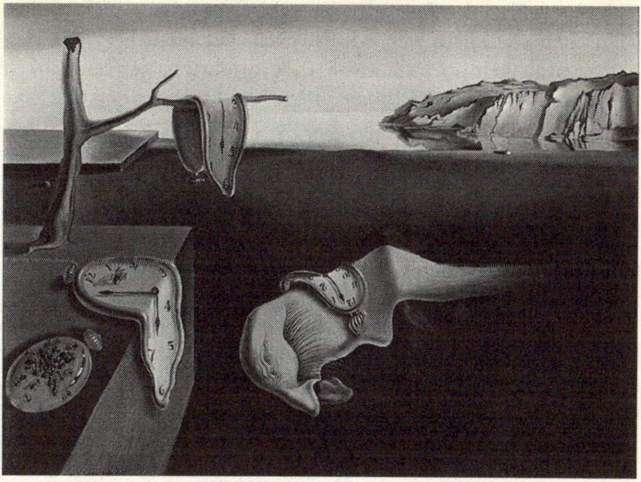

Salvador Dalí. Die Beständigkeit der Erinnerung, 1931.
The Museum of Modern Art, New York.

→Tod. Im Fluß der Zeit erlebt er zahlreiche Abschiede – andere Menschen verändern sich oder sterben. Für Heidegger galt deshalb Zeitlichkeit als immerwährende Erfahrung der Endlichkeit bis zum Tod. Der eigene Tod beinhaltet das Ende der Zeit und »in« der Zeit erscheint uns nur der Tod der anderen.

Echtzeit – die absolute Geschwindigkeit

Im Winter 1991 veränderte sich die Welt. Dramatisch, in aller Öffentlichkeit und dennoch – von den meisten kaum wirklich registriert. Dabei erlebte jeder, der zwischen Mitte Januar und Ende Februar ein Fernsehgerät einschaltete, eine makabre Sensation. Erstmals in der Geschichte konnten Menschen weltweit »live« an einem Krieg teilnehmen. Sie saßen sozusagen im »Auge der Bombe«, konnten zusehen, wie das Ziel im Fadenkreuz erschien, rasch zu Bildschirmgröße heranwuchs und Sekunden später in einer Detonationswolke verschwand.

Der tele-visionäre High-Tech-Krieg ließ seine faszinierten Zuschauer vergessen, daß Menschen, deren einziges Verbrechen darin bestand, zur falschen Zeit im falschen Land geboren zu sein, dabei zerrissen, zermalmt, verbrannt und verstümmelt wurden. Ermöglicht wurde die revolutionäre Seherfahrung durch neue Techniken. Computer, Satelliten und Funktelefone verkürzten die Übertragungszeiten gen Null.

Für den französischen Theoretiker Paul Virilio gipfelt diese mediale Revolution[5] in einem »Rasenden Stillstand«. Die sogenannte Echtzeit (live coverage), in der die Golfkriegsbilder vom US-Nachrichtensender CNN übertragen wurden, beherrschte Mensch und Medium und verhinderte zugleich jede kritische Distanz. Aber die aus ihrem zeitlichen Kontinuum von Vergangenheit, Gegenwart und Zukunft herausgeschnittene Echtzeitwelt erwies sich als äußerst kurzlebig. So intensiv und allumfassend die unmittelbare Präsenz des Golfkrieges auch gewesen war, so rasch verschwand sie wieder aus dem Gedächtnis der Menschen.[6]

Aus dieser Erfahrung leitet sich für Virilio eine zwingende Schlußfolgerung ab: Wir leben in einer »Diktatur der Geschwindigkeit«, die einhergeht mit einem stetigen Verlust an Bedeutungen und Inhalten. Wahrnehmung und Bewußtsein halten mit den neuen Technologien nicht Schritt. Die Menschen sind dem Wahrnehmungschaos nicht mehr gewachsen, da die Zeit fehlt, die einzelnen Ereignisse zu beurteilen und zu verarbeiten. Das hat eine fatale gesellschaftliche Konsequenz: Die Beschleunigungseffekte der »Realzeit« machen Politik zunehmend unplanbarer.

Paul Virilio greift damit ein Argument Friedrich Nietzsches auf. Schon der hatte den Standpunkt vertreten, je mehr die Hast zunehme, desto geringer werde die Bildung.

Die gegenwärtige gesellschaftliche Realität mit ihrer ständig wachsenden Zahl lese- und schreibschwacher Schüler scheint beide zu bestätigen. Fernsehsendungen, deren Oberflächlichkeit kaum noch zu überbieten ist, auf Schlagzeilenniveau reduzierte Zeitungs- und Zeitschriftentexte[7] und eine politische »Information«, die Inhalte durch nichtssagende Schlagworte und Personenbilder ersetzt, sprechen ebenfalls für diese These.

Die Zeit der Frauen

»Können Männer denken und wenn ja – warum?« fragt die Dortmunder Kabarettistin Uta Rotermund in ihrem Programm und löst damit regelmäßig Heiterkeit beim weiblichen Teil des Publikums aus. Die feministisch-satirisch überspitzte Formulierung hat einen ernsten Hintergrund: Selbst auf den Feuilletonseiten wird derzeit die Vermutung diskutiert, zwischen Männern und Frauen könnte es doch mehr als nur den berühmt-berüchtigten »kleinen Unterschied« geben. Das führt zwangsläufig zu anderen Fragen, beispielsweise: Unterscheiden sich männlicher und weiblicher Umgang mit der Zeit und damit auch das Denken über sie?

Unabhängig von anderen Überlegungen fällt eines sofort auf: Viele Frauen verfügen in der Regel über weniger »Eigenzeit« (Helga Nowotny) als die meisten Männer. Durch die Doppelbelastung mit Beruf und Familie verbleiben ihnen bestenfalls einige wenige frei verfügbare Zeitfragmente, die kaum sinnvoll zu nutzen sind. Wenn sie den Wunsch nach mehr freier Zeit äußern, liegt darin häufig auch die Sehnsucht nach einem anderen Leben mit weniger Alltagsroutine verborgen. Es ist der Versuch, die im Aufgaben- und Planungskorsett gefesselte und »erstarrte Zeit wieder mehr zu verflüssigen« (1990, S. 140), durch Abkehr von den vorgegebenen linearen Zeitrhythmen, hin zu mehr Spontanität.

Die Journalistin Barbara Sichtermann fordert denn auch, eigene Zeiträume zu schaffen, die das ermöglichen: »Geschehnisse, die – ob erwünscht oder nicht – dem Leben jene (Ereignis-)Dimension wiedergeben, die es dann gestattete, seine Diskontinuitäten, seine Falten, Bögen und Risse und sein Ende zu gewärtigen und zu feiern« (zit. n. Nowotny, S. 141).

Das ist bis jetzt nicht mehr als ein – wenn auch äußerst wichtiger – frommer Wunsch. Noch leben wir in einer patriarchalen Kultur. Die lineare Struktur der Zeit ist eines ihrer Monumente. Was war (besonders alles Negative), wird möglichst bald vergessen, die Vergangenheit ist unabänderlich vorbei, der Augenblick schnell und flüchtig – einzig die zukünftigen Ereignisse können (vermeintlich)[8] geplant und beeinflußt werden. Und wenn diese Zukunft nicht mehr erlebbar ist? Dann sollen es, so eine weit verbreitete Meinung, auf jeden Fall »unsere Kinder einmal besser haben«.

Mit dieser angeblich besseren Zukunft rechtfertigt die patriarchale Kultur nahezu alles. In ihrem Namen sterben Regen- und andere Wälder, werden Meere verschmutzt und leergefischt, verseuchen Atomkraftwerke ganze Landstriche (Tschernobyl), stirbt alles Lebendige in Flüssen (Theiß/Rumänien/Ungarn) und vor Küsten (Bretagne). Und all das in der – wohl trügerischen – Hoffnung, die geschaffenen Probleme könnten irgendwann in einer fernen Zukunft gelöst werden. Selbst Kriege stehen unter diesem Motto. Selbstverständlich wird bedauert, daß dabei Menschen hier und jetzt sterben müssen – aber die politischen und militärischen Führer opfern sie schließlich nur für ein zukünftig schöneres oder gerechteres Leben aller anderen.

Worauf beruht dieser allumfassende omnipotente männliche Fortschritts- und Zukunftswahn? Carola Meier-Seethaler kritisiert, daß ihm ein rein mathematisch abstraktes Zeitdenken zugrunde liegt. Schlimmer noch: Die Gegenwart ist daraus mehr oder weniger ausgeklammert.

Menschliches Leben und vor allem Handeln findet immer »jetzt« statt. Der Zeitfluß ist unumkehrbar, Ereignisse von gestern und vorgestern können nicht rückgängig gemacht oder geändert werden. Alles Zukünftige wiederum ist zwar gedanklich vorstellbar, kann jedoch ebensowenig gelebt werden wie die Vergangenheit. Wenn ein Mensch fast nur noch über die Zukunft oder seine Vergangenheit nachdenkt, ist das ein untrügliches Zeichen für die Verdrängung des Hier und Heute mit all seinen Problemen. Carola Meier-Seethaler sieht in dieser »Verweigerung der Gegenwart den Brennpunkt für alle patriarchalen Fluchtmechanismen [...] nämlich die Unfähigkeit *zur Bejahung des Lebens als bloßem vergänglichen Leben* [...]« (1992, S. 404).

Die mathematisch lineare, von Uhren vermessene »Vater-Zeit« – so die Amerikanerin Mary Daly – bestimmt das Leben in den arbeitsteiligen modernen Industriegesellschaften. Die Radikalfeministin kämpft deshalb für eine »Zeit, die die Intensität von Erlebnissen mißt und daher ausgedehnt oder verdichtet sein kann; Zeit, die sich gegen den Uhrzeigersinn bewegt [...]« (1994, S. 380).

Auch Julia Kristeva konfrontiert die lineare Zeit mit einer zyklischen »weiblichen« Zeitdimension. Die erste, den abendländischen Kulturen geradezu eingeschriebene Zeit, definiert sie als die der Geschichte, des Fortschritts, aber auch der Sprache. Und sie stellt fest, die erste Frauenbewegung hätte noch versucht, einen Platz in dieser Zeitdimension einzufordern – etwa durch den Kampf für das Wahlrecht oder gleichen Lohn für gleiche Arbeit – und für eine gerechte Verteilung der Macht innerhalb der Institutionen. Der nach 1968 entstandenen Bewegung gehe es aber längst nicht mehr ausschließlich darum, mit den Männern innerhalb des Systems der linearen Zeit zu konkurrieren (1986, S. 193). Viele Feministinnen, die häufig durch ästhetische oder psychoanalytische Fragestellungen zum Feminismus kamen, betonen statt dessen die radikale →Differenz der Geschlechter. Sie orientieren sich an den zyklischen biologischen und kosmischen Zeitrhythmen wie etwa der Menstruation und dem Mondumlauf. Gleichzeitig versuchen sie die von Nietzsche so bezeichnete »monumentale« Zeit[9] mit »ihren« Daten zu besetzen.

Daß dieser Ansatz nicht nur ein Thema radikalfeministischer Zirkel ist, bewies die amerikanische Autorin Jay Griffiths. In ihrem Buch »Zeit der Venus. Über die weibliche Intelligenz der Zeit« (1999) fordert sie eine Rückbesinnung auf einen natürlichen Umgang mit Zeitabläufen. Dem natürlichen Werden und Vergehen müsse wieder mehr Raum gewährt werden.

Hier schließt sich der Kreis. Sollte es gelingen, einer solchen zyklischen weiblichen Zeit wieder *die* Geltung zu verschaffen, die sie wohl in den unendlich fernen Tagen der großen → Göttin einmal hatte, könnte das 21. Jahrhundert vielleicht dereinst als »Zeit der Frauen« in die Menschengeschichte eingehen.

Anmerkungen

1 Der 1582 von Papst Gregor XIII. eingeführte Kalender setzte die durchschnittliche Jahreslänge auf 365, 2425 Tage fest. Er weicht damit erst in 3000 Jahren um einen Tag vom Lauf der Sonne ab.

2 Isaac Newtons »Axiome der Mechanik« beinhalteten das dynamische Grund- und das Trägheitsgesetz sowie das Reaktionsprinzip als die drei Grundgesetze der Mechanik.

3 Nach heutiger Erkenntnis dehnt sich das Universum seit dem Urknall aus, wobei sich sein ursprünglich geordneter Zustand zu einem der völligen Unordnung entwickelt. Am Ende kollabiert es.

4 Mit der Zielsetzung wirklichkeitsentsprechender Lebensorientierung untersuchte Conrad-Martius vor allem das Wesen der realen Welt und faktischen Weltwirklichkeit.

5 Acht Jahre später, beim NATO-Luftkrieg gegen Jugoslawien, war sie bereits Selbstverständlichkeit. Es wurden fast nur noch solche Fern(seh)kriegssequenzen und -bilder gezeigt.

6 Auch dies wiederholte sich beim Jugoslawienkrieg.

7 Ein Vergleich von älteren und neuen Ausgaben von »Die Zeit«, »Der Spiegel« oder »Westdeutsche Allgemeine Zeitung« beweist dies. Auch der Erfolg des Magazins »Focus« mit seinen kurzen, fast stichwortartigen Berichten belegt die Beschleunigung und damit Verkürzung der Information.

8 Wie illusorisch diese »Planungssicherheit« tatsächlich ist, hat praktisch jeder Mensch schon einmal erlebt. Schon im Alltag werden oft Tages- oder Wochenpläne durch unerwartete banale Ereignisse zunichte gemacht. Nicht weniger selten lassen unvorhersehbare dramatische Einschnitte ganze Lebenspläne scheitern.

9 Sie verbindet lineare Abläufe zu historisch übergeordneten Zusammenhängen. Diese finden Eingang in das kulturelle Gedächtnis (Punische Kriege, Hexenverfolgung, 2. Weltkrieg und Auschwitz).

Anhang

Literaturverzeichnis

Allgemeine Darstellungen, Lexika, Philosophiegeschichten

Duby, Georges/Perrot, Michelle (Hg.). *Geschichte der Frauen.* 5 Bände. Frankfurt/M. 1998.

Gössmann, Elisabeth (Hg.). *Archiv für Philosophie- und Theologiegeschichtliche Frauenforschung.* Bisher 6 Bände. München 1984-1995.

Heinz, Marion/Doyé, Sabine (Hg.). *Feministische Philosophie. Bibliographie 1970-1995.* Bielefeld 1996.

Hügli, Anton/Lübcke, Poul (Hg.). *Philosophie im 20. Jahrhundert.* Band 1. Phänomenologie, Hermeneutik, Existenzphilosophie und Kritische Theorie. Reinbek bei Hamburg 1992.

– Band 2. Wissenschaftstheorie und Analytische Philosophie. Reinbek bei Hamburg 1993.

– *Philosophielexikon. Personen und Begriffe der abendländischen Philosophie von der Antike bis zur Gegenwart.* Reinbek bei Hamburg 1991.

Kersey, Ethel M. *Women Philosophers. A Bio-Critical Source Book.* New York 1989.

Kinder, Hermann/Hilgemann, Werner. *Dtv-Atlas zur Weltgeschichte.* 15. Aufl. München 1979.

Kuhn, Anette (Hg.). *Chronik der Frauen.* Dortmund 1992.

Kunzmann, Peter. *Dtv-Atlas zur Philosophie. Tafeln und Texte.* München 1991.

Metzler-Philosophen-Lexikon. 300 Biographisch-Werkgeschichtliche Porträts von den Vorsokratikern bis zu den neuen Philosophen. Stuttgart 1989.

Meyer, Ursula. *Einführung in die feministische Philosophie.* Aachen 1992.

– *Die Welt der Philosophin.* Band 1-4. Aachen 1995 ff.

– /Bennent-Vahle, Heidemarie (Hg.). *Philosophinnen Lexikon.* Aachen 1994.

Miles, Rosalind. *Weltgeschichte der Frau.* München 1993.

Nida-Rümelin, Julian (Hg.). *Philosophie der Gegenwart in Einzeldarstellungen. Von Adorno bis v. Wright.* Stuttgart 1991.

Die Philosophin. Forum für feministische Theorie und Philosophie. Tübingen. 1990ff.

Ranke-Graves, Robert von. *Griechische Mythologie.* Hamburg 1961.

Ritter, Joachim (Hg.). *Historisches Wörterbuch der Philosophie.* Bisher 10 Bände. Basel 1971 ff.

Rullmann, Marit (Hg.). *Philosophinnen.* 2 Bände. Frankfurt/M. 1998.

Schmidt, Heinrich. *Philosophisches Wörterbuch.* Neu bearbeitet von Georgi Schischkoff. 21. Auflage. Stuttgart 1982.

Skirbekk, Gunnar/Nils Gilje. *Geschichte der Philosophie*. 2 Bände. Frankfurt/M. 1993.
Störig, Hans-Joachim. *Kleine Weltgeschichte der Philosophie*. Sonderausgabe. Frankfurt/M. 1998.
Waithe, Mary Ellen (Ed.). *A History of Women Philosophers*. Volume 1-4. Dordrecht 1987ff.

Göttin

Ahl, Ruth. *Eure Töchter werden Prophetinnen sein. Kleine Einführung in die feministische Theologie*. Freiburg/B. 1990.
Aischylos. *Sämtliche Tragödien*. München 1977.
Alkim, Bahadir. *Anatolien I*. München 1968.
Bornemann, Ernest. *Das Patriarchat. Ursprung und Zukunft unseres Gesellschaftssystems*. Frankfurt/M. 1979.
Carr, Anne E. *Frauen verändern die Kirche*. Gütersloh 1990.
Daly, Mary. *Jenseits von Gottvater, Sohn & Co*. München 1988.
– *Gyn/Ökologie. Eine Meta-Ethik des radikalen Feminismus*. München 1986.
Distler, Sonja. *Mütter, Amazonen & Dreifältige Göttinnen. Eine psychologische Analyse des feministischen Matriarchatsmythos*. Wien 1989.
Dux, Günter. *Die Spur der Macht im Verhältnis der Geschlechter. Über den Ursprung der Ungleichheit zwischen Frau und Mann*. Frankfurt/M. 1997.
Eisler, Riane. *Von der Herrschaft zur Partnerschaft. Weibliches und männliches Prinzip in der Geschichte*. München 1989.
Engels, Friedrich. »Der Ursprung der Familie, des Privateigentums und des Staates«. In: Marx/Engels. *Ausgewählte Schriften in zwei Bänden*. Band 2. Berlin 1988. S. 181-347.
»Feminist Philosophy of Religion«. In: *Hypatia. A Journal of Feminist Philosophy*. Special Issue. Vol. 9/No. 4. Bloomington/Indiana 1994.
Francia, Luisa. *Kalypso*. München 1983.
– *Berühre Wega, kehr zur Erde zurück. Trancen, Rituale und Meditationen mit Sternen*. München 1982.
Gaube, Karin/Alexander von Pechmann. *Magie, Matriarchat und Marienkult. Frauen und Religion. Versuch einer Bestandsaufnahme*. Reinbek bei Hamburg 1989.
Gimbutas, Marija. *Die Sprache der Göttin*. Frankfurt/M. 1995.
– *Die Zivilisation der Göttin. Die Welt des Alten Europa*. Frankfurt/M. 1996.
Göttner-Abendroth, Heide. *Die tanzende Göttin. Prinzipien einer matriarchalen Ästhetik*. München 1991.

– *Die Göttin und ihr Heros. Die matriarchalen Religionen in Mythos, Märchen und Dichtung*. München 1980.
– *Das Matriarchat I. Die Geschichte seiner Erforschung*. Stuttgart 1988.
– *Das Matriarchat II. 1. Stammesgesellschaften in Ostasien, Ozeanien, Amerika*. Stuttgart 1991.
– »Gespräch mit Heide Göttner-Abendroth. Matriarchat – Spiritualität – Integrität«. In: *Widerspruch. Münchner Zeitschrift für Philosophie*. 1/1985. S. 9-45.
Halkes, Catharina. *Gott hat nicht nur starke Söhne. Grundzüge einer feministischen Theologie*. Gütersloh 1980.
Heine, Susanne. *Wiederbelebung der Göttinnen?* Göttingen 1987.
Irigaray, Luce. »Göttliche Frauen«. In: Eibelmayr, Silvia. *Kunst mit Eigensinn*. Wien 1985. S. 29-38.
Jannberg, Judith. *Ich bin eine Hexe*. Bonn 1983.
Lerner, Gerda. *Die Entstehung des Patriarchats*. Frankfurt/M./New York 1991.
Leroi-Gourhan, André. *Prähistorische Kunst*. Freiburg/B. 1981.
Lévi-Strauss, Claude. *Die elementaren Strukturen der Verwandtschaft*. Frankfurt/M. 1993.
Meier-Seethaler, Carola. *Ursprünge und Befreiungen. Die sexistischen Wurzeln der Kultur*. Frankfurt/M. 1992.
Mellaart, James. *Çatal Hüyük*. New York 1967.
Moltmann-Wendel, Elisabeth. *Das Land, wo Milch und Honig fließt. Perspektiven einer feministischen Theologie*. Gütersloh 1995.
Sie und Er – Frauenmacht und Männerherrschaft im Kulturvergleich. Katalog der gleichnamigen Ausstellung in der Josef-Haubrich-Kunsthalle in Köln. 1998.
Starhawk. *Der Hexenkult als Urreligion der Großen Göttin*. Freiburg/B. 1983.
Wagner-Hasel, Beate. »Das Matriarchat und die Krise der Moderne«. In: *Feministische Studien*. 9. Jahrgang Heft 1. Weinheim 1991. S. 80ff.
Wallisch-Prinz, Bärbel. »Matriarchat und Patriarchat: Zwei Paradigmen der modernen Sozialwissenschaft«. In: *Was heißt hier eigentlich feministisch? Zur theoretischen Diskussion in den Geistes- und Sozialwissenschaften*. Hg. v. Marlis Krüger. Bremen 1993.
Weiler, Gerda. *Der aufrechte Gang der Menschenfrau. Eine feministische Anthropologie II*. Frankfurt/M. 1994.
– *Ich brauche die Göttin. Zur Kulturgeschichte eines Symbols*. Königstein/Ts. 1997.

Arendt, Hannah. *Vita activa oder Vom tätigen Leben.* Neuausgabe. München 1981.
– *Der Liebesbegriff bei Augustin.* Dissertation. Berlin 1929.
Astell, Mary. *A Serious Proposal to the Ladies. By a Lover of her Sex.* London 1697.
Baudrillard, Jean. *Der Tod tanzt aus der Reihe.* Berlin 1979.
Beauvoir, Simone de. *Das andere Geschlecht. Sitte und Sexus der Frau.* Reinbek bei Hamburg 1988.
– »Pyrrhus und Cinéas«. In: *Soll man de Sade verbrennen?* Reinbek bei Hamburg 1988.
– *Die Zeremonie des Abschieds.* Reinbek bei Hamburg 1983.
Birkhan, Ingvild. »Todbringende Weiblichkeit – prokreative Männlichkeit«. In: *Against Patriarchal Thinking. A Future without Discrimination? Proceedings of the Vth Symposium of the International Association of Women Philosophers.* Hg. v. Maja Pellikaan-Engel. Amsterdam 1992.
Bronfen, Elisabeth. *Tod, Weiblichkeit und Ästhetik.* München 1994.
Camus, Albert. *Der Mythos von Sisyphos.* Reinbek bei Hamburg 1997.
Cavarero, Adriana. *Platon zum Trotz. Weibliche Gestalten in der antiken Philosophie.* Berlin 1992.
Cioran, Emile M. *Vom Nachteil, geboren zu sein.* Frankfurt/M. 1996.
Dworkin, Ronald. »Die falsche Angst, Gott zu spielen«. In: *Die Zeit.* Nr. 38 v. 16. September 1999, S. 15 u. 17.
Eisler, Riane. *Von der Herrschaft zur Partnerschaft. Weibliches und männliches Prinzip in der Geschichte.* München 1989.
Fox-Keller, Evelyn. *Liebe, Macht und Erkenntnis. Männliche oder weibliche Wissenschaft?* München/Wien 1986.
– »Von den Geheimnissen des Lebens zu den Geheimnissen des Todes«. In: *Wege aus der männlichen Wissenschaft.* Hg. v. Marianne Krüll. Pfaffenweiler 1990. S. 1-20.
Fromm, Erich. *Anatomie der menschlichen Destruktivität.* Frankfurt/M. 1977.
Hegel, Georg Wilhelm Friedrich. *Phänomenologie des Geistes.* Frankfurt/M. 1989.
Heidegger, Martin. *Sein und Zeit.* Gesamtausgabe Abt. I, Band 2. Frankfurt/M. 1977.
»Im Grenzland des Todes«. In: *Der Spiegel.* Heft 10/1997.
Koch, Werner. *Vom Tod.* Frankfurt/M. 1987.
Kopetzky, Helmut. *In den Tod – Hurra! Deutsche Jugendregimenter im Ersten Weltkrieg.* Köln 1981.
Kristeva, Julia. *Die Chinesin. Die Rolle der Frau in China.* Frankfurt/M./Berlin/Wien 1982.

– *Geschichten von der Liebe*. Frankfurt/M. 1989
Lerner, Gerda. *Ein eigener Tod*. Frankfurt/M. 1993.
Macho, Thomas H. *Todesmetaphern*. Frankfurt/M. 1987.
Meier-Seethaler, Carola. *Gefühl und Urteilskraft. Plädoyer für die emotionale Vernunft*. München 1997.
– *Ursprünge und Befreiungen. Die sexistischen Wurzeln der Kultur*. Frankfurt/M. 1992.
Merchant, Carolyn. *Der Tod der Natur. Ökologie, Frauen und neuzeitliche Naturwissenschaft*. München 1987.
Meyer-Schubert, Astrid. »Gebären und Geborenwerden. Philosophische Anthropologie aus weiblicher Sicht«. In: *Von der Auffälligkeit des Leibes*. Hg. v. Farideh Akashe-Böhme. Frankfurt/M. 1995. S. 166-182.
Minnich, Elizabeth Kamarck. *Von der halben zur ganzen Wahrheit. Einführung in feministisches Denken*. Frankfurt/New York 1994.
Montaigne, Michel de. *Essais*. Frankfurt/M. 1976.
O'Brien, Mary. *The Politics of Reproduction*. London/New York 1981.
Pascal, Blaise. *Le Cœur et de Raisons. Pensées. Logik des Herzens. Gedanken*. München 1977 (zweisprachig).
Platon. »Phaidros«. In: *Sämtliche Werke 1-6*. Hg. v. Walter F. Otto/Ernesto Grassi/Gert Plamböck. In der Übersetzung von Friedrich Schleiermacher. Band IV. Reinbek bei Hamburg 1986.
– »Symposion«. In: Platon a. a. O. Band II.
Rullmann, Marit (Hg.). *Philosophinnen. Von der Antike bis zur Aufklärung*. Band I. Frankfurt/M. 1998.
Saner, Hans. *Eine Philosophie der Geburt*. München 1976.
Scherer, Georg. *Das Problem des Todes in der Philosophie*. Darmstadt 1979.
Schlegel, Werner. »Der rostige Tod von Flandern«. In: *Die Zeit*. Nr. 16. v. 15. April 1988. S. 96.
Schopenhauer, Arthur. *Die Welt als Wille und Vorstellung II*. Zürich 1977.
Seneca. *Vom glückseligen Leben und andere Schriften*. Stuttgart 1984.
Sloterdijk, Peter. *Selbstversuch*. München 1996.
– *Weltfremdheit*. Frankfurt/M. 1993.
– *Der Zauberbaum*. Frankfurt/M. 1985.
Stopczyk, Annegret. *Nein danke, ich denke selber*. Berlin 1996.
Theweleit, Klaus. *Männerphantasien*. Reinbek bei Hamburg 1977.
Waldeck, Ruth. »Bloß rotes Blut? Zur Bedeutung der Menstruation für die weibliche Identität«. In: *Von der Auffälligkeit des Leibes*. Hg. v. Farideh Akashe-Böhme. Frankfurt/M. 1995. S. 145-165.
Weisshaupt, Brigitte. »Ethik und die Technologie des Lebendigen«. In: *Grenzen der Moral. Ansätze feministischer Vernunftkritik IV*. Hg. v. Ursula Konnertz. Tübingen 1991. S. 75-93.

Young-Brühl, Elisabeth. *Hannah Arendt. Leben, Werk und Zeit.* Frankfurt/M. 1991.

Mensch

Aristoteles. »Politik. Über die Zeugung der Geschöpfe«. In: Ders. *Gesamtausgabe. Die Lehrschriften.* Paderborn 1959.
– »Nikomachische Ethik«. In: a. a. O.
Astell, Mary. *A Serious Proposel to the Ladies. By a Lover of her Sex.* London 1697.
Augustinus, Aurelius. »Der Gottesstaat«. In: *Werke in deutscher Sprache.* Hg. v. Carl Johann Perl. Paderborn 1979.
– »Bekenntnisse«. In: a. a. O.
Barre, Poulain de la. *De l'égalité des deux sexes.* Paris 1673.
Camus, Albert. »Der Mythos von Sisyphos. Ein Versuch über das Absurde«. In: *Das Frühwerk.* Düsseldorf 1967.
Condorcet, Marie Jean Antoine. »Über die Zulassung der Frauen zum Bürgerrecht«. In: Schröder, Hannelore. *Die Frau ist frei geboren.* Bd. 1. München 1979.
»Das zweite Geschlecht«. Titelthema in: *Bild der Wissenschaft.* Heft 2/1997. S. 59-75.
Darwin, Charles. *Die Abstammung des Menschen und die geschlechtliche Zuchtwahl.* Berlin 1925.
– *Über die Entstehung der Arten durch natürliche Zuchtwahl oder die Erhaltung der begünstigten Rassen im Kampf ums Dasein.* Stuttgart 1920.
Erxleben, Dorothea. *Gründliche Untersuchung der Ursachen, die das weibliche Geschlecht vom Studieren abhalten.* Dortmund/Zürich 1993.
Fichte, Johann Gottlieb. »Grundlage des Naturrechts nach Prinzipien der Wissenschaftslehre«. In: Ders. *Sämtliche Werke.* Zweite Abt. A. Zur Rechts- und Sittenlehre. Berlin 1845.
Fietze, Katharina. *Spiegel der Vernunft. Theorien zum Menschsein der Frau in der Anthropologie des 15. Jahrhunderts.* Paderborn u. a. 1991.
Fonte, Moderata. »Il Merito delle Donne«. In: Archiv für philosophie- und theologiegeschichtliche Frauenforschung. Band 4. Hg. v. Elisabeth Gössmann. München 1988.
Freud, Sigmund. »Die Zukunft einer Illusion«. In: *Gesammelte Werke.* Band 14. London/Frankfurt/M. 1948.
Gatzemeier, Matthias. »Anthropologie der Frau – ein nicht nur genuines, sondern auch notwendiges Thema der Philosophie«. In: *Zeitschrift für Didaktik der Philosophie.* Heft 4, 1982. S. 4-13.

Gehlen, Arnold. *Anthropologische Forschung*. Reinbek bei Hamburg 1961.
– *Mensch und Institutionen*. Reinbek bei Hamburg 1960.
Gössmann, Elisabeth. »Eva, Gottes Meisterwerk«. In: *Archiv für philosophie- und theologiegeschichtliche Frauenforschung*. Band 2. Hg. v. Elisabeth Gössmann. München 1985.
– (Hg.) »Ob die Weiber Menschen seyn, oder nicht?« In: a. a. O. Band 4. München 1988.
– »Das Wohlgelahrte Frauenzimmer«. In: a. a. O. Band 1. München 1984.
– »Einige Bemerkungen zum Menschenbild bei Hildegard von Bingen (1098-1179)«. In: *Was Philosophinnen denken. Eine Dokumentation*. Hg. von Halina Bendkowski/Brigitte Weisshaupt. Zürich 1983.
Gouges, Olympe de. *Schriften*. Hg. v. Monika Diller/Vera Mostowlansky/Vera Wyss. Basel/Frankfurt/M. 1989.
Gournay, Marie Le Jars de. »Egalité des hommes et des femmes«. In: Schiff, Mario. *La Fille d'Alliance de Montaigne*. Paris 1910.
– »Grief des Dames«. In: a. a. O.
Hagengruber, Ruth (Hg.). *Klassische philosophische Texte von Frauen*. München 1998.
Haraway, Donna. »Primatologie ist Politik mit anderen Mitteln«. In: Barbara Orland/Elvira Scheich (Hg.). *Das Geschlecht der Natur*. Frankfurt/M. 1995.
Herder, Johann Gottfried. »Abhandlung über den Ursprung der Sprache«. In: Ders. *Zur Philosophie der Geschichte*. Berlin 1952.
Hildegard von Bingen. *Scivias – Wisse die Wege*. Hg. v. Walburga Storch. Augsburg 1997.
– *Welt und Mensch. Das Buch ›De operatione Dei‹*. Salzburg 1965.
Holbach, Paul Henri Thiry Baron d'. *System der Natur*. Berlin 1960.
Honegger, Claudia. *Die Ordnung der Geschlechter. Die Wissenschaften vom Menschen und das Weib*. Frankfurt/M./New York 1991.
Horkheimer, Max. *Notizen 1950-1969 und Dämmerung. Notizen in Deutschland*. Frankfurt/M. 1974.
Kant, Immanuel. *Werke in sechs Bänden*. Hg. v. Wilhelm Weischedel. Darmstadt 1975.
– »Anthropologie in pragmatischer Hinsicht«. In: a. a. O.
– »Religion innerhalb der Grenzen der bloßen Vernunft«. In: a. a. O.
Lévinas, Emmanuel. *Die Spur des Anderen*. Freiburg/B. 1983.
List, Elisabeth. »Homo politicus – Femina privata. Thesen zur Kritik der politischen Anthropologie«. In: *Weiblichkeit der Moderne*. Hg. v. J. Conrad/U. Konnertz. Tübingen 1986.
Marinella, Lucretia. »Le Nobiltà et Eccelenze delle Donne et i Difetti e Mancamenti de gli Huomini«. In: Gössmann 1985, a. a. O.
Marquard, Odo. *Homo Compensatur*. Stuttgart 1981.

Mayreder, Rosa. *Mensch und Menschlichkeit.* Wien/Leipzig 1928.
Mechtild von Magdeburg. *Offenbarungen oder das fließende Licht der Gottheit.* Darmstadt 1980.
Monod, Jacques. *Zufall und Notwendigkeit. Philosophische Fragen der modernen Biologie.* München 1971.
Nogarola, Isotta. »Über die gleiche oder ungleiche Sünde Evas und Adams«. In: Fietze 1991, a. a. O.
Oelmüller, Willi/Dölle-Oelmüller, Ruth/Geyer, Carl-Friedrich. »Diskurs Mensch«. In: *Philosophische Arbeitsbücher.* Band 7. Paderborn u. a. 1985.
Pascal, Blaise. *Le Cœur et de Raisons. Pensées. Logik des Herzens. Gedanken.* München 1977 (zweisprachig).
Pizan, Christine de. *Das Buch von der Stadt der Frauen.* Eingeleitet und kommmentiert von Margarete Zimmermann. München 1990.
– »Der Sendbrief vom Liebesgott«. In: Pizan 1990, a. a. O. Einleitung, S. 16.
Platon. »Phaidros«. In: *Sämtliche Werke 1-6.* Hg. v. Walter F. Otto/Ernesto Grassi/Gert Plamböck. In der Übersetzung von Friedrich Schleiermacher. Band IV. Reinbek bei Hamburg 1986.
– »Phaidon«. In: Platon a. a. O. Band III.
– »Protagoras« In. Platon a. a. O. Band I.
Plessner, Helmuth. *Anthropologie der Sinne.* Frankfurt/M. 1980.
– *Conditio Humana.* Frankfurt/M. 1983.
– *Die Stufen des Organischen. Einleitung in die philosophische Anthropologie.* Frankfurt/M. 1981.
Rippl, Gabriele (Hg.). *Unbeschreiblich weiblich. Texte zur feministischen Anthropologie.* Frankfurt/M. 1993.
Rousseau, Jean-Jacques. *Emile oder Über die Erziehung.* Stuttgart 1990.
– *Diskurs über die Ungleichheit.* Paderborn u. a. 1984.
Rullmann, Marit. *Philosophinnen. Von der Antike bis zur Aufklärung.* Band I. Frankfurt/M. 1998.
Scheler, Max. *Die Stellung des Menschen im Kosmos.* Bonn 1995.
– *Vom Umsturz der Werte.* Band 3. Bern 1955.
Schurmann, Anna Maria von. »Num foeminae christianae conveniat studium letterarum?« In: Gössmann 1984, a. a. O.
Steinbrügge, Lieselotte. *Das moralische Geschlecht. Theorien und literarische Entwürfe über die Natur der Frau in der französischen Aufklärung.* Weinheim 1987.
Stopczyk, Annegret. *Was Philosophen über Frauen denken.* München 1980.
– »Zum Begriff ›Mensch‹«. In: Manon Andreas-Grisebach/Brigitte Weisshaupt. *Was Philosophinnen denken.* Band II. S. 60-70. Zürich 1986.
Weiler, Gerda. *Der aufrechte Gang der Menschenfrau. Eine feministische Anthropologie.* Frankfurt/M. 1994.

Wöhler, Hans Ulrich. »Äbtissin Hildegard von Bingen. Die rheinische Prophetin«. In: *Herrscherinnen und Nonnen.* Autorenkollektiv unter Leitung von Erika Utz, Barbara Pätzold und Gerald Beyreuther. Berlin 1990. S. 170-196.
Wollstonecraft, Mary. *Verteidigung der Rechte der Frauen.* Band 2. Zürich 1976.

Subjekt

Anscombe, Gertrude Elisabeth M. »Die erste Person«. In: *Analytische Philosophie des Geistes.* Hg. v. Peter Bieri. Königstein/Ts. 1981. S. 222-242.
Beauvoir, Simone de. *Das andere Geschlecht. Sitte und Sexus der Frau.* Reinbek bei Hamburg 1988.
– *Sie kam und blieb.* Reinbek bei Hamburg 1989.
Beer, Ursula. »Das Zwangsjackett des bürgerlichen Selbst. Instrumentelle Vernunft und Triebverzicht«. In: *Rationalität und sinnliche Vernunft. Frauen in der patriarchalen Realität.* Hg. v. Christine Kulke. Pfaffenweiler 1988.
Bello, Angela Les. »Unterwegs zu einer weiblichen Philosophie. Hedwig Conrad-Martius Edith Stein Gerda Walther«. In: *Edith-Stein-Jahrbuch.* Würzburg 1996. S. 165-174.
Benhabib, Seyla. »Der verallgemeinerte und der konkrete Andere. Ansätze zu einer feministischen Moraltheorie«. In: List, Elisabeth/Studer, Herlinde a. a. O. 1989.
Braidotti, Rosi. *Patterns of Dissonance.* Cambridge/Oxford 1991.
Calkins, Mary W. »The Philosophical Credo of an Absolutistic Personalist«. In: *Contemporary American Philosophy.* Band 1. New York 1930. S. 197-218.
Damasio, Antonio R. *Descartes' Irrtum. Fühlen, Denken und das menschliche Gehirn.* München 1997.
Démar, Claire. *Textes sur l'afranchissement des femmes (1832-1833).* Hg. v. Valentin Pelosse. Paris 1976.
Ebeling, Hans. *Neue Subjektivität. Die Selbstbehauptung der Vernunft.* Würzburg 1990.
Freud, Sigmund. *Psychologie des Unbewußten.* Frankfurt/M. 1982.
– *Zur Psychopathologie des Alltagslebens.* Frankfurt/M. 1995.
– *Traumdeutung.* Frankfurt/M. 1961.
Flax, Jane. »Jenseits von Gleichheit: Geschlecht, Gerechtigkeit und Differenz«. In: Nagl-Docekal, Herta/Pauer-Studer, Herlinde a. a. O. 1996. S. 223-250.
Foucault, Michel. *Die Ordnung der Dinge. Eine Archäologie der Humanwissenschaften.* Frankfurt/M. 1974.
– *Sexualität und Wahrheit I. Der Wille zum Wissen.* Frankfurt/M. 1991.

– *Sexualität und Wahrheit III. Die Sorge um sich*. Frankfurt/M. 1989.
– *Der Mensch ist ein Erfahrungstier. Gespräch mit Ducio Trombadori*. Frankfurt/M. 1996.
Greenspan, Stanley. *The Growth of the Mind. And the Endangered Origins of Intelligence*. San Francisco 1997.
Golemann, Daniel. *Emotionale Intelligenz*. München 1996.
– *EQ 2. Der Erfolgsquotient*. München 1999.
Harding, Sandra. »Geschlechtsidentität und Rationalitätskonzeptionen. Eine Problemübersicht«. In: List, Elisabeth/Studer, Herlinde a. a. O. 1989.
Heller, Agnes. »Der Tod des Subjekts. Ein philosophischer Essay«. In: *Deutsche Zeitschrift für Philosophie*. 41. Jahrgang. Heft 4. Berlin 1993. S. 623-638.
Horkheimer, Max/Theodor W. Adorno. *Dialektik der Aufklärung*. Frankfurt/M. 1971.
Horney, Karen. *Unsere inneren Konflikte*. Frankfurt/M. 1989.
Irigaray, Luce. *Speculum. Spiegel des anderen Geschlechts*. Frankfurt/M. 1980.
Ivekoviv, Rada. »Die Postmoderne und das Weibliche in der Philosophie«. In: Nagl-Docekal, Herta a. a. O. 1990. S. 123–135.
Kittler, Friedrich. *Aufschreibesysteme. 1800. 1900*. München 1987.
Kofman, Sarah. *Rousseau und die Frauen*. Tübingen 1986.
Kristeva, Julia. *Die Revolution der poetischen Sprache*. Frankfurt/M. 1978.
Kühn, Lenore. *Die Autonomie der Werte. Eine kritische Grundlegung nach transzendentalteleologischer Methode*. Berlin 1924.
– *Schöpferisches Leben*. Langensalza 1928.
List, Elisabeth/Studer, Herlinde (Hg.). *Denkverhältnisse. Feminismus und Kritik*. Frankfurt/M. 1989.
Mayreder, Rosa. *Zur Kritik der Weiblichkeit*. Jena 1907.
– *Geschlecht und Kultur*. Jena 1923.
McNay. *Die Ethik des Selbst*. In: Nagl-Docekal, Herta/Pauer-Studer, Herlinde a. a. O. 1996. S. 350-396.
Nagl-Docekal, Herta (Hg.). *Feministische Philosophie*. Wien 1990.
– /Pauer-Studer, Herlinde (Hg.). *Politische Theorie. Differenz und Lebensqualität*. Frankfurt/M. 1996.
Popper, Karl R./Eccles, John C. *Das Ich und sein Gehirn*. München/Zürich 1982.
Proust, Marcel. »In Swanns Welt«. In: *Auf der Suche nach der verlorenen Zeit*. Band 1. Frankfurt/M. 1981.
Rauschenbach, Brigitte. *Nicht ohne mich. Vom Eigensinn des Subjekts im Erkenntnisprozeß*. Frankfurt/M. 1991.
Ritter, Joachim (Hg.). »Bewußtsein«. In: *Historisches Wörterbuch der Philosophie*. Band 1. Basel 1971.
– »Ich«. In: a. a. O. Band 4. Basel 1976.

Roth, Gerhard. »Erkenntnis und Realität: Das reale Gehirn und seine Wirklichkeit«. In: *Der Diskurs des radikalen Konstruktivismus*. Hg. v. Siegfried J. Schmidt. Frankfurt/M. 1987. S. 229-255.
– *Das Gehirn und seine Wirklichkeit. Kognitive Neurobiologie und ihre philosophischen Konsequenzen*. Frankfurt/M. 1996.
– »Phantasie und feuernde Neuronen. Die moderne Hirnforschung hat die Materie und das Bewußtsein miteinander verbunden«. In: *Die Zeit*. Nr. 14 v. 29. März 1996.
Rubner, Jeanne. *Was Frauen und Männer so im Kopf haben*. München 1996.
Sacks, Oliver. *Der Mann, der seine Frau mit einem Hut verwechselte*. Reinbek bei Hamburg 1990.
Scheppke, Katharina/Tichy, Matthias (Hg.). *Das Andere der Identität. Ute Guzzoni zum 60. Geburtstag*. Freiburg/B. 1996.
Schnabel, Ulrich. »Die Neutronen der Moral«. In: *Die Zeit*. Nr. 43 v. 21. Oktober 1999.
Shoemaker, Sidney. »Selbstreferenz und Selbstbewußtsein«. In: *Analytische Philosophie des Geistes*. Hg. v. Peter Bieri. Königstein/Ts. 1981. S. 209-221.
Stein, Gertrude. *Die geographische Geschichte von Amerika oder Die Beziehung zwischen der menschlichen Natur und dem Geist des Menschen*. Frankfurt/M. 1988.
Stephan, Inge. *Die Gründerinnen der Psychoanalyse. Eine Entmythologisierung Sigmunds Freuds in zwölf Frauenporträts*. München 1992.
»Subjekt. Feministische Analyse und Kritik« (Schwerpunktthema). In: *Die Philosophin*. 2. Jahrgang. Heft 4. Tübingen 1991.
»Suche nach dem Ich«. In: *Der Spiegel*. Heft 16/1996.
Varnhagen, Rahel. *Rahel. Ein Buch des Andenkens für ihre Freunde. Gesammelte Werke in 10 Bänden*. Hg. v. Konrad Feilchenfeldt/Uwe Schweikert/Rahel E. Steiner. München 1983.
Weedon, Chris. Wissen und Erfahrung. *Feministische Theorie und strukturalistische Theorie*. Zürich/Dortmund 1990.
Weisshaupt, Brigitte. »Selbst-loses Selbstsein. Zur Dialektik eines produktiven Mangels«. In: *Wege aus der männlichen Wissenschaft*. Hg. v. Marianne Krüll. Pfaffenweiler 1990.
– »Identität und Selbstbestimmung – Überlegungen zum Begriff der Autarkie mit einem Ausblick in die feministische Philosophie«. In: *Autarkie und Anpassung: Zur Spannung zwischen Selbstbestimmung und Umwelterhaltung*. Hg. v. H. Büchim/M. Huppenbauer. Opladen 1995.
– »Sisyphos ohne Pathos. Selbsterhaltung und Selbstbestimmung im Alltag«. In: *Was Philosophinnen denken*. Hg. v. Brigitte Weisshaupt/Halina Bendkowski. Zürich 1983.
Wilke, Sabine. *Dialektik und Geschlecht. Feministische Schreibpraxis in der Gegenwartsliteratur*. Tübingen 1996.

Leib

Akashe-Böhme, Farideh. (Hg.). *Von der Auffälligkeit des Leibes*. Frankfurt/M. 1995.

Aristoteles. »De anima. (Seelenkunde)«. In: *Gesamtausgabe. Die Lehrschriften*. Paderborn 1959.

Bieri, Peter. *Analytische Philosophie des Geistes*. Königstein/Ts. 1981.

Böhme, Gernot. »Am Leitfaden des Leibes – das Andere der Vernunft«. In: *Feministische Vernunftkritik. Ansätze und Traditionen*. Hg. v. Ilona Ostner/Klaus Lichtblau. Frankfurt/M. 1992. S. 53-65.

Bornemann, Ernest. *Das Patriarchat. Ursprung und Zukunft unseres Gesellschaftssystems*. Frankfurt/M. 1979.

Braidotti, Rosi. *Patterns of Dissonance*. Cambridge/Oxford 1991.

Brownmiller, Susan. *Gegen unseren Willen. Vergewaltigung und Männerherrschaft*. Frankfurt/M. 1978.

Conway, Anne. *The Principles of the Most Ancient and Modern Philosophy*. (Reprint Edition).The Hague 1982.

Daly, Mary. *Gyn/Ökologie. Eine Meta-Ethik des radikalen Feminismus*. München 1986.

Damasio, Antonio R. *Descartes' Irrtum. Fühlen, Denken und das menschliche Gehirn*. München 1996.

Descartes, René. *Meditationen über die Grundlagen der Philosophie*. Stuttgart 1994.

Deschner, Karlheinz. *Das Kreuz mit der Kirche. Eine Sexualgeschichte des Christentums*. München 1988.

Gendlin, Eugene T. »Die umfassende Rolle des Körpergefühls im Denken und Sprechen«. In: *Deutsche Zeitschrift für Philosophie*. 41. Jahrgang. Heft 4. Berlin 1993. S. 693-706.

Griffin, Susan. *Frau und Natur. Das Brüllen in ihr*. Frankfurt/M. 1987.

Grosz, Elizabeth (Hg.). »Feminism and the body«. In: *Hypatia. A Journal of Feminist Philosophy*. Special Issue. Bloomington/Indiana 1991.

Hammes, Manfred. *Hexenwahn und Hexenprozesse*. Frankfurt/M. 1977.

Harding, Sandra. *Feministische Wissenschaftstheorie. Zum Verhältnis von Wissenschaft und sozialem Geschlecht*. Hamburg 1990.

Heller, Agnes. *Theorie der Gefühle*. Hamburg 1980.

Husserl, Edmund. *Logische Untersuchung. Über die intentionalen Erlebnisse und ihre Inhalte*. Hg. v. Elisabeth Ströker. Hamburg 1988.

Landweer, Hilge. »Fühlen Männer anders? Überlegungen zur Konstruktion von Geschlecht durch Gefühle«. In: *Phänomenologie und Geschlechterdifferenz*. Hg. v. Silvia Stoller/Helmuth Vetter. Wien 1997. S. 249-273.

List, Elisabeth. »Das lebendige Selbst – Leiblichkeit, Subjektivität und Geschlecht. In: Stoller/Vetter 1997 a. a. O.

Laqueur, Thomas. *Auf den Leib geschrieben. Die Inszenierung der*

Geschlechter von der Antike bis Freud. Frankfurt/M./New York 1992.

Meier-Seethaler, Carola. *Gefühl und Urteilskraft. Ein Plädoyer für die emotionale Vernunft.* München 1997.

Matreux, Alexandre/Waldenfels, Bernhard (Hg.). *Leibhaftige Vernunft. Spuren von Merleau-Pontys Denken.* München 1986.

Miketta, Gaby. *Netzwerk Mensch. Den Verbindungen von Körper und Seele auf der Spur.* Reinbek bei Hamburg 1994.

Moltmann-Wendel, Elisabeth. *Wenn Gott und Körper sich begegnen. Feministische Perspektiven der Leiblichkeit.* Gütersloh 1989.

Nietzsche, Friedrich. *Kritische Studienausgabe.* Band 1-15. Hg. v. Giorgio Colli/Mazzino Montinari. München 1988.

– »Also sprach Zarathustra«. In: Nietzsche a. a. O. Band 4.

– »Nachgelassene Fragmente«. In: Nietzsche a. a. O. Band 10.

– »Der Wille zur Macht«. In: Nietzsche a. a. O. Band 6.

Onfray, Michel. *Der sinnliche Philosoph.* Frankfurt/M./New York 1992.

– *Philosophie der Ekstase.* Frankfurt/M./New York 1993.

Petzold, Hilarion (Hg.). *Leiblichkeit. Philosophische, gesellschaftliche und therapeutische Perspektiven.* Paderborn 1985.

Platon. »Phaidon«. In: *Sämtliche Werke 1-6.* Hg. v. Walter F. Otto/Ernesto Grassi/Gert Plamböck. In der Übersetzung von Friedrich Schleiermacher. Band III. Reinbek bei Hamburg 1986.

Ranke-Heinemann, Uta. *Eunuchen für das Himmelreich. Katholische Kirche und Sexualität.* Hamburg 1988.

Ryle, Gilbert. *Der Begriff des Geistes.* Stuttgart 1969.

Sacks, Oliver. *Der Mann, der seine Frau mit einem Hut verwechselte.* Reinbek bei Hamburg 1991.

Schmitz, Hermann. *Der unerschöpfliche Gegenstand. Grundzüge der Philosophie.* Bonn 1990.

– *System der Philosophie.* Bonn 1982.

Soldan-Heppe. *Hexenprozesse.* Band I. Nachdruck der 3. und letzten Auflage in der Neubearbeitung von Max Bauer. Hanau (ohne Erscheinungsjahr).

Sprenger, Jakob/Institoris, Heinrich. *Der Hexenhammer. Malleus maleficarum.* Aus dem Lateinischen übertragen von J. W. R. Schmidt. 7. Auflage. München 1987.

Stoller, Silvia/Vetter, Helmuth (Hg.). *Phänomenologie und Geschlechterdifferenz.* Wien 1997.

Stopczyk, Annegret. »Welche Bewegung macht das Leben?« In: *die tageszeitung.* Ausgabe v. 30. Juli 1988.

– »Leib-Philosophie oder die Kraft der inneren Bilder«. In: *die tageszeitung.* Ausgabe v. 10. Dezember 1988.

– *Nein danke, ich denke selber.* Berlin 1996.

– *Sophias Leib. Entfesselung der Weisheit.* Heidelberg 1998.

Virilio, Paul. *Die Eroberung des Körpers*. Frankfurt/M. 1996.
Waldenfels, Bernhard. »Schatten der Aufklärung. Motive der französischen Philosophie im 20. Jahrhundert«. In: *Information Philosophie*. 23. Jahrgang. Heft 1. Lörrach 1995.
Wittgenstein, Ludwig. »Über Gewißheit«. In: *Werkausgabe*. Band 8. Frankfurt/M. 1990.
Zanetti, Veronique. »Kann man ohne Körper denken? Über das Verhältnis von Leib und Bewußtsein bei Luhmann und Kant«. In: *Materialität der Kommunikation*. Hg. v. Hans U. Gumbrecht/Ludwig K. Pfeiffer. Frankfurt/M. 1988.

Sprache

Anscombe, Gertrude E. M. *Absicht (Intention)*. Freiburg/München 1986.
Anzaldúa, Gloria (Hg.). *Making Face, Making Soul. Haciendo Caras. Creative and Critical Perspectives by Feminist of Colour*. San Francisco 1990.
Apel, Karl-Otto. *Transformation der Philosophie*. 2 Bände. Frankfurt/M. 1973.
Austin, John L. *Zur Theorie der Sprechakte. How to do things with words*. Stuttgart 1979.
Bachmann, Ingeborg. *Malina*. Frankfurt/M. 1971.
Beeh, Volker. »Der Mensch und seine Sprache«. In: *Gemachte und gedachte Welten. Der Mensch und seine Ideen*. Hg. v. Wulf Schiefenhövel/Christian Vogel/Gerhard Vollmer. Stuttgart 1994.
Bovenschen, Sylvia. *Die imaginierte Weiblichkeit. Exemplarische Untersuchungen zu kulturgeschichtlichen und literarischen Präsentationsformen der Weiblichkeit*. Frankfurt/M. 1979.
Brügmann, Margret. »Weiblichkeit im Spiel der Sprache. Über das Verhältnis von Psychoanalyse und ›écriture féminine‹.« In: *Schreibende Frauen*. Hg. v. Hiltrud Gnüg/Renate Möhrmann. Frankfurt/M. 1989.
Cixous, Hélène. *Die unendliche Zirkulation des Begehrens*. Berlin 1977.
– *Weiblichkeit in der Schrift*. Berlin 1980.
Cornell, Drucilla. »Das feministische Bündnis mit der Dekonstruktion«. In: *Dekonstruktiver Feminismus. Literaturwissenschaft in Amerika*. Hg. v. Barbara Vinken. Frankfurt/M. 1992.
Daly, Mary. *Jenseits von Gottvater, Sohn & Co*. München 1980.
– *Auswärts Reisen. Die strahlkräftige Fahrt*. München 1994.
– *Gyn/Ökologie. Eine Meta-Ethik des radikalen Feminismus*. München 1986.
– /Jane Caputi. *Hexikon: Websters First New Intergalactical Wickedary of the English Language*. San Francisco 1988.
Derrida, Jacques. *Grammatologie*. Frankfurt/M. 1974.

– »Sporen. Die Stile Nietzsches«. In: *Nietzsche aus Frankreich*. Hg. v. Werner Hamacher. Frankfurt/M. 1980.

Duras, Marguerite. *Das tägliche Leben*. Frankfurt/M. 1988.

Foucault, Michel. *Dispositive der Macht. Über Sexualität, Wissen und Wahrheit*. Berlin 1978.

– *Sexualität und Wahrheit I. Der Wille zum Wissen*. Frankfurt/M. 1983.

– *Archäologie des Wissens*. Frankfurt/M. 1973.

– *Die Ordnung der Dinge. Eine Archäologie der Humanwissenschaften*. Frankfurt/M. 1974.

Gadamer, Hans-Georg. *Wahrheit und Methode*. Tübingen 1960.

Griffin, Susan. *Frau und Natur. Das Brüllen in ihr*. Frankfurt/M. 1987.

Günthner, Susanne/Kotthoff, Helga (Hg.). *Von fremden Stimmen. Weibliches und männliches Sprechen im Kulturvergleich*. Frankfurt/M. 1991.

Habermas, Jürgen. *Der philosophische Diskurs der Moderne. 12 Vorlesungen*. Frankfurt/M. 1985.

– *Theorie des kommunikativen Handelns*. Frankfurt/M.1984.

Häberlin, Susanna/Schmid, Rachel/Wyss, Eva Lia (Hg.). *Übung macht die Meisterin. Ratschläge für den nichtsexistischen Sprachgebrauch*. München 1992.

Hamann, Johann Georg. *Sämtliche Werke*. Historisch-kritische Ausgabe. Bd. III. Wien 1949-57.

Hausherr-Mälzer, Michael. *Die Sprache des Patriarchats*. Frankfurt/M. 1990.

Heidegger, Martin. *Unterwegs zur Sprache*. Pfullingen 1959.

Henle, Paul (Hg.). *Sprache, Denken, Kultur*. Frankfurt/M.1975.

Herder, Johann Gottfried. *Abhandlung über den Ursprung der Sprache*. Stuttgart 1985.

Hobbes, Thomas. *Leviathan*. Stuttgart 1976.

Irigaray, Luce. *Das Geschlecht, das nicht eins ist*. Berlin 1979.

Speculum. Spiegel des anderen Geschlechts. Frankfurt/M. 1980.

Jelinek, Elfriede. *Lust*. Reinbek bei Hamburg 1989.

– »Interview«. In: *Emma*. Heft 2/1991. S. 22.

Kant, Immanuel. *Kritik der reinen Vernunft*. Hamburg 1971.

Kofman, Sarah. *Derrida lesen*. Wien 1987.

Kristeva, Julia. *Die Revolution der poetischen Sprache*. Frankfurt/M. 1978.

– *Die Chinesin. Die Rolle der Frau in China*. Frankfurt/M./Berlin/Wien 1982.

Lispector, Clarice. *Die Passion nach G. H.* Frankfurt/M. 1990.

Locke, John. *Versuch über den menschlichen Verstand*. 2 Bände. Hamburg 1981.

Menke, Bettina. »Verstellt: Der Ort der ›Frau‹ – Ein Nachwort«. In: Vinken 1992 a. a. O.

Meyer, Eva. *Zählen und Erzählen. Für eine Semiotik des Weiblichen.* Wien/Berlin 1983.
Moi, Toril. *Sexus, Text, Herrschaft: Feministische Literaturtheorie.* Bremen 1989.
Oelmüller, Willi und andere. *Kolloquium Sprachphilosophie.* Ruhr Universität Bochum 1986/87.
Osinski, Jutta. *Einführung in die feministische Literaturwissenschaft.* Berlin 1998.
Platon. »Phaidros«. In: *Sämtliche Werke 1-6.* Hg. v. Walter F. Otto/Ernesto Grassi/Gert Plamböck. In der Übersetzung von Friedrich Schleiermacher. Band IV. Reinbek bei Hamburg 1986.
– »Kratylos«. Platon a. a. O. Band II.
Postl, Gertrude. *Weibliches Sprechen. Feministische Entwürfe zu Sprache und Geschlecht.* Wien 1991.
Pusch, Luise. *Das Deutsche als Männersprache.* Frankfurt/M. 1984.
– *Alle Menschen werden Schwestern.* Frankfurt/M. 1990.
Sarraute, Nathalie. *»sagen die Dummköpfe«.* Frankfurt/M. 1981.
Saussure, Ferdinand de. *Grundfragen der allgemeinen Sprachwissenschaft.* Berlin 1967.
Schor, Naomi. »Dieser Essentialismus, der keiner ist – Irigaray begreifen«. In: Vinken 1992 a. a. O.
Searle, John R. *Sprechakte.* Frankfurt/M. 1971.
Spivak, Gayatri. »Verschiebung und der Diskurs der Frau«. In: Vinken 1992 a. a. O.
Stein, Gertrude. *Die geographische Geschichte von Amerika oder Beziehung zwischen der menschlichen Natur und dem Geist des Menschen.* Frankfurt/M. 1988.
Suchsland, Inge. *Julia Kristeva zur Einführung.* Hamburg 1992.
Trömel-Plötz, Senta (Hg.). *Gewalt durch Sprache. Die Vergewaltigung von Frauen in Gesprächen.* Frankfurt/M. 1992.
Vinken, Barbara. *Dekonstruktiver Feminismus. Literaturwissenschaft in Amerika.* Frankfurt/M. 1992.
Waniek, Eva. »(K)ein weibliches Schreiben«. In: *Die Philosophin.* 3. Jahrgang. Heft 5. Tübingen 1992.
Weedon, Chris. *Wissen und Erfahrung.* Zürich 1990.
Wilke, Sabine. *Dialektik und Geschlecht. Feministische Schreibpraxis in der Gegenwartsliteratur.* Tübingen 1996.
Winterson, Jeanette. *Verlangen.* Frankfurt/M. 1993.
– *Kunst und Lügen.* Berlin 1995.
Wittgenstein, Ludwig. *Tractatus logico-philosophicus.* Frankfurt/M. 1963.
– *Philosophische Untersuchungen.* Frankfurt/M. 1977.
Wittig, Monique. *Die Verschwörung der Balkis. (»Les Guérillères«).* München 1980.

Woolf, Virginia. *Ein Zimmer für sich allein.* Frankfurt/M. 1981.
Zambrano, María. *Waldlichtungen.* Frankfurt/M. 1992.

Vernunft

Andreae, Johann Valentin. *Christianopolis.* Stuttgart 1975.
Bacon, Francis. *Neu-Atlantis.* Stuttgart 1988.
– »The Masculine Birth of Time«. In: Farrington, Benjamin. *Temporis Partus Masculus: An Untranslated Writing of Francis Bacon.* Chicago 1951.
Bateson, Gregor. *Geist und Natur. Eine notwendige Einheit.* Frankfurt/M. 1990.
Beauvoir, Simone de. *Das andere Geschlecht. Sitte und Sexus der Frau.* Reinbek bei Hamburg 1988.
Belenky, Mary Field (Hg.). *Das Andere Denken. Persönlichkeit, Moral und Intellekt der Frau.* Frankfurt/M./New York 1991.
Benhabib, Seyla. *Kritik, Norm und Utopie. Die normativen Grundlagen der Kritischen Theorie.* Frankfurt/M. 1992.
Campanella, Thomas. »Der Sonnenstaat«. In: *Der utopische Staat.* Reinbek bei Hamburg 1960.
Cassirer, Ernst. *Philosophie der symbolischen Formen.* Berlin 1932.
Descartes, René. *Meditationen über die Grundlagen der Philosophie.* Stuttgart 1994.
Feyl, Renate (Hg.). *Sein ist das Weib, Denken der Mann. Ansichten und Äußerungen für und wider die gelehrten Frauen.* Köln 1991.
Fischer, Hans Rudi/Retzer, Arnold/Schweitzer, Jochen (Hg.). *Das Ende der großen Entwürfe.* Frankfurt/M. 1992.
Foerster, Heinz von. *Sicht und Einsicht. Versuche zu einer operativen Erkenntnistheorie.* Braunschweig/Wiesbaden 1985.
– »Das Konstruieren einer Wirklichkeit«. In: *Die erfundene Wirklichkeit.* Hg. v. Paul Watzlawick. München 1981.
– »Wahrnehmen Wahrnehmen«. In: *Aisthesis. Wahrnehmung heute oder Perspektiven einer anderen Ästhetik.* Hg. v. Karlheinz Barck. Leipzig 1990. S. 434-443.
Foucault, Michel. *Die Archäologie des Wissens.* Frankfurt/M. 1973.
Fox-Keller, Evelyn. *Liebe, Macht und Erkenntnis. Männliche oder weibliche Wissenschaft?* München/Wien 1986.
Fraisse, Geneviève. *Muse de la raison. La democratie exclusive et la différence des sexes.* Aix en Provence 1989.
Fraser, Nancy. *Widerspenstige Praktiken. Macht, Diskurs, Geschlecht.* Frankfurt/M. 1994.
Fulda, Hans Friedrich/Horstmann, Rolf-Peter (Hg.). *Vernunftbegriffe in der Moderne. Stuttgarter Hegel-Kongreß 1993.* Stuttgart 1994.

Geyer-Ryan, Helga. »Die Grenzen von Aufklärung und Naturbeherrschung«. In: Kulke/Scheich 1992 a. a. O.
Griffin, Susan. *Frau und Natur. Das Brüllen in ihr.* Frankfurt/M. 1987.
Habermas, Jürgen. *Erkenntnis und Interesse.* Frankfurt/M. 1979.
Harding, Sandra. *Feministische Wissenschaftstheorie. Zum Verhältnis von Wissenschaft und sozialem Geschlecht.* Hamburg 1990.
– *Das Geschlecht des Wissens. Frauen denken die Wissenschaft neu.* Frankfurt/M./New York 1994.
Hegel, Georg W. F. »Phänomenologie des Geistes«. In: *Werke.* Band 3. Frankfurt/M. 1989.
Horkheimer, Max/Adorno, Theodor W. *Dialektik der Aufklärung.* Frankfurt/M. 1971.
– *Kritik der instrumentellen Vernunft.* Frankfurt/M. 1967.
– *Vernunft und Selbsterhaltung.* Frankfurt/M. 1970.
Hume, David. *Eine Untersuchung über den menschlichen Verstand.* Hamburg 1964.
Irigaray, Luce. *Speculum. Spiegel des anderen Geschlechts.* Frankfurt/M. 1980.
Kant, Immanuel. *Kritik der reinen Vernunft.* Hamburg 1971.
Krüll, Marianne. »Das Rekursive Denken im Radikalen Konstruktivismus und im Feminismus«. In: Dies. (Hg.). *Wege aus der männlichen Wissenschaft.* Pfaffenweiler 1990.
Kulke, Christine (Hg.). *Rationalität und sinnliche Vernunft. Frauen in der patriarchalen Realität.* Pfaffenweiler 1988.
Kulke, Christine/Scheich, Elvira (Hg.). *Zwielicht der Aufklärung. Die Dialektik der Aufklärung aus der Sicht der Frauen.* Pfaffenweiler 1992.
Lloyd, Genevieve. *Das Patriarchat der Vernunft. »Männlich« und »Weiblich« in der westlichen Philosophie.* Bielefeld 1985.
Lyotard, Jean-François. *Das postmoderne Wissen.* Graz/Wien 1986.
Maturana, Humberto/Francisco Varela. *Der Baum der Erkenntnis. Die biologischen Wurzeln des menschlichen Erkennens.* Bern 1987.
Meier-Seethaler, Carola. *Gefühl und Urteilskraft. Plädoyer für die emotionale Vernunft.* München 1997.
Merchant, Carolyn. *Der Tod der Natur. Ökologie, Frauen und neuzeitliche Naturwissenschaft.* München 1987.
Minnich, Elizabeth K. *Von der halben zur ganzen Wahrheit. Einführung in feministisches Denken.* Frankfurt/M./New York 1994.
Nagl-Docekal, Herta (Hg.). *Feministische Philosophie.* Wien/München 1999.
Platon. »Politeia«. In: *Sämtliche Werke 1-6.* Hg. v. Walter F. Otto/Ernesto Grassi/Gert Plamböck. In der Übersetzung von Friedrich Schleiermacher. Band III. Reinbek bei Hamburg 1986.
– »Symposion« In: Platon a. a. O. Band II.

Ritter, Joachim (Hg.). »Logos«. In: *Historisches Wörterbuch der Philosophie.* Band 5. Basel 1978.

Rorty, Richard. *Der Spiegel der Natur. Eine Kritik der Philosophie.* Frankfurt/M. 1979.

Roth, Gerhard. »Erkenntnis und Realität: Das reale Gehirn und seine Wirklichkeit«. In: *Der Diskurs des radikalen Konstruktivismus.* Hg. v. Siegfried J. Schmidt. Frankfurt/M. 1987. S. 229-255.

– *Das Gehirn und seine Wirklichkeit. Kognitive Neurobiologie und ihre philosophischen Konsequenzen.* Frankfurt/M. 1996.

Rullmann, Marit (Hg.). *Philosophinnen. Von der Antike bis zur Aufklärung.* Band 1. Frankfurt/M. 1998.

Schaeffer-Hegel, Barbara/Watson-Franke, Barbara (Hg.). *Männer Mythos Wissenschaft. Grundlagentexte zur feministischen Wissenschaftskritik.* Pfaffenweiler 1989.

Schirilla, Nausikaa. *Die Frau, das Andere der Vernunft? Frauenbilder in der arabisch-islamischen und europäischen Philosophie.* Frankfurt/M. 1996.

Schnädelbach, Herbert. »Vernunft«. In: *Philosophie. Grundkurs.* Reinbek bei Hamburg 1985.

Schott, Robin. *Erfahrung als eine Quelle für kritische Erkenntnis.* In: Kulke/Scheich 1992 a. a. O.

Stopczyk, Annegret. *Was Philosophen über Frauen denken.* München 1980.

Vattimo, Gianni. *Das Ende der Moderne.* Stuttgart 1990.

Weisshaupt, Brigitte. »Reflexionen zum Vernunftbegriff«. In: *Philosophinnen. Von Wegen ins 3. Jahrtausend.* Hg. v. Halina Bendkowski. Jahrbuch 1. Mainz 1982. S. 33-42.

– »Dissidenz als Aufklärung. Elemente feministischer Wissenschaftskritik«. In: *Was Philosophinnen denken II.* Hg. v. Brigitte Weisshaupt/Manon Andreas-Grisebach. Zürich 1986.

– »Zur ungedachten Dialektik von Eros und Logos. Die Ausschließung des Weiblichen durch Logifizierung der Liebe«. In: *Die Philosophin.* 3. Jahrgang. Heft 6. Tübingen 1992.

– »Schatten über der Vernunft«. In: Nagl-Docekal 1990 a. a. O. S. 136-157.

Differenz

Beauvoir, Simone de. *Das andere Geschlecht. Sitte und Sexus der Frau.* Reinbek bei Hamburg 1988.

»Beauvoir, Simone de. 50 Jahre Das andere Geschlecht«. In: *Die Philosophin.* 10. Jahrgang. Sonderheft 20. Tübingen 1999.

Benhabib, Seyla/Butler, Judith/Cornell, Drucilla/Fraser, Nancy (Hg.). *Der*

Streit um Differenz. Feminismus und Postmoderne in der Gegenwart. Frankfurt/M. 1993.

Benjamin, Jessica. *Phantasie und Geschlecht. Psychoanalytische Studien über Idealisierung, Anerkennung und Differenz.* Frankfurt/M. 1996.

– (Hg.). *Unbestimmte Grenzen. Beiträge zu einer Psychoanalyse der Geschlechter.* Frankfurt/M. 1995.

Boetcher-Joeres, Ruth-Ellen. »Sisterhood? Jede für sich? Gedanken über die heutige feministische Diskussion in den USA«. In: *Feministische Studien.* 12. Jahrgang. Heft 1. Weinheim 1994. S. 6-16.

Bordo, Susan. »Feminist Scepticism and the Maleness of Philosophy«. In: *The Journal of Philosophy.* Lancaster 1988, S. 619-629.

Braidotti, Rosi. *Patterns of Dissonance.* Cambridge/Oxford 1991.

Bußmann, Hadumod/Hof, Renate. *Genus. Zur Geschlechterdifferenz in den Kulturwissenschaften.* Stuttgart 1995.

Butler, Judith. »Phantasmatische Identifizierung und die Annahme des Geschlechts«. In: *Geschlechterverhältnisse und Politik.* Hg. v. Institut für Sozialforschung. Frankfurt/M. 1995. S. 101-138.

– *Das Unbehagen der Geschlechter.* Frankfurt/M. 1991.

– *Körper von Gewicht. Die diskursiven Grenzen des Geschlechts.* Berlin 1995.

– »Variationen zum Thema Sex und Geschlecht. Beauvoir, Wittig und Foucault«. In: Nunner-Winkler 1991 a. a. O. S. 56-78.

»Das Geschlecht in der Philosophie«. In: *Die Philosophin.* 1. Jahrgang. Heft 2. Tübingen 1990.

Derrida, Jacques. »Die Geschlechtsdifferenz lesen«. In: *Über das Weibliche.* Hg. v. Mireille Calle. Düsseldorf/Bonn 1996. S. 85-96.

– *Randgänge der Philosophie.* Wien 1988.

– *Die Schrift und die Differenz.* Frankfurt/M. 1976.

Diotima. Philosophinnengruppe aus Verona. *Der Mensch ist zwei.* Wien 1989.

Duden, Barbara. »Die Frau ohne Unterleib: Zu Judith Butlers Entkörperung. Ein Zeitdokument«. In: *Feministische Studien.* 11. Jahrgang. Heft 2. Weinheim 1993. S. 24-33.

– *Geschichte unter der Haut.* Stuttgart 1991.

Dux, Günter. *Die Spur der Macht im Verhältnis der Geschlechter. Über den Ursprung der Ungleichheit zwischen Mann und Frau.* Frankfurt/M. 1997.

Fox-Keller, Evelyn. *Liebe, Macht und Erkenntnis. Männliche oder weibliche Wissenschaft?* München/Wien 1986.

Fraisse, Geneviève. *Geschlecht und Moderne. Archäologien der Gleichberechtigung.* Frankfurt/M. 1995.

Fraser, Nancy. *Widerspenstige Praktiken. Macht, Diskurs, Geschlecht.* Frankfurt/M. 1994.

Genschel, Corinna. »Fear of a Queer Planet: Dimensionen lesbischschwuler Gesellschaftskritik«. In: *Das Argument*. Nr. 216, Berlin 1996. S. 525-538.

Giese, Cornelia. *Gleichheit und Differenz. Vom dualistischen Denken zur polaren Weltsicht*. München 1989.

Gilligan, Carol. *Die andere Stimme. Lebenskonflikte und Moral der Frau*. München 1984.

Goddar, Jeannette. »Mehr als nur Frauenforschung. Ein Projekt von neun Fakultäten: Gender Studies in Berlin«. In: *Frankfurter Rundschau*. Ausgabe v. 19. Juni 1997.

Griffin, Susan. *Frau und Natur. Das Brüllen in ihr*. Frankfurt/M. 1987.

Günthner, Susanne/Kotthoff, Helga (Hg.). *Von fremden Stimmen. Weibliches und männliches Sprechen im Kulturvergleich*. Frankfurt/M. 1991.

Haraway, Donna. »Geschlecht, gender, genre – Sexualpolitik eines Wortes«. In: *Das Argument*. Nr. 166. Berlin 1987. S. 795-803.

Harding, Sandra. *Das Geschlecht des Wissens. Frauen denken die Wissenschaft neu*. Frankfurt/M./New York 1994.

Hark, Sabine. »Queer Interventionen«. In: *Feministische Studien*. 11. Jahrgang. Heft 2. Weinheim 1993. S. 103-109.

Herbrand, Susanne. *Geschlechterdifferenz: zur Feminisierung des philosophischen Diskurses*. Pfaffenweiler 1994.

Hirschauer, Stefan. *Die soziale Konstruktion der Transsexualität. Über die Medizin und den Geschlechtswechsel*. Frankfurt/M. 1993.

Hof, Renate. »Die Entwicklung der Gender Studies«. In: Bußmann/Hof 1995 a. a. O. S. 2-33.

Honegger, Claudia. *Die Ordnung der Geschlechter. Die Wissenschaften vom Menschen und das Weib*. Frankfurt/M./New York 1991.

Irigaray, Luce. *Ethik der sexuellen Differenz*. Frankfurt/M. 1991.

– *Das Geschlecht, das nicht eins ist*. Berlin 1979.

– *Die Zeit der Differenz*. Frankfurt/M. 1991.

– *Speculum. Spiegel des anderen Geschlechts*. Frankfurt/M. 1980.

– *Zur Geschlechterdifferenz: Interviews und Vorträge*. Wien 1987.

Jauch, Ursula Pia. *Immanuel Kant zur Geschlechterdifferenz. Aufklärerische Vorurteilskritik und bürgerliche Geschlechtsvormundschaft*. Wien 1989.

Jay, Nancy. »Geschlechterdifferenzierung und dichotomes Denken«. In: *Männer Mythos Wissenschaft. Grundlagentexte zur feministischen Wissenschaftskritik*. Hg. v. Barbara Schaeffer-Hegel/Barbara Watson-Franke. Pfaffenweiler 1989. S. 245-262.

Klinger, Cornelia. »Beredtes Schweigen und verschwiegenes Sprechen: Genus im Diskurs der Philosophie«. In: Bußmann/Hof 1995 a. a. O. S. 35-59.

Kühn, Lenore. *Wir Frauen*. Langensalza 1925.

Kuppler, Elisabeth. »Weiblichkeitsmythen zwischen gender, race und

class: True Womanhood im Spiegel der Geschichtsschreibung«. In: Bußmann/Hof 1995 a. a. O.
Landweer, Hilge. »Jenseits des Geschlechts? Zum Phänomen der theoretischen und politischen Fehleinschätzung von Travestie und Transsexulität«. In: *Geschlechterverhältnisse und Politik*. Hg. v. Institut für Sozialforschung. Frankfurt/M. 1995. S. 139-167.
Laqueur, Thomas. *Auf den Leib geschrieben. Die Inszenierung der Geschlechter von der Antike bis Freud.* Frankfurt/M./New York 1992.
Lennon, Kathleen/Whitford, Margaret (Hg.). *Knowing the difference. Feminist perspectives in epistemology.* London/New York 1994.
Lerner, Gerda. *Die Entstehung des Patriarchats.* Frankfurt/M./New York 1991.
– *Die Entstehung des feministischen Bewußtseins.* Frankfurt/M./New York 1993.
Libreria delle Donne di Milano (Autorinnenkollektiv). *Wie weibliche Freiheit entsteht. Eine neue politische Praxis.* Berlin 1988.
Lindemann, Gesa. *Das paradoxe Geschlecht. Transsexualität im Spannungsfeld von Körper, Leib und Gefühl.* Frankfurt/M. 1993.
Lloyd, Genevieve. *Das Patriarchat der Vernunft. »Männlich« und »Weiblich« in der westlichen Philosophie.* Bielefeld 1984.
Lonzi, Carla. *Wir pfeifen auf Hegel.* Berlin 1975.
Macha, Hildegard/Klinkhammer, Monika (Hg.). *Die andere Wissenschaft: Stimmen der Frauen an Hochschulen.* Bielefeld 1997.
Maihofer, Andrea. *Geschlecht als Existenzweise.* Frankfurt/M. 1995.
– »Geschlecht als Existenzweise. Einige kritische Anmerkungen zu aktuellen Versuchen zu einem neuen Verständnis von ›Geschlecht‹«. In: *Geschlechterverhältnisse und Politik.* Hg. v. Institut für Sozialforschung. Frankfurt/M. 1995. S. 140-168.
– »Gleichberechtigung in der Differenz«. In: *Zur Ethik der Geschlechterdifferenz.* Hg. v. Helga Kuhlmann. Gütersloh 1995.
Mayreder, Rosa. *Geschlecht und Kultur.* Jena 1923.
– *Zur Kritik der Weiblichkeit.* Jena 1907.
Muraro, Luisa. *Die symbolische Ordnung der Mutter.* Frankfurt/M./New York 1993.
– *Vorträge. Weibliche Genealogie und Geschlechterdifferenz.* Frankfurt/M. 1989.
Nagl-Docekal, Herta/Pauer-Studer, Herlinde (Hg.). *Denken der Geschlechterdifferenz. Neue Fragen und Perspektiven der feministischen Philosophie.* Wien 1990.
Nicholson, Linda. »Was heißt ›gender‹«? In: *Geschlechterverhältnisse und Politik.* Hg. v. Institut für Sozialforschung. Frankfurt/M. 1995. S. 188-220.
Nunner-Winkler, Gertrud (Hg.). *Weibliche Moral. Die Kontroverse um eine geschlechtsspezifische Ethik.* Frankfurt/M./New York 1991.

Opitz, Claudia. »Kulturvergleich und Geschlechterbeziehungen in der Aufklärung. Lady Wortley Montagus Briefe aus dem Orient.« In: *Was sind Frauen? Was sind Männer? Geschlechterkonstruktionen im historischen Wandel.* Hg. v. Christiane Eifert/Angelika Epple/Martina Kessel. Frankfurt/M. 1996. S. 156-175.

Pinl, Claudia. *Vom kleinen zum großen Unterschied. »Geschlechterdifferenz« und konservative Wende im Feminismus.* Hamburg 1993.

Rauschenbach, Brigitte. »Gleichheit, Widerspruch, Differenz. Denkformen als Politikformen«. In: *Die Philosophin.* 4. Jahrgang. Heft 8. Tübingen 1993. S. 57-86.

Ritter, Joachim (Hg.). »Differenz«. In: *Historisches Wörterbuch der Philosophie.* Band 2. Basel 1972.

Steinbrügge, Lieselotte. *Das moralische Geschlecht. Theorien und literarische Entwürfe über die Natur der Frau in der französische Aufklärung.* Basel 1987.

Susmann, Margarete. »Das Frauenproblem in der gegenwärtigen Welt«. In: Dies. *Das Nah- und Fernsein des Fremden.* Frankfurt/M. 1992. S. 143-168.

Thürmer-Rohr, Christina. »Denken der Differenz. Feminismus und Postmoderne«. In: *Beiträge zur feministischen Theorie und Praxis.* 18. Jahrgang. Heft 39. München/Köln 1995. S. 87-97.

Turkle, Sherry. *Leben im Netz. Identität in Zeiten des Internet.* Reinbek bei Hamburg 1998.

Vaerting, Mathilde. »Wenn Frauen Männer und Männer Frauen sind«. (1888). In: *Zur Psychologie der Frau.* Hg. v. Gisela Brinkler-Gabler. Frankfurt/M. 1979. S. 71-91.

Vinken, Barbara. »Der Stoff aus dem die Träume sind«. In: *Neue Rundschau* Nr. 4. Frankfurt/M. 1993. S. 9-22.

Weininger, Otto. *Geschlecht und Charakter.* Wien 1903.

Wittig, Monique. *Aus deinen zehntausend Augen, Sappho.* Berlin 1977.

Wobbe, Theresa/Lindemann, Gesa (Hg.). *Denkachsen. Zur theoretischen und institutionellen Rede von Geschlecht.* Frankfurt/M. 1994.

Woolf, Virginia. *Drei Guineen.* München 1977.

Ethik

Andreas-Grisebach, Manon. *Eine Ethik für die Natur. Dem Weg eine neue Richtung geben.* Frankfurt/M. 1994.

Anscombe, Gertrude E. M. »Moderne Moralphilosophie«. In: *Seminar Sprache und Ethik.* Hg. v. Günther Grewendorf. Frankfurt/M. 1974. S. 217-243.

Apel, Karl-Otto/Böhler, Dietrich/Kadelbach, Gerd (Hg). *Praktische Philosophie. Ethik.* Band.1/2 Frankfurt/M. 1984.

Arendt, Hannah. *Vita activa oder Vom tätigen Leben*. Neuausgabe. München 1981.
– *Eichmann in Jerusalem: Ein Bericht von der Banalität des Bösen*. München 1964.
Aristoteles. »Nikomachische Ethik«. In: Ders. *Gesamtausgabe. Die Lehrschriften*. Paderborn 1959.
Bayertz, Kurt (Hg.). *Praktische Philosophie. Grundorientierungen angewandter Ethik*. Reinbek bei Hamburg 1991.
Belenky, Mary Field. *Das andere Denken. Persönliche Moral und Intellekt der Frau*. Frankfurt/M./New York 1989.
Benhabib, Seyla. »Der verallgemeinerte und der konkrete Andere. Ansätze zu einer feministischen Moraltheorie«. In: *Denkverhältnisse. Feminismus und Kritik*. Hg. v. Elisabeth List/Herlinde Studer. Frankfurt/M. 1989.
– »Urteilskraft und die moralischen Grundlagen der Politik im Werk Hannah Arendts«. In: *Zeitschrift für philosophische Forschung*. Heft 4. Meisenheim 1987.
Card, Claudia (Hg.). *Feminist Ethics*. Lawrence 1991.
Chodorow, Nancy. *Das Erbe der Mütter. Psychoanalyse und Soziologie der Geschlechter*. München 1985.
Daly, Mary. *Gyn/Ökologie. Eine Meta-Ethik des radikalen Feminismus*. München 1986.
Dinnerstein, Dorothy. *Das Arrangement der Geschlechter. (The Mermaid and the Minotaur)*. Stuttgart 1979.
Foot, Philippa. *Die Wirklichkeit des Guten. Moralphilosophische Aufsätze*. Frankfurt/M. 1997.
Fox-Keller, Evelyn. *Liebe, Macht und Erkenntnis. Männliche oder weibliche Wissenschaft?* München/Wien 1986.
Gilligan, Carol. *Die andere Stimme. Lebenskonflikte und Moral der Frau*. München 1984.
– /Brown, Lynn M. *Die verlorene Stimme. Wendepunkte in der Entwicklung von Mädchen und Frauen*. Frankfurt/M./New York 1994.
Griffin, Susan. *Frau und Natur. Das Brüllen in ihr*. Frankfurt/M. 1987.
Harding, Sandra. »Die auffällige Übereinstimmung feministischer und afrikanischer Moralvorstellungen«. In: Nunner-Winkler (Hg.) 1991 a. a. O. S. 162-189.
Hoagland, Sarah Lucia. *Die Revolution der Moral. Neue lesbisch-feministische Perspektiven*. München 1991.
Heller, Agnes. *Theorie der Bedürfnisse*. Hamburg 1976.
– *Theorie der Gefühle*. Hamburg 1981.
Irigaray, Luce. *Ethik der sexuellen Differenz*. Frankfurt/M. 1991.
Jauch, Ursula Pia. *Damenphilosophie und Männermoral*. Wien 1990.
Jonas, Hans. *Das Prinzip Verantwortung. Versuch einer Ethik für die technische Zivilisation*. Frankfurt/M. 1989.

Konnertz, Ursula (Hg.). *Grenzen der Moral. Ansätze feministischer Vernunftkritik IV*. Tübingen 1991.
Kant, Immanuel. *Kritik der praktischen Vernunft*. Hamburg 1974.
Kohlberg, Lawrence. *Die Psychologie der Moralentwicklung*. Frankfurt/M. 1995.
Lang, Jochen von. *Das Eichmann-Protokoll*. Berlin 1982.
Luhmann, Niklas. »Das verlorene Paradigma. Über die ethische Reflexion der Moral«. In: *Frankfurter Allgemeine Zeitung*. Ausgabe v. 28. Dezember 1988.
Meier-Seethaler, Carola. *Gefühl und Urteilskraft. Plädoyer für die emotionale Vernunft*. München 1997.
Merchant, Carolyn. *Der Tod der Natur. Ökologie, Frauen und neuzeitliche Naturwissenschaft*. München 1987.
Nagl-Docekal, Herta/Pauer-Studer, Herlinde. *Jenseits der Geschlechtermoral. Beiträge zur feministischen Ethik*. Frankfurt/M. 1993.
Nunner-Winkler, Gertrud (Hg.). *Weibliche Moral. Die Kontroverse um eine geschlechtsspezifische Ethik*. Frankfurt/M./New York 1991.
Pieper, Annemarie. *Aufstand des stillgelegten Geschlechts. Einführung in die feministische Ethik*. Freiburg/B. 1993.
Olivier, Christiane. *Jokastes Kinder. Die Psyche der Frau im Schatten der Mutter*. München 1989.
Platon. »Gorgias«. In: *Sämtliche Werke 1-6*. Hg. v. Walter F. Otto/Ernesto Grassi/Gert Plamböck. In der Übersetzung von Friedrich Schleiermacher. Band I. Reinbek bei Hamburg 1986.
Praetorius, Ina. *Skizzen zur feministischen Ethik*. Mainz-Weisenau 1995.
Rommelspacher, Birgit. *Mitmenschlichkeit und Unterwerfung. Zur Ambivalenz der weiblichen Moral*. Frankfurt/M./New York 1991.
Rullmann, Marit (Hg.). *Philosophinnen. Von der Antike bis zur Aufklärung*. Band 1. Frankfurt/M. 1998.
Schmitt, Gisela. »Politische Sozialisation und moralische Erziehung?« In: *Politisches und soziales Lernen im Grundschulalter*. Schriftenreihe für politische Bildung. Band 131. Bonn 1978. S. 57.
Singer, Peter. *Animal Liberation. Die Befreiung der Tiere*. Reinbek bei Hamburg 1996.
Thürmer-Rohr, Christina. *Vagabundinnen. Feministische Essays*. Berlin 1987.

Freiheit

Andreas-Salomé, Lou. *Die Erotik*. Frankfurt/M. 1992.
Arendt, Hannah. *Elemente und Ursprünge totalitärer Herrschaft*. München/Zürich 1986.
Baader, Meike. »›Frau Eigensinn‹: Caroline Schlegel-Schelling. Revolu-

tion und die Idee persönlicher Freiheit«. In: *Frauen-Literatur-Revolution*. Hg. v. Helga Grubitzsch. Pfaffenweiler 1992.
Beauvoir, Simone de. *Das Blut der Anderen*. Reinbek bei Hamburg 1963.
– *In den besten Jahren*. Reinbek bei Hamburg 1969.
– *Soll man de Sade verbrennen?* Reinbek bei Hamburg 1988.
– *Sie kam und blieb*. Reinbek bei Hamburg 1989.
Calkins, Mary W. *The Persistent Problems of Philosophy. An Introduction to Metaphysics through the Study of Modern Systems*. 5. Aufl. New York 1925.
Caterina von Siena. *Gespräch von Gottes Vorsehung*. Einsiedeln 1964.
Katharina von Siena. *Die Lehrerin der Kirche*. Freiburg/B. 1980.
Cornell, Drucilla. *Die Versuchung der Pornographie*. Frankfurt/M. 1997.
Druskowitz, Helene von. *Wie ist Verantwortung und Zurechnung ohne Annahme von Willensfreiheit möglich*. Heidelberg 1887.
Dworkin, Andrea. *Pornographie. Männer beherrschen Frauen*. Köln 1987.
Gouges, Olympe de. *Mensch und Bürgerin. Die Rechte der Frau*. Hg. und eingeleitet v. Hannelore Schröder. Aachen 1995.
Grene, Marjorie. *Dreadful Freedom. Critique of Existentialism*. Chicago 1948.
Irigaray, Luce. *Das Geschlecht, das nicht eins ist*. Berlin 1979.
Kollontai, Alexandra. *Die neue Moral und die Arbeiterklasse*. Münster 1977.
Libreria delle Donne di Milano (Autorinnenkollektiv). *Wie weibliche Freiheit entsteht. Eine neue politische Praxis*. Berlin 1988.
MacKinnon, Catharine A. *Nur Worte*. Frankfurt/M. 1994.
Mill, John Stuart. *Über die Freiheit*. Heidelberg 1948.
– /Taylor-Mill, Harriet/Taylor, Helen. *Die Hörigkeit der Frau und andere Texte zur Frauenemanzipation*. Hg. und eingeleitet v. Hannelore Schröder. Frankfurt/M. 1991.
Morgan, Robin. *Anatomie der Freiheit*. München 1985.
Platon. »Politeia«. In: *Sämtliche Werke 1-6*. Hg. v. Walter F. Otto/Ernesto Grassi/Gert Plamböck. In der Übersetzung von Friedrich Schleiermacher. Band III. Reinbek bei Hamburg 1986.
Rich, Adrienne. *Um die Freiheit schreiben. Beiträge zur Frauenbewegung*. Frankfurt/M. 1990.
Ritter, Joachim (Hg.). »Freiheit«. In: *Historisches Wörterbuch der Philosophie*. Band 2. Basel 1972.
Sartre, Jean-Paul. *Das Sein und das Nichts*. Reinbek bei Hamburg 1993.
Streeruwitz, Marlene. *Sein. Und Schein. Und Erscheinen. Tübinger Poetikvorlesungen*. Frankfurt/M. 1997.
Strossen, Nadine. *Zur Verteidigung der Pornographie. Für die Freiheit des Wortes, Sex und die Rechte der Frauen*. Zürich 1997.
Susmann, Margarete. *Vom Geheimnis der Freiheit*. Berlin 1994.

Vinken, Barbara (Hg.). *Die nackte Wahrheit. Zur Pornographie und zur Rolle des Obszönen in der Gegenwart.* Frankfurt/M. 1997.
Weil, Simone. *Theoretischer Entwurf einer freien Gesellschaft.* 1975.

Gerechtigkeit

Aristoteles. »Nikomachische Ethik«. In: Ders. *Gesamtausgabe. Die Lehrschriften.* Paderborn 1959.
Baier, Annette C. »Wir brauchen mehr als bloß Gerechtigkeit«. In: *Deutsche Zeitschrift für Philosophie.* 42. Jahrgang. Heft 2. Berlin 1994. S. 225-236.
Bateson, Gregory. *Geist und Natur. Eine notwendige Einheit.* Frankfurt/M. 1990.
Benhabib, Seyla. »Der verallgemeinerte und der konkrete Andere. Ansätze zu einer feministischen Moraltheorie«. In: *Denkverhältnisse. Feminismus und Kritik.* Hg. v. Elisabeth List/Herlinde Studer. Frankfurt/M. 1989.
Bocchetti, Alexandra. »Ungerechtigkeit ist notwendig«. In: *Unterschiede.* Heft 12. Bielefeld 1994. S. 22-23.
Cicero, Marcus Tullius. *De officiis. Vom pflichtgemäßen Handeln.* Stuttgart 1987.
Derrida, Jacques. *Gesetzeskraft. Der »mythische« Grund der Autorität.* Frankfurt/M. 1991.
Dworkin, Ronald. *Bürgerrechte ernstgenommen.* Frankfurt/M. 1984.
Flax, Jane. »Jenseits von Gleichheit: Geschlecht, Gerechtigkeit und Differenz«. In: Nagl-Docekal/Pauer-Studer (Hg.) 1996 a. a. O. S. 223-250.
Frankena, William K. »Wohlwollen u. Gerechtigkeit«. In: Nunner-Winkler 1991. A. a. O.
Forst, Rainer. *Kontexte der Gerechtigkeit. Politische Philosophie jenseits von Liberalismus und Kommunitarismus.* Frankfurt/M. 1996.
Habermas, Jürgen. *Faktizität und Geltung. Beiträge zur Diskurstheorie des Rechts und des demokratischen Rechtsstaats.* Frankfurt/M. 1992.
– »Gerechtigkeit und Solidarität«. In: Nunner-Winkler 1991. A. a. O.
Hobbes, Thomas. *Leviathan.* Stuttgart 1970.
Höffe, Otfried. *Politische Gerechtigkeit. Grundlegung einer politischen Philosophie von Recht und Staat.* Frankfurt/M. 1987.
Jonas, Hans. *Das Prinzip Verantwortung. Versuch einer Ethik für die technologische Zivilisation.* Frankfurt/M. 1980.
Kant, Immanuel. *Kritik der praktischen Vernunft.* Hamburg 1974.
Kroeger-Mappes, Joy. »The Ethic of Care vis-à-vis the Ethic of Rights: A Problem for Contemporary Moral Theory«. In: *Hypatia. A Journal of Feminist Philosophy.* Special Issue. Vol. 9/No. 3. Bloomington/Indiana 1994.

MacIntyre, Alasdair C. *Der Verlust der Tugend. Zur moralischen Krise der Gegenwart.* Frankfurt/M. 1995.

Nagel, Thomas. *Eine Abhandlung über Gleichheit und Parteilichkeit und andere Schriften zur politische Philosophie.* Paderborn 1994.

Nagl-Docekal, Herta/Pauer-Studer, Herlinde (Hg.). *Politische Theorie. Differenz und Lebensqualität.* Frankfurt/M. 1996.

– /Dies. *Jenseits der Geschlechtermoral. Beiträge zur feministischen Ethik.* Frankfurt/M. 1993.

Nunner-Winkler, Gertrud (Hg.). *Weibliche Moral. Die Kontroverse um eine geschlechtsspezifische Ethik.* Frankfurt/M./New York 1991.

Nussbaum, Martha. *Gerechtigkeit für Frauen! Warum Angela K. und Saleha Begum den Liberalismus herausfordern.* In: *Neue Rundschau.* Heft 4. Frankfurt 1993. S. 80-91.

Oberlies, Dagmar. *Tötungsdelikte zwischen Männern und Frauen. Eine Untersuchung geschlechtsspezifischer Unterschiede aus dem Blickwinkel gerichtlicher Konstruktionen.* Pfaffenweiler 1995.

Okin, Susan Moller. *Justice, Gender and the family.* New York 1989.

– *Tugend und Gerechtigkeit. Eine konstruktive Darstellung des praktischen Denkens.* 1996.

Pascal, Blaise. *Le Cœur et de Raisons. Pensées. Logik des Herzens. Gedanken.* München 1977 (zweisprachig).

Pauer-Studer, Herlinde. *Das Andere der Gerechtigkeit. Moraltheorie im Kontext der Geschlechterdifferenz.* Berlin 1996.

Platon. »Politeia«. In: *Sämtliche Werke 1-6.* Hg. v. Walter F. Otto/Ernesto Grassi/Gert Plamböck. In der Übersetzung von Friedrich Schleiermacher. Band III. Reinbek bei Hamburg 1986.

Rawls, John. *Eine Theorie der Gerechtigkeit.* Frankfurt/M. 1979.

– *Gerechtigkeit als Fairneß.* Freiburg/München 1977.

Rhode, Deborah L. *Justice and Gender.* Cambridge/London 1989.

Ritter, Joachim (Hg.). »Gerechtigkeit«. In: *Historisches Wörterbuch der Philosophie.* Band 3. Basel 1974.

Rössler, Beate (Hg.). *Quotierung und Gerechtigkeit.* Frankfurt/M./New York 1993.

Rousseau, Jean-Jacques. *Emile oder Über die Erziehung.* Stuttgart 1990.

– *Der Gesellschaftsvertrag.* Stuttgart 1958.

Sade, Donatien Alphonse François, Marquis de. »Juliette oder Die Wonnen des Lasters. Teil 1«. In: *Werke in fünf Bänden.* Band 3. Köln 1995.

Shklar, Judith N. *Über Ungerechtigkeit.* Berlin 1992.

Stierlin, Helm. »Entwürfe der Gerechtigkeit in systemischer Praxis«. In: *Das Ende der großen Entwürfe.* Hg. v. Hans Rudi Fischer/Arnold Retzer/Jochen Schweitzer. Frankfurt/M. 1992.

Walzer, Michael. *Sphären der Gerechtigkeit. Ein Plädoyer für Pluralität und Gleichheit.* Frankfurt/M./New York 1994.

Young, Iris Marion. *Justice and the Politics of Difference.* Princeton 1990.

– »Fünf Formen der Unterdrückung«. In: Nagl-Docekal/Pauer-Studer (Hg.) 1996 a. a. O. S. 99-139.

Glück

Abbt, Imelda. »Liebe zur Weisheit – Geglücktes Leben«. In: *Was Philosophinnen denken II*. Hg. v. Manon Andreas-Grisebach/Brigitte Weisshaupt. Zürich 1986.

Alain. *Die Pflicht, glücklich zu sein*. Frankfurt/M. 1982.

Annerl, Charlotte. »Gluckserwartungen und Glücksenttäuschungen des weiblichen Subjekts«. In: *Against Patriarchal Thinking. A Future without Discrimination? Proceedings of the Vth Symposium of the International Association of Women Philosophers*. Hg. v. Maja Pellikaan-Engel. Amsterdam 1992. S. 355-361.

Apel, Karl-Otto/Böhler, Dietrich/Kadelbach, Gerd (Hg). *Praktische Philosophie. Ethik*. Band1/2. Frankfurt/M. 1984.

Augustinus, Aurelius. *Über das Glück* (deutsch/lateinisch). Stuttgart 1982.

Bentham, Jeremy. *Prinzipien der Gesetzgebung*. Köln 1833. Reprographischer Nachdruck. Frankfurt/M. 1966.

Bien, Günther. »Über das Glück«. In: *Information Philosophie*. 23. Jahrgang. Heft 1. Lörrach 1995.

Châtelet, Emilie, Marquise du. »Über das Glück«. In: Hagengruber 1998 a. a. O. S. 20-131.

Démar, Claire. »Ma loi d'avenir« (dt. Mein Zukunftsgesetz). In: *Claire Démar. Textes sur l'affranchissement des femmes (1832-1833) suivi de Symbolique groupale et idéologie féministe saint-simoniennes*. Hg. v. Valentin Pelosse. Paris 1976.

Epikur. *Von der Überwindung der Furcht*. München 1983.

Foot, Philippa. *Die Wirklichkeit des Guten. Moralphilosophische Aufsätze*. Frankfurt/M. 1997.

Gouges, Olympe de. »Le bonheur primitif de l'homme« (dt. Das einfache Glück des Menschen) In: *Olympe de Gouges Schriften*. Hg. v. Monika Dillier/Vera Mostowlansky/Regula Wyss. Basel/Frankfurt/M. 1989.

Gournay, Marie Le Jars de. In: Schiff 1910. A. a. O.

Hagengruber, Ruth (Hg.). *Klassische philosophische Texte von Frauen*. München 1998.

Höhler, Gertrud. *Das Glück. Analyse einer Sehnsucht*. Düsseldorf/Wien 1986.

La Mettrie, Julien Offray de. *Über das Glück oder das höchste Gut*. 1750.

Marcuse, Ludwig. *Philosophie des Glücks*. Zürich/Wien 1962.

Mill, John Stuart/Taylor-Mill, Harriet/Taylor, Helen. *Die Hörigkeit der Frau*. Hg. v. Hannelore Schröder. Frankfurt/M. 1991.

Pascal, Blaise. *Le Cœur et de Raisons. Pensées. Logik des Herzens. Gedanken.* München 1977 (zweisprachig).
Platon. »Theaitetos«. In: *Sämtliche Werke 1-6*. Hg. v. Walter F. Otto/Ernesto Grassi/Gert Plamböck. In der Übersetzung von Friedrich Schleiermacher. Band IV. Reinbek bei Hamburg 1986.
Rescher, Nicholas. *Glück. Die Chancen des Zufalls*. Berlin 1996.
Ritter, Joachim (Hg.). »Glück«. In: *Historisches Wörterbuch der Philosophie*. Band 3. Basel 1974.
Russell, Bertrand. *Eroberung des Glücks. Neue Wege zu einer besseren Lebensgestaltung*. Frankfurt/M. 1977.
Schiff, Mario. *La Fille d'Alliance de Montaigne. Marie de Gournay*. Paris 1910.
Seneca. »Über das glückliche Leben«. In: *Schriften* (lateinisch/deutsch) 1962ff.
Singer, Peter. *Praktische Ethik*. Stuttgart 1984.
Tielsch, Elfriede Walesca. »Epikurs Theorie vom privaten und sozialen Glück des Menschen«. In: Bien, Günther. *Die Frage nach dem Glück*. Stuttgart/Bad Cannstatt 1978. S. 59-76.
Wagner, Luise/Thews, Klaus. »Das schönste Gefühl wird entschlüsselt«. In: *Stern*. Heft 2 v. 9. Januar 1997.
Watzlawick, Paul. *Anleitung zum Unglücklichsein*. München 1993.
Wittgenstein, Ludwig. *Reflexionen über das glückliche Leben. Tagebücher 1914-16*. Frankfurt/M. 1960.

Liebe

Aquin, Thomas von. *Summa Contra Gentiles*. Band IV. Zürich 1949.
Abaelard. *Die Leidensgeschichte und der Briefwechsel mit Heloisa*. München 1992.
Andreas-Salomé, Lou. *Die Erotik*. Frankfurt/M./Berlin 1992.
Aragona, Tullia d'. *Dialog über die Unendlichkeit der Liebe* (*Dialogo dell'Infinità d'Amore*. Venedig 1547). Aus dem Italienischen v. Martin Haag. Tübingen 1988.
Arnim, Bettina von. »Die Günderode«. In: *Werke und Briefe*. Frechen 1961.
Beauvoir, Simone de. *Soll man de Sade verbrennen?* Reinbek bei Hamburg 1988.
Benjamin, Jessica. *Die Fesseln der Liebe*. Frankfurt/M. 1993.
Cavarero, Adriana. *Platon zum Trotz. Weibliche Gestalten in der antiken Philosophie*. Berlin 1992.
Démar, Claire. »Ma loi d'avenir« (dt. Mein Zukunftsgesetz). In: *Claire Démar. Textes sur l'affranchissement des femmes (1832-1833) suivi de Symbolique groupale et idéologie féministe saint-simoniennes*. Hg. v. Valentin Pelosse. Paris 1976.

Deschner, Karlheinz. *Das Kreuz mit der Kirche. Eine Sexualgeschichte des Christentums*. München 1988.
Ehlers, Barbara. *Eine vorplatonische Deutung des sokratischen Eros. Der Dialog Aspasia des Sokratikers Aischines*. München 1966.
Fichte, Johann Gottlieb. »Grundlage des Naturrechts«. In: *Gesamtausgabe der Bayrischen Akademie der Wissenschaften*. Hg. v. Reinhard Lauth/H. Jacob. Stuttgart/Bad Cannstadt 1962ff.
Gertrud die Große von Helfta. *Gesandter der göttlichen Liebe*. Heidelberg 1989.
Günderode, Karoline von. *Der Schatten eines Traumes. Gedichte, Prosa, Werke*. Hg. v. Christa Wolf. Berlin 1981.
Hadewich von Antwerpen/Beatrijs van Nazareth. *Vom göttlichen Reichtum der Seele*. Köln 1951.
Heinz, Marion/Kuster, Frederike. »Vollkommene Vereinigung. Fichtes Eherecht in der Perspektive feministischer Philosophie«. In: *Deutsche Zeitschrift für Philosophie*. 46. Jahrgang. Heft 5. Berlin 1998. S. 823-839.
Hildegard von Bingen. »Heilkunde. Das Buch von dem Grund und Wesen und der Heilung der Krankheiten«. In: *Werke 1-6*. Salzburg ohne Jahr.
– *Gott sehen*. München 1990.
Irigaray, Luce. *Ethik der sexuellen Differenz*. Frankfurt/M. 1991.
Kamper, Dietmar/Wulf, Christoph (Hg.). *Das Schicksal der Liebe*. Weinheim/Berlin 1988.
Kristeva, Julia. *Geschichten von der Liebe*. Frankfurt/M. 1989.
Lorris, Guillaume de/Meun(g), Jean de. *Der Rosenroman*. München 1976.
Luhmann, Niklas. *Liebe als Passion. Zur Codierung von Intimität*. Frankfurt/M. 1992.
Marcuse, Ludwig. *Obszön*. Zürich 1984.
Mechtild von Hackeborn. *Das Buch vom strömenden Lob*. Einsiedeln 1986.
Mechtild von Magdeburg. *Offenbarungen oder das fließende Licht der Gottheit*. Darmstadt 1980.
Paz, Octavio. *Die doppelte Flamme. Liebe und Erotik*. Frankfurt/M. 1995.
Pizan, Christine de. *Das Buch von der Stadt der Frauen*. Eingeleitet und kommentiert von Margarete Zimmermann. München 1990.
– »Der Sendbrief vom Liebesgott«. In: Pizan 1990, a. a. O. Einleitung, S. 16.
Platon. »Symposion«. In: *Sämtliche Werke 1-6*. Hg. v. Walter F. Otto/Ernesto Grassi/Gert Plamböck. In der Übersetzung von Friedrich Schleiermacher. Band II. Reinbek bei Hamburg 1986.
Sade, Donatien Alphonse François, Marquis de. *Werke in 5 Bänden*. Köln 1995.
– »Die 100 Tage von Sodom oder die Schule der Ausschweifung«. In: a. a. O. Band 1.

– »Die Philosophie im Boudoir oder Die lasterhaften Lehrmeister«. In: a. a. O. Band 5.
Schlegel, Friedrich. *Lucinde*. Leipzig 1926.
Staël, Germaine de. *Über Deutschland*. Frankfurt/M. 1985.
Stopczyk, Annegret. *Nein danke, ich denke selber*. Berlin 1996.
Susman, Margarete. *Frauen der Romantik*. Frankfurt/M. 1996.
Teresa von Avila. *Von der Liebe Gottes*. Nach der deutschen Erstübersetzung von 1649. Hg. v. André Stoll. Frankfurt/M. 1984.
Varnhagen, Rahel. *Rahel. Ein Buch des Andenkens für ihre Freunde. Gesammelte Werke in 10 Bänden*. Hg. v. Konrad Feilchenfeldt/Uwe Schweikert/Rahel E. Steiner. München 1983.
Weisshaupt, Brigitte. »Zur ungedachten Dialektik von Eros und Logos. Die Ausschließung des Weiblichen durch Logifizierung der Liebe«. In: *Die Philosophin*. 3. Jahrgang. Heft 6. Tübingen 1992.
Wolf, Christa. »Nun ja! Das nächste Leben geht aber heute an. Ein Brief über die Bettine« (Nachwort). In: Armin, Bettina von. *Die Günderode*. Frankfurt/M. 1983.

Arbeit

Amsden, Alice H. »Frauenarbeit und die tautologische Struktur nationalökonomischer Theoriemodelle«. In: *Männer Mythos Wissenschaft. Grundlagentexte zur feministischen Wissenschaftskritik*. Hg. v. Barbara Schaeffer-Hegel/ Barbara Watson-Franke. Pfaffenweiler 1989.
Arendt, Hannah. *Vita activa oder Vom tätigen Leben*. Neuausgabe. München 1981.
Beck, Dorothee/Meine, Hartmut. *Wasserprediger und Weintrinker. Wie Reichtum vertuscht und Armut verdrängt wird*. Göttingen 1997.
Beck, Ulrich (Hg.). *Die Zukunft von Arbeit und Demokratie*. Frankfurt/M. 1998.
Beer, Ursula. *Theorien geschlechtlicher Arbeitsteilung*. Frankfurt/M./New York 1984.
Biesecker, Adelheid. »Neue Formen der Teilung und Verteilung von Arbeit«. In: *Arbeiten in einer nachhaltig wirtschaftenden Gesellschaft*. Dokumentation der 1. Arbeitstagung der Vereinigung ökologischer Ökonomie (VÖÖ). Heidelberg 1977.
Forrester, Vivian. *Der Terror der Ökonomie*. München 1997.
Fromm, Erich. *Anatomie der menschlichen Destruktivität*. Frankfurt/M. 1977.
Gilman, Charlotte Perkins. *Women and Economics. A Study of the Economic Relation between Men and Women as a Factor in Social Evolution*. (Reprint v. 1898.) New York 1966.
Gorz, André. *Arbeit zwischen Elend und Utopie*. Frankfurt/M. 1998.

– *Wege ins Paradies. Thesen zur Krise. Automation und Zukunft.* Frankfurt/M. 1983.
Guggenberger, Bernd. *Wenn uns die Arbeit ausgeht. Die aktuelle Diskussion um Arbeitszeitverkürzung, Einkommen und die Grenzen des Sozialstaates.* München 1988.
Hank, Rainer. *Arbeit – die Religion des 20. Jahrhunderts.* 1995.
Hoffmann, Hilmar/Kramer, Dieter (Hg.). *Arbeit ohne Sinn? Sinn ohne Arbeit? Über die Zukunft der Arbeitsgesellschaft.* Weinheim 1994.
Jaggar, Allison/McBride, William. »Reproduktion als männliche Ideologie«. In: *Denkverhältnisse. Feminismus und Kritik.* Hg. v. Elisabeth List/Herlinde. Frankfurt/M. 1989.
Kambartel, Friedrich. »Arbeit und Praxis. Zu den begrifflichen und methodischen Grundlagen einer aktuellen Debatte«. In: *Deutsche Zeitschrift für Philosophie.* 41. Jahrgang. Heft 2. Berlin 1993. S. 239-249.
Kessler, Wolfgang. *Wirtschaften im 3. Jahrtausend. Leitfaden für ein zukunftsfähiges Deutschland.* Oberursel 1996.
Knapp, Gudrun-Axeli. »Arbeitsteilung und Sozialisation: Konstellationen von Arbeitsvermögen und Arbeitskraft im Lebenszusammenhang von Frauen«. In: *Klasse Geschlecht. Feministische Gesellschaftsanalyse und Wissenschaftskritik.* Hg. v. Ursula Beer. Bielefeld 1987.
Krebs, Angelika. »Eine feministische Stellungnahme zu Kambartels ›Arbeit und Praxis‹«. In: *Deutsche Zeitschrift für Philosophie.* 41. Jahrgang. Heft 2. Berlin 1993. S. 251-256.
Krell, Gertraude. »Die Diskriminierung des Lebendigen: Arbeitswissenschaft und Maschinenkultur nach Maß des Mannes«. In: *Wie männlich ist die Wissenschaft?* Hg. v. Karin Hausen/Helga Nowotny. Frankfurt/M. 1986.
Kurz-Scherf, Ingrid. »Über die Schwierigkeiten mit der internen Moral der Arbeit. Ein Kommentar zu Friedrich Kambartel«. In: *Deutsche Zeitschrift für Philosophie.* 41. Jahrgang. Heft 2. Berlin 1993. S. 263-275.
Lafargue, Paul. *Das Recht auf Faulheit. Widerlegung des »Rechts auf Arbeit« von 1848.* (Edition Sonne und Freiheit). O. O. 1978.
Locke, John. *(Zwei Abhandlungen) Über die Regierung.* Stuttgart 1974.
Martin, Hans-Peter/Schumann, Harald. *Die Globalisierungsfalle. Der Angriff auf Demokratie und Wohlstand.* Reinbek bei Hamburg 1996.
Marx, Karl. »Das Kapital. Kritik der politischen Ökonomie« In: *Marx/Engels Werke.* 39 Bände und 2 Ergänzungsbände. Band 23. Berlin 1962.
Meier-Seethaler, Carola. *Ursprünge und Befreiungen. Die sexistischen Wurzeln der Kultur.* Frankfurt/M. 1992.
– *Gefühl und Urteilskraft. Plädoyer für die emotionale Vernunft.* München 1997.
Mies, Maria. *Patriarchat und Kapital. Frauen in der internationalen Arbeitsteilung.* Berlin 1988.

Negt, Oskar. *Lebendige Arbeit, enteignete Zeit. Politische und kulturelle Dimensionen des Kampfes um die Arbeitszeit*. Frankfurt/M./New York 1985.

– »Die Krise der Arbeitsgesellschaft«. In: *Brückenschlag*. Band 11. 1995.

Nietzsche, Friedrich. »Menschliches, Allzumenschliches I/II«. In: *Kritische Studienausgabe*. Band 1-15. Hg. v. Giorgio Colli/Mazzino Montinari. Band 2. München 1988.

Otto-Peters, Louise. *Recht der Frauen auf Erwerb*. Leipzig 1866.

Piercy, Marge. *Frau am Abgrund der Zeit*. Berlin/Hamburg 1996.

Platon. »Politeia«. In: *Sämtliche Werke 1-6*. Hg. v. Walter F. Otto/Ernesto Grassi/Gert Plamböck. In der Übersetzung von Friedrich Schleiermacher. Band III. Reinbek bei Hamburg 1986.

Rifkin, Jeremy. *Das Ende der Arbeit und ihre Zukunft*. Frankfurt/M./New York 1996.

Ruben, Peter. »Von der Arbeit und ihrer ökonomischen Bestimmtheit. Probleme in Friedrich Kambartels Überlegungen«. In: *Deutsche Zeitschrift für Philosophie*. 41. Jahrgang. Heft 2. Berlin 1993. S. 257-262.

Rudolph, Hedwig. »Der männliche Blick in der Nationalökonomie«. In: *Wie männlich ist die Wissenschaft?* Hg. v. Karin Hausen/Helga Nowotny. Frankfurt/M. 1986.

Schade, Gisela. »Patriarchal Thinking in Economic Theory and its Cultural/Psychological Component«. In: *Against Patriarchal Thinking. A Future without Discrimination? Proceedings of the Vth Symposium of the International Association of Women Philosophers*. Hg. v. Maja Pellikaan-Engel. Amsterdam 1992.

Schirmacher, Käthe. *Die Frauenarbeit im Hause, ihre ökonomische, rechtliche und soziale Wertung*. Berlin 1905.

Smith, Adam. *Der Wohlstand der Nationen. Eine Untersuchung seiner Natur und seiner Ursachen*. München 1983.

Smith, Dorothy. *The Everyday World as Problematic: A Feminist Sociology*. Boston 1987.

Stolz-Willig, Brigitte/Veil, Mechthild. *Es rettet uns kein höh'res Wesen. Feministische Perspektiven der Arbeitsgesellschaft*. Hamburg 1999.

Strasser, Johano André. »Die Zukunft der Arbeit«. In: *Die Wende ist machbar*. Hg. v. Johano Strasser. München 1994.

Theweleit, Klaus. *Männerphantasien*. Reinbek bei Hamburg 1977.

Thomas von Aquin. *Summa Contra Gentiles*. Band IV. Zürich 1949.

Weber, Marianne. »Zur Frage der Bewertung der Hausarbeit«. In: Dies. *Frauenfragen und Frauengedanken. Gesammelte Aufsätze*. O. O. 1919.

Weber, Max. *Die protestantische Ethik und der Geist des Kapitalismus*. 2 Bände. Gütersloh 1984.

Weil, Simone. *Fabriktagebuch und andere Schriften zum Industriesystem*. München 1978.

Adorno, Theodor W. *Ästhetische Theorie*. Frankfurt/M. 1973.
Aragona, Tullia d'. *Dialog über die Unendlichkeit der Liebe* (*Dialogo dell'Infinità d'Amore*. Venedig 1547). Aus dem Italienischen v. Martin Haag. Tübingen 1988.
Aristoteles. »Poetik«. In: Ders. *Gesamtausgabe. Die Lehrschriften*. Paderborn 1959.
Baumgarten, Alexander Gottlieb. *Theoretische Ästhetik. Die grundlegenden Abschnitte aus der ›Aesthetica‹*. Hamburg 1988.
Bovenschen, Sylvia. *Die imaginierte Weiblichkeit. Exemplarische Untersuchungen zu kulturgeschichtlichen und literarischen Präsentationsformen der Weiblichkeit*. Frankfurt/M. 1979.
– »Über die Frage: Gibt es eine weibliche Ästhetik?« In: *Ästhetik und Kommunikation*. 7. Jahrgang. Heft 25. Berlin 1976.
Brand, Peggy Z./Korsmeyer, Carolyn (Hg.). *Feminism and Tradition in Aesthetics*. University Park 1995.
Bredow, Rafaela von/Grolle, Johann. »Interview mit Steven Weinberg«. In: *Der Spiegel*. Heft 30/1999.
Breitling, Gisela. *Der verborgene Eros. Weiblichkeit und Männlichkeit im Zerrspiegel der Künste*. Frankfurt/M. 1990.
Bronfen, Elisabeth. *Nur über ihre Leiche. Tod, Weiblichkeit und Ästhetik*. München 1994.
Courtois, Stéphane. »Stalin und der Gulag-Staat«. In: *Der Spiegel*. Heft 30/1999.
Duby, Georges/Perrot, Michelle (Hg.). *Geschichte der Frauen im Bild*. Frankfurt/New York 1995.
Gagel, Hanna. *Den eigenen Augen trauen. Über weibliche und männliche Wahrnehmung in der Kunst*. Giessen 1995.
Göttner-Abendroth, Heide. *Die tanzende Göttin. Prinzipien einer matriarchalen Ästhetik*. München 1988.
Hegel, Georg Wilhelm Friedrich. »Vorlesung über die Ästhetik I«. In: *Werke in 20 Bänden*. Frankfurt/M. 1986.
Hein, Hilde/Korsmeyer, Carolyn (Hg.). *Aesthetics in Feminist Perspective*. Bloomington/Indiana 1993.
Kant, Immanuel. »Kritik der Urteilskraft«. In: *Werke in sechs Bänden*. Hg. v. Wilhelm Weischedel. Darmstadt 1975.
Klinger, Cornelia. »Von der Kritik an der ›Ästhetischen Ideologie‹ über ›cunt art‹ und ›écriture féminine‹ zum Diskussionsstand einer feministischen Ästhetik heute«. In: *Deutsche Zeitschrift für Philosophie*. 46. Jahrgang. Heft 5. Berlin 1998, S. 799-821.
Kofman, Sarah. *Melancholie der Kunst*. Wien 1986.
– *Erstickte Worte*. Wien 1988.
– »Schreiben ohne Macht«. In: *Die Philosophin*. 2. Jg. H. 3. Tübingen 1991.

Kühn, Lenore. *Schöpferisches Leben.* Langensalza 1928.
Landmann-Kalischer, Edith. *Die Lehre vom Schönen.* o. O. 1952.
Marinella, Lucretia. »Le Nobiltà et Eccelenze delle Donne et i Difetti e Mancamenti de gli Huomini. (Adel und Vorzüglichkeiten der Frauen und Fehler und Mängel der Männer)«. In: *Eva – Gottes Meisterwerk.* Hg. v. Elisabeth Gössmann. München 1985. S. 33-44.
Meier-Seethaler, Carola. *Ursprünge und Befreiungen. Die sexistischen Wurzeln der Kultur.* Frankfurt/M. 1992.
Nabakowski, Gislind/Sander, Helke/Gorsen, Peter. *Frauen in der Kunst.* Frankfurt/M. 1980.
Nagl-Docekal, Herta. »Weibliche Ästhetik oder ›Utopie des Besonderen?‹« In: *Die Philosophin.* 3. Jahrgang, Heft 5. Tübingen 1992.
Nietzsche, Friedrich. *Kritische Studienausgabe.* Band 1-15. Hg. v. Giorgio Colli/Mazzino Montinari. München 1988.
– »Die Geburt der Tragödie aus dem Geist der Musik« In: Nietzsche a. a. O. Band 1.
– »Götzen-Dämmerung«. In: Nietzsche a. a. O. Band 6.
– »Die fröhliche Wissenschaft«. In: Nietzsche a. a. O. Band 3.
– »Über Wahrheit und Lüge im außermoralischen Sinn«. In: *Unzeitgemäße Betrachtungen.* Stuttgart 1955.
Oelmüller, Willi/Dölle-Oelmüller, Ruth/Rath, Norbert (Hg.). »Diskurs: Kunst und Schönes«. In: *Philosophische Arbeitsbücher.* Band 5. Paderborn u. a. 1982.
Platon. »Politeia«. In: *Sämtliche Werke 1-6.* Hg. v. Walter F. Otto/Ernesto Grassi/Gert Plamböck. In der Übersetzung von Friedrich Schleiermacher. Band III. Reinbek bei Hamburg 1986.
– »Symposion«. In: Platon a. a. O. Band II.
Puntsch, Eberhard (Hg.). *Witze Fabeln Anekdoten. Handbuch für Politiker, Künstler, Pädagogen, Wissenschaftler, Redner, Journalisten, Schriftsteller, Manager, Korrespondenten.* Augsburg 1990.
Sichtermann, Barbara. *Wer ist wie? Über den Unterschied der Geschlechter.* Berlin 1987.
Varnhagen, Rahel. *Rahel. Ein Buch des Andenkens für ihre Freunde. Gesammelte Werke in 10 Bänden.* Hg. v. Konrad Feilchenfeldt/Uwe Schweikert/Rahel E. Steiner. München 1983.

Zeit

Ariès, Philippe. *Zeit und Geschichte.* Frankfurt/M. 1988.
Aristoteles. »Physik«. In: Ders. *Gesamtausgabe. Die Lehrschriften.* Paderborn 1959.
Augustinus, Aurelius. »Bekenntnisse«. In: *Werke in deutscher Sprache.* Hg. v. Carl Johann Perl. Paderborn 1979.

Bergson, Henri. *Zeit und Freiheit.* (Nachdruck 2. Aufl. 1920). Frankfurt/M. 1989.
Blumenberg, Hans. *Lebenszeit und Weltzeit.* Frankfurt/M. 1986.
Conrad-Martius, Hedwig. *Die Zeit.* München 1954.
Daly, Mary. *Auswärts reisen. Die strahlkräftige Fahrt.* München 1994.
Elias, Norbert. *Über die Zeit.* Frankfurt/M. 1984.
Fraser, Julius T. *Die Zeit.* München 1991.
Geißler, Karlheinz A. *Zeit Leben. Vom Hasten und Rasten, Arbeiten und Lernen, Leben und Sterben.* Weinheim/Basel 1985.
Griffiths, Jay. *Zeit der Venus. Über die weibliche Intelligenz der Zeit.* Berlin 1999.
Hawking, Stephen. *Eine kurze Geschichte der Zeit.* Reinbek bei Hamburg 1988.
Heidegger, Martin. »Sein und Zeit«. In: *Gesamtausgabe.* Abt. I, Band 2. Frankfurt/M. 1977.
Hildegard von Bingen. *Metaphysik der Seele.* Ausgewählt v. Stephanie Faber. München 1989.
Husserl, Edmund. »Vorlesungen zur Phänomenologie des inneren Zeitbewußtseins«. In: *Gesammelte Werke.* Den Haag 1950.
Kant, Immanuel. *Kritik der reinen Vernunft.* Hamburg 1971.
Kristeva, Julia. »Women's Time«. In: *The Kristeva Reader.* Hg. v. Toril Moi. New York 1986. S. 187-213.
Mechthild von Magdeburg. *Ich tanze, wenn du mich führst.* Freiburg/B. 1988.
Meier-Seethaler, Carola. *Ursprünge und Befreiungen. Die sexistischen Wurzeln der Kultur.* Frankfurt/M. 1992.
Nietzsche, Friedrich. »Unzeitgemäße Betrachtungen II. Vom Nutzen und Nachtheil der Historie für das Leben«. In: Ders. *Kritische Studienausgabe.* Band 1-15. Hg. v. Giorgio Colli/Mazzino Montinari. Band 1. München 1988.
Nowotny, Helga. *Eigenzeit.* Frankfurt/M. 1990.
Prigogine, Ilya. *Vom Sein und Werden. Zeit und Komplexität in den Naturwissenschaften.* München 1979.
Proust, Marcel. »In Swanns Welt«. In: *Auf der Suche nach der verlorenen Zeit.* Band 1. Frankfurt/M. 1981.
Virilio, Paul. *Krieg und Fernsehen.* Frankfurt/M. 1997.
– *Krieg und Kino.* Frankfurt/M. 1991.
– *Rasender Stillstand.* München/Wien 1992.

Kommentiertes Personenverzeichnis

Wenn hier die bekannten und bedeutenden Philosophen nur kürzere Beschreibungen erhalten als eher unbekannte Philosophinnen, so ist dies keine »Wertung«. Es hängt allein damit zusammen, daß Informationen über männliche Denker in jedem Lexikon stehen, Philosophinnen oft nicht einmal in den Philosophielexika vorkommen.

Adorno, Theodor W(iesengrund) (1903-1969)
Deutscher Philosoph, Soziologe, Komponist. Zusammen mit Max Horkheimer Hauptvertreter der Kritischen Theorie (Frankfurter Schule).

Agnesi, Maria Gaetana (1718-1799)
Italienische Gelehrte. Professorin für Physik und Philosophie an der Universität in Bologna. Ihre »Analytischen Gesetze« (1748) waren das erste Lehrbuch der neueren Mathematik.

Andreas-Salomé, Lou (1861-1937)
Aus Rußland stammende Schriftstellerin und Philosophin. Ausbildung zur Psychoanalytikerin bei Freud. Pflegte eine intensive Freundschaft mit Friedrich Nietzsche, über den sie eine Biographie schrieb.

Anscombe, Gertrud E. M. (1919)
Die englische Sprachphilosophin war Herausgeberin der Werke Ludwig Wittgensteins.

Apel, Karl-Otto (1922)
Deutscher Sprach- und Sozialphilosoph. Transformierte die klassische transzendentale Philosophie in die Transzendentale Sprachpragmatik.

Aragona, Tullia d' (1508/10-1556)
Italienische Dichterin, Kurtisane und humanistische Philosophin.

Arendt, Hannah (1906-1975)
Die in Deutschland aufgewachsene und 1933 in die USA emigrierte Geisteswissenschaftlerin gilt als eine der bedeutendsten politischen Philosophinnen des 20. Jahrhunderts.

Aristoteles (384-322 v. u. Z.)
Neben Sokrates und Platon bekanntester und wirkungsmächtigster griechischer Philosoph. Begründete die wissenschaftlich systematische Philosophie.

Arnim, Bettina von (1785-1859)
Deutsche Dichterin der Romantik und Philosophin. Schrieb unter anderem eine Biographie über die Günderode.

Aspasia (ca. 460-401 v. u. Z.)
Rhetorin und Philosophin in Athen. Die sogenannte »sokratische« Me-

thode des Philosophierens wurde höchstwahrscheinlich von Aspasia entwickelt.

Astell, Mary (1666/8-1731)

Englische Schriftstellerin, Philosophin und Pionierin der Frauenbewegung. Vertreterin christlich-rationalistischer Philosophie. (Schule der Cambridge Philosophers.)

Augustinus, Aurelius (354-430)

Wurde in der römischen Provinz Africa (heute Algerien) geboren, in der er die meiste Zeit seines Lebens verbrachte. Philosoph und Kirchenvater, Autor der »Bekenntnisse«, eine der ersten Autobiographien der Weltliteratur.

Bacon, Francis (1561-1626)

Englischer Philosoph und Staatsmann. Begründer des modernen Empirismus. Schuf mit seinem Werk »Die männliche Geburt der Zeit« die theoretische Voraussetzung für die rasante Entwicklung der modernen Naturwissenschaften.

Barre, Poulain de la, François (1647-1723)

Französischer Schriftsteller und Philosoph. Schrieb ein Traktat »Über die Gleichheit der Geschlechter« (1673).

Bassi, Laura Maria Catharina (1711-1778)

Italienische Doktorin der Philosophie und Medizin (1731). Wurde mit 21 Jahren Professorin für Philosophie, später auch für Physik, an der Universität von Bologna.

Bateson, Gregory (1904-1980)

Amerikanischer Anthropologe und Psychiater, zusammen mit Norbert Wiener einer der ersten Kybernetiker; bedeutender Erkenntnistheoretiker.

Beauvoir, Simone de (1908-1986)

Die französische Schriftstellerin und Philosophin ist eine der bedeutendsten Existenzphilosophinnen und Vorreiterin der Frauenbewegung (»Das andere Geschlecht«).

Bender, Hedwig (1854-1928)

Deutsche Schriftstellerin und neukantianische Philosophin.

Benhabib, Seyla (1950)

Die in Istanbul (Türkei) geborene Philosophin ist Professorin am Department of Goverment der Harvard University. Sie verbindet feministische Philosophie mit kritischer Sozialtheorie.

Benjamin, Jessica (1946)

Arbeitet als Psychoanalytikerin in New York, lehrt an der Universität von New York. Arbeitet derzeit an einer größeren Untersuchung über geschlechtsspezifische Rationalität und Herrschaft.

Bentham, Jeremy (1748-1832)

Englischer Jurist und Moralphilosoph. Begründer der utilitaristischen Philosophie.

Bergson, Henri Louis (1859-1941)
Der französische Nobelpreisträger für Literatur (1928) gilt als wichtigster Vertreter der Lebensphilosophie.

Bruno, (Filippo) Giordano (1548-1600)
Italienischer Theologe und Naturphilosoph. Der Dominikanermönch wurde in Rom als Ketzer verbrannt.

Butler, Judith
Professorin am Department of Rhetoric der Universtät von Berkeley/Kalifornien. Ihre Bücher »Das Unbehagen der Geschlechter« und »Körper von Gewicht« beeinflußten die feministische Diskussion nachhaltig.

Calkins, Mary W. (1863-1930)
Die nordamerikanische Philosophin und Psychologin war Vertreterin eines Absoluten Personalismus (Idealismus). Lebte und lehrte am Wellesley College (Massachusetts).

Camus, Albert (1913-1960)
Existentialistischer Philosoph und bedeutender französischer Schriftsteller.

Cassirer, Ernst (1874-1945)
Deutschamerikanischer Philosoph der »Marburger Schule«. Entwikkelte die »Theorie der symbolischen Formen«.

Cavarero, Adriana (1947)
Die Italienerin lehrt Philosophie an der Universität von Verona. Sie ist Mitbegründerin (1984) der Philosophinnengruppe »Diotima«.

Cereta, Laura (1469-1499)
Italienische Humanistin, die eine umfangreiche literarisch-philosophische Korrespondenz mit zahlreichen Gelehrten ihrer Zeit führte. Verfaßte ironisch-satirische Texte zur Verteidigung der Frauenbildung.

Châtelet, Emilie Marquise du (1706-1749)
Französische Physikerin und Philosophin. Arbeitete und lebte mit dem Philosophen Voltaire zusammen. Berühmt ist sie für die bis heute einzige kommentierte französische Newton-Übersetzung (»Principia«), deren Veröffentlichung sie nicht mehr erlebte.

Christine de Pizan (1365-1429/30)
Mittelalterliche Philosophin und erste französische Berufsschriftstellerin. Neben zahlreichen Traktaten, geistlichen Gedichten und Sinnsprüchen schrieb sie eine Biographie über König Karl V. und das Buch über die »Stadt der Frauen«, das – soweit bisher bekannt – erste weibliche Utopia.

Cicero, Marcus Tullius (106-43 v. u. Z.)
Römischer Rhetor, Politiker und stoischer Philosoph.

Condorcet, Marie Jean Antoine (1743-1794)
Französischer Geschichtsphilosoph der Aufklärung, Mitarbeiter an der Enzyklopädie.

Conrad-Martius, Hedwig (1888-1966)
Deutsche Philosophin. Die Husserl-Schülerin entwickelte eine eigenständige Realontologie.
Conway, Lady Anne (1631-1679)
Die englische Gelehrte gehörte zum Kreis der »Cambridge Philosophers«, die sich schon früh mit der Philosophie Descartes' beschäftigten. Sie blieb Vitalistin und lehnte die dualistische Philosophie scharf ab. Verfasserin der »Prinzipien der Ältesten und der Modernen Philosophie«. Ihre Theorie der Monaden und ihre vitalistische Philosophie haben Leibniz' Monadenlehre stark beeinflußt.
Daly, Mary (1928)
Die nordamerikanische radikalfeministische Philosophin und Theologin lehrte am jesuitischen Boston-College in den USA.
Darwin, Charles (1809-1882)
Der englische Naturforscher beeinflußte durch seine Lehre von der Abstammung der Arten auch die Philosophie.
Démar, Claire (um 1800-1833)
Französische Saint-Simonistin. Ihre Schrift »Mein Zukunftsgesetz« ist ein Grundsatzprogramm früher feministischer Gesellschaftskritik.
Demokrit (um 460-371)
Der griechische Naturphilosoph war Begründer des Atomismus, mit dem er auch den Kosmos und die Seele erklärte.
Derrida, Jacques (1930)
Französischer Sprachphilosoph. Lehrt Philosophiegeschichte an der École Normale Superieure in Paris. Insbesondere seine Thesen zur »Differenz« und sein Versuch, das abendländisch-metaphysische Denken zu »dekonstruieren«, beeinflußten auch zahlreiche feministische Theoretikerinnen.
Descartes, René (1596-1650)
Französischer Naturwissenschaftler, Philosoph und Mathematiker. Begründete das moderne rationale Denken: »Ich denke, also bin ich«.
Dewey, John (1859-1952)
Nordamerikanischer Philosoph. Verband Pragmatismus mit Materialismus und Behaviorismus (= Verhaltensforschung).
Diderot, Denis (1713-1784)
Französischer Schriftsteller und aufklärerischer Philosoph; Enzyklopädist.
Dilthey, Wilhelm (1833-1911)
Der deutsche idealistische Philosoph versuchte den Geisteswissenschaften eine erkenntnistheoretische Fundierung zu geben.
Diogenes von Sinope (um 400-323 v. u. Z.)
In Kleinasien lebender griechischer Philosoph. Bekanntester Vertreter der kynischen Schule. Lebte angeblich in einer Tonne.

Diotima (um 430 v. u. Z.)
Griechische Priesterin aus Manthinea. Laut Platon wurde Sokrates von ihr im Mysterium der Liebe, dem »Eros« unterwiesen (Platon, Symposion).

Druskowitz, Helene von (1856-1918)
Die Österreicherin war die erste promovierte Philosophin der Schweiz. Mit Friedrich Nietzsche verband sie eine kurzfristige Freundschaft.

Eckhart, Johann (Meister Eckhart, um 1260-1328)
Deutscher Dominikaner, Theologe und Mystiker.

Einstein, Albert (1879-1955)
Der in Ulm geborene und 1933 in die USA emigrierte Physiker entwikkelte zusammen mit seiner Frau, der tschechischen Mathematikerin Mileva, die allgemeine und die spezielle Relativitätstheorie.

Engels, Friedrich (1820-1895)
Deutscher Philosoph, Nationalökonom und Journalist. Schrieb zusammen mit Karl Marx das »Manifest der kommunistischen Partei« (1848) und begründete den Dialektischen Materialismus.

Epikur (341-271 v. u. Z.)
Der griechische Leiter einer philosophischen Schule und Lebensgemeinschaft gilt als Begründer der Glücksphilosophie (Eudämonismus).

Erxleben, Dorothea Christiane (geborene Leporin, 1715-1762)
Die Ärztin promovierte 1754 als erste Frau Deutschlands. 1742 verfaßte sie eine engagierte Streitschrift »Gründliche Untersuchung der Ursachen, die das weibliche Geschlecht vom Studieren abhalten«.

Fichte, Johann Gottlieb (1762-1814)
Idealistischer Philosoph der deutschen Romantik.

Ficino, Marsilio (1433-1499)
Italienischer Humanist. Leiter der 1459 von ihm gegründeten neuplatonischen Akademie in Florenz.

Fonte, Moderata (1555-1592)
Humanistische Dichterin und Philosophin aus Venedig. Verfaßte eine Schrift »Über die Verdienste der Frauen«, in der sie die gängigen philosophischen Vorurteile gegenüber Frauen ironisch umdeutete.

Foucault, Michel (1926-1984)
Der französische Philosoph und Historiker hatte einen Lehrstuhl am Collège de France (Paris) für die Geschichte der Denksysteme. Seine Theorie der Macht und seine Diskursanalysen beeinflussen zeitgenössische Debatten auch in der feministischen Philosophie.

Fourier, Charles (1772-1837)
Der französische Philosoph entwickelte eine soziale Utopie, in der das harmonische Zusammenleben in der Gesellschaft im Mittelpunkt stand.

Fox-Keller, Evelyn (1936)
Die Amerikanerin war Professorin für »Women Studies and Rhetorics«

an der Universität von Berkeley/Kalifornien. Seit 1992 lehrt die Molekularbiologin und führende Vertreterin feministischer Wissenschaftskritik am Massachusetts Institute of Technology (MIT).

Freud, Sigmund (1856-1939)
Der österreichische Arzt und Psychologe begründete die Psychoanalyse.

Fromm, Erich (1900-1980)
Deutschamerikanischer Psychoanalytiker und Philosoph. Versuchte die Lehren Freuds mit Sozialphilosophie zu verbinden.

Galilei, Galileo (1564-1642)
Der italienische Physiker, Astronom, Philosoph und Mathematiker gehört zu den Begründern der klassischen Physik. Er verteidigte das neue kopernikanische gegenüber dem überholten aristotelischen Weltbild und kam dadurch mit der kirchlichen Inquisition in Konflikt.

Gehlen, Arnold (1904-1976)
Der rechtskonservative deutsche Sozialphilosoph begründete die empirische Anthropologie.

Gertrud die Große von Helfta (1256-1301/2)
Die deutsche Mystikerin erhielt als einzige Frau in der römisch-katholischen Kirche den Ehrentitel »die Große«. Verfasserin der Offenbarungsschrift »Gesandter der göttlichen Liebe«.

Gilligan, Carol (1936)
Die amerikanische Professorin für Entwicklungspsychologie war Mitarbeiterin und spätere Kritikerin von Lawrence Kohlberg.

Gilman, Charlotte Perkins (1860-1935)
Die amerikanische Schriftstellerin und Soziologin war eine Vertreterin der pragmatischen Richtung innerhalb der Philosophie.

Goethe, Johann Wolfgang von (1749-1832)
Deutscher Dichter und Denker in der Zeit von Sturm und Drang, Klassik und Romantik.

Göttner-Abendroth, Heide (1941)
Die deutsche Historikerin und Philosophin arbeitet als Matriarchatsforscherin im Bayrischen Wald, wo sie auch eine Schule, die »Hagia Sofia«, leitet.

Gouges, Olympe de (1748-1793)
Französische Schriftstellerin, Dramatikerin, Philosophin und Revolutionärin. Verfaßte zahlreiche Adressen, Artikel, Kritiken und Aufrufe. Berühmt durch ihre Erklärung der »Rechte der Frau und Bürgerin«, in der sie analog zur Menschen- und Bürgerrechtserklärung von 1789 die rechtliche und politische Gleichstellung der Frauen einklagte. Am 3. November 1793 auf dem Schafott hingerichtet.

Gournay, Marie Le Jars de (1565-1645)
Französische Philosophin und Adoptivtochter des Philosophen Michel de Montaigne, dessen Werk sie nach seinem Tode herausgab; außerdem Übersetzerin. Besonders ihre Schriften »Gleichheit von Mann und

Frau« (1622) und »Grief des Dames« (1626), in der sie sehr radikal die Situation der gebildeten alleinstehenden Frau als Außenseiterin der Gesellschaft beschreibt, sind heute noch wichtig.

Griffin, Susan (1944)
Amerikanische Dichterin, Philosophin und politische Akteurin; lehrt an der Universität Berkeley in Kalifornien.

Günderrode, Karoline von (1780-1806)
Philosophierende Dichterin und Philosophin, verfaßte auch Schriften über frühmatriarchale Gesellschaften.

Habermas, Jürgen (1929)
Deutscher Sozialphilosoph. Ehemaliger Assistent von Theodor W. Adorno und Nachfolger von Max Horkheimer auf dessen Lehrstuhl. Derzeit bedeutendster Vertreter der Frankfurter Schule. Entwickelte eine Diskursethik.

Hamann, Johann Georg (1730-1788)
Deutscher Sprachphilosoph, der gegen die einseitig rationale Philosophie der Aufklärung kämpfte.

Harding, Sandra (1935)
Amerikanische Wissenschaftstheoretikerin. Professorin für Philosophie an der Universität von Delaware. Leitet dort die »Women's Studies«.

Haraway, Donna (1944)
Amerikanische Wissenschaftshistorikerin. Lehrt seit 1980 als Professorin für Wissenschaftsgeschichte an der Universität von Kalifornien in Santa Cruz. Ihre radikalen Thesen zu Gentechnologie, Replikation, Cyborgs und zur Zukunft der Körper werden kontrovers diskutiert.

Hegel, Georg Wilhelm Friedrich (1770-1831)
Wichtiger Philosoph des deutschen Idealismus.

Heidegger, Martin (1889-1976)
Deutscher Begründer der Fundamentalontologie. Besonders sein Buch »Sein und Zeit« beeinflußte Generationen von Philosophen und Philosophinnen.

Heisenberg, Werner (1901-1976)
Deutscher Mitbegründer der Quantenphysik. Er beschrieb die sogenannte »Unschärferelation« in der Mikrophysik.

Heller, Agnes (1929)
Die ungarische, ehemals marxistische Philosophin und bekannte Dissidentin emigrierte 1977 erst nach Australien und später in die USA. Sie ist eine der wichtigsten Vertreterinnen politischer Philosophie und Moralphilosophie.

Heraklit (um 500 v. u. Z.)
Griechischer Philosoph und erster dialektischer Denker, der die Gegensätze von Werden und Vergehen, dem alle Dinge unterworfen sind, betonte.

Herder, Johann Gottfried (1744-1803)
Deutscher Sprach- und Geschichtsphilosoph, betonte als erster den philosophischen Entwicklungsgedanken und die große Bedeutung der Sprache für den Menschen.
Hesiod (um 700 v. u. Z.)
Griechischer Epiker.
Hildegard von Bingen (1098-1179)
Deutsche Äbtissin, Naturforscherin, Ärztin, Komponistin, Philosophin. Verfasserin zahlreicher Werke. Philosophisch-theologisches Hauptwerk ist ihre Visionstrilogie.
Hippel, Theodor Gottlieb von (1741-1796)
Schriftsteller und Bürgermeister von Königsberg, Freund von Kant. Trat für die Rechte der Frauen ein (»Über die bürgerliche Verbesserung der Weiber« 1792).
Hipparchia (360-280 v. u. Z.)
Die griechische Philosophin führte mit ihrem Mann, dem Philosophen Krates, ein typisch »kynisches« (Wander)Leben in selbstgewählter Armut. Anfeindungen beantwortete sie mit kynischen Aussprüchen.
Hobbes, Thomas (1588-1679)
Englischer Staatsmann und Staatsphilosoph.
Holbach, Paul Henri Thiry d' (Paul Heinrich Dietrich Baron von H. 1723-1789)
Französischer Aufklärungsphilosoph deutscher Herkunft, Enzyklopädist. Vertreter des Materialismus.
Horkheimer, Max (1895-1973)
Deutscher Philosoph und Soziologe. Neben Adorno führender Vertreter der Frankfurter Schule (Kritische Theorie).
Horney, Karen (1885-1952)
Die deutschamerikanische Psychoanalytikerin war eine der frühesten Kritikerinnen Freuds.
Hume, David (1711-1776)
Schottischer Philosoph und Diplomat. Vertreter des Empirismus.
Husserl, Edmund (1859-1938)
Deutscher Philosoph und Logiker. Begründete die Phänomenologie.
Hypatia (um 370-415)
Neuplatonikerin aus Alexandrien, wo sie auch den Lehrstuhl für platonische Philosophie innehatte. Verfaßte (verschollene) Schriften über Mathematik und Astronomie. In der Vorosterzeit 415 n. u. Z. wurde die »Heidin« durch den aufgehetzten christlichen Pöbel auf sexual-sadistische Weise ermordet.
Irigaray, Luce (1939)
Die französische Psychoanalytikerin und Philosophin ist Direktorin am Centre National de la Recherche Scientifique (CNRS) in Paris. Gilt als eine der bedeutendsten feministischen Theoretikerinnen. Ihre

Theorien zur Geschlechterdifferenz beeinfluss(t)en zahlreiche Forscherinnen.

James, William (1842-1910)
Amerikanischer Philosoph und Psychologe. Vertreter des Pragmatismus.

Jaspers, Karl (1883-1969)
Deutscher Psychiater und Existenzphilosoph.

Jonas, Hans (1903-1993)
Deutscher Moralphilosoph, lebte lange in Palästina und lehrte ab 1950 in den USA (New School of Social Research in New York). Begründete mit seinem Buch »Das Prinzip Verantwortung« die Ethik metaphysisch. Ein früher Warner vor der Gefährdung der »Idee des Menschen« durch gentechnische Experimente.

Kant, Immanuel (1724-1804)
Wichtigster deutscher Aufklärungsphilosoph und neben Hegel auch bedeutendster Vertreter der idealistischen Philosophie.

Katharina von Siena (um 1347-1380)
Italienische Kirchenreformerin, Kirchenlehrerin, Mystikerin. Sie veranlaßte Papst Gregor XI. dazu, sein Exil in Avignon aufzugeben und nach Rom zurückzukehren. Die »größte Mystikerin Italiens« war Analphabetin und diktierte ihre zahlreichen Briefe und ihr »Buch von Gottes Vorsehung« einem Sekretär.

Kierkegaard, Sören (1813-1855)
Dänischer Theologe und Philosoph. Auf sein Denken geht die Philosophie der Existenz zurück.

Kofman, Sarah (1934-1994)
Die französische poststrukturalistische Philosophin und Psychoanalytikerin hatte bis zu ihrem Freitod einen Lehrstuhl für Philosophie an der Sorbonne in Paris.

Kohlberg, Lawrence
Amerikanischer Entwicklungspsychologe. Von ihm stammt die bekannte »Kohlbergskala« zur moralischen Entwicklung von Jugendlichen.

Kollontai, Alexandra (1872-1952)
Die russische sozialistische Theoretikerin war auch 1. Ministerin und Botschafterin der UdSSR.

Krates von Theben (um 360-280 v. u. Z.)
Griechischer Philosoph, Kyniker.

Kristeva, Julia (1941)
Die aus Bulgarien stammende Linguistin, Philosophin und Psychoanalytikerin lebt in Paris und lehrt dort am Institut Sciences des Textes et Documents.

Kühn, Lenore (1879-1955)
Die deutsche Komponistin und (neukantianische) Philosophin entwickelte eine eigenständige Wertephilosophie.

Langer, Susanne K. (1895-1985)
Die amerikanische Philosophin entwickelte eine Theorie der symbolischen Formen (»Philosophie auf neuem Wege«).
Leibniz, Gottfried Wilhelm (1646-1716)
Deutscher Mathematiker, Jurist, Bibliothekar und Philosoph der Aufklärung. Seine »Monadologie« war stark beeinflußt durch die englische Philosophin Anne Conway.
Leontion (um 300 v. u. Z.)
Griechische Philosophin und Schriftstellerin, Epikureerin. Berühmt durch ihre (nicht erhaltene) Streitschrift gegen den Philosophen Theophrast.
Lerner, Gerda (1921)
Emeritierte Professorin für Geschichte der Universität von Wisconsin/USA. Die Österreicherin mußte 1940 emigrieren. Sie verfaßte zahlreiche Bücher zur Frauengeschichte: »Die Entstehung des Patriarchats«, »Die Entstehung des feministischen Bewußtseins«.
Lévi-Strauss, Claude (1908)
Französischer Ethnologe und Anthropologe. Seine strukturalistische Methode beeinflußte Generationen von Linguist(inn)en, Psychoanalytiker(inne)n und Philosoph(inn)en.
Lichtenberg, Georg Christoph (1742-1799)
Der deutsche Physiker verfaßte philosophische Essays und bissige Aphorismen.
List, Elisabeth (1946)
Die österreichische Philosophin ist Assistenz-Professorin für Philosophie an der Universität Graz. Sie arbeitet über feministische Erkenntnistheorie, Wissenschaftskritik und Sozialphilosophie.
Lloyd, Genevieve
Die Professorin für Philosophie an der Australian National University beeinflußte mit ihrem Buch »Das Patriarchat der Vernunft« sehr stark die feministische Diskussion. Es ist die erste feministisch-hermeneutische Analyse zur Entstehung philosophischer Theorien unter Berücksichtigung der Frage nach der Geschlechterdifferenz.
Locke, John (1632-1704)
Englischer Philosoph, Hauptvertreter des Empirismus.
Lotze, Rudolf H. (1817-1881)
Deutscher Philosoph, Neukantianer.
Luhmann, Niklas (1927-1998)
Deutscher Soziologe und Jurist. Entwickelte die sozialwissenschaftliche Systemtheorie. Neben Habermas bestimmte er maßgeblich die intellektuelle Diskussion in Deutschland bis in die 90er Jahre.
Lyotard, Jean-François (1924)
Französischer Professor für Philosophie. Lehrte bis 1989 an der Universität von Vincennes. Neben Jacques Derrida und Michel Foucault einer

der wichtigsten poststrukturalistischen Denker Frankreichs. Wandte sich gegen die Megaideologien der abendländischen Philosophie.

Marcus Aurelius Antonius (121-180)
Römischer Kaiser und stoischer Philosoph.

Marcuse, Herbert (1898-1979)
Deutschamerikanischer Philosoph der Frankfurter Schule (Kritische Theorie).

Marinella, Lucretia (1571-1653)
Venezianische Schriftstellerin, die neben mythologischer Dichtung auch einige Biographien verfaßte. 1600 schrieb sie eine Verteidigungsschrift »Über Adel und Vorzüglichkeiten der Frauen und Fehler und Mängel der Männer«.

Marx, Karl (1818-1883)
Deutscher Philosoph und Kritiker der bürgerlichen Gesellschaft. Begründete gemeinsam mit Friedrich Engels den dialektischen Materialismus.

Mayreder, Rosa (1858-1938)
Die österreichische Philosophin, Soziologin und Malerin war engagiert in der Frauen- und Friedensbewegung. Sie vertrat einen individual- und entwicklungsphilosophischen Ansatz. Ihre Essays »Zur Kritik der Weiblichkeit« und »Geschlecht und Kultur« sind frühe Vorläufer von Simone de Beauvoirs Buch »Das andere Geschlecht«.

Mechtild von Hackeborn (1241/2-1299)
Die deutsche Mystikerin lebte im Kloster Helfta bei Magdeburg. Sie verfaßte das »Buch von der besonderen Gnade«, in dem sie ihre Visionen offenbarte.

Mechtild von Magdeburg (um 1210-ca. 1294)
Deutsche Begine aus Magdeburg. Verbrachte die letzten Jahres ihres Lebens im Kloster Helfta. Ihr Buch »Offenbarungen oder das fließende Licht der Gottheit« ist das erste in niederdeutscher Sprache verfaßte geistliche Buch.

Merleau-Ponty, Maurice (1908-1961)
Französischer Philosoph. Versuchte die Phänomenologie mit dialektischem und existentialistischem Denken zu verbinden.

Meyer-Seethaler, Carola (1927)
Lebt und arbeitet als Psychotherapeutin und Autorin in Bern.

Mill, John Stuart (1806-1873)
Moralphilosoph und Politiker, vertrat zusammen mit seiner langjährigen Lebenspartnerin und späteren Ehefrau Harriet Taylor-Mill eine utilitaristische Philosophie. Beide setzten sich besonders mit der Frauenfrage auseinander.

Minnich, Elizabeth K.
Die Amerikanerin war langjährig Mitarbeiterin von Hannah Arendt. Professorin für Philosophie und Frauenforschung an der Union Graduate School des Union Institute in Cincinatti, Ohio.

Montaigne, Michel Eyquem de (1533-1592)
Französischer Philosoph und Schriftsteller. Verfasser skeptisch-moralischer Essays.
Morata, Olympia Fulvia (1526-1555)
Bedeutende italienische Humanistin aus Ferrara, die zeitweilig in Deutschland lebte. Von ihr sind vor allem Briefe, Reden und Gedichte erhalten.
Muraro, Luisa (1940)
Die Italienerin lehrt und forscht an der Universität von Verona. Eine der Mitbegründerinnen der Philosophinnengruppe »Diotima« (1984).
Naden, Constance (1858-1889)
Die englische Dichterin und Philosophin vertrat bereits im 19. Jahrhundert Thesen, die dem Radikalen Konstruktivismus vergleichbar sind.
Nagl-Docekal, Herta (1944)
Die österreichische Professorin für Philosophie lehrt an der Universität Wien. Sie ist Autorin und Herausgeberin zahlreicher Bücher, vor allem im Bereich Geschichtswissenschaften und Philosophie.
Newton, Isaac (1642-1727)
Englischer Physiker. Mathematiker und Astronom, begründete das mechanistische Weltbild.
Nietzsche, Friedrich (1844-1900)
Deutscher Philologe und (Moral)Philosoph, heftiger Kritiker des abendländischen metaphysischen Denkens. Beeinflußte besonders um die Jahrhundertwende zahlreiche Dichterinnen und Philosophinnen.
Nogarola, Isotta (1418-1466)
Italienische Humanistin. Stand mit den bedeutendsten Gelehrten ihrer Zeit im Briefwechsel. Anerkannt aber immer nur als bedeutende Frau, nicht als gleichrangige Humanistin. 1451 verfaßte sie den »Dialog über die Gleichheit oder Ungleichheit der Sünden Evas und Adams«.
Parmenides von Elea (um 540-480 v. u. Z.)
Griechischer Philosoph. Begründer der Ontologie (Lehre vom Sein).
Pascal, Blaise (1623-1662)
Französischer Religionsphilosoph und Physiker, der durch seine satirischen Aphorismen berühmt wurde.
Peirce, Charles Sanders (1839-1914)
Amerikanischer Philosoph, Begründer des Pragmatismus.
Plato(n) (428/7-348/7)
Neben Sokrates und Aristoteles wirkungsmächtigster Philosoph der griechischen Philosophie.
Plessner, Helmuth (1892-1985)
Deutscher Philosoph. Befaßte sich mit Kultursoziologie, Anthropologie und Ästhetik.

Plotin (um 205-270)
Einflußreichster neuplatonischer griechischer Philosoph.

Popper, Karl Raimund (1902-1994)
Aus Wien stammender englischer Philosoph. Kritischer Rationalist, der für eine »offene Gesellschaft« eintrat.

Putnam, Hilary (1926)
Der amerikanische Professor für mathematische Logik lehrte an der Harvard Universität in Cambridge (Massachusetts). Kritiker des logischen Positivismus, Vertreter einer realistischen Position in der Sprachphilosophie.

Pythagoras (570-490 v. u. Z.)
Griechischer Mathematiker und Philosoph, gründete die nach ihm benannte Schule.

Rawls, John (1921)
Der amerikanische Philosoph lehrte an der Harvard Universität in Cambridge (Massachusetts). Besonders sein Hauptwerk »A Theory of Justice« prägte die philosophische Auseinandersetzung. Seine Theorie ist durch Kants praktische Philosophie beeinflußt.

Rich, Adrienne (1929)
Amerikanische Dichterin und feministische Philosophin.

Rickert, Heinrich (1863-1936)
Begründer der neukantianischen Schule.

Rorty, Richard McKay (1931)
Amerikanischer Philosoph. Entwickelte einen offenen hermeneutisch-pragmatischen Philosophiebegriff, der jeden Zwang ablehnt.

Roth, Gerhard (1942)
Deutscher Neurobiologe und Philosoph. Versucht erkenntnistheoretisch zwischen den beiden Disziplinen zu vermitteln. Lehrt als Professor of Humanities in Charlottesville (Kalifornien).

Rousseau, Jean-Jacques (1712-1778)
Spätaufklärerischer französischer Philosoph, dessen Theorien zum Gesellschaftsvertrag besonders die idealistische Philosophie stark beeinflußten. Sein Erziehungsroman »Emile« prägt bis heute die Pädagogik.

Sade, Donatien Alphonse François, Marquis de (1740-1814)
Französischer Schriftsteller der Aufklärung, der fast 30 Jahre seines Lebens inhaftiert war. Seine stark obszönen Romane und Theaterstücke hatten immer einen aufklärerisch-psychologischen und vor allem kulturkritischen Hintergrund.

Saint-Simon, Claude Henri de (1760-1825)
Französischer Sozialphilosoph. Begründete den Saint-Simonismus, eine frühe sozialistische Richtung in der Philosophie.

Sartre, Jean-Paul (1905-1980)
Existentialistischer Philosoph und Autor, Lebensgefährte von Simone de Beauvoir.

Saussure, Ferdinand de (1857-1913)
Schweizer Sprachforscher. Seine Theorie einer Allgemeinen Wissenschaft von den Zeichensystemen (Semiologie) beeinflußte die Ethnologie, die Psychoanalyse und die Philosophie (Strukturalismus).
Scheler, Max (1874-1928)
Begründer der philosophischen Anthropologie und Werteethik.
Schelling, Friedrich Wilhelm Joseph (1775-1854)
Deutscher idealistischer Philosoph, verheiratet mit Caroline Schlegel-(Schelling).
Schlegel, August Wilhelm (1767-1845)
Romantischer Schriftsteller und Theoretiker, erster Mann von Caroline Schlegel.
Schlegel, Friedrich (1772-1829)
Deutscher Dichter, Sprachforscher und Philosoph der Romantik.
Schlegel-Schelling, Caroline (1763-1839)
Sie unterhielt einen Salon und gehörte zum Kreis der Jenaer Frühromantik. Übersetzerin und Mitarbeiterin und später Ehefrau des Philosophen Schelling.
Schleiermacher, Friedrich (1768-1834)
Deutscher Philosoph und romantischer Theologe.
Schopenhauer, Arthur (1788-1860)
Deutscher Philosoph. Kritisierte die idealistische Philosophie und entwickelte eine Metaphysik der Kunst und des Willens.
Schurmann, Anna Maria von (1607-1678)
Die in Köln geborene Künstlerin war die erste theologische Gasthörerin in den Niederlanden (Utrecht). Sie beherrschte 14 Sprachen und verfaßte eine äthiopische Grammatik. Korrespondierte mit zahlreichen Philosophen, verfaßte Gedichte und veröffentlichte eine Verteidigungsschrift über die Zulassung von Frauen zum Studium.
Seneca, Lucius Annaeus (4 v. u. Z.-65)
Römischer Philosoph der stoischen Schule, Rhetor und Politiker.
Shklar, Judith Nisse (1928-1992)
Die aus Riga stammende politische Philosophin lehrte an der Harvard Universität in Cambridge/USA.
Singer, Peter (1946)
Australischer Moralphilosoph. Seine radikalen utilitaristischen Thesen provozierten vor allem in Deutschland viele Behindertenverbände dazu, Veranstaltungen mit ihm unmöglich zu machen.
Sloterdijk, Peter (1947)
Deutscher Philosoph und provozierender Kulturtheoretiker.
Sokrates (um 470-399 v. u. Z.)
Schüler der Aspasia. Neben Aristoteles und Platon wichtigster griechischer Philosoph der Antike.

Spencer, Herbert (1820-1903)
Englischer Philosoph, der als erster den darwinschen Entwicklungsgedanken mit der Philosophie verband.

Spinoza, Benedictus (Baruch) de (1632-1677)
Holländischer aufklärerischer Philosoph, der durch sein Hauptwerk »Ethica« großen geistesgeschichtlichen Einfluß gewann.

Staël, Germaine de (1766-1817)
Französische Schriftstellerin der Romantik. Hauptwerk: »Über Deutschland«.

Stein, Edith (1891-1942)
Die Philosophin und Karmeliterin wurde in Auschwitz ermordet. Die ehemalige Assistentin des Philosophen Husserl war Phänomenologin.

Stopczyk, Annegret (1951)
Die deutsche Philosophin, Autorin und freischaffende Dozentin lebt in Berlin. Entwickelt eine Leibphilosophie. Veranstaltet philosophische Salons und initiierte (1999) die Berliner Wander-Ausstellung »Philosophinnen«, die demnächst auch bundesweit zu sehen sein wird.

Susmann, Margarete (1872-1966)
Philosophin, Essayistin und Lyrikerin. Die philosophische Grenzgängerin hat sich in vielen Essays kritisch mit der Geschlechterproblematik auseinandergesetzt.

Taylor-Mill, Harriet (1807-1858)
Langjährige Freundin, Mitarbeiterin und spätere Frau des utilitaristischen Philosophen John Stuart Mill. Sie beeinflußte nicht nur sein gesamtes Werk, sondern verfaßte auch zahlreiche Schriften gemeinsam mit ihm. Beide kämpften für eine Gleichberechtigung der Frauen und eine Verbesserung der restriktiven Ehegesetze. Nach Harriets Tod schrieb John Stuart Mill ihre gemeinsamen Gedanken zu diesen Themen auf und veröffentlichte sie unter dem Titel »Die Hörigkeit der Frau«.

Teresa von Avila de Jesus (1515-1582)
Die spanische Nonne und Klostergründerin (17 Reformklöster) hinterließ 400 Briefe und zahlreiche Bücher. Besonders ihre Autobiographie »Vida« (1562) ist bedeutsam.

Thales von Milet (um 624-545 v. u. Z.)
Nach der Überlieferung der erste griechische Naturphilosoph.

Theano (um 500 v. u. Z.)
Zu der »Bruderschaft« des Philosophen und Mathematikers Pythagoras gehörten auch mindestens 17 Frauen. Seine Gattin Theano war die erste bekannte abendländische Philosophin. Sie zeichnete die Schriften des Pythagoras auf, schrieb aber auch selbst.

Thomas von Aquin (1225-1274)
Italienischer Kirchenlehrer und Theologe. In seiner »Summa Theologiae« verband er aristotelische Philosophie mit christlichem Glauben.

Thürmer-Rohr, Christina (1936)
Die Philosophin hat derzeit eine Professur mit Schwerpunkt Frauenforschung im Studiengang Erziehungswissenschaften an der Technischen Hochschule Berlin inne.
Tielsch, Elfriede W. (1919-1993)
Die deutsche Juristin und feministische Philosophin arbeitete zu Problemen der Rechtsphilosophie und Ethik und setzte sich für eine Neubewertung des kritischen Empirismus in der Antike ein.
Tristan, Flora (1803-1844)
Französische Schriftstellerin und Gesellschaftstheoretikerin. Mit dem Reisetagebuch »Fahrten einer Paria« (1837) sowie gesellschaftskritischen philosophischen Essays und Reportagen wurde sie berühmt.
Varnhagen, Rahel (1771-1833)
Die deutsche Spätromantikerin leitete den berühmtesten Berliner Salon der Romantik. Für die »Selbstdenkerin« war das Reflektieren über Mensch, Kunst und Welt lebensnotwendig. Sie führte einen umfangreichen Briefwechsel (veröffentlicht in 10 Bänden) mit Freunden und den meisten Berühmtheiten ihrer Zeit.
Voltaire (eigentlich: François Marie Arouet) (1694-1778)
Französischer Aufklärer, Enzyklopädist, Lebens- und Arbeitsgefährte der Marquise de Châtelet.
Weber, Max (1864-1920)
Deutscher Soziologe und Wissenschaftstheoretiker, Nationalökonom. Vehementer Kritiker der protestantischen Arbeits- und Verzichtsethik.
Weil, Simone (1909-1943)
Die französische Sozial-, Religionsphilosophin und politische Aktivistin arbeitete als Akkordarbeiterin in einer Fabrik und veröffentlichte ihre dabei gemachten Erfahrungen in einem »Fabriktagebuch«.
Weisshaupt, Brigitte (1939)
Die in Gevelsberg geborene feministische Philosophin lebt in der Schweiz und arbeitet zu Fragen der Ethik, Vernunft und über das Selbstsein.
Wittgenstein, Ludwig (1889-1951)
Österreichischer Philosoph. Lebte und lehrte in Cambridge, England. Neopositivist und später Begründer der (sprach)analytischen Philosophie.
Wollstonecraft, Mary (1759-1797)
Englische Schriftstellerin und Übersetzerin. Sie wurde durch ihre Streitschrift »Verteidigung der Rechte der Frau« (1788) bekannt.
Zambrano, María (1904-1991)
Die spanische Philosophin und Dichterin lebte lange im südamerikanischen Exil. Ihre Arbeitsgebiete umfaßten die Phänomenologie und Hermeneutik. Die Schülerin Ortega y Gassets verfaßte zahlreiche dichterisch-philosophische Essays.

Sachregister

Abbild, Abbildtheorie 104, 109, 132, 133
Abfallberge 281
Abgrenzung 259
Abhandlungen 285
Abhängigkeit 197
Abschiede 314
Absolutsetzung 200
Absurdes 59
Abtreibung, Abtreibungsrecht 138, 159
Affekte 106, 171
affidamento 88, 138, 143, 144, 145, 197, 199
Agape 243, 244
Aggression 198, 260
Aggressivität 20, 22
Agitprop-Lyrik 295
Akkordarbeit 269
Akt, performativer 150, 155
aktiv 166
Allgemeines 70
allgemeingültig 125, 132, 161
Allgemeingültigkeit 216
Allgemeinheit 124, 191, 209
Alltagsglück 232
Alltagssprache 109
Altes Testament 264
Altsteinzeit 34
Amazonen 22
Andere der Vernunft 129, 136
andere Geschlecht 125, 148, 164, 250, 299
Andere, das 117, 125, 130, 144, 145, 154
Anderer, konkreter 9, 166, 220
Andersartigkeit 164, 264
Androgynismus, ästhetischer 302
androzentrisch 161
Androzentrismus 167
Anerkennung 82, 138, 169, 280
–, gesellschaftliche 271, 278
Anerkennungsverhältnisse 278
Angriffskrieg 222
Angst 31, 42, 171, 181, 232
animal laborans 270
Anpassung 281
Anschauung, An-Schauung, Anschauungsformen 102, 105, 309
Ansehen 276
Anspruch, ethischer 170
Ansprüche 211
Anthropologie 57, 63, 64, 71, 72
–, klassische 72
Antifeminismus, patriarchaler 98
antihumanistisch 123
Antike 61, 64, 96, 99, 105, 133, 176, 224, 225, 248, 259, 263, 264, 291, 294, 308, 310
Anwendungsfrage 219
anwendungsorientiert 159
apriorisch 309
Arbeit, Arbeiten, Arbeiter, 81, 125, 210, 221, 263, 268, 271
–, informelle 278
Arbeiterbewegung, französische 282
Arbeitsbedingungen 269
Arbeitsbegriff 278, 283
–, humanistischer 268

Arbeitsgesellschaft 264, 265, 269, 270, 273, 282
–, moderne 279
Arbeitskraft 268, 269
Arbeitsleistung 271, 274
arbeitslos, Arbeitlose 274, 278
Arbeitslosigkeit 269, 277
Arbeitsplätze 269
arbeitsteilige Produktion, Arbeitsteilung 24, 142, 267, 274, 276
Arbeitsteilung, geschlechtsspezifische 82
Arbeitswelt 279, 281
Arbeitswissenschaft, männliche 281
arbiträr (= willkürlich) 108
arete (gr. = Tugend) 243
Argumentation 113
aristotelische Logik 63
arm, Armut 178, 211, 228, 233
Armutsgrenze 272
Askese, asketisch 96, 169
Ästhetik 9, 288, 292, 293, 295, 300
–, feministische 297, 302
–, matriarchale 300, 301
–, philosophische 285
–, weibliche 120, 299, 301
ästhetisches Urteil 171
Asymmetrie, zeitliche 310
Atommüll 158
Atomuhren 309
Aufklärung 58, 70, 124, 125, 130, 134, 140, 160, 230, 253, 254
Augenblick 306, 316
Ausbeutung 178
–, kapitalistische 271
–, ökonomische 277
Ausbildung 210
Auschwitz 295, 296, 297
Ausdehnung 309
Ausdruck 104
Ausdrucksformen 300
ausführende Gewalt 206
Ausschluß des Weiblichen 260
Außenwelt 76
äußere Natur 58
Autarkie, absolute 176
Autonomie 76, 78, 135, 293
–, der Kunst 292, 294
Autorität 162
Avantgarde-Kunst 301

Banalität (des Bösen) 157
Barbarei 183
Bedeutendes (Signifikant) 108
Bedeutetes (Signifikat) 108
Bedeutung 85, 104, 105, 107, 120, 234, 263, 295, 314
–, gesellschaftliche 215
Bedingung, notwendige 309
Bedürfnislosigkeit 227, 228
Bedürfnisse 161, 166, 169, 208, 235
–, quantitative 169
–, radikale 169
–, Theorie der 169
Begehren 150
–, körperliches 253
–, menschliches 237
–, sinnliches 247
–, weibliches 195
Begierde 235, 258
Begriff, begriffliche Unterscheidung 93, 153
Begriffe, feministische 8
Begriffsbildung, antike 63
Begründung, moralische 161

Begründungsfrage 219
Beherrschung, sexuelle 194
Belästigung, sexuelle 196, 200
Beobachtung 134
Berechenbarkeit 124
Berechtigung 179
Beruf 189
Besitz 267
Besitzethik 178
Besonderes 70
Besonderheit 124
Besonnenheit 205
Bestimmung, ethische 224
bestmöglicher Ehegatte 243, 252
Bestrafung 203
Beurteilung, sittliche 220
Bewegung 306, 307, 309, 310
Bewertung 86, 170
–, ethische 167
–, subjektive 171
bewußt 199
Bewußtheit 293
Bewußtsein 73, 74, 76, 84, 85, 86, 87, 88, 90, 91, 93, 94, 95, 102, 107, 152, 231, 296, 299, 307, 312, 314
–, alltägliches 81
–, feministisches 155
–, menschliches 86
–, moralisches 161
Bewußtseinsinhalte 312
Bewußtseinsphänomene 152
Bewußtseinsstrom 103
Bewußtseinszustand 85
Bezeichnetes 297
Beziehungsarbeit 279
Beziehungsorientiert, beziehungsorientiertes Selbstverständnis 9, 164
Bildung 225, 286, 315
binäres Denken, binäre Denkstruktur 123, 152
Biographien 285
biophil, biophile Frau 9, 116, 144
Blicke 101
Blickwinkel, männlicher 302
Boden 269
Böse, Böses 129, 153, 156, 158, 176, 177, 178, 229, 289
Braut 247
Bronzezeit 35
Brüderlichkeit 111, 184
Bürger (citoyen) 207, 215, 225
–, männlicher 205, 263
–, passiver 215
Bürgergeld 280
Bürgerkrieg 222
Bürgerrechte 225

Café, philosophisches 8
Calvinismus 221
Caring-Diskussion 165
caritas 244
cartesianisch 58
Chaos, Chaostheorie 124, 134, 135
Chauvinismus, männlicher 67
Christentum 29, 31, 32, 46, 94, 229, 243
Christianisierung 29
Christus 245
–, romantischer 256
Computer 158, 281

Dasein 42, 94, 176, 189, 231
–, absurdes 41
Dauer 309, 312
–, reine 312

Debatte, feministische 143
Deduktion 173
Definitionsmacht 114
Dekonstruktion 117, 222
Demagogie 172
Demokratie 160, 169, 174
demokratisches Handeln des einzelnen 225
Denken 7, 33, 82, 94, 101, 104, 106, 107, 110, 124, 126, 129, 136, 153, 157, 175, 177, 184, 227, 228, 263, 268, 297, 309, 315
–, abendländisches 47, 92
–, abstraktes 301
–, antikes 64
–, identifizierendes 144
–, interdisziplinäres 11
–, männliches 8, 9, 11, 132
–, reines 47, 92
–, weibliches 9, 11
–, identifizierendes 144
–, philosophisches 224
–, versöhnendes 294
Denker, männliche 47
Denkprozeß, -vorgang 85, 90
Denkstrukturen, patriarchale 116
Denktradition 131
–, abendländische 71
Denkvermögen 157
–, logisches 106
deontologisch 219
deterministisch 180
Dialektik der Aufklärung 125
Dialog 126
Dialoge, platonische 253, 289
Dichotomie 63, 153, 166
Dienen 235
Dienstleistung, private 277
Differenz 118, 140, 166
–, biologische 141
–, der Geschlechter 70, 117, 297, 317
–, sozio-kulturelle 141
Diktatur 183
Dinge 103, 133, 208, 308
–, »an sich« 132
–, Eigenschaft der 308
–, Wesen der 311
Dionysos-Kult 301
Diotima 138, 142
Diplomatie 170
Diskriminierung 212, 220, 278, 279, 301
Diskurs 112, 113, 118, 133, 139, 259
–, »herr«schender 115, 117
–, feministischer 11
–, patriarchaler 130
–, universitärer 160
–, wissenschaftlicher 117
Diskursbegriff 122
Diskurse, radikalfeministische 116
Diskurses, Objekt des 126
Diskursethik 159
Diskursstrategien 130
Diskussion, feministische 137
Dissidenz 131, 136
Dissoziierung 78, 88
Distanz, distanzieren 164, 234, 258, 260, 299
Dogmen 203, 208
dominantes Sprechverhalten 113
Dominanzphantasie 260
Doppelbelastung 315
Doppelmoral 170
–, gesellschaftliche 250
Dualismus 9, 46, 58, 129, 258
Dualist 90

dualistisch 73, 87, 103, 143
dualistisches Sein 73
Dummheit 235
Durst 169

Echtzeit 314
écriture féminine 117,
22
Ehe 188, 236, 243, 252
Ehebegriff 257
Ehegesetze 188, 189, 231
Ehevertrag 188, 189
Eifersucht 171
Eigeninteresse 211
Eigenleiblichkeit 101
Eigen-Sinn 300
Eigentum 267
–, persönliches 210
Eigenwahrnehmung 90, 91
Eigenzeit 315
Ein-Bildungs-Kraft 102
Eindeutigkeit 117
Einheit 154, 293
–, kosmische 153
Einkommen 272
Einsamkeit 180, 258
Einstellung 234
Einzelfall 160, 209, 219
–, konkreter 159, 160
einzelner 191, 207
Einzigartigkeit 264
Elend 178
Emanation 289
Emanationslehre,
neuplatonische 290
Emanzipation,
Emanzipationsbestrebungen
277, 302
Emotion 82, 86, 87, 169, 171, 172
–, menschliche 171
emotionale Intelligenz 87
Emotionalität 130
Empathie 219
Empfindsamkeit 76
Empfindung 86, 87, 170, 235,
292, 309
Endlichkeit 37, 41, 42, 314
Endursache 125
Energie, schöpferische 260
Engagement, politisches 296
Engel 236
entfremdet 269
Entfremdung 125, 267, 268
Enthaltsamkeit 243
Entlassung 269
Entpolitisierung 270
Entscheidung 181, 216
–, gerechte 216
–, politische 212
Entscheidungskraft 177
Entscheidungskriterien 159
Entwürfe 191
Epikureer, epikureisch 58, 225
Epistemologie 173
Ereignisse 315, 316
Erfahrung 102, 125, 175, 309
–, universelle 147
–, weibliche 147, 166
Erfolg 233, 266
Erinnerung 105, 171
Erinnyen 27
Erkennen 82, 127, 171
Erkenntnis 67, 75, 76, 82, 91,
101, 105, 107, 122, 127, 131,
133, 172, 180, 184, 224, 227,
241, 242, 291, 296, 309
–, Baum der 265
–, feministische 120
Erkenntniskritik 107
Erkenntnisleistung 172

Erkenntnismöglichkeit, menschliche 102
Erkenntnisprozeß 95, 132, 133
Erkenntnistätigkeit, eigenleibliche 102
Erkenntnistheorie, erkenntnistheoretisch 105, 125, 161
–, moralische 209
Erlebnisperspektive, eigenleibliche 55
Eros 240, 241, 242, 243, 253, 257, 259, 260, 290, 291
–, romantischer 255, 256
Erotik 247, 258, 258, 259, 260, 261
–, irdische 244
Erotikideal 255
erotisch 244, 258, 260
Erwerbsarbeit 271, 272, 281
Erwerbseinkommen 274
Erziehungsgeld 277
Erziehungsideal 221
Essentialismus, essentialistisch, Essenz 82, 120, 143, 150, 151
Ethik 54, 67, 83, 84, 135, 156, 157, 170, 220, 230, 243, 250, 288
–, abendländische 161
–, calvinsche 266
–, geschlechtsspezifische 161
–, Kantsche 170
–, normative 219
–, ökologische 167
Ethikkommission 158
Ethikkonzeption, »herr«schende 161
ethisch 39, 50, 191
ethisch-moralische Frage 158
Ethos, christliches 160
eudaimonia (gr. Glückseligkeit) 224, 233
Euthanasie 231
Evolution 64, 135
Ewigkeit, ewig, ewige Gottheit, ewige Seligkeit, ewige Wahrheit 133, 135, 243, 257, 306, 307
Existentialismus, Existentialisten, existentialistisch, existentialistische Philosophie, existentialistischer Freiheitsbegriff, existentialistischer Nihilismus 42, 59, 80, 83, 181, 190
existentiell 90
Existenz, Existenzialist, existenzialistisch, existenzialistische Philosophen 37, 40, 42, 55, 160, 181, 199, 294
Existenz, absurde menschliche 42
–, ästhetische 9, 292
–, menschliche 54
Existenzrecht 168
Existenzsicherung 270
Existenzweise, gesellschaftliche-kulturelle 152
–, künstlerische 300

Fähigkeiten, besondere 210
Fairneß 209
Fakten, wissenschaftliche 167
falsch 158, 202
Familienähnlichkeit 153
Familienarbeit 278
Fanatismus 172
Faschismus 142
Fatalismus 180
Fehlbarkeit 166
Feminismus 145, 147, 195

–, dekonstruktiver 121
–, Geschichte des 145
Feministin, radikale 192
Fließendes 117
Folter 217
Form 297
Form, perfekte 153
Forschung, methodische 176
Forschungsergebnisse, feministische 285
Fortpflanzung 242, 243, 261
Fortschritt, Fortschrittsglaube 59, 124
Fortuna 233
Frankfurter Schule 81
frau 112
Frau 61, 64, 65, 80, 148, 166, 186, 205, 215, 220, 221, 225, 234, 235, 237, 242, 244, 245, 254, 255, 257, 258, 265, 273, 276, 278, 279, 280, 283, 286, 291, 301, 315
Frauen, Ausbeutung der 278
Frauenarbeit 277
Frauenbewegung 78, 111, 120, 138, 143, 192, 197, 221, 297
–, erste 317
–, italienische 198
–, moderne 32, 96
–, zweite 138
Frauenbild 67
–, negatives 64
Frauendiskriminierung 276
frauenfeindlich 61, 260
Frauenfeindlichkeit 68, 123, 165
–, christliche 32
Frauenforschung 139, 154, 285
Frauenfrage 70, 234
Frauenfreundschaften 143
Frauenhaß, patriarchaler 96
Frauenherrschaft 261
Frauenideal 290
–, bürgerliches 70, 257
Frauenkunst 301, 302
Frauenmystik, christliche 262
Frauenrechtsdeklaration 69
Frauensprache 114
Frauentausch 25
frauenverachtendes Traktat, Frauenverachtung 66, 192, 249
Frauenverfolgung 96
frei 174, 175, 176, 179, 181, 182, 184, 216, 266
freie Liebe 254
Freie 225
Freiheit 80, 111, 138, 140, 142, 151, 157, 160, 169, 172, 175, 176, 199, 207, 209, 210, 216, 219, 224, 231, 235, 238
–, absolute 80, 83, 175
–, bürgerliche 183
–, der Anderen 191
–, der Kunst 296
–, des einzelnen 207
–, Erkenntnis von 197
–, gesellschaftliche 184
–, individuelle 182, 190
–, innere 190
–, künstlerische 196
–, negative 219
–, persönliche 190
–, soziale 182
–, transzendentale 179
–, verlorene 198
–, vollkommene 184
–, weibliche 137, 197, 199
Freiheitsbedürfnis 191
Freiheitsbegriff 191, 199
Freiheitsberaubung 198
Freiheitsideal 184

Freiheitsrecht 183, 187
Freiheitsstreben 188, 191
Freiheitstheorie 188
Freiheitsverlust 197
Freiheitsverständnis, weibliches 190
Fremdbestimmung 183
Fremdes 101, 258
Freude 171, 244
Freundschaft 171, 244, 256
Frieden 105, 142
Friedfertigkeit 22
Fruchtbarkeitsgöttin 46
Frühaufklärung 167, 253
frühe Neuzeit 97, 263
Frühzeit 265
Fühlen 94
Funktion, symbolische 119
Furcht 228, 232
Fürsorge 162, 165, 209, 218, 219, 220, 221
Fürsorgeethik 166, 221
Fürsorglichkeit 164, 165
–, weibliche 165

Gebärneid 281
Geborenwerden 9, 51
Geborgenheit 169, 237
Gebot, moralisches 216
Geburt, Geburtlichkeit 9, 18, 24, 41, 46, 47, 51, 53, 54, 55, 63, 197
Geburtsakt 281
Geburtsmetapher 48
Gedächtnis, Gedächtnissystem 85, 86, 314
Gedächtnis, kulturelles 318
Gedanken, Gedankenfreiheit 87, 102, 105, 143, 175
gedankliche Verarbeitung 102
Gedichte 295
Gefühl 74, 78, 85, 86, 87, 102, 106, 124, 130, 158, 166, 171, 172, 198, 235, 240, 241, 260, 286
–, egoistisches 172
–, moralisches 171
–, verdrängtes 171
Gefühle, Haushalt der 220
–, Theorie der 169, 170
Gefühlsbeziehungen 258
Gefühlstiefe 171
Gefühlswelt 61
Gefühlswesen 70
Gefühlszustand 230
Gegenkultur, weibliche 138
Gegensatz 63
Gegenstand, intentionaler 101
Gegenwart 99, 259, 310, 314, 316, 317
Geheimnis 296
Gehirn, Gehirnforschung 84, 94, 103, 133, 134
Gehorsam 161, 208
–, absoluter 202
Geist 9, 58, 63, 76, 85, 87, 93, 129, 152, 166, 244, 286, 292, 293
–, männlicher 129
geistige Schönheit 289
Geistiges 125
geistig-kultureller Wert 171
Geistprinzip 47
Geld 276, 280
Geltungsbedürfnis 171
Gemeinschaft 169, 205, 207, 225
–, antike 225
–, geschlechtliche 244
–, politische 209
Gemeinschaften, autonome 280
Gemeinschaftserlebnis 265

Gemeinwesen 207
Gemeinwohl 273
Gender 143, 147, 148, 150, 152, 153, 154, 155
gender identity 150
Gender Studies 139
Gender/Sex 140
Gender-swapping 155
Genealogie, weibliche 46, 144
Generative Grammatik 109
Genieästhetik 300
Gentechnologie 50, 56
gerecht 31, 201, 202, 203, 204, 216, 217
Gerechtigkeit 31, 66, 142, 157, 160, 169, 263, 289
–, abstrakte 166, 219, 221
–, allgemeingültige 216
–, ausgleichende 205
–, austeilende 205
–, göttliche 202, 203
Gerechtigkeitsarithmetik 9
Gerechtigkeitsdebatte 209
Gerechtigkeitsdenken 205
Gerechtigkeitsdiskussion, amerikanische 216
Gerechtigkeitsempfinden 201
Gerechtigkeitsmodell 211, 220
–, abstraktes 219
Gerechtigkeitsprinzip 210
gerechtigkeitsrelevant 210
Gerechtigkeitstheorien 213
Gerechtigskeitsauffassungen 214
Gesamtnutzen (Utilitarismus) 219
Geschichte 177
Geschichtsschreibung, patriarchale 300
Geschlecht 147, 148, 166, 210, 234
–, biologisches 80, 116, 122, 142, 143, 150
–, grammatisches 154
–, schöneres 291
–, soziales 116, 122
–, soziokulturelles 142, 150, 152
Geschlechter 281
–, drei 241
–, Ordnung der 70
–, Ungleichgewicht der 256
Geschlechterbinarität 151
Geschlechterdichotomie 286
Geschlechterdifferenz 10, 138, 140, 142, 143, 144, 152
Geschlechterforschung 139
Geschlechterhierarchie 144
Geschlechteridentität 302
Geschlechterkampf 195, 258
Geschlechterordnung 151
Geschlechterparodie 150
Geschlechterproblematik 240
Geschlechterrollen 277, 283
Geschlechterstereotypen 144
Geschlechterverhältnis 139, 280
Geschlechtsidentität 143, 150, 151
–, psychische 152
–, weibliche 193
Geschlechtskörper 153
–, natürlicher 150
Geschlechtsliebe 258
geschlechtsneutral 125
Geschlechtsnorm, kulturelle 152
Geschlechtstypologie 244
Geschlechtsunterschied 141
Geschmacksempfindung 171
Geschmacksmuster 286

Geschwindigkeit 309
–, Diktatur der 314
Geselligkeit, schöne 294
Gesellschaft 105, 118
–, gerechte 207, 211
–, matriarchale 265
–, matrilineare; Gesellschaftsstruktur, matrilineare 20, 23, 26
–, matristische 25
–, matrizentrische 21, 23, 24
–, patriarchale 22, 54, 138, 265
–, patrilineare; Gesellschaftsstruktur, patrilineare 20, 23
Gesellschaftsordnung 236
–, kapitalistische 266
Gesellschaftsutopie 205
Gesellschaftsvertrag 182, 207, 208
Gesellschaftsvertrages, Theorie des 209
Gesetz, Gesetzeskraft 121, 141, 157, 176, 202, 205, 207, 208, 216, 217
–, schönes 288
Gesetzgebung, Prinzip der allgemeinen 160
Gesetzmäßigkeit 124, 126
Gesundheit 233
Gewalt 142, 173, 187, 188, 192, 194, 206, 208, 216, 217, 222, 233
–, des Gesetzes 217
–, gesetzgebende 206
–, höhere 212
–, sexuelle 192
–, soziale 124
Gewaltausübung 220
Gewaltenteilung 206
Gewaltmonopol 218
Gewalttätigkeit 217
Gewerkschaften 269
Gewinn 273
Gewissen 157, 162, 171, 175, 216
Gewissensfreiheit 182
Gewissensorientierung 162
Gewißheit 73, 90
Gewißheiten, zeitlose 310
Glaube 31
Gleichbehandlung 219
Gleichberechtigung 140, 141, 231, 236
–, berufliche 274
Gleichgewicht, ökologisches 167
Gleichheit 32, 111, 140, 169, 184, 220, 257
–, der Geschlechter 161
–, liberale 210
–, Prinzip der 205
–, ursprüngliche 211
Gleichheitsdebatte 137, 139
Gleichstellung 68
Gleichstellungspolitik 138
Globalisierung 281
Glück, glücklich 85, 94, 157, 205, 232, 234, 235
–, biologisches 238
–, immerwährendes 229
–, individuelles 224
–, irdisches 229
–, männliches 237
–, sittliches 236
glückliches Leben 224, 228
Glücklichkeitsbedingung 234
Glücklichsein 233
Glücksbegriff 224
–, zweckorientierter 237
Glücksdefinition 230
Glückseligkeit 224, 225, 231, 232
Glücksenttäuschungen 237
Glückserfahrung 227
–, subjektive 225

Glückserwartungen 237
Glücksethik 230
Glücksfähigkeit 232
Glücksfrage 230
Glücksgefühl 224, 234, 238
Glücksgen 239
Glücksgüter 233
Glückshormone 238
Glückskonzepte 233
Glucksmodell 225
Glückspegel 238
Glücksrausch 238
Glückstheorie 230
Glücksverheißungen 234
Glücksvorstellung 223
Glückszustand 225
Goethe-Kult 300
Gott, Götter 27, 29, 31, 32, 33, 58, 59, 103, 129, 133, 167, 177, 224, 230, 244, 245, 247, 252, 255, 263, 265, 266, 289, 293, 307
Göttergenealogie 28
Göttersprache 32
Gottes, Ebenbild 68
Gottesbild 29, 33
Gotteserkenntnis 67, 229, 291
Gottesglaube 31
Gottesliebe 229
–, männliche 245
Gottesmutter 17
Gottesvorstellung 31
Gottheit, matristische 27
–, vaterrechtliche 27
–, weibliche 33
Gottheitsbild 33
Göttin, Göttinnen 19, 28, 29, 32, 34, 35, 224
Göttin, dreifaltige 15
–, fröhliche 31
göttlich Eines 307
Göttliches 29
Grammatik, logische 109
–, traditionelle 109
Grausamkeit 31, 203
Grenzerfahrung 55
Große Göttin 17, 19, 26, 28, 33, 34
Große Mutter 46
Grundbedüfnisse 169
Grunddisziplin, philosophische 105
Grundlage, allgemeingültige 162
Grundproblem 234
Grundrecht 183, 192
Grundsatz, moralischer 160
Gültigkeit, universelle 164
Gut 129, 153, 156, 158, 176, 177, 178
–, höchstes 224, 225
Güter 272
–, allgemeine 142
–, materielle 224
Gutes 29, 176, 229, 240, 241, 253, 263, 289, 290, 291
gutes Leben 166
gynozentrische Bedeutungen 115

Haben 267
Handeln 51, 53, 67, 161, 175, 176, 179, 181, 184, 212, 215, 235, 264, 316
–, intelligentes 60
–, menschliches 191, 213, 243
–, moralisches 164
–, politisches 160, 263, 270
–, sittliches 229
–, willkürliches 211
Handlung 101, 135, 167, 171, 172, 175, 178, 216, 222, 230
–, ungerechte 180

Handlungsfreiheit 182
Handlungsverantwortung 181
Handlungsweise, ethische 168
Härethik 54
Haß 171, 258
Hausarbeit 276, 279
Hebammenkunst (Maieutik) 47
Hedonismus, Hedonisten 95, 225
Heilkunde 244
Herkunft 210
Heros 19, 35
Herrschaft 125, 184, 260, 297
–, gesellschaftliche 182
–, patriarchale 96
Herrschaftsanspruch, männlicher 71
herrschaftsfreie Diskurse 113
Herrschaftsverhältnisse 166, 197
Herstellen 263, 264
Heterosexismus 150
heterosexuelle Logik 150
Hexe, Hexen, Hexenverfolgung, Hexerei 97, 98, 123
Hirnforschung 84
Hirntod 38
Hölle 203
Homosexualität 242
Humanismus 42
Hunger 169, 212
Hure 236
Hypermoral 72

Ich 73, 74, 75, 76, 77, 78, 81, 101, 103, 179, 207
–, absolutes 74, 77, 80
–, autonomes 76, 81
–, bewußtes 85
–, empirisches 74, 75
–, identisches 75, 78
–, reines 75
–, schöpferisches 75
–, transzendentales 74
Ich-Distanz 299
Ich-Du-Beziehung 145
Ich-Nähe 299
Ideal 131
–, abstraktes 160
Ideale der Aufklärung 236
Idealismus, deutscher 70
Idee 76, 87, 103, 108, 132, 289, 300
–, des Geistes 293
–, des Guten 224
–, des Schönen 288
–, überzeitliche 9
Ideenhimmel 41
Identifizierung 150
Identität 33, 84, 105, 118, 137, 145, 147, 151, 153, 154, 197, 200
–, geschlechtliche 150, 152
–, weibliche 146
Identitätsbildung 81
Identitätskonzepte 150
Identitätslogik, patriarchale 145
Ideologie 150, 296
Idylle 237
Illusion 133
Imaginäres, weibliches 195
immanent, Immanenz 80, 88
Immerseiende 307
Impressionismus 302
Indianersprachen 110
Individualität 75, 124, 302
–, weibliche 82
Individuation 71
Individuum 76, 77, 83, 102, 125, 152, 170, 177, 180, 182, 207, 209, 231, 236
Industriezeitalter 267

Inhalt 297
Innenwelt 76, 102
Intellekt 75
Intelligenz 86, 297
Interessenkollisionen 211
Intertextualität 118
Inzest 173

Jahreszeiten 308
Jahrhundertwende 312
Judentum 29
Jugoslawien 208, 218, 222
Jungfrau, heilige 247
justitia civilis 202
–, communitativa 205
–, distributiva 205
–, evangelica 202
–, fundamentum regnorum 206

Kalender, Kalenderformen 308, 318
Kanon 132, 286, 299, 302
Kapital, Kapitalismus 147, 169, 178, 266, 269
Kardinaltugend 204
Karma 204
Kaste 146
Katastrophe 222
Kategorie 105, 125, 147, 154
–, absolute 191
–, subjektive 166
Kategorien der Vernunft 125
kategorischer Imperativ 160, 168
Katharsis 289, 294
Kinder 205, 225
Kindererziehung 220
Kindersterblichkeit 212
Klasse, Klassenfrage, Klassengesellschaft 23, 146, 147, 166
Klonen 158
Klugheitsethik 159, 160
Knabenliebe 253, 291
Kognition 171, 173
Kohlbergs Moralskala / Entwicklungsschema 131, 160, 164
Kolonialismus 147
Kommunikation, Kommunikationsbedingungen, Kommunikationssysteme 105, 108, 110, 113, 166
Kommunikation, öffentliche 114
kommunikative Ethik 166
Kommunismus 169
Kompensation 60
–, männliche 281
Kompetenz 104
Komtemplation 263
Konflikt, moralischer 168
Konformität 161
Konkurrenzkampf 277
konstruiert, Konstruktion 134, 151
Konstrukt, kulturelles 150
konstruktive Tätigkeit 190, 191
Konstruktivismus 143, 150, 151
, radikaler 132, 133, 134, 135
Kontemplation 267
Kontext 107
kontradueller Legalismus 162
Kontraktbegriff 162
konventionalistische Sprachtheorie 105
konventionell 105
Konzeption, ethische 146
Konzeptkunst 293
Körper 9, 46, 58, 63, 73, 76, 87, 90, 91, 92, 93, 94, 95, 96, 101, 102, 129, 130, 148, 151, 152,

166, 197, 228, 258, 291, 299, 300, 301
–, biologischer 150
–, männlicher 291
–, menschlicher 288
–, weiblicher 50, 96, 98, 99, 100, 140
Körperfeindlichkeit 95
Körper-Ich 34
Körper-Identität, körperliche Identität 90, 91
Körperlichkeit 100, 194
Korrelation 63
Kosmos 29, 58, 103, 288
Kosovo 218, 222
Kraft (Gewalt) 218
Kreativität 76, 295
Krieg 23, 142, 158, 183, 233, 316
Krieger-Gottheiten 24
Kriegsbegeisterung 43
Kritische Theorie 81
Krone der Schöpfung 167
Kugelmensch 242
Kult, matriarchaler; Kultus, matriarchaler 19, 301
Kultur 57, 59, 60, 61, 101, 121, 124, 142, 143, 152, 155, 168, 232, 286, 292, 293
–, abendländische 57, 166, 216, 286, 304, 308
–, antike 289
–, matriarchale 308
–, matrilineare 26
–, matrilokale 20, 26
–, matristische 28
–, matrizentrische 20, 26,
–, mutterrechtliche 23
–, der Sterblichkeit 53
–, patriarchale 316
Kulturhistorie 287
Kulturleistung 267, 258, 260
Kulturproduktion 63
Kulturschöpfung 267
Kunst 293, 294, 297, 300, 301
–, apollinische 294, 301
–, dionysische 294
–, Ende der 293, 295
–, weibliche 297
–, zeitgenössische 286
Kunstanschauung 292
Kunstbeurteilung 294
Kunstform, höchste 289
Kunstgeschichte 285, 300
Kunstideal 293
Künstler, männlicher 297
künstlerische Wahrscheinlichkeit 289
Kunstwerk 285, 292, 294, 296
Kunstwerke, Unausschöpflichkeit (Polysemie) der 296
Kurgan-Völker 35
Kyniker, kynisch 225, 227
Kyrenaiker, kyrenaisch 225

Laster 265
Lawinen, Lawinenabgänge 222
Leben 37, 39, 41, 42, 46, 48, 49, 54, 55, 63, 76, 92, 101, 168, 175, 176, 180, 181, 224, 228, 231, 263, 266, 281, 293, 294, 294, 295, 300, 301, 307, 316
–, geglücktes 233, 236
–, gottgefälliges 265
–, körperloses 92
–, menschliches 59, 244
–, tätiges 263
–, unwertes 38
Lebensaufgabe 224
Lebensbedingung 234
Lebensbilanz 235

Lebensform 7
–, sittliche 288
Lebensführung 224, 266
–, sittliche 225
Lebensorientierung 318
Lebensrecht 168
Lebensweise 176
Lebenswelt, weibliche 299
lebensweltlicher Kontext 76
Lebenszeit 304
Lebensziel 233
Lebenszweck 264, 266
Lebewesen 103
Legitimation, göttliche 267
Lehre 135
–, hedonistische 227
–, Platonische 289
Leib 41, 61, 92, 93, 100, 101, 102, 103, 245, 252, 255
Leibfeindlichkeit 92, 96
leiblicher Ausdruck 101
leiblicher Stil 151
Leiblichkeit 145
Leiblich-Sinnliches 47
Leibphilosophie 55, 101, 102
Leib-Seele-Dualismus 101
Leib-Seele-Verhältnis 93
Leib-Verächter 93
Leid 85, 203, 289
Leiden, psychisches 237
Leidenschaft, sexuelle 261
Leidenschaften 235
Leistungsaustausch 278
Leitbilder, kulturelle 286
Lesbierin 261
Letztbegründung 125
letztes Ziel 224
Leyden 247
Liberalismus, cartesianischer 72
liberalistisch 182, 191
Libido sexualis, Libido 258, 262
Liebe 9, 33, 46, 171, 189, 220, 235, 236, 259, 261, 291, 293
–, höfische (Minne) 249
–, zu Gott 229
–, zum Schönen 241
–, erkennende 244
–, gleichgeschlechtliche 261
–, himmlische 240, 242, 259
–, irdische 240, 242, 259
–, körperliche 242
–, lesbische 259
–, reine 253
–, romantische 256
–, sterbliche 242
–, tugendhafte 253
–, unsterbliche 242
–, reine 250
Liebesakt 255
Liebesbegriff, platonischer 253
Liebesdialog, christlicher 245
Liebesdiskurs 253, 259
Liebesheirat 254
Liebesideal, romantisches 256
Liebeskunst 249
Liebesschule 248
linear, lineare Struktur, lineare Zeit, linearer Zeitrhythmus 9, 306, 315, 316, 317
Linguistic Turn / linguistische Wende 104, 107
Linguistik 108, 109, 110
linguistische Bezeichnung 154
List 206
Literaturstreit 249
logisch 162
Logos 105, 124, 126, 260, 288, 297
–, philosophischer 117

logozentrisch 124
Lüge 159
Lust 236, 252, 260
–, körperliche 253
–, männliche 195
–, weibliche 195
Lustempfinden 194
Lusterlebnisse 231
Lustfeindlichkeit, christliche 244
Lustgefühl 233
Lustgewinn 225, 227
Lustprinzip 225

Macht 22, 24, 25, 33, 84, 112, 113, 125, 127, 161, 169, 182, 184, 208, 217, 224, 254, 260, 276, 296, 299
–, kosmische 34, 240
–, männliche 255
–, staatliche 217
Machtansprüche 206
Machtfrage 151, 153
Machtkämpfe 237
Machtlosigkeit 198
Machtstatus 281
Machtstrategien 130
Machtstreben 227
Machtstrukturen 83
Machtsystem 112
Machtverhältnis, Machtverhältnisse 26, 112, 116, 166
Machtverteilung 141, 215
Magie 33
magisches Wissen 33
man 111
Mangel 144, 259, 272
Mängelwesen 60, 61, 64, 117
Manieren 157
Mann 64, 65, 80, 111, 130, 136, 166, 242, 244, 245, 254, 255, 257, 258, 273, 276, 280, 281, 286, 301, 315
–, nekrophiler 116, 143
Männerherrschaft 23, 146
Mann-Frau-Zuordnung 301
Männliches 125
Marienkult 17, 31
Marienverehrung 31, 247
Maschine 85, 281
–, menschliche 59
Maschinisierung der Arbeitswelt 283
Masochismus, weiblicher 31
Massenarbeitslosigkeit 270
Massenentlassungen 269
Massenvergewaltigungen 183
Mäßigung 289
Maßstab, objektiver 217
Maßstäbe 143
Mater Creatrix 24
Materialität des Körpers 150
Materie 58, 152
–, organisierte 69
–, unbeseelte 93
Matinee, philosophische 8
matriarchal 24
Matriarchat 21, 26, 34, 35, 300
matrilinear 34
matrilokal 20, 34
matrizentrisch 21, 34
Mechanik 310, 318
Meditationstechnik 172
Medizinethik 158
Megalith-Kulturen 15
mehrdeutig 117
Mehrheitswille 162, 206
Meinung 126

Meinungsäußerung, freie 184, 192, 209
Meinungsfreiheit (First Amendment) 182, 191, 192, 193, 195
Mensch 45, 51, 57, 61, 63, 73, 90, 94, 101, 105, 106, 111, 123, 124, 130, 167, 168, 174, 177, 179, 181, 184, 206, 207, 208, 212, 228, 231, 232, 234, 241, 242, 245, 264, 281, 289, 293, 304, 308, 309, 312
–, Begriff vom 71, 126
–, schöpferischer 270
Menschen, Wesen des 106
Menschenbild 59, 64, 71, 135, 291
–, asymmetrisches 63
–, zweitklassiges 69
menschenfeindlich 169
Menschenrechte 183, 208, 209, 218, 224, 271
–, allgemeine 160
Menschenrechtsverletzungen 158
Menschenwürde 183
Menschheit 131, 135, 182, 189, 231, 258
Menschheitsgeschichte 80, 98, 135, 158, 187, 210, 267, 270
Menschlichkeit 181, 214
Menschsein 65, 67, 69, 264
Mesolithikum 14, 35
Metaphysik 57, 63, 295
Metasprache 112
Methode, philosophische 47, 126
Minderwertigkeit 257
–, naturbedingte 279
Minne 262
–, höfische 259
Mitbestimmung, politische 210
Mitgefühl 209
Mittäterin 165
Mittelalter 64, 133, 243, 248, 307, 310
Mittelpaläolithikum 34
Mittelsteinzeit 35
Monade 145
Monisten 93
Moral 56, 72, 156, 157, 169
–, männliche 159
–, weibliche 165
Moralphilosophen 164
Moralphilosophie 9, 172, 209
–, christliche 159
Moralskala 162, 218, 220
Moraltheorie 166
–, feministische 166
–, universalistische 166
Mortalität, siehe Sterblichkeit
Musik 288, 289
Muße, Müßiggang 263, 265, 267, 271, 272
Mut 205
Muttergöttin 15, 24, 28
Mutter-Kind-Beziehung 197
Mütterlichkeit 54
Muttermord 27
–, symbolischer 26
Mutterrecht 23, 26
Mutterschaft 55
–, männliche 242
Muttersprache 110, 111
Mutter-Tochter-Beziehung 199
Mystik 247, 262
–, christliche 32
–, weibliche 32
Mystikerinnen 32, 33, 245, 247
–, mittelalterliche 65
mystische Hochzeit 245
Mythologie 34

Mythos 18, 31, 124, 126, 241
–, kompensatorischer 24

Nachahmung 289
Natalität, siehe Geburtlichkeit
nationalökonomische Theorie 267
NATO 208, 222
NATO-Luftkrieg 218, 318
Natur 47, 48, 57, 58, 59, 60, 61, 69, 70, 78, 101, 125, 127, 129, 130, 135, 142, 143, 152, 155, 167, 168, 176, 177, 180, 181, 199, 228, 257, 292, 293, 297, 308
–, Ordnung der 69
–, weibliche 64
–, zweckgerichtete 176
–, zweite 59
Naturbegriff 167
Naturbeherrschung 125, 127
Naturgesetz 102, 255, 310
Naturkatastrophen 212
Natur-Kultur-Dichotomie 152
Naturmensch (homme naturel) 207
Naturontologie 311
Naturphilosophen 240
Naturphilosophie 67, 308
naturrechtlich 181
Naturschönheit 292
Naturzustand 207, 211
Neid 171
Neigung 168, 235
–, subjektive 170
nekrophil 9
Neoaristoteliker 160
Neokantianer 160
Neo-Liberalismus 266
Neolithikum 14, 23
Neolithische Revolution 14
neue Moral 236
Neuzeit 264
Nicht-Form 153
Nicht-Ich 74
Nichts 37, 181
nihilistisch 59
nomos (Gesetz) 176
nomo-These 105
Norm, normativ 83, 131, 155, 157, 159, 162, 170, 202, 209, 210, 213, 219, 227
–, allgemeingültige 160
–, gesellschaftliche 151, 164
–, männliche 164
–, universale 159
Normen 138, 148, 216
–, geschlechtsspezifische 140
–, patriarchale 138
Notwendigkeit 175, 176, 199
Nutzen 230, 231, 235
Nützlichkeitskriterium 182

Objekt 74, 78, 80, 132, 166
Objektbeziehungstheorie 164
objektiv 232
objektivieren 164
Objektivierungsprozeß 164
Objektivität 78, 134
Ohnmacht254
Ökonomie, sexuelle 194, 195
Opfer 213, 221
Opposition 153, 297
Ordnung 124, 135
–, gottgewollte 266
–, göttliche 224
–, matrilineare 27
–, politische 288
–, symbolische 54, 112, 119, 120, 121, 141, 145, 146, 199

Oresteia 26
Orgasmus 260
Orientierung 101, 161, 162
–, sexuelle 146
Orientierungsgefühl 171
Overkill 173

Paläolithikum, Alt- oder Unteres 34
–, Oberes 13, 35
Paradies 203, 265
Paradigma, Paradigmawechsel 23, 28, 34, 46, 88, 133
Paradigmenwechsel, philosophischer 73
Paradoxon 216
Partikularismus 219
passiv 166
patriarchalisch 25
Patriarchat 20, 21, 22, 23, 25, 28, 32, 34, 46, 96, 141, 144, 146, 147, 184, 198, 300
Patriarchats, Geschichte des 31, 99
Person 73, 76, 85, 151, 152, 171, 231, 232, 299
Persönlichkeit 146
Perspektive, androzentrische 166
Perversion 260
Pessimismus, kynischer 228
pessimistisch 234
Pflicht, allgemeine 170
–, allgemeingültige 170
Pflicht, Pflichterfüllung 162, 168, 205, 208, 209, 219
–, objektive 170
–, positive 164
Pflichten, eheliche 186
Pflichtethik 159, 165, 166, 168, 222
Phallokratie 195
phallozentrisch 117
phänomemologisch, Phänomenologie 100, 101
Philosophen, idealistische; Philosophie, idealistische 93, 257
Philosophen, mittelalterliche 64
Philosophie(ideal), asketisches 95
–, abstrakte 101
–, analytische 103
–, antike 103
–, arabisch-islamische 136
–, feministische 8
–, indische 172
–, kynische 227
–, lebenszugewandte 9
–, männliche 8
–, mittelalterliche 64
–, neuzeitliche 126
–, ontologische 127
–, patriarchale 10
–, Philosophiegeschichte, abendländische 92, 124
–, politische 267
–, universitäre 11
–, weibliche 7, 8
Philosophiegeschichte 7, 61, 73, 129, 140, 207
Philosophieren, abstrahierendes 46
–, männliches 242
Philosophinnen 7
physei-These 105
Physik, moderne 310
physis (Material) 176
Pluralität 264
Polis 264
–, griechische 263

Politik 170, 295
–, autonome 199
–, praktische 170
PorNo, PorNo-Debatte 192, 195
Pornographie 191, 192, 193, 194
Pornographieverbot 193, 195
Porno-Industrie 200
Positionalität 120
–, exzentrische 58
Poststrukturalismus 118
Prädestination (Vorbestimmung, Vorherbestimmtheit) 176, 177, 199, 282
–, doppelte 266
Prädestinationstheorie 178
Präexistenz 176
Pragmatik, pragmatische Theorie 109
Praxis, politische 137
Pressefreiheit 184
Prestige 169
Priesterschaft, männliche 31
Prinzip 103, 160
–, eingeborenes 125
–, höchstes 289
–, moralisches 221
Prinzipien, moralische 164
Prinzipienethik 159, 160
–, Kantsche 162
Prinzipienorientierung 162
Privation 63
Produkte, künstlerische 293
Produktion 276
Produktionsästhetik 294
Produktionsbedingungen 268
Produktionsbereich 277
Produktionsmittel 269
Profit 273
Propaganda 214
Prostitution, legalisierte 254
Protestantismus, calvinistischer 178
Prozeß, schöpferischer 294
Psyche 241, 299
Psychologie 76

Quantelung 311
Quantenphysik 134, 311
Querelle des femmes 66, 67, 248, 249

Rachegöttin 36
–, antike 27
Rachsucht 203
radikalfeministisch 192
rasender Stillstand 314
Rasse, Rassenzuschreibung 146, 147, 166
Ratio 169
rational 131, 160
Rationales 143
Rationalisierung 124, 269, 281
Rationalismus 124, 127
–, männlicher 130
Rationalisten 106
rationalistisch, rationalistische Philosophie 106, 133, 167
Rationalität 96, 125, 131
–, mangelnde 279
Rauchen 158
Rauchverbote 191
Raum 309, 310, 311
Raum-Zeit-Kategorie 309
Raum-Zeit-Kontinuum 311
Raum-Zeit-Verhältnis 309
Rausch 294
reale Welt 95, 318
Realität 133
–, objektive 234

Recht auf Arbeit 271, 278
Recht auf Faulheit 271
Recht auf Strafe 217
Recht des Stärkeren 206
Recht 166, 167, 170, 184, 186, 201, 204, 209, 216, 217, 219, 220
–, subjektives 219
Rechte, bürgerliche 193
Rechtlosigkeit 231, 235
Rechtsansprüche 205
Rechtschaffenheit 66
Rechtschreibreform 215
Rechtsempfinden 214
Rechtsgültigkeit 214
Rechtssystem 214, 217
Rechtstradition, abendländische 206
Rechtszustand 204
Rede, freie 195
Reflexion 7, 126, 156, 293
–, politische 121
Reformation 178
Regel 209, 162
–, soziale 170
Regelhaftigkeit 124
Regelsystem 110
Regelungen 213
Reichtum, reich 169, 178, 211, 233, 267, 273
Reifen 63
Reinkarnation 40
Relativierung 135
–, von Werten 161
Relativitätstheorie 288, 311
Religion 31, 57, 102
–, der Liebe 255
–, monotheistische 29, 33
Religionsphilosophie 65, 167, 229
Religionssoziologie 266
Renaissance (frz. = Wiedergeburt) 67, 96, 177, 205, 253, 289, 299
Repräsentation 144, 147
Reproduktion 220, 276, 277
Reproduktionsbereich 277
Reproduktionsfähigkeit 25
reproduktiv, reproduktive Tätigkeit 277, 278
res cogitans / res extensa 58, 73, 93
Ressourcen 273
Revolution 183, 268
–, Französische 69, 184, 188, 206, 207, 236
–, naturwissenschaftliche 167
Rhetorik 242
richtig 158, 202
Ritterlichkeit 250
Rollenzuweisung 255, 280
Romantik 230, 254, 293
Romantik, philosophische 74
Rosenroman 66, 248, 250
Ruhe 237

Sache 133
Sadismus 115
Saint Simonisten 236
sakrale Akte 300
Sapir-Whorf-Hypothese 109
Schaffensprozeß 232
Schema, moralisches 218
Schicksal 175, 224
Schisma (= Kirchenspaltung) 178
Schmerz 85
Scholastik, scholastisch 244, 245, 262
Schönen, Lehre vom 290
Schönes 29, 157, 241, 242, 253, 263, 289, 290, 291, 293, 296

Schönheit des Denkens 293
Schönheit 256, 288, 291, 293, 294
Schönheitsbegriff, platonischer 288
Schönheitsideal 291
Schöpfer 69
Schöpferkraft 80
–, kosmische 47
Schöpfung 167
Schrecken 289
Schreiben 82, 296, 297
Schrift, weibliche 121
Schuld 179, 204
Schwangerschaft 197, 198, 242
Schwarz 153
Schweigen 102, 296
Schwerstbehinderter 232
Schwesternschaft 32
Seele 40, 46, 58, 68, 73, 88, 92, 93, 94, 101, 103, 129, 130, 176, 177, 190, 204, 224, 228, 241, 242, 245, 252, 255, 256, 258, 265, 288, 289, 291
–, denkende 92
–, männliche 242
Seelenfrieden 267
Seelenruhe 227
Seelenvermögen 61
Sehnsucht 253
Seiendes 47, 58, 137
Sein 8, 42, 45, 58, 73, 88, 127, 136, 137, 176, 181, 263, 267, 307
–, ganzheitliches 73
–, göttliches 307
Selbst (Subjekt) 73, 76, 81, 84, 237, 257
–, handelndes 85
–, körperliches 82
–, transzendentales 82
–, vernunftgeleitetes 81
–, zwangloses 82
Selbstachtung 268
Selbstaufgabe 252
Selbstaufopferung 82
Selbstbeherrschung 176
Selbstbeobachtung (Introspektion) 74
Selbstbeschränkung 208
Selbstbestimmung 237, 267
–, freie 179
–, sexuelle 186, 187
Selbstbewußtsein 39, 74, 76, 81, 82, 83, 87, 96
Selbstdenkerin 74
Selbstentwurf 80
Selbsterfahrung 102
Selbsterhaltung 71, 125
Selbsterhaltungstrieb 94
Selbsterkenntnis 78, 84
Selbstheilungskräfte 77
Selbstidentität 122
Selbstlosigkeit 81
Selbstmord 42
Selbstorganisation 135
Selbstreflexion, doppelte 171
–, selbstreflexiv 73, 83, 172
Selbstsucht 258
Selbstverantwortung 271
Selbstverständnis 67
–, objektivierendes 164
Selbstverwirklichung 67
Selbstwahrnehmung 90
Selbstwertgefühl, Selbst-Wert-Gefühl 87, 271, 281
Selbstzweck 153, 227, 267
selffulfilling prophecy 234
Semantik 109

Semiotik, semiotische
Funktion 108, 109, 119
Semiotisches 119
Sensualismus, radikaler 225
Sensualismus, Sensualisten 106, 122
Sensualisten, französische 106
Separatismus 144
Sex 143, 148, 150, 152, 153, 154, 155, 260
Sex/Gender-Trennung 152
Sexismus, sprachlicher 119
Sexualgeschichte des
Christentums 245
Sexualität 25, 95, 244, 254, 259, 260
–, männliche 259
–, weibliche 196, 236
Sexual-Moral, christliche 243
Sichtweise, männliche 193
Sinn (des Daseins), Sinn 31, 53, 76, 118, 126, 135, 190, 265, 295, 312
Sinne 225, 288, 289
–, menschliche 293
Sinneinheit 101
Sinnenlust 252
Sinnerfüllung 237
Sinnesfeindlichkeit 96
Sinneslust 225
Sinnesorgane 84
Sinnfrage 307
Sinngebung 119
Sinnliches 93, 125
Sinnlichkeit 61, 71, 82, 95, 125, 130, 236, 252, 254, 286, 297, 301
–, weibliche 97
Sinnlosigkeit 42
sinnstiftende Idylle 237
Sittengesetze 227
Sittenlehre, idealistische 256
Sittlichkeit 157, 219, 257
Sittsamkeit, weibliche 146
Sklaven, Sklaverei 205, 210, 236, 282
Sklavinnenmoral 165
Sokratischer Dialog 136
Solidarität 172, 218, 219, 221
Sonderanthropologie 70, 140
Sophisten 58, 105
Sorge 42, 278
Sozialverhalten 222
Spätaufklärung 146
Spiritualität 32, 33
–, weibliche 32, 33
spirituell 143
Sprachbegriff 106, 107
Sprache 83, 86, 88, 101, 105, 106, 107, 109, 126, 147, 177, 197, 198
–, feministische 116
–, menschliche 104
–, tierische 104
–, Ursprung der 106
–, weibliche 116
Sprachentwicklung 106
Sprachenlernung 104
Sprachgeschichte 111
Sprachmuster, patriarchale 117
Sprachphilosophie 104, 109, 110
–, feministische 115
–, moderne 106
Sprachskepsis 107
Sprachskeptiker 106
Sprachspiele 107, 112, 115
Sprachstil, männlicher 114
–, weiblicher 114
Sprachstrukturen,
patriarchale 116

Sprachtheorie 83, 117, 118
Sprechen 82, 104, 111, 264
Sprechsituation, ideale 110, 113
Sprechverhalten, pragmatisches 104
Sprechweise, männliche 111
Staat 105, 204
–, souveräner 222
Staatsgewalt 217
Staatsideal 208
Staatsräson 206
Sterben 8, 37, 51, 53, 264
Sterblichkeit 8, 42, 47, 48, 51
–, Kultur der 53
Steuergesetzgebung 273
Steuerpolitik 273
Stoa 228
Strafe 265
–, gerechte 217
Strukturalismus 117
Strukturalisten 123
Stufenweg 242
Subjekt 74, 75, 76, 77, 80, 81, 83, 88, 111, 118, 121, 126, 134, 144, 164, 166, 237
–, handelndes 80
–, individuelles 82
–, männliches 43, 80, 117, 131, 144
–, transzendentales 82, 83
–, transzendentes 119
–, weibliches 147, 237
Subjekthaftigkeit 238
subjektiv 102, 160, 304, 312
Subjektivität 78, 80, 120, 130, 237
–, weibliche 143
Sublimierung 232
substantiell 151
Substanz 93, 103
Subversion 131
sujet-en-procès (= Subjekt-im-Prozeß) 83, 118
Sünde 203, 204, 243, 252
Sündenfall 265
sündenfrei 203
Symbol 32, 118
Symbolisches 119
Symbolsystem 118, 299
–, kulturelles; System, kulturelles 10, 130
Symbolwelt, weibliche 141
Sympathie 162, 219, 258
Symphilosophie 294
Symposion 259, 260
Syntax 109
System, natürliches 310

Tabuthema 197
Tapferkeit 205
Täter, Täterperspektive 213
Tätigkeit, aktive 263
–, ehrenamtliche 273
–, produktive 264, 278
–, selbstgewählte 274
Tätigkeiten 263, 264
Tauschwert 267
teleologisch 295
Terminus, philosophischer 175
Theologie, christliche 31
Theologie, feministische 31
Theorie, anthropologische 60, 67
Theorie, ästhetische 292, 295
Theorie, männliche 117
Theoriebildung, feministische 117
Theoriesysteme 134
Tier 104, 106, 168, 231, 289
Tod 8, 18, 20, 24, 37, 38, 39, 41, 42, 43, 46, 48, 54, 55, 63, 92,

103, 176, 204, 228, 232, 253, 256, 314
–, absoluter 38
–, kleiner 260
–, klinischer 38
Todesfurcht 41
Todeskultur 43
Todessehnsucht 43
Todsünde 267
Topografie 155
Tötungsdelikte 210
Tradition, männliche 299
Transformation 296
transzendent 88
transzendental 101
transzendentales (absolutes) Ich 82
Transzendenz 80
transzendieren 45
Trauer 171
Traum 294
Tribadie 242
Trieb 257
Triebsublimierung 258
Triebverzicht 63
Tugend 205, 206, 221, 229, 230, 237, 263, 289
Tugendlehre 65
Tyrannei 183

Übereinkunft 106, 108
Überleben 260
Überproduktion 281
umwandelbar 125
Umwelt 60
Umweltethik 158
Umweltzerstörung 233
unabhängig 177, 216
Unabhängigkeit, ökonomische 190
Unabhängigkeitserklärung, amerikanische 224
unbewußt 199
Unbewußtes 83, 85, 120, 121
Unbewußtheit 293
Unendlichkeit 253
unethisch 49
Unfreiheit 174, 179, 197, 198
–, vollendete 296
ungerecht 31, 201, 216
Ungerechtigkeit 31, 205, 212, 213, 214, 215, 216
–, passive 215
–, soziale 222
Ungewißheiten 312
Ungleichbehandlung 273
Ungleichgewicht 310
Ungleichheiten 211
Unglück, unglücklich 51, 212, 213, 215, 232, 240
Unglücklichsein 225
Universalismus 219
universalistische Ethik 168
Universalität 124
Universalsprache 104
universell 209
Unkeuschheit 247
Unmenschlichkeit 183, 214, 295
unmoralisch 161
Unordnung 135
Unrecht 201, 204, 212, 213, 216, 279
Unrechtsempfinden, Unrechtsempfindung 215, 216
Unspezialisiertheit 60
Unsterblichkeit 41, 47, 50, 55, 241, 259
Unsterblichkeitsfaden 47
Unterdrückung 61, 142, 198, 208,

210, 212, 236, 268, 282, 302
–, patriarchale 22
Unterschied 210, 231, 297, 315
–, biologischer 143
Unterwerfung 254, 255, 268
Unterwerfungsphantasien 260
Untreue 190
unvernünftig 203
Unwissenheit 235
–, Schleier der 211
Ur-Eine 289
Urknall 311, 318
Ursprung 106
–, göttlicher 29
Ursprungsdenken 154
Urteil, Urteilen 216, 235, 292
–, moralisches 161, 164, 209, 220
Urteilen, weibliches 164
Urteilsentstehung 292
Urteilsfähigkeit 218
Urteilsfindung, moralische 162, 172
Urteilsformen 161
Urteilskraft 157, 166
Urteilskriterien, normative 166
Urteilssituationen 159
Urteilstypen 161
Urteilsvermögen 71
Urzustand 207
USA 208
Utilitarismus, hedonistischer 230
–, utilitaristisch 159, 209, 211, 230, 231
Utopie 261
–, politische 263

Vater Gott 28, 31
Vater-Zeit 317
Vegetarismus 168
Verallgemeinerbarkeit 78
verallgemeinerter Anderer 166
Verallgemeinerung, verallgemeinerungsfähig 131, 153, 162
–, verkehrte 132
Veränderungen 306
Verantwortlichkeit 134, 179
Verantwortung 101, 135, 158, 161, 167, 177, 179, 180, 181, 184, 220, 221
–, absolute 181
Verantwortungsbewußtsein 280
Verbindlichkeit 112
Verbraucherethik 158
Verdammnis 266
Vereinigung 259
Verfassung 206
Verfolgung 211
Vergangenheit 306, 310, 311, 312, 314, 316
Vergängliches, Vergänglichkeit 124, 307, 310, 312
Vergebung 203
Vergehen 18, 20, 47, 63, 317
Vergesellschaftungsakt (contrat social) 207
Vergewaltigung 146, 186, 192, 194, 220
Verlangen 240
Vermögen 274
Vernunft 47, 61, 64, 66, 67, 71, 74, 87, 96, 105, 106, 107, 124, 126, 131, 134, 160, 171, 177, 205, 244, 248, 288
–, große 93
–, instrumentelle 125
–, kleine 93

–, objektive 136
–, reine 102
Vernunftbegriff 106, 126, 130, 140, 166, 260
Vernunfterkenntnis 92, 102
Vernunftgebrauch 124
vernunftgemäß, vernunftgemäßes (Verhalten) 227, 244
Vernunfthaltung, rationale 55
vernünftig, vernünftige (Sprecher) 113, 131
Vernunftkritik 107, 126, 129
–, feministische 130
Vernunftliebe, abstrakte 245
Vernunftseele, männliche 92
Vernunftwesen 71, 96, 257
Verpflichtung 191
Versammlungsfreiheit 184
Versorgungsunabhängigkeit 280
Verstand 87, 95, 131, 133, 166, 170, 172, 240
Verstandesfunktion 71
verstandesgemäß 131
Verstandesmenschen 172
Verstandeswesen 71
Verständigung 105
Verteilung, gerechte 317
–, ungleiche 221
Verteilung, Verteilungsgerechtigkeit 219, 280
Vertrag 105, 207, 208, 211
Vertragstheoretiker, Vertragstheorien 207, 208, 220
Vertrauen 53, 237
Vertreibung 214, 218
Vielfalt 153, 281
Vielheit 154
Visualisieren 102
Vita activa 263
vita contemplativa 263, 264
Völkerrecht 208
Volksentscheid 215
Vollkommenheit 106
–, klösterliche 248
–, moralische 67
Voraussetzung, ontologische 53
vorbestimmt, Vorherbestimmtheit 180, 310
Vorbestimmtheit, göttliche 178
Vorherbestimmung 178, 266
Vorsokratiker 126
vorsokratische Philosophen 63
Vorstellung 135
–, moralische 209
Vorteil 209

Wachsen 63
Wahl, freie 181
Wahlrecht 231
wahr, Wahres 29, 127, 133, 241, 263, 289, 291
Wahrheit 105, 112, 117, 118, 119, 126, 130, 133, 135, 141, 159, 222, 254, 288, 293, 294, 296, 297, 301
–, göttliche 202
–, ökonomische 282
–, philosophische 289
Wahrheitsanspruch 112
Wahrheitsfindung 167
Wahrnehmung 74, 84, 86, 87, 101, 126, 132, 133, 167, 171, 286, 288, 299, 306, 309, 314
–, menschliche 311
–, sinnliche 102, 288
–, weibliche 297
Wahrnehmungschaos 314
Wahrnehmungsfähigkeit 300
Ware 268

Warenfetischismus 281
Wechsel 310
Weib 136
Weibliches 125, 127, 144, 153, 237
Weiblichkeit 55, 120, 121, 127, 130, 143, 150, 238
–, biologische 116
weise Frauen 33
Weisheit 13, 69, 95, 205, 241, 242, 307
Welt 73, 94, 101, 130, 133, 136, 143, 148, 180, 181, 235, 247, 263, 289, 301, 310
–, innere 102
–, vollkommene 233
Weltbild 33, 135
–, cartesianisches 73
–, des Matriarchats 19
–, naturwissenschaftliches 310
Weltdeutung 141
Weltgeschichte 286
Weltordnung, göttliche 203
Weltweisheit 7
Weltwirklichkeit 318
Werden 18, 20, 47, 317
Werk 228, 285
–, vergessenes 297
Wert, tradierter 216
Werte 143, 157, 167, 172, 219, 222, 230, 267, 271, 295
–, gemeinschaftliche 221
–, gesellschaftliche 276
–, patriarchale 138
–, Umkehrung der 264
–, weibliche 34
Werteerfahrungen 87
Werteskala 274
Wertesystem 231
Wertewandel 280
Wertkategorie 171
Wertmaßstab 135
Wertneutral / wertneutraler Begriff 135, 158
Wertphilosophie 76
Wertschöpfung 267
Wertung, Werturteile 171
Wesen 181, 318
–, denkendes 184
–, freie 216
–, körperliche 101
–, technologisches 281
–, weibliches 143
Wesenhaftigkeit 146
Wiedergeburt 18, 19, 20, 24, 40, 176, 204
Wille 74, 75, 93, 96, 177, 179, 180, 182, 252
Wille (volonté général) 207
–, Gottes 202
–, zur Macht 180
Willens, Verletzung des 162
Willensakt 179
Willensentscheid, freier 177
Willensfreiheit 177, 179, 182, 200
–, individuelle 180
–, natürliche 179
–, persönliche 178
Willkür 124, 162
Wirklichkeit 76, 109, 131, 132, 133, 134, 289, 300, 308
–, ideale 310
–, subjektive 133
Wirtschaftsethik 158
Wirtschaftsgeschichte, patriarchale 281
Wirtschaftssystem, kapitalistisches 269, 282
Wissen 7, 33, 113, 127, 225, 227
–, vollständiges 310

Wissenschaft 112, 135, 288, 310
–, männliche 48, 50, 54, 78, 110, 129, 131
–, moderne 127
Wissenschaftsbetrieb 139
Wissenschaftsgeschichte 130, 138
–, abendländische 47
Wissenschaftskritik 117
Wissensformen 166
Wissenskritik, weibliche 130
Wissenssystem 122
Wohl, materielles 236
Wohlbefinden 238
Wohlergehen, persönliches 219
Wohlfahrt 162
Wohlgefallen, interesseloses 292, 294
Wohlstand 266
Wohlwollen 219, 221
Wollen 82, 94, 212
Wollust 254
Womans Studies 139
Wort 235
Wunschlosigkeit 227
Würde 179, 257, 268
Würde der Frau 192

Zeichen, sprachliches 118
Zeichen, Zeichenwissenschaft 108, 121, 297
Zeichensystem, soziales 110
Zeit 272, 280, 306
–, erfahrbare 311
–, monumentale 317
–, physikalische 310
–, zyklische weibliche 317
Zeitbegriff, mechanistischer 312
Zeitdenken, mathematisch abstraktes 316
Zeitdimension 9, 317
–, zyklische 317
Zeiterfahrung, individuelle 312
–, menschliche 310
Zeiterleben 10
Zeitfragmente 315
Zeitgefühl 306
–, alltägliches 310
Zeitmessung 307, 308, 309
Zeitpfeile 311
Zeitrhythmen 317
Zeitstrom 312
Zeitvergeudung 267, 271
Zeitvorstellung, objektive 307
Zeitwahrnehmung 304
Zerstörung 260
Zeugung 242
Ziel 227
–, höchstes 263
Zirkelschlüsse 132
Zufall 124, 175
Zukunft 306, 310, 311, 314, 316
Zurechnung 179, 180
Zustimmung 161
Zwang 175, 182
Zwangsheterosexualität 144
Zweck 135, 182, 184, 189, 206, 237, 257, 265
Zweckrationalität 172
Zweideutigkeit 222
Zweiteilung 153
Zwischenleiblichkeit 101

Personenregister

Abaelard, Petrus 9, 240, 250, 252, 262
Abate Tondi 67
Abbt, Imelda 236
Adorno, Theodor W. 81, 125, 295, 296
Agamemnon 26
Agrippina 228
Aigisthos 26
Aischines 242
Aischylos 26, 27, 28, 68
Alembert, Jean le Rond d' 230
Alkim, Bahaider 15
Amin, Idi 214
Andreas-Grisebach, Manon 167, 168
Andreas-Salomé, Lou 258
Annerl, Charlotte 237
Anscombe, Gertrud E. 109
Antisthenes 227
Anzaldúa, Gloria 147
Apel, Karl-Otto 113
Apollon 27, 28
Aquin, Thomas von 46, 96, 202, 205, 244
Aragona, Tullia d' 253, 290, 291
Arendt, Hannah 9, 51, 54, 55, 154, 155, 157, 166, 181, 182, 183, 263, 264, 269, 270
Arete 227, 239
Aristippos 225, 227
Aristophanes 97, 241
Aristoteles 46, 60, 61, 63, 64, 70, 92, 105, 108, 153, 159, 176, 205, 213, 224, 225, 263, 282, 286, 289, 306, 307
Arnim, Bettina von 256, 294
Artemis 28
Aspasia 7, 136, 242, 243, 252
Assisi, Franz von 104
Astarte 18
Astell, Mary 40, 140,
Athene 27, 28
Augustinus, Aurelius 64, 65, 199, 229, 244, 282, 304, 305
Aurel, Marc 31
Austin, John L. 109, 110

Bachmann, Ingeborg 111, 123
Bachofen, Johann Jakob 26
Bacon, Francis 47, 61, 78, 127, 129
Baier, Annette C. 165
Baumgarten, Alexander Gottlieb 292
Bausch, Pina 287
Baxter, Richard 266
Beauvoir, Simone de 31, 32, 37, 45, 78, 80, 125, 148, 155, 190, 254
Beck, Ulrich 280
Beckett, Samuel 51, 296
Bell, Alexander Graham 304
Bello, Angela Ales 76
Benedikt von Nursia 265
Benhabib, Seyla 160, 166, 220
Benjamin, Jessica 254, 259, 260
Benjamin, Walter 217
Bentham, Jeremy 157, 228, 230
Bergson, Henri 312
Bernhard von Clairvaux 250

Beuys, Joseph 293
Bien, Günther 233, 237
Blum, Lawrence 221
Bocchi, Dorotea 290
Boethius 244
Bornemann, Ernest 21, 22, 23, 35, 254
Bovenschen, Silvia 285
Braidotti, Rosi 84
Briest, Effi 240
Bronfen, Elisabeth 43
Brown, Louise 50
Bruno, Giordano 67
Buddha 46
Buñuel, Luis 98
Burckhardt, Jacob 223
Butler, Judith 148, 150, 151, 152, 155

Calenda, Constanza 290
Calkins, Mary W. 76, 178
Calvin, Johann 178, 199, 202, 266
Camus, Albert 42, 55, 59, 80
Caputi, Jane 116
Card, Claudia 165, 221
Carmen 240
Carnap, Rudolf 110
Cassirer, Ernst 127
Cau(l)vin, Jean 282
Cavarero, Adriana 43, 46, 136, 242
Cézanne, Paul 286, 292
Chanel, Coco 284
Chang, John 261
Châtelet, Gabrielle-Emilie Marquise du 228, 230, 235, 284
Chodorow, Nancy 162
Chomsky, Noam 109
Christo 287
Cicero 215, 222
Cioran, Emile M. 51
Cixous, Hélène 116, 121
Clairvaux, Bernhard von 250
Colonna, Vittoria 290
Condiac de Bonnot, Etienne 106
Conrad-Martius, Hedwig 76, 101, 311, 318
Conway, Anne 93
Cornell, Drucilla 193, 195
Courtois, Stéphane 302
Crick, Francis Harry 48
Crusoe, Robinson 174, 175, 181, 199

Daly, Mary 9, 29, 31, 32, 36, 99, 100, 115, 116, 117, 118, 123, 143, 167, 259, 297, 317
Damasio, Antonio R. 86, 88, 172
Damasio, Hanna 86
Dante Alighieri 290
Darwin, Charles 31
Delormes 286
Démar, Claire 75, 236, 254, 286
Demokrit 93
Derrida, Jacques 108, 117, 132, 137, 155, 216, 217, 218, 222
Descartes, René 58, 73, 74, 78, 87, 90, 91, 93, 103, 105, 126, 127, 133, 140
Deschner, Karlheinz 94, 245, 247
Desdemona 240
Diderot, Denis 41, 106, 230, 253
Dike, Göttin des Rechts 29
Dinnerstein, Dorothy 162
Diogenes von Sinope 227
Dion 256
Diotima 29, 241, 242, 291
Distler, Sonja 34
Don Juan 240, 259

Dörrie, Doris 261
Drewermann, Eugen 94
Druskowitz, Helene von 178, 179, 180
Dumuzi 18
Duras, Marguerite 122
Dürrenmatt, Friedrich 51
Dux, Günter 25
Dworkin, Andrea 192, 200
Dworkin, Ronald 49

Easlea, Brian 48
Eichmann, Adolf 157, 172
Einstein, Albert 40, 288, 310
Eisler, Riane 14, 22, 23, 46
Engels, Friedrich 23, 268
Epiktet 41
Epikur 39, 41, 227, 228, 230, 232
Erinnyen 27, 28
Eros (Sohn der Penia und des Poros) 241
Erxleben, Dorothea von 69
Eumeniden 36
Eyre, Jane 240

Fedele, Cassandra 290
Ferres, Veronica 240
Feuerbach, Ludwig 136
Fichte, Johann Gottlieb 70, 74, 75, 207, 257
Ficino, Marsilio 289, 290
Fietze, Katharina 63
Fischer, Joseph 170
Flint, Larry 195
Foerster, Heinz von 134
Fonte, Moderata 67
Foot, Philippa 236
Foucault, Michel 83, 84, 112, 113, 117, 122, 130, 132, 222
Fourier, Charles 236
Fox-Keller, Evelyn 48, 56, 136, 153, 167
Francia, Luisa 33
Frankena, William K. 219, 220
Franklin, Benjamin 207
Frege, Gottlob 110
Freud, Sigmund 31, 59, 63, 77, 83, 117, 232, 235, 254, 257, 258
Fried, Erich 303
Friedrich August III. 286
Friedrich, Caspar David 292
Frielinghaus-Heuss, Hanna 284

Gadamer, Hans-Georg 160
Gage, Phineas 86
Gagel, Hanna 299, 301
Gambara, Veronica 290
Gardner, Howard 87
Gehlen, Arnold 57, 60, 72
Gerson 249
Gertrud die Große 245
Geyer-Ryan, Helga 130
Gilligan, Carol 161, 162, 164, 165, 166, 218, 219, 220
Gilroy, Paul 147
Gimbutas, Marija 17, 35
Glunz, Martin 283
Goddar, Jeannette 139
Goethe, Johann Wolfgang von 40, 230, 301
Gogh, Vincent van 287
Göldin, Anna 103
Golemann, Daniel 87
Gonzaga, Cecilia 290
Gorsen, Peter 302
Gott 49, 202, 203, 229, 230
Göttner-Abendroth, Heide 19, 21, 22, 35, 46, 143, 300, 301
Gottsched, Johann Christoph 106

Gouges, Olympe de 69, 70, 184, 235, 236
Grace Jones 151
Gray, Elisha 304
Gregor der Große 244
Grene, Marjorie 181
Griffin, Susan 143, 167
Griffiths, Jay 317
Günderode, Karoline von 256
Guillaume, Lorris de 248
Gysi, Gregor 208

Habermas, Jürgen 81, 110, 113, 159, 160, 219
Hadewijch von Antwerpen 32, 245
Haller, Gret 280
Hamann, Johann Georg 105, 106
Hamer, Dean 239
Handke, Peter 234
Haraway, Donna 57, 72, 147
Harding, Sandra 147, 165, 166
Harpokrates 35
Haug, Frigga 165
Hauptmann, Gaby 261
Hawking, Stephen W. 311
Hefner, Hugh 195
Hegel, Georg Wilhelm Friedrich 39, 70, 80, 93, 102, 131, 207, 219, 237, 292, 293, 294, 295
Heidegger, Martin 8, 42, 51, 137, 181, 222, 312, 314
Heinz, Marion 257
Heller, Agnes 169, 170, 171, 172, 220
Heller, Eva 261
Heloise 9, 240, 250, 252, 262
Henderson, Maxine 196
Hera 28
Heraklit 28, 126, 224, 307
Herbrand, Susanne 153
Herder, Johann Gottfried 59, 60, 105, 106, 109
Hermann, der Cherusker 36
Hermogenes 105
Herodot 142
Hesiod 63, 240
Heuss, Theodor 285
Hildegard von Bingen 33, 65, 66, 177, 244, 245, 307, 308
Hipparchia 227, 239
Hippokrates 97
Hitler, Adolf 206
Hoagland, Sarah Lucia 165
Hobbes, Thomas 105, 207, 220
Hofmannsthal, Hugo von 78
Höhler, Gertrud 236
Holbach, Etienne Baron d' 41, 59
Homer 63
Honecker, Erich 213
Honegger, Claudia 70, 140
Horkheimer, Max 81, 125
Horney, Karen 77
Horus 18, 35
Humboldt, Wilhelm von 109
Hume, David 127, 207
Husserl, Edmund 101, 103
Hypatia 7, 239

Ibsen, Henrik 239
Inanna 18
Institoris, Heinrich 97, 98
Iphigenie 26
Irigaray, Luce 34, 80, 116, 117, 118, 126, 129, 130, 136, 137, 144, 145, 193, 194, 259
Ischtar 18, 19
Isis 17, 18, 35

Isolde 240
Ivekovic 84

Jaggar, Alison 221
Jahwe, der jüdische Gott 29
James, William 84
Jannberg, Judith 33
Jaspers, Karl 51, 181
Jay, Nancy 153
Jefferson, Thomas 224
Jehova 46
Jelinek, Elfriede 111, 285
Jean Claude 287
Jesus 46
Jonas, Hans 221
Jordan, Don 200
Julia 240

Kafka, Franz 223, 296
Kaiserberg, Geiler von 247
Kaldemorgen, Erika 8
Kallias 242
Kambartel, Friedrich 278, 279, 280
Kant, Immanuel 57, 70, 74, 95, 101, 102, 105, 107, 127, 132, 157, 159, 160, 168, 170, 180, 207, 219, 220, 255, 292, 294, 308, 309
Keßler, Wolfgang 280
Kierkegaard, Sören 31, 41, 75, 180
Kittler, Friedrich 74
Kleist, Heinrich von 107, 201
Klinger, Cornelia 153
Klytaimnestra 26, 27
Kofman, Sarah 82, 116, 296, 297
Kohlberg, Lawrence 131, 161, 162, 218, 219, 220, 222
Kohlhase, Hans 201
Kollontai, Alexandra 189
Krates 227
Kratylos 105
Krebs, Angelika 278, 279
Krell, Gertraude 281
Kristeva, Julia 54, 55, 83, 116, 118, 119, 120, 121, 123, 259, 317
Kroeger-Mappes, Joy 221
Kübler-Ross, Elisabeth 55
Kühn, Lenore 75, 76, 143, 295
Kuppler, Elisabeth 147
Kuster, Friederike 257

Labé, Louise 285
Lacan, Jacques 83, 88, 117, 193
Laennec, René Théophile Hyacinthe 38
Lafargue, Paul 271
LaMettrie, Julien Offray 230
Laqueur, Thomas 154
Lauretis, Teresa de 147
Le Jars de Gournay, Marie 68, 140
Le Rond d'Alembert, Jean 41
Leibniz, Gottfried Wilhelm 93, 104, 106
Lenin 47, 268
Leontion 227
Lerner, Gerda 20, 21, 22, 24, 25, 29, 46, 155
Leroi-Gourhan, André 13, 14
Leroy, Louis 286
Leukipp 93
Levinas, Emmanuel 101
Lévi-Strauss, Claude 25, 123
Libby, Willard 35
Lichtenberg, Georg Christoph 107
Lispector, Clarice 123

Locke, John 73, 105, 207, 220, 267
Lorde, Audre 184
Löw, Bertha 136
Lucas, George 287
Luhmann, Niklas 113, 156, 257
Lukács, Georg 169
Luther, Martin 266
Lütz, Manfred 55
Luxemburg, Rosa 191

Machiavelli, Niccolo 206, 207
Macho, Thomas 39
MacIntyre, Alasdair 160, 221
MacKinnon, Catharine A. 192, 195
Maihofer, Andrea 151, 152, 154
Marc, Franz 286
Marcuse, Herbert 196
Marcuse, Ludwig 228, 239, 243, 255
Marie Antoinette 207
Marinella, Lucretia 67, 68, 291
Marx, Karl 31, 41, 71, 117, 207, 227, 228, 267, 268, 269, 271, 286
Maturana, Humberto 133, 135
Maupertuis, Pierre Moreau de 230
Mayer, John 87
Mayreder, Rosa 142
Mechthild von Hackeborn 245
Mechthild von Magdeburg 33, 65, 307
Meier-Seethaler, Carola 13, 21, 47, 135, 265, 281, 299, 316, 317
Mellaart, James 15, 20
Merchant, Carolyn 167
Merleau-Ponty, Maurice 101, 103
Meun(g), Jean de 66, 248, 249
Mill, John Stuart 182, 188, 230, 231
Milošević, Slobodan 170
Minnich, Elizabeth K. 53, 131, 132
Modersohn-Becker, Paula 299
Mohammed 46
Moi, Toril 121
Monet, Claude 286, 302
Monod, Jacques 31, 59
Montaigne, Michel de 8, 40, 68, 228
Montesquieu, Charles de Secondat 51, 206
Moore, George E. 110
Morata, Olympia Fulvia 290
Morisot, Berthe 286
Muraro, Luisa 143
Mussolini, Benito 206

Nadar, Gaspard Felix 286
Nagl-Docekal, Herta 301, 302
Napoleon I. 207
Nero 228
Newton, Isaac 310, 318
Nicholson, Linda 153
Nietzsche, Friedrich 41, 75, 76, 93, 94, 101, 179, 180, 228, 232, 257, 258, 272, 294, 295, 315, 317
Nigg, Walter 178
Novalis 43
Novella, Maria di 290
Nowotny, Helga 315
Nunner-Winkler, Gertrud 164, 165
Nussbaum, Martha 160, 220

Oberlies, Dagmar 210
Onfray, Michel 95

Opitz, Claudia 154
Orestes 26, 27, 28
Origenes 96
Orlowski, Teresa 194
Osiris 17, 35
Othello 240
Ovid 248, 249

Palma, Brian de 287
Papst Gregor XI. 178
Papst Gregor XIII. 318
Papst Innozenz 97
Pascal, Blaise 219
Passi, Giuseppe 67, 68
Paulus, Apostel 66, 229, 265
Penia 241
Perikles 242, 261
Picasso, Pablo 286, 299
Piercy, Marge 280, 303
Pinl, Claudia 145
Pizan, Christine de 66, 67, 249, 250
Platon 29, 40, 41, 46, 59, 64, 92, 93, 105, 125, 126, 129, 176, 204, 205, 224, 225, 227, 241, 242, 253, 256, 259, 260, 263, 282, 288, 289, 290, 291, 300, 307
Plessner, Helmuth 57, 58
Plotin 289, 291
Poe, Edgar Allan 43
Poincaré, Henri 180
Pol Pot 206
Popper, Karl 205
Poros 241
Prigogine, Ilya 310
Prince 151
Prometheus 49, 60
Proust, Marcel 312
Puntsch, Eberhard 284
Pusch, Luise 111, 112, 116
Pythagoras 40

Ranke-Heinemann, Uta 94
Rawls, John 160, 209, 210, 211, 212
Reé, Paul 179, 180
Rescher, Nicholas 234
Ricœur, Paul 101
Ridder-Melchers, Ilse 186
Rifkin, Jeremy 269
Rimbaud, Arthur 78
Rogers, William 199
Romeo 240
Rommelspacher, Birgit 165
Rorty, Richard 132
Rotermund, Uta 315
Roth, Gerhard 39, 86, 172, 238
Rousseau, Jean-Jacques 70, 106, 146, 182, 207, 208, 220
Rullmann, Marit 7, 8
Russell, Bertrand A. W. 110
Ryle, Gilbert 109, 110

Sacks, Oliver 91
Sade, Donatien Alphonse François Marquis de 157, 203, 253, 254
Saint-Simon, Graf von 236
Salovey, Peter 87
Saner, Hans 51
Sapir, Edward 109, 110
Sappho 261
Sartre, Jean-Paul 37, 42, 59, 80, 180, 181, 190
Saussure, Ferdinand de 108, 121
Scharping, Rudolf 214
Scheler, Max 57, 61
Schelling, Friedrich Wilhelm 294
Schenke, Hans Martin 18
Schiller, Friedrich 256

Schirilla, Nausikaa 136
Schirmacher, Käthe 283
Schlegel, August Wilhelm 294
Schlegel, Dorothea 255
Schlegel, Friedrich 254, 255
Schlegel, Werner 8
Schlegel-Schelling, Caroline 187, 188, 225, 294
Schlick, Moritz 233
Schmidt, Peter 87, 89
Schmitz, Hermann 101
Schnädelbach, Herbert 124
Schopenhauer, Arthur 41, 75, 168, 180, 232, 235
Schumann, Clara 285
Schumann, Harald 273
Schumann, Robert 285
Schurmann, Anna Maria von 140
Schwarzer, Alice 192
Schweitzer, Albert 168
Scorsese, Martin 287
Searle, John R. 110
Searle, Richard 85
Selkirk, Alexander 199
Seneca 41, 228
Sextus Empiricus 132
Sforza, Costanza Varano 290
Shklar, Judith N. 160, 212, 213, 215, 216
Sichtermann, Barbara 301, 315
Siena, Katharina von 177, 178
Simpson, O. J. 214
Singer, Peter 38, 168, 231, 232
Sisley, Alfred 286
Sloterdijk, Peter 49, 56
Smith, Adam 267
Sokrates 7, 40, 46, 92, 93, 126, 157, 176, 224, 231, 241, 242, 263
Spelman, Elizabeth V. 165
Spielberg, Steven 296
Spinoza, Baruch de 103, 229
Sprenger, Jakob 97, 98
Staël, Madame Germaine de 254, 293, 294
Stalin, Jossif Wissarionowitsch 206, 302
Stanislawski, Konstantin 108
Starhawk 33
Stein, Edith 76, 101
Stein, Gertrude 123, 300
Steinbrügge, Lieselotte 154
Stierlin, Helm 202
Stopczyk, Annegret 54, 55, 61, 71, 72, 101, 102, 260, 261
Strawson, Peter F. 109
Streeruwitz, Marlene 197, 198, 285
Strossen, Nadine 200
Suchsland, Inge 118, 120
Susman, Margarete 141, 142, 255

Tammuz 19
Tarabotti, Arcangela 290
Taylor-Mill, Harriet 188, 200, 230
Tengswich 66
Teresa von Avila 245, 248
Tertullian 243
Theano 40
Theophrast 227, 248
Thürmer-Rohr, Christina 153, 154, 165
Tielsch, Elfriede Walesca 10, 227
Tristan 240
Trömel-Plötz, Senta 113
Trotzki, Leo 268

Uhse, Beate 194

Vaerting, Mathilde 141, 142
Varnhagen, Rahel 74, 293, 294
Varus 36
Venus vom Galgenberg 34
Venus von Millendorf 13
Vergil 248
Vinken, Barbara 200
Virilio, Paul 314, 315
Voltaire 228, 230, 253, 284

Waldhauser, Konrad 247
Wallisch-Krüger, Bärbel 36
Walther, Ph. Fr. 70
Walzer, Michael 212
Watson, James D. 48
Watzlawick, Paul 234
Weber, Marianne 283
Weber, Max 178, 266
Weedon, Chris 116
Weil, Simone 9, 184, 268
Weiler, Gerda 21
Weimar (heute Böttcher), Monika 200
Weinberg, Steffen 288
Weininger, Otto 61, 145
Weisshaupt, Brigitte 50, 81, 82, 130, 131, 260
Wellmer, Hans 81
Whorf, Benjamin L. 109, 110
Winterson, Jeanette 123
Wittgenstein, Ludwig 39, 90, 102, 107, 109, 110, 232
Wittig, Monique 155
Wolf, Christa 300
Woolf, Virginia 142, 143

Xenophon 243

Young, Iris Marion 222

Zenon 228
Zeus 28, 241, 242

Marit Rullmann

Philosophinnen

Erster Band
Von der Antike bis zur Aufklärung
st 2877. 308 Seiten

Schon seit der Antike lehrten Frauen an Akademien, standen in regem Austausch mit berühmten Denkern wie Sokrates, Montaigne oder Voltaire, entwickelten eigene philosophische Theorien. Doch wie in vielen anderen Bereichen haben in der Philosophie nur die männlichen Vertreter einen Platz in der Wissenschaftsgeschichte gefunden. Diesen Mangel wollen die vorliegenden Porträts über europäische Philosophinnen ausgleichen. Das Nachschlagewerk mit zahlreichen Abbildungen und ausgewählter Primär- und Sekundärliteratur wendet sich nicht nur an ein Fachpublikum, sondern auch an philosophisch interessierte Laien. Mit Porträts von: Aspasia, Diotima, Hildegard von Bingen, Christine de Pizan, Dorothea Erxleben, Olympe de Gouges und vielen anderen.

NF 257/1/9.00

Marit Rullmann

Philosophinnen

Zweiter Band
Von der Romantik bis zur Moderne
st 2878. 365 Seiten

Vermutet wurde es ja schon immer: Frauen haben auch in der Philosophie einen beträchtlichen Anteil am Geistesgeschehen. Stellt der erste Band Philosophinnen von der Antike bis zur Aufklärung vor, führt der zweite die begonnene Aufarbeitung von der Romantik bis zur Moderne fort. Dabei werden nicht nur die großen (Vor-) Denkerinnen in den europäischen Ländern und den USA gewürdigt, auch die Biographien und Werke bisher unbekannter Philosophinnen werden vorgestellt.
»Frauen-Denken gegen Männerdominanz. Mit der von Männern dominierten Denkwelt ist nun Schluß. In einer zeitaufwendigen Detektivarbeit unter Erschließung verschütteter Quellen wurden die vergessenen Philosophinnen wieder lebendig gemacht. Es ist die erste deutsche Publikation dieser Art, was ihr automatisch den Rang eines Standardwerks sichert.« *Ruhr-Nachrichten*

NF 258/1/9.00